市政专业高职高专系列教材

城市道路设计

陈伯兴　杨尔怡　主　编
殷届竝　李　飞　孙祥鹉　副主编

中国建筑工业出版社

图书在版编目（CIP）数据

城市道路设计/陈伯兴，杨尔怡主编．—北京：中国建筑工业出版社，2012
（市政专业高职高专系列教材）
ISBN 978-7-112-14393-1

Ⅰ.①城… Ⅱ.①陈…②杨… Ⅲ.①城市道路-设计-高等职业教育-教材 Ⅳ.①U412.37

中国版本图书馆 CIP 数据核字（2012）第 115244 号

本书主要阐述城市道路设计理论和方法。内容包括概论，城市道路网规划，城市主、次干路与支路，城市快速路，城市道路平面交叉，城市道路立体交叉，城市道路通行能力，城市道路雨水排水系统设计，城市道路景观与绿化，城市道路交通设施，共十章内容，书中有一定的例题和习题，供学习参考，提高道路设计知识。

本书可作为高职高专院校市政工程专业系列教材，也可供“应用型”本科院校教育使用以及从事城市道路设计，施工、养护、管理的工程技术人员学习参考，也可作为继续教育，成人教育的专业教材。

* * *

责任编辑：张伯熙 曾 威
责任设计：李志立
责任校对：张 颖 王雪竹

市政专业高职高专系列教材
城 市 道 路 设 计
陈伯兴 杨尔怡 主 编
殷屇竝 李 飞 孙祥鹈 副主编
*
中国建筑工业出版社出版、发行（北京西郊百万庄）
各地新华书店、建筑书店经销
北京红光制版公司制版
北京建筑工业印刷厂印刷
*
开本：787×1092 毫米 1/16 印张：19 字数：462 千字
2012 年 10 月第一版 2019 年 8 月第三次印刷
定价：**57.00** 元
ISBN 978-7-112-14393-1
（32426）

本书编写委员会

主　　编：陈伯兴　杨尔怡
副 主 编：殷届竝　李　飞　孙祥鹉
编写人员：陈嘉炜　时云生　赵邦林　张倩倩　袁依雯

前　言

近年来，随着生产和现代化城市建设需要，生产和人们生活对城市道路的要求不断提高，城市道路建设至为重要。城市道路不仅要满足飞速发展的交通运输的需要，而且还要满足低公害、环境绿化美化和配合城市景观等需要，使城市道路设计成为一门涉及面广的综合性技术科学。它不仅是本身的线形设计、工程结构设计，而且还必须与城市道路路网规划、交叉口渠化、交通组织与管理设施、静态交通、道路照明、道路绿化、道路景观等作为一个整体进行系统设计。

本教材按照《城市道路工程设计规范》CJJ 37—2012 及“安全、环保、舒适、和谐”和“以人为本”的指导思想和设计理念，对城市道路设计原理和方法进行了融合，对取材内容和范围进行了拓宽。特别是城市道路平面交叉、立体交叉、城市快速路予以加强和扩充，力求使本教材能反映当前城市道路设计的新理论、新技术、新方法和新设计水平，为此本教材内容有：概论、城市道路网规划、城市主、次干路与支路、城市快速路、城市道路平面交叉、城市道路立体交叉、城市道路通行能力、城市道路雨水排水系统设计、城市道路景观与绿化、城市道路交通设施和总复习题共十章。为符合高职高专教育人才培训目标，教材在内容的选择上注重新理论、实用性和可操作性。对设计计算只说明计算原理，方法和过程，会应用公式计算，而不进行详细的推导。为便于学生理解和使用，书中附有较多的算例，特别是城市道路平面交叉设计与城市道路通行能力、城市道路雨水排水系统设计方面例题，供学生实践知识能力培养。

考虑到地区性差异及各院校具体情况不同，授课过程中教师可对书中内容进行适当增删。

本书由无锡城市学院陈伯兴高级工程师（编写第一章、第六章、第九章、第十一章内容及全书统稿）及无锡市规划局高级工程师杨尔怡（编写第二章、第三章、第四章、第五章、第七章内容）共同主编，无锡市滨湖区市政设施处殷届竝工程师（编写第十章内容）、无锡三马建设工程公司李飞（编写第八章内容）无锡市市政设计院高级工程师孙祥鹉（编写第十二章内容）为副主编。无锡市第三市政工程有限公司陈嘉炜，无锡三马建设工程公司时云生、赵邦林，无锡市宏盛市政建设工程有限公司张倩倩，无锡市市政设计院袁依雯等协助编写有关章节内容。

本教材内容系统、条理清楚、简明扼要、通俗易懂，并有一定例题和课题设计，可作为高职高专市政工程、交通工程、环境工程、管理专业等专业教材，也可供城市道路设计、施工、养护、管理的工程技术人员学习参考，也可作为道路专业继续教育，成人教育的专业课教材。

由于编者水平有限，书中难免有缺点与错误之处，敬请同仁或读者批评指正。

编　者

2012 年春节于无锡

目　录

第一章　概　　论

知识目标：

1. 了解道路的分类及隶属部门。
2. 熟悉城市道路的功能、特点、组成、分级。
3. 熟悉城市道路的几何设计基本依据及建筑限界。

能力目标：

1. 掌握城市道路的组成及其功能。
2. 根据城市道路的分级，熟悉各级道路功能及设计速度。
3. 根据城市道路设计年限，掌握各级道路及各种类型路面结构的设计年限规定。
4. 根据城市道路建筑限界，掌握道路最小净高及红线规定。

第一节　道　　路

一、定义

供车（非机动车）、人行走的人工构造物，称为道路。

二、分类

（一）根据行政管辖范围及道路功能特点划分

1. 公路

（1）定义：位于城市外的道路。

（2）划分：高速公路；一级、二级、三级、四级公路。

（3）隶属：交通部门。

2. 城市道路

（1）定义：根据《城市道路设计规范》CJJ 37—2012 规定：城市范围内道路、广场、停车场等，不包括街坊内部道路，是城市中行人和车辆往来的专门用地，是连接城市各个组成部分（中心区、工业区、生活区、对外交通枢纽、文化教育、风景游览、体育活动场所）并与郊区公路、市外道路相贯通的道路。

（2）划分：快速路、主干路、次干路、支路。

（3）隶属：城市建设部门。

3. 特殊道路

（1）定义：供特殊用途的专用道路。

（2）划分：厂矿道路、林业道路、机场道路、港口道路等。

（3）隶属：各有关权属单位。

（二）按建设的规模、运营里程划分

分为公路和城市道路两大类。其之间的过渡段由城市建设部门管辖。

第二节 城 市 道 路

一、性质

我国城市道路根据其在道路网中系统的地位、交通功能及沿线建筑物的车辆和行人进出的服务功能，分为四个等级，即：快速路、主干路、次干路、支路。

（1）快速路：一般设置于直辖市或较大的省会城市，主要为交通功能，为城市远距离或较远距离交通服务，采用进出口全封闭或部分封闭。

（2）主干路：城市道路的骨架，为连接城市各主要部分的交通干道，以交通功能为主。在非机动车较多的主干路上，宜采用分流形式（二块板、三块板、四块板），其路上平面交叉间距以 800～1200m 为宜，两侧一般不应修建大量人流出入的公共建筑物的出入口。

（3）次干路：是城市的一般交通功能道路，兼有服务功能，配合主干路共同组成干道网，是城市的动脉，对城市布局、发展方向及其广泛联系城市各部分与集散交通的作用；其布局要在拟定城市总平面图时一起规划，对它的要求是功能明确、路线便捷、系统清晰、具有一定的灵活性。

（4）支路：一般是次干路与街道路的联络线，解决地区交通以上服务功能为主。它既是城市交通起点，又是交通终点。街道路是指两旁有延续不断的房屋建筑和街坊的道路。城市道路和街道在城市里常常混称，并不加以区别。

根据《城市道路工程设计规范》CJJ 33—2012 规定，各级城市道路计算行车速度见表 1-1。

各级道路的设计速度规定 表 1-1

道路等级	快速路			主干路			次干路			支路		
设计速度（km/h）	100	80	60	60	50	40	50	40	30	40	30	20

快速路和主干路的辅路设计速度宜为主路的 0.4～0.6 倍。立体交叉范围内，主路设计速度应与路段一致，匝道及集散车道设计速度宜为主路的 0.4～0.7 倍；平面交叉口内的设计速度宜为路段的 0.5～0.7 倍。

城市道路不仅是组织城市交通运输基础，而且是布置城市公用管线、地面排水、街道绿化、组织沿街建筑和划分街坊的基础。

城市道路用地紧凑、居民群集、建筑毗邻，既要有合理的空间组合，也要有一定的空间隔离。城市道路不仅为城市生产与生活所必需，而且是用以保证城市环境、适当日照、空气流通、气温和湿度调节、防火安全的保证地带。

二、组成

城市道路包括各种类型、各种等级道路、交通广场、停车场以及加油站等设施。在交通发达的现代化城市中，城市道路还包括高架道路、人行过街天桥（地道）和大型立体交叉工程等设施。

一般情况下，在城市道路建筑红线之间，城市道路由以下各个不同功能部分组成。

1. 车行道

定义：供各种车辆行驶的道路部分。

分类：(1) 机动车道。供汽车、无轨电车等机动车辆行驶。

(2) 非机动车道。供自行车、电动车、三轮车等非机动车行驶。

2. 人行道

供人行走动的道路部分和种植树木绿化。

3. 隔离带

在多幅道路的横断面上，沿道路纵向设置带状部分。其作用是分离交通，安装交通标志及公用设施等。分隔带由中央分隔带（用以分隔对向行驶的机动车道）和侧向分隔带（用以分隔同向行驶的机动车和非机动车道）两种。分隔带也是道路绿化用地之一。

4. 交叉口和交通广场。

5. 停车场和公交停靠站台。

6. 道路雨水排水系统。

如街沟，雨水口（集水井）、检查井（窨井）、排水干管。

7. 其他设施

如渠化交通岛、安全护栏，照明设备，交通信号（标志、标线、红绿灯等）。

8. 地下管线

主要有七条，它们是污水、雨水、自来水、燃气、热力管、通信缆和电力管。

三、功能

城市道路是城市中人们活动和物质流动必不可少的重要基础设施，是提供公用空间、抗灾救灾的通道。

城市道路功能随着时代变化、城市规模、城市性质不同，表面上有所差别，但其功能主要体现在以下四个方面。

1. 交通设施功能

交通设施功能是指由于城市活动产生的交通需求中，对应于道路交通需要的交通功能。其分为长距离输送功能和沿路进出行人集散功能，干线道路是长距离输送功能，支路及路边公交停站靠则是为了沿路用地或建筑物发生的行政、商业、文化、生活等活动客（货）流进、流出的交通集散提供直接服务。

2. 公用空间功能

公用空间功能主要有道路、广场、停车场和公园。它表现在除采光、日照、通风及景观作用以外，还为城市其他设施如电力、电信、自来水、热力、燃气、排水等管线提供布设空间。

3. 防灾救灾功能

防灾救灾功能是起避难场地作用、防火带作用、消防和救援通道作用等。

4. 形成城市平面结构功能

形成城市平面结构功能中重要作用的是道路网。通常干线路形成城市骨架，支路形成街区、邻里街坊，城市的发展是以干道为骨架，后以骨架为中心向四周延伸。

四、特点

1. 功能多样，组成复杂

城市道路具有交通功能、城市结构功能、公用空间功能，体现其多样性。而城市道路组成除机动车道外，尚有非机动车道、人行道、架空道路、地下道路、地下地铁、隔离带、交通附属设施等。

2. 交通特征繁杂

吸引点多、分布面广、车辆行人多，既集中又复杂且多变。

城市有大量的吸引点，使得车辆、行人交通错综复杂，城市中本身人多车杂，车速差异大，加之大型企业事业单位、居民点、文化娱乐场所、商店、车站、码头、公园、体育场吸引大量人流；铁路、货站、仓库、大型建筑工地等是货场运输的主要集散点，吸引大量的车流，这些人流、车流集散点遍布于全市，形成错综复杂的交通问题，往往上万人短时间集中，或同时分散，势必造成交通混乱，车辆堵塞。

3. 人流、车流的流量和流向变化大

城市中行人与车辆主动在各个季节及一周和一天内均变化很大。在流向上除了按一定线路运行的公交外，其他车辆流向均不固定。大多城市在早晚上下班造成人流、车流高度集中，形成高峰时段。人流和非机动车流量高峰小时常在 7：00～8：00 时；机动车高峰小时常在 9：00～10：00 与 14：00～16：00 时。

4. 城市道路上的交通运输工具类型多，速度差异大

城市道路上的交通工具有机动车、非机动车，各种车辆大小、长度、宽度差别大，同时还有各种各样特种车（如消防车、工程车、超载平板车等），各种车辆车速差异很大。

5. 车流的交织点和冲突点多

城市道路交叉口多，各种车辆通过交叉口时，由于转弯，形成车流之间相互交织和冲突，其中冲突点影响最大，造成相互阻挡，大大降低通行能力。因此，应合理组织交通和进行交叉口渠化设计，以减少这些交织点和冲突点，必要时采用立体交叉，消除交叉冲突点。

6. 城市道路交通需要大量的附属设施和交通管理设施

要保证城市交通网充分发挥作用，必须设有公交停靠站、停车场、加油站、交通管理标志、地面标线、分车带、导向带、红绿信号灯等设施。

7. 景观艺术要求高

城市景观和建筑艺术必须通过道路才能反映出来，道路景观与沿街人文景观和自然景观浑然一体，尤其与道路两侧建筑物的建筑艺术更是相互衬托，相映成趣。完善的、合理的城市道路网络也从一个侧面体现和反映了城市的文明程度。

8. 城市道路规划、设计影响因素多

人和物的交通均需利用城市道路，同时多种市政设施、绿化、照明、防火等，无一不设在道路用地上，这些因素在道路规划设计时必须综合考虑。

9. 政策性强

城市道路规划设计中，应考虑城市发展规模，技术设计标准，房屋拆迁，土地征用，工程造价，近期与远期，需要与可能，局部与整体，还涉及方针、政策等。

第三节　几何设计基本依据

一、设计车辆

设计车辆是指作为道路几何设计依据的车型。其外轮廓尺寸直接关系车行道宽度、弯

道加宽、道路净空、行车视距等道路几何设计问题。因此设计车辆的规定对道路的几何设计极为重要。

1. 机动车设计车辆

《城市道路工程设计规范》CJJ 37—2012 中有关机动车设计车辆外廓尺寸见表 1-2。设计车辆不包括超长、超宽的特种车辆。

机动车设计车辆外廓尺寸（m）　　**表 1-2**

项目 车种	总长	总宽	总高	前悬	轴距	后悬
小型汽车	6	1.8	2.0	0.8	3.8	1.4
大型车	12	2.5	4.0	1.5	6.5	4.0
铰接车	18	2.5	4.0	1.7	5.8+6.7	3.8

注：1. 总长是指车辆前保险杠至后保险杠的距离。
2. 总宽是指车厢宽度（不包括后视镜）。
3. 总高是指车厢顶或装载顶到地面高度。
4. 前悬指车辆前保险杠至前轴轴中线的距离。
5. 后悬指车辆保险杠至后轴轴中线的距离。
6. 轴距：双轴车为前轴轴中线至后轴轴中线的距离。

道路设计考虑道路净空高度应以此为准，另外再加上安全高度。

2. 非机动车设计车辆

非机动车设计车辆主要指自行车、人力三轮车、人力平板车和兽力车。其设计车辆外廓尺寸见表 1-3。

非机动车设计车辆及外廓尺寸（m）　　**表 1-3**

项目尺寸 车辆类型	总　长（m）	总　宽（m）	总　高（m）
自行车	1.93	0.6	2.25
三轮车	3.40	1.25	2.25
电动车			

注：1. 总长：自行车为前轮前缘至后轮后缘距离；三轮车为前轮前缘至车厢后缘距离。
2. 总宽：自行车为车把宽度；三轮车为车厢宽度。
3. 总高：自行车为骑车人骑在车上时，头顶到地面高度；三轮车为载物顶到地面的高度。

二、设计车速（亦称计算行车速度）

设计车速指道路几何设计时所依据的车速。也就是当路段上各项道路设计特征符合规定时，在气候条件、交通条件等均为良好的情况下，一般驾驶人员能安全、舒适行驶的最大行车速度。

各级道路设计车速见表 1-1。除快速路外，一般多在 60km/h 以下。

三、设计小时交通量

车行道宽度和人行道宽度设计时，以设计年限的年平均日的交通量称为设计小时交通量。设计小时交通量的确定方法有：

（1）取“高峰小时交通量”作为设计小时交通量。

（2）取“交通频率曲线第30位小时交通量”作为设计小时交通量。

（3）参照其他类似城市规模的道路交通量资料作为设计小时交通量。

（4）根据或参照城市规划资料确定设计小时交通量。而在预测道路远景交通量是以“小客车”为标准车型。其他车辆通过表1-4及表1-5进行换算。

路段车种换算的系数 **表1-4**

车种	小客车	大型客车	大型货车	铰接车
换算系数	1	2.0	2.5	2

平面交叉口车辆换算系数 **表1-5**

车种 / 交叉口形式	小客车	普通汽车	铰接车
环形交叉口	1	1.4	2
灯控交叉口	1	1.6	2.5

机动车道数的设计小时交通量

$$N_b = N_{d_a} K\delta$$

式中 N_{d_a}——设计年限的年平均日交通量（pcu/d）；

K——设计小时高峰小时交通量与年平均日交通量比值，当不能取得年平均日交通量时，可用代表性的日平均日交通量代替；

δ——方向不均匀系数，即主要方向交通量与双向交通量的比值。

四、设计年限

道路设计年限是指道路的正常工作年限，即在年限内不发生交通拥挤或堵塞。包括道路交通量设计年限和道路路面结构设计年限。

道路交通量设计年限是预估或预测的。《城市道路工程设计规范》CJJ 37—2012规定；快速路、主干路为20年，次干路为15年，支路为10～15年。

根据《城市道路工程设计规范》规定：

（1）道路交通量达到饱和状态时的道路设计年限为：快速路、主干路应为20年；次干路应为15年；支路宜为10～15年。

（2）各种类型路面结构的设计年限规定如下：

① 水泥混凝土路面：快速路、主干路应为30年；次干路、支路应为20年。

② 沥青混凝土路面：快速路、主干路、次干路应为15年；支路可采用10年。

③ 砌块路面：混凝土砌块应为10年，石材砌块应为30年。

④ 桥涵、隧道结构的设计基准期应为100年。

路面结构的设计使用年限见表1-6。

路面结构的设计使用年限（年）　　**表 1-6**

道路等级	路面结构类型		
	沥青路面	水泥混凝土路面	砌块路面
快速路	15	30	—
主干路	15	30	—
次干路	10	20	—
支　路	10	20	10（20）

注：砌块路面采用混凝土预制块设计年限为 10 年，采用石材为 20 年。

第四节　通行能力及服务水平

一、道路通行能力

1. 交通量

道路在某一定时段内实际通过的车辆（或行人）数。

2. 通行能力

（1）定义：道路在单位时间内可能通过的车辆（或行人）的能力。

（2）分类：

1）基本通行能力：在一定的时段，在理想状态下，单位时间内一条车道或道路上某一点期望能通过的车数的合理最大小时流率。

2）实际通行能力：在一定的时段在现实状态下，单位时间内一条车道或道路上某一点期望能通过的车辆合理的最大小时流率。

3）设计通行能力：在一定的时段在现实状态下，单位时间内一条车道对应设计服务水平下的最大服务交通流率。

（3）关系：实用通行能力＜可能通行能力＜基本通行能力。

（4）条件：道路条件、交通条件、管制条件、道路所处地区具有良好气候条件。

1）道路条件，是道路线形几何特征。如交通设施种类及其环境、车道数、车道及路肩宽度、侧向净空、设计速度、平面及纵面线形和路面品质等。

2）交通条件，是交通流特征。即车辆种类的组合、交通量以及在不同车道中的交通量分布及上下行方向的交通量分布。

3）管制条件，是指交通控制设施的种类和设计以及交通管理规划。交通信号的位置、种类和配对及停车场标志、让路标志（横道线）、车道使用限制、转弯限制，是影响通行能力的关键管制条件。

4）交通环境：主要是指横向干扰程度以及交通秩序等。

3. 基本原则

设计交通量≤设计通行能力。

注：若两者相等，会出现交通拥挤或堵塞、停滞状况。

4. 除快速路外其他等级道路路段一条车道的通行能力见表 1-7。

除快速路外其他等级道路路段一条车道的通行能力 表 1-7

设计速度（km/h）	60	50	40	30	20
基本通行能力（PCu/h）	1800	1700	1650	1600	1400
设计通行能力（PCu/h）	1400	1350	1300	1300	1100

二、服务水平

1. 定义

描述交通流运行条件及汽车驾驶员和乘客感觉的一种测定标准，是道路使用者从道路状况、交通条件、环境等方面，可能得到的服务程度或服务质量。

2. 作用

供车辆驾驶员对道路上车流情况作出判断的一个定性尺度。是衡量交通流运行条件及驾驶员和乘客所感受的服务质量的一项指标。通常根据交通量、速度、行走时间，行驶自由度、交通间断、舒适和方便等指标确定。

3. 等级

以道路使用者能感受到某条道路处于何种交通状况，分为六级。

A 级：自由车流、交通量低、车速高、行车密度小，驾驶员可按自己的意愿控制车速，不因其他车辆存在而有干扰和延误。

B 级：稳定车流，车速开始受到限制，但驾驶员仍能自由选择行驶的车道，车速稍有降低，但延误很小。

C 级：稳定车流，但车速和机动车已受到交通量大的影响，多数驾驶员在选择车速、改变车道或超车等方面的自由度已受到限制，但能获得较满意的车速。（其可作为市区道路的设计标准）

D 级：接近不稳定流，虽然已在很大程度上受运行条件变化的影响，但尚能维持驾驶人可接受的车速，而交通量的变动和车流的暂时受阻将引起运行车速显著降低，驾驶操作已很少有自由度，舒适性和方便性都已降低，但若行驶时间不长则尚可忍受。

E 级：不稳定车流，行车已时停时开，车速很低，交通量已接近或等于道路的通行能力。

F 级：强制车流，车辆排队慢行，极易发生阻塞，到极限时，车速和交通量都降至为零。

4. 评定服务水平高低因素

(1) 行车速度和时间。

(2) 行驶时自由程度。

(3) 行车受阻或受限制的情况，以每公里停车次数和车辆延误时间来衡量。

(4) 行车安全性，以事故率和所造成的经济损失衡量。

(5) 行车的舒适性和乘客的满意程度。

(6) 经济性，以行驶费来衡量。

以上因素难以量化，因此仅以行车速度、服务交通量与通行能力之比（V/C）作为评定服务等级的主要因素。

5. 除快速路外其他等级的服务水平

（1）信号交叉口服务水平分数见表 1-8。

信号交叉口服务水平分数　　**表 1-8**

指　标＼服务水平	一级	二级	三级	四级
控制延误（S/Vch）	<30	30～50	50～60	>60
负荷度（V/C）	<0.6	0.6～0.8	0.8～0.9	>0.9
排队长度（m）	<30	30～80	80～100	>100

（2）新建道路应按三级服务水平设计。

三、服务交通量

1. 定义

在通常道路条件、交通条件、管制条件下，在已知周期（通常为 15min）中，当能保持规定的服务水平时，车辆（行人）能合理的期望通过一条车道或道路的一点或均匀路段的最大小时流率。

2. 与服务水平关系

服务水平等级高的道路车速高，车辆行驶自由度大，舒适性与安全性好，相应的服务交通量小；反之，允许的服务交通量大，服务水平等级就低。

第五节　道 路 建 筑 限 界

一、定义

为保证城市道路上车辆与行人的交通安全，在道路上一定高度和宽度范围内不允许任何障碍物侵入的空间界限。

二、要求

在建筑限界内，不得有任何物体侵入。不得设置桥台、灯杆、护栏、标志牌、树木、无轨电车接触线等各种设施。

三、道路最小净高

按《城市道路工程设计规范》CJJ 37—2012 规定，道路最小净高不得小于表 1-9 的规定。

道路最小净高　　**表 1-9**

道路种类	行驶车辆种类	最小净高（m）
机动车道	各种机动车	4.5
	中、小型车	3.5
非机动车道	自行车、三轮车	2.5
人行道	行人	2.5

对通行无轨电车、有轨电车，双层客车等其他特种车辆的道路，最小净高应满足车辆通行的要求。

道路设计中应做好与公路以及不同净高的道路间的衔接过渡，同时应设置必要的指示，诱导标志及防撞等设施。

四、建筑限界：根据 CJJ 37—2012 第 3.4.1 规定

道路建筑界限应为道路上净高线和道路两侧侧向净宽边线组成的空间界线（图 1-1）。顶角抹角宽度（E）不应大于机动车道或非机动车道的侧向净宽（W_l）。

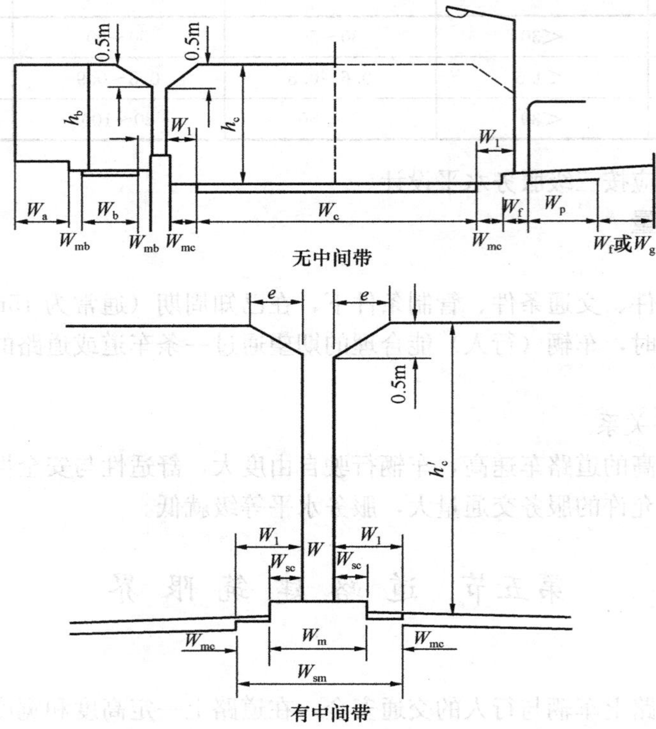

图 1-1　道路建筑限界

思　考　题

1. 简述道路的分类及隶属部门。
2. 城市道路的组成、功能和分级有哪些？
3. 试述城市道路几何设计内容。
4. 什么是道路建筑限界？《城市道路工程设计规范》CJJ 37—2012 对道路最小净高的规定是什么？

第二章　城市道路网规划

知识目标：

1. 了解城市道路网作用与要求。
2. 了解城市道路网的基本结构及它们各自优缺点。
3. 了解城市道路网规划原则、内容、基本要求。
4. 熟悉城市道路网的主要技术指标。

能力目标：

1. 熟悉城市道路网规划基本要求及应做到超前性、可能性。
2. 掌握城市道路网规划的主要技术指标规定。

第一节　城 市 道 路 网

一、定义

城市道路网是由各类各级城市道路（不包括居住小区内道路）组成的一个体系。

二、作用

城市道路网是把城市中各个组成部分有机联系起来，是城市总平面图的基本骨架，它确定了城市用地布局和土地利用轮廓。

三、要求

结构合理，主次分别，功能良好、完整，连续畅通。

四、形式

城市道路网结构形式是指城市道路网的平面投影几何图形。主要形式有：

1. 方格网式

如图 2-1*a* 所示，其适于地势平坦地区的中小城市。优点是交通分散，灵活性大。缺点是道路功能不易明确、交叉口多，对角线方向的交通不便。

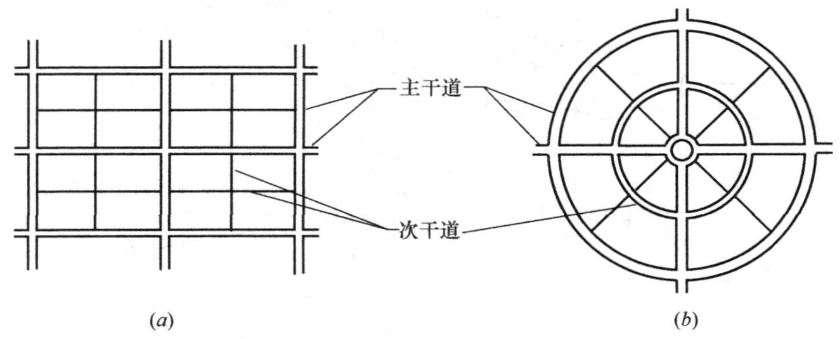

图 2-1　城市干道网类型

（*a*）方格网式；（*b*）放射环式

2. 放射环式

如图 2-1*b* 所示，其由市中心向四周引出若干条放射干道，并在各条放射干道间连以若干条环形干道。优点是有利于市中心区与各分区、郊区、市区外围相邻各区之间的交通联系，道路功能明确。缺点是容易将各方向交通引至市中心，造成市中心交通过于集中，交通灵活不如方格网式，适用于大、特大城市。

3. 自由式

如图 2-2 所示，一般结合地形变化呈不规则形状。优点是不拘一格，充分结合自然地形、线形生动活泼；对环境和景观破坏较小，可节约工程造价。缺点在于绕行距离较大，不规则街坊多，建筑用地较分散。适用地形起伏较大的山区及丘陵地带城市。

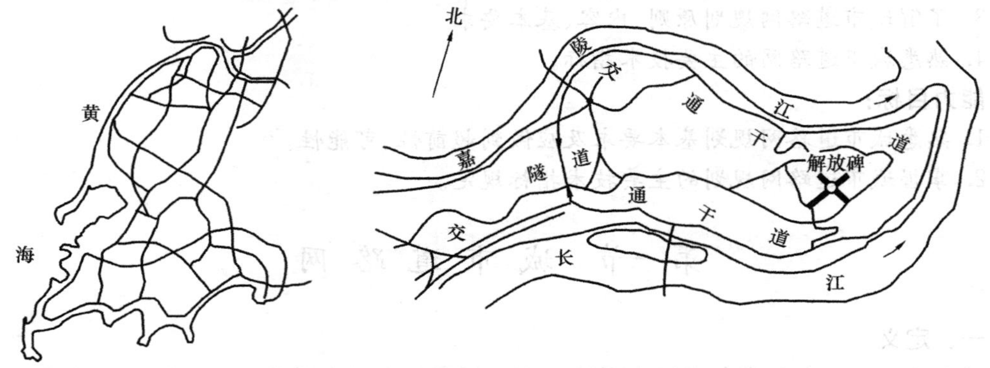

图 2-2　自由式道路网示意图

4. 混合式

如图 2-3 所示，其根据城市发展的实际需要逐步形成，有利于因地制宜，扬长避短，合理组织分配交通。

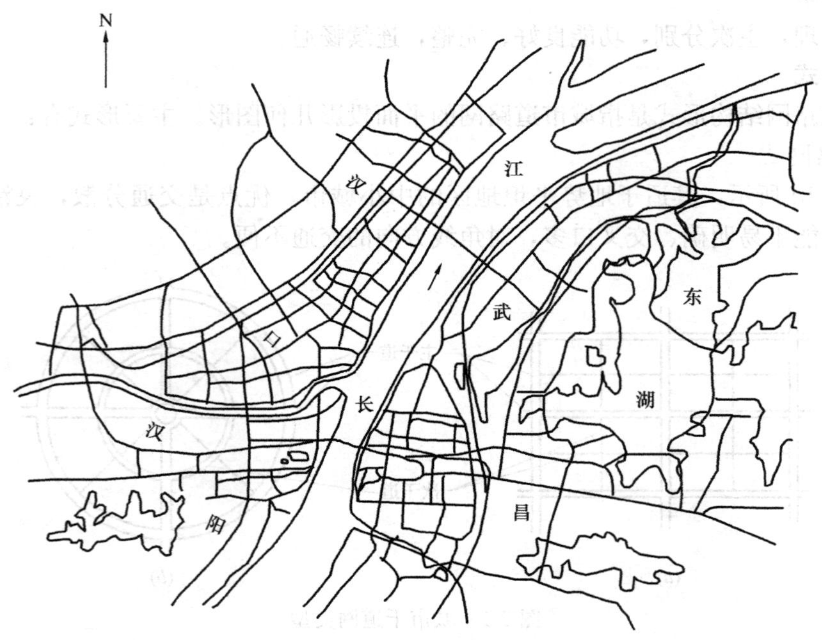

图 2-3　混合式道路网示意图

第二节　城市道路网规划

一、原则

适应城市将来发展交通结构的变化和要求，具有一定的超前性；要认真考虑实施可能性。

二、内容

主要是四个确定：

（1）确定城市道路网结构形式。

（2）确定干道性质、走向及红线宽度。

（3）确定道路横断面形式、交叉口位置和形式。

（4）确定停车场布置以及绘制路网图和编写规划说明书等。

三、依据

（1）以城市交通规划中对城市客货运输的预测分析。

（2）以国家有关规范、编制办法为准绳，满足所要求的各项规划技术指标。

四、基本要求

除主要考虑城市用地功能分区和交通运输的要求外，要结合自然条件，考虑城市环境保护、建筑艺术布局，结合地面水的排除，管网布置以及铁路和其他各种人工构筑物的关系等，并且需要对现有道路网和建筑物等情况予以足够的重视。具体应满足如下：

1. 满足城市交通运输的要求

规划道路网时，应使所有道路主次分明，分工明确，并有一定的机动性，组成一个合理的交通运输网，从而使城市各区之间有安全、方便、迅速、经济的交通联系，主干路主要起“通”的作用，要求通过机动车具有较高的行车速度；次干路兼有“通”和“达”的功能，希望能具有较大的交通容量，对机动车行驶速度则不能有过高要求；支路主要起“达”作用，起到深入到城市各分区内部，交通过程中的集和散的功能。

路线短捷程度，可用曲线系数（指道路始、终点的实长与始、终点的空中距离之比）来衡量。一般交通干道曲线系数应小于1.4，最好为1.1～1.2。

联系各分区的必要干道不少于2条，可用干道网密度（交通干道总长度与所在地区面积之比）来体现。平原城市干道密度为2.5～1.66km/km^2，相当于交通干道间距为800～1200m最为恰当；山区城市由于地形起伏变化大、坡陡，交通干道不可能很宽，需要多辟平行干道，因此干道密度大，如重庆市规划干道密度为4.6km/km^2。

干道系统应尽可能简单、整齐、醒目，以便行人和行驶车辆辨别方向和易于组织道路交叉口的交通。交叉口交叉道路应不超过4～5条，交叉角度不小于60°或大于120°，以免影响通行能力和交通安全。

2. 满足城市用地布局的要求

要密切结合城市用地布局，为城市发展创造良好条件。城市道路可成为划分分区、组团或多类城市用地的界限，形成城市用地分区布局的“骨架”，有利于组织城市的景观，结合城市绿化、水体、地貌等特征，形成自然、协调的城市风貌，给人以浓烈的生活气息、丰富的动感和美好的感觉。同时，布局应考虑城市建筑的通风、日照，因此主要道路走向应平行该城市夏季主导风向，也应有利抵御冬季寒风或夏季台风等灾害性风的正面袭击，还要为两侧建筑布置创造良好的日照条件。

3. 满足各种市政工程管线布置的要求

城市市政工程管线一般沿城市道路敷设，道路网规划应考虑和满足管线布置和埋设要求，必须满足道路上要埋设的各种管线，并给予合理安排。

4. 满足城市环境与景观的要求

道路与城市环境的结合表现在城市景观的要求上，道路系统要与自然环境、绿地、水面、城市主体建筑、广场、名胜古迹等组成一个有机的整体，体现出社会主义现代化城市整洁、壮丽、优美的面貌。

5. 满足其他有关要求

路网规划还应满足地面排水的要求；当有河流与干道交叉时，还应注意桥位选择；当有铁路主干道时，要注意用立体交叉。

五、主要技术指标

1. 道路网密度（δ_i）

（1）定义：城市道路中心线总长度与城市用地总面积之比。

（2）计算式：

$$\delta_i = \Sigma L_i / \Sigma A \quad (\mathrm{km/km^2}) \tag{2-1}$$

式中 δ_i ——第 i 类道路网密度，分别对应为快速路，主干路，次干路，支路；

ΣL_i ——第 i 类道路中心线总长度（km）；

ΣA ——城市用地总面积（$\mathrm{km^2}$）。

（3）《城市道路交通规划设计规范》GB 50220—1995 规定指标值见表 2-1、表 2-2。

大、中城市道路网密度指标表 **表 2-1**

	城市规模与人口（万人）		快速路	主干路	次干路	支路
道路网密度（$\mathrm{km/km^2}$）	大城市	＞200	0.4～0.5	0.8～1.2	1.2～1.4	3～4
		≤200	0.3～0.4	0.8～1.2	1.2～1.4	3～4
	中等城市		—	1～1.2	1.2～1.4	3～4

小城市道路网密度指标表 **表 2-2**

	城市人口（万人）	干路	支路
道路网密度（$\mathrm{km/km^2}$）	＞5	3～4	3～5
	1～5	4～5	4～6
	＜1	5～6	6～8

2. 道路面积密度（γ）

（1）定义：城市各类各级道路占地面积与城市总面积之比。

（2）计算式：

$$\gamma = \Sigma(L_i \times B_i)/\Sigma A \tag{2-2}$$

式中　L_i——第 i 类道路长度；

B_i——第 i 类道路宽度；

ΣA——城市用地总面积（包括广场，停车场面积）。

（3）《城市道路交通规划设计规范》GB 50220—1995 规定，γ 应在 8%～15%之间，对规划人口在 200 万人以上的大城市，γ=15%～20%。

3. 人均占有道路用地面积（λ）

（1）定义：城市用地面积与城市总人口之比。

（2）计算式：

$$\lambda = \Sigma(L_i \times B_i)/N \tag{2-3}$$

式中　N——城市总人口（人），其他符号同前。

（3）GB 50220 规定，λ 为 7～15m^2/人，其中道路用地面积 6～13.5m^2/人，广场面积为 0.2～0.5m^2/人，公共停车场面积为 0.8～1m^2/人。

4. 非直线系数（ρ）

（1）定义：道路起、终点实际长度与其空间直线距离之比。

（2）计算式：

$$\rho = \Sigma L_{实} / \Sigma L_{空} \tag{2-4}$$

式中　$L_{实}$——道路起、终点实际长度；

$L_{空}$——道路起、终点空间长度。

（3）作用：衡量道路便捷程度指标。

（4）规定：交通干道非直线系数控制在 1.4 内，最好在 1.1～1.2 之间。

六、设计的一般程序

道路网是城市总体布局的重要组成部分，它不是一项单独的工程技术设计，而是受到很多因素的影响和制约的。规划时，首先要分析影响城市道路交通发展的外部环境，从社会政治、经济发展、人口增长、有关政策制定和执行，建设资金的变化等方面来确定城市道路交通发展的目标和水平，预估未年城市道路网络的客货流量、流向，确定道路网格布局、规模和位置等，并落实在图纸上。其一般规划设计方法如下：

1. 资料准备

路网规划应具备下列各种资料。

（1）城市地形图。地形图比例为 1∶20000～1∶50000，包括城市市界以内地区。

（2）城市区域地形图。地形图比例为 1∶50000～1∶100000，包括与本城相邻的其他城镇，能看出区域范围内城市之间关系，包括河湖水系、铁路、公路与城市的联系。

（3）城市发展经济资料。包括城市性质、发展期限、工业及其他生产发展规模，对外交通、人口规模、用地指标等。

（4）城市道路现状资料：

1）1∶500～1∶1000 的城市地形图，能够准确地反映道路平面线形、交叉口形状。

2）道路横断面图。

2. 道路网的规划

道路网的规划可分三阶段，即道路系统初步方案设计阶段、根据交通规划修改初步方案阶段和绘制道路系统图阶段。

（1）初步方案设计阶段

1）根据城市性质、人口发展与用地规模，考虑城市平面与空间结构，构思道路系统。

2）以重点解决交通问题，结合土地利用，同时设想其中的客货交通的产生、流动与组织，作出几个方案进行分析比较。

3）将选用道路系统构思方案落实到城市地形图上，在地形图上绘制，地形地物复杂的地区应到现场踏勘，决定道路走向。

4）初定路幅宽度：

① 根据保证建筑物日照、通风、防空、防火、防灾、防震、满足建筑艺术要求，并按 $H:B=1:2$，初步定出路幅宽度 B（其中 H 为邻街建筑物高度）。

② 根据交通运输的要求，地下管网布置，绿化布置，气候，地形和水文条件，改建时城市的现状条件等，结合路幅宽度，定出 B 值。

（2）修改初步方案阶段

1）根据城市用地布局，工业、仓库、居住点，对外交通站点、城市中心等相互之间的关系，分析货运、客运交通的产生、流动、分布和流量，推算 15～20 年交通量的发展，绘出交通流向、流量图。

2）根据来年交通流向流量图，对照修改部分方案。

3）根据道路系统是否经济合理，是否有利于城市发展，道路系统与公路、铁路、水运、航空等对外交通联系，道路建设投资与建成后的经济效益等，通过多方面分析比较，修改初步方案。

4）对重要的交通节点（干道交叉）进行详细研究，作方案设计，确定交叉的最佳形式和平面交叉或立体交叉的用地范围。

（3）绘制道路系统图阶段

1）绘制平面图。绘出干道中心线及控制线，一般应标明平面线形和竖向线形的主要控制点的位置和高程，绘出交通节点及交叉口平面形状。图纸比例为大中城市 1∶10000 或 1∶5000，横断面图应标出道路红线控制宽度、断面形式和尺寸，比例尺一般为 1∶500 或 1∶200。

2）绘制道路横断面图及规划方案说明。

整个道路系统规划设计工作作必要的方案说明，一般应包括设计的依据，规划的原则，各项指标及参数的确定，道路系统带来的交通及社会经济效益的简要分析结论，道路网分期实施方案以及其他需加以说明的事项等内容。

七、系统规划的评价

1. 定义

对已作出的一个或若干个备选规划方案进行综合效益的分析与评价。

2. 作用

(1) 研究其达到预期规划目标的可能性，为决策提供依据。

(2) 在评价中可发现方案的某些不完善之处，以便加以修改。

(3) 对备选方案进一步加深理解和认识，有助于对规划的总体目标、结构等宏观的、战略性的问题全面把握。

3. 内容

(1) 技术性能评价。即评价道路网的整体建设水平，道路网络布局质量、总体容量等，对道路交通设施质量和性能评价。

(2) 经济效益评价。从成本和效益两方面进行，即从直接和间接的费用组成进行评价。

(3) 社会环境影响。正面效应是可达性提高，促进生产、扩大市场、地位升高、改善景观等；负面效应包括交通公害、交通安全、社区阻隔、对视线视觉的影响、对日照和通风的影响等。

4. 原则

(1) 科学性。建立评价体系及评价指标需全面、真实，客观反映该城市道路交通性能及其影响。

(2) 可能性。需要在平等的可比价值体系下进行，同时应具有可测性，即建立在定量分析基础之上。

(3) 可行性。指标应定义确切，力求简明实用。

5. 道路网系统技术性能分析

(1) 城市道路系统与城市用地布局间的配合关系：

城市自身及各地用地布局规模、形态需一定的规模和形态的交通结构，而交通结构又要求与之相适应道路网结构。而这时需要：

1) 网结构形式应与城市性质、规模、形态相适应。

2) 城市各相邻组团间和跨组团的道路交通应解决。

3) 交通网结构应与城市用地布局产生的交通流量相一致，也应与各用地布局预测的交通适应。

4) 网系统要有利于城市建设与今后的发展起到支持和引导作用。

(2) 道路网与对外交通设施间的衔接配合关系：

1) 快速路网与城市高速公路及航空、铁路、水运等连接。

2) 快速路网与城外一般公路连接。

3) 快速路网与城外客运交通枢纽设施间的连接。

(3) 城市道路系统功能分工及结构合理性：

1) 城市道路系统功能分工应清晰，要与规划用地性质相适应。

2) 道路网结构应完整，与各类道路应合理连接。

3) 道路网络节点的选址、选型应合理处理。

（4）城市道路网中各级道路密度及与横断面布置关系：

1）各类各级道路网密度间应有合理的比例关系。对大城市的比例为：快速路网∶主干路网∶次干路网∶支路网≈1∶2∶3∶8。

2）各类各级道路的密度应满足国家有关规范要求，应与城市交通需求相适应。

3）各类各级道路横断面布置要有利于组织与引导交通流，应根据用地布局对道路通行能力的不同要求布置相应的横断面形式。同一条道路的不同路段可依需要布置不同的横断面形式，避免因横断面布置不当造成道路交通瓶颈。

（5）道路网的交通组织、控制与管理方案。

应考虑采取与道路网相配套的交通组织，控制与管理措施的合理性、适用性及先进性。

6. 思路与步骤

（1）思路按“目标、任务、指标、价值”进行。

1）把目标分解若干个评价项目（即任务）。

2）每个项目设定具体的指标，应侧重于社会效益与使用者效益。

（2）有一个共同的评价尺度。

（3）评价步骤见图 2-4、图 2-5。

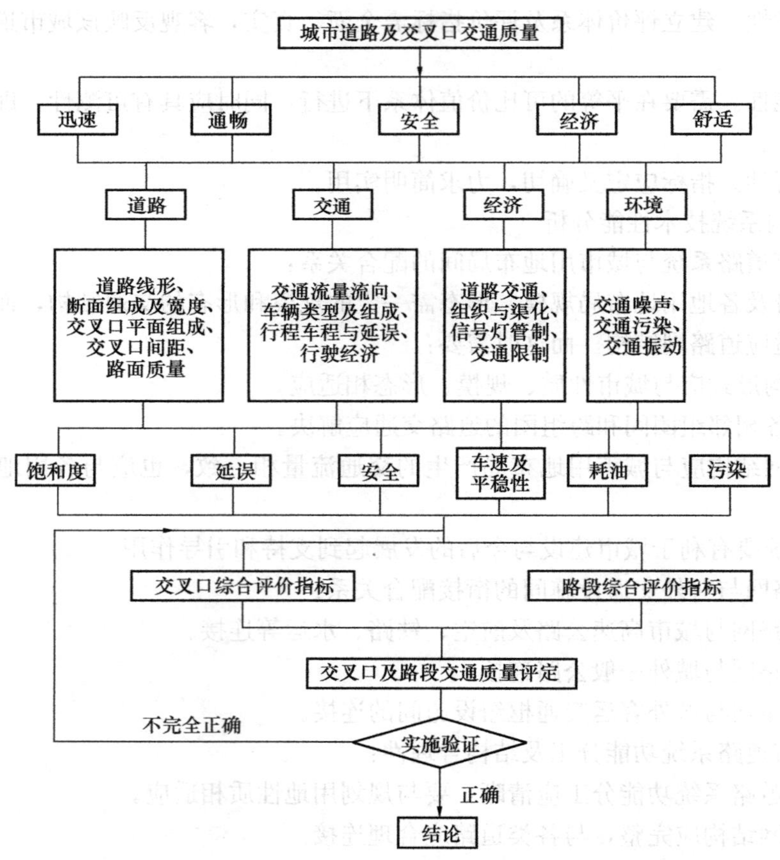

图 2-4　某城市道路交通质量评价体系

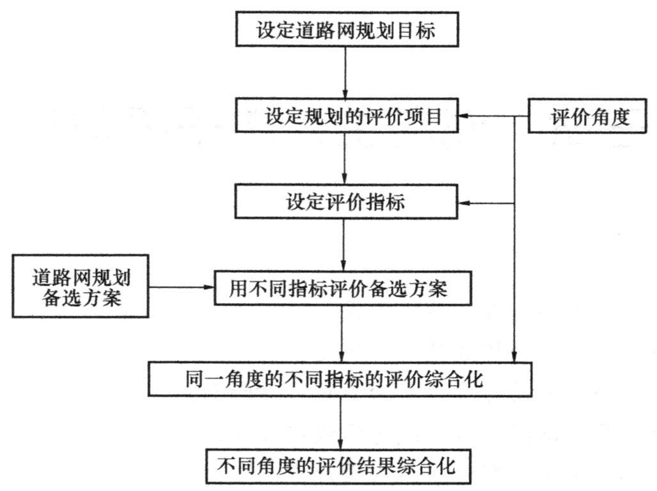

图 2-5　城市道路网规划评价一般步骤

思　考　题

1. 城市道路网的作用与要求是什么?
2. 城市道路网的基本结构及其优缺点有哪些?
3. 城市道路网规划的原则与内容和基本要求有哪些?
4. 城市道路网规划的主要技术指标有哪些?

第三章　城市主、次干路与支路

知识目标：

1. 了解城市道路横断面有五种路幅形式。
2. 熟悉城市道路横断面的组成及各自规定。
3. 了解城市道路横断面的标准横断面与施工横断面。
4. 熟悉城市道路平面图线形有直线与曲线组成及最小半径规定。
5. 了解城市道路的纵断面有地面线及设计线及竖曲线的组成。
6. 熟悉城市道路纵断面坡度、坡长、竖曲线的规定。
7. 掌握平曲线及竖曲线几何元素的计算公式。
8. 了解城市道路的平面、纵断面、横断面设计步骤与方法。
9. 了解无障碍步道体系规划与设计目的的原则要求。

能力目标：

1. 能进行城市道路线形进行设计。
2. 能进行城市道路的纵断面的设计。
3. 能根据城市道路纵断面图及平面图进行横断面设计。
4. 能对以上平面图进行无障碍步道设计。

第一节　横断面设计

每个城市中除快速路外，绝大多数是主干路、次干路与支路。它们要承受机动车、非机动车、人行三种交通流，因此在横断面上有相似之处。

一、横断面

（一）定义

横断面是道路中线上各点的法向切面。

（二）构成

由横断面上地面线与设计线包围着。

（三）名称

1. 地面线

横断面上表征设计前原地面上起伏变化的形状。

2. 设计线

横断面上表征设计后路面（包括人行道）起伏变化线，包括机动车道、非机动车道、分隔带、路侧带（人行道、绿化带、设施带）。

3. 设计

上述各种设计线各组成部分宽度、相对位置、横向坡度、相应标高等问题，（亦称为路幅设计），但一般在平面和纵断面设计之前进行，这是因为平面设计要受到道路网、道路红线规划宽度和沿街既有建筑物位置决定，而纵断面设计由于城市道路较平坦，较易解决。

二、横断面组成

（一）车行道

（1）定义：供各种车辆行驶的部分。

（2）分类：

1）机动车道。

2）非机动车道。

（二）人行道

供行人步行用的。

（三）分隔带

分隔各种车道或人行道的设施。

（四）附属设施

信号灯、标志、标线、安全护栏、照明设备、渠化交通岛、公交停靠站台、雨水排水系统（检查井）、地下管线。

三、横断面设计

（一）主要依据

道路红线宽度、道路功能、道路等级、交通组织方式、交通资料。服务功能，结合各种控制条件。

（二）任务

（1）确定道路各组成部分宽度。

（2）不同形式组合。

（3）相互之间位置和高差。

（三）要求

（1）保证车辆和行人交通的安全、畅通。

（2）与道路两侧各种建筑物及自然景观相协调，并满足地面、地下排水和其他各种管线埋设的要求。

（3）近、远期结合，使近期工程成为远期工程的组成部分，并预留某些规划远期管线断面位置，路面宽度及标高等均应留有发展余地。

（4）同一条道路上宜采用相同形式横断面，当道路横断面变化时应设置过渡段。

（5）主干路宜设四幅路或三幅路，次干路宜设单幅路或两幅路，支路宜设单幅路。

（四）类型

道路横断面类型如图 3-1 所示。

1. 单幅路（图 3-1*a*）

（1）适用建筑红线较窄（一般在 40m 以下），非机动车不多，各种车辆在车道上混合行驶，在用地困难、拆迁量较大地段以及出入口较多的商业性街道上可优先考虑，对非机动车较少的次干路、支路用地不足，旧城改建道路适用。

（2）交通组织方式：

① 画出快慢车道行驶分车线。快车和机动车辆在中间行驶，慢车与非机动车靠两侧

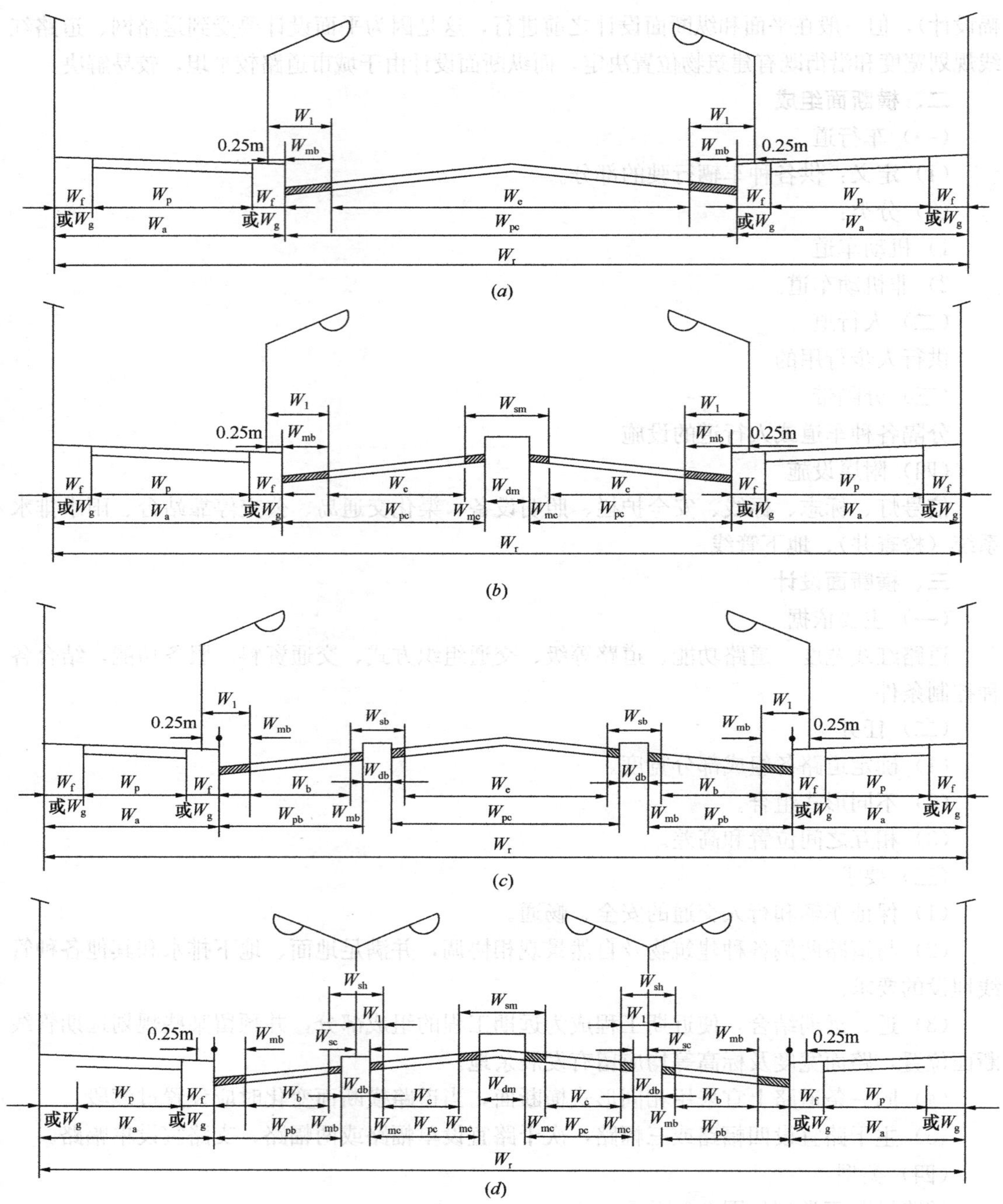

图 3-1　道路横断面图

形式。

② 不画分车线，车辆在不影响安全条件下予以调整。如只允许机动车单向行驶，限制载重汽车行驶，只允许小客车及公交车行驶；限制机动车行驶的步行街。

2. 双幅路（图 3-1*b*）

（1）俗称“两块板”断面。在车道中心用分隔带或分隔停将车行道分为两幅，上下行车辆分向行驶。各自再根据需要决定是否划分快、慢车道。

（2）在交通组织上起分流渠化作用，分向行驶。在对向行驶的车道上可划分快、慢分道线分流行驶，也可不划分道线，快、慢车混合行驶。

（3）适用于郊区快速干道（机动车辆多，非机动车少），可以减少对向机动车相互之间的干扰，特别是夜间行车。同时其对绿化、照明、管线敷设均较有利。也适用横向高差大或地形特殊的路段。

3. 三幅路（图 3-1 中 *c*）

（1）俗称“三块板”断面。其中间一幅为双向行驶的机动车车道，两侧分别为单向引驶的非机动车道。

（2）解决了城市交通中一个最大的交通矛盾，对交通安全有利。另外，在分隔带上进行绿化，有利于夏天遮阴防晒，减少噪声，设置公交站台和布置照明等，也有利于分期实施，适用红线宽度 40m 以上道路。

（3）特别适用机动车交通量大、非机动车多的城市，但对公交车停靠站上下的乘客穿越非机动车道比较不便，且占地多。

4. 四幅路（图 3-1*d*）

（1）俗称“四块板”断面。在三幅路的基础上，再将中间机动车部分用中央分隔带分隔为两幅，分向行驶。

（2）适用机动车速较高，机动车与非机动车交通量均大的快速路、主干路。

（3）其优点是不但将机动车与非机动车分开，还将对向行驶的机动车分开。在安全与车速较三幅路更有利，也利于地下管线敷设及非机动车采用较薄路面。但占地多，造价高。

5. 不对称路幅

（1）不对称路幅指断面形式不以道路中心为对称轴布置，主要适用地形限制、交通特点、交通组织等，将车行道、人行道、分隔带等设计成标高不对称、宽度不对称或上下行分隔设计，以适应特殊要求。这种不对称路幅常出现在江（河）边大道，大型立体交叉中和山城道路。

（2）设计时应从多方面因素综合考虑论证后采用。

（五）车行道

1. 定义

车行道是供各种车辆行驶部分的总称。

2. 宽度

（1）确定：根据设计车辆、设计车速、交通组成等情况确定。

（2）宽度：宽度＝设计车辆总宽度＋适应某一车速、某一侧向环境条件安全行驶所需的最小侧向距离的 2 倍。

《城市道路工程设计规范》CJJ 37—2012 规定的机动车道宽度见表 3-1。

机动车道宽度（m） **表 3-1**

车型及行驶状态	计算行车速度	车道宽度	车型及行驶状态	计算行车速度	车道宽度
大型车或混行车道	＞60	3.75	小客车专用车道	＞60	3.50
	≤60	3.50		≤60	3.25

3. 平曲线车道加宽及其过渡

(1) 加宽度计算：汽车行驶在曲线上，车轮迹半径不同，以内侧后轮轨迹半径最小且偏向曲线内侧，故在曲线内侧应增加路面宽度。

① 静态加宽：

普通汽车加宽值 $$b_{单} = A^2/2R \tag{3-1}$$

半挂车加宽值 $$b = b_1 + b_2 = \frac{A_1^2 + A_2^2}{2R} \tag{3-2}$$

式中 A——汽车后轴至前保险杠的距离（m）；

A_1——索引车保险杠至第二轴距离（m）；

A_2——第二轴至拖车最后轴的距离（m）；

R——曲线半径。

② 动态加宽：车辆在曲线上行驶其横向摆动值：

$$b' = 0.005V/\sqrt{R} \tag{3-3}$$

③ 圆曲线加宽（见表 3-2）。

城市道路圆曲线每条车道的加宽（m） **表 3-2**

车型 \ 圆曲半径	200＜R≤250	150＜R≤200	100＜R≤150	60＜R≤100	50＜R≤60	40＜R≤50	30＜R≤40	20＜R≤30	150＜R≤20
小型汽车	0.28	0.3	0.32	0.35	0.39	0.4	0.45	0.6	0.7
普通汽车	0.4	0.45	0.60	0.7	0.9	1.0	1.3	1.8	2.4
铰接车	0.45	0.55	0.75	0.95	1.25	1.5	1.9	2.8	3.5

(2) 加宽值的过渡方式：

为使路面由直线上的正常宽度过渡到平曲线路段加宽后的宽度。设加宽缓和段。

① 直线过渡：

$$b_x = L_x b/L \tag{3-4}$$

式中 L_x——任意点距缓和段起点的距离（m）；

L——加宽缓和段长度；

b——曲线上全加宽值。

② 高次抛物线过渡：

$$b_x = (4K^3 - 3K^4)b \tag{3-5}$$

式中：$K=\frac{L_x}{L}$，其余符号不同

③ 回旋线过渡：在加宽缓和段内侧边缘重新设计一条回旋线。它用于：大城市近郊的高速公路，一级公路与城市快速路，桥梁，立交桥，高架桥，挡土墙，隧道等构造物路段和设置各种安全防护设施且美观要求的路段。

④改进直线过渡：

$$b_x = L_x b/L - b/4TL(L_x - L + T)^2 \tag{3-6}$$

式中，T 是二次抛物线切线长，当 L＞50m 时，取 T=10m；当 L＜50m 时，T=5m。

（3）加宽缓和段长度：

对设有缓和曲线的平曲线，加宽缓和段应采用与缓和曲线相同长度，对不设缓和曲线，但设超高缓和段的平曲线，可采用与超高缓和段相同的长度，即不设缓和曲线，又不设超高平曲线，加宽缓和段应按渐变率为 1∶15 且长度＞10m 要求设置。

（六）路肩、分车带、路侧带与路缘石

1. 路肩

（1）定义：位于行车道外缘至路基边缘，具有一定宽度的带状结构部分。

（2）作用：

① 具有保护及支撑路面结构作用。

② 供发生故障的车辆临时停放用，有利于防止交通事故和避免交通紊乱。

③ 增加路宽度。因为侧向余宽对保证设计车速及增强驾驶员的安全。

④ 提供养护作业，埋设地下管线场地，对不分人行道路土可供非机动车及人使用。

⑤ 增加道路美观。

（3）分类：

① 硬路肩。进行铺装的路肩（混凝土或沥青混凝土）便于汽车、非机动车和人通行，但填方地段土路肩边缘应设缘石。一般设计行车速度≥40km/h 时应设。

② 土路肩：不加铺装的土质路肩。起保护路基、路面作用，并提供侧向余宽，及为护栏、栏杆、电线杆、交通标志牌等设置场地，要求最小宽度为 0.5m。

（4）要求：

① 双幅路或四幅路中间具有排水沟的断面，还应设置左侧路肩。

② 露肩宽度根据条件可采用 0.75～4m，最窄≥0.5m。

2. 分车道

（1）中间道：

① 定义：中间道由两条左侧路缘带和中央分隔带组成。

② 作用：

a. 将上下行机动车流分开，可防止车祸及减少交通阻力。

b. 可作为设置交通标志牌及其他管理设施的场地。

c. 种植花草灌木或防眩网，防止对向车辆灯光眩目，令起到美化环境作用。

d. 提高行车的安全及舒适，保护行车部分路面的结构。

③ 宽度规定：按《城市道路工程设计规范》CJJ 37—2012 规定：

a. 一般情况下应保持等宽，最小宽度为 2～3m；需变宽的，其设置的过渡段长度应在所设回旋线内且长度与其相等。宽度大于 4.5m 的中间带宜设在半径较大的平曲线内。

b. 左侧路缘带常用宽度为 0.25m 或 0.5m。

④ 开口：为便于养护作业和某些车辆在必要时驶向对向车道，应按一定距离设开口。

a. 应设在互通式立体交叉、隧道、特大桥、服务区等设施前后及直线上，曲线半径大于 700m，在通视条件良好的路段。

b. 开口最小之间距离大于 300～400m。

c. 开口最小长度为 6m。

d. 开口形状：对于窄的分隔带（＜3m）用半圆形；宽的分隔带（＞3m）用弹头形。

⑤ 绿化规定：中央分隔带宽＞4.5m 时种草皮，栽灌木；宽＜4.5m 可铺面封闭。

(2) 两侧带：

① 定义：两侧带是布置在横断面两侧的分车带。

② 作用：分隔机动车道与非机动车道。

③ 适用："三块板"与"四块板"的横断面。

④《城市道路工程设计规范》CJJ 37—2012 规定：最小宽度为 2～2.5m。

(3) 分车带最小宽度见表 3-3。

分车带最小宽度表　　　　表 3-3

类别		中间带		两侧带	
设计速度（km/h）		≥60	＜60	≥60	＜60
路缘带宽度（m）	机动车道	0.5	0.25	0.5	0.25
	非机动车道	—	—	0.25	0.25
安全带宽度（m）	机动车道	0.25	0.25	0.25	0.25
	非机动车道	—	—	0.25	0.25
侧向净宽（m）	机动车道	1.0	0.5	0.75	0.5
	非机动车道	—	—	0.5	0.5
分隔带最小宽度（m）		1.5	1.5	1.5	1.5
分车带最小宽度（m）		2.5	2.0	2.5 (2.25)	2.0

注：1. 侧向净宽为路缘带宽度与安全带宽度之和。
2. 两侧带分隔带宽度中，括号外为两侧均为机动车时取值，括号内数值为一侧机动车道，另一侧为非机动车道时取值。
3. 分隔带最小宽度系按设施带宽度为 1m 考虑。

3. 路侧带

(1) 定义：路侧带是车行道边缘至红线间的范围，包括人行道、绿化带、公用设施带等。

(2) 组成：

① 人行道：人行道是供行人步行之用，常用步道砖铺设。其宽度计算式为：

$$W_p = N_W / N_{wl} \tag{3-7}$$

式中　N_W ——人行道高峰小时行人流量（人/h）；

N_{wl} ——1m 宽人行道的设计行人通行能力[人/(h·m)]。

人行道最小宽度见表 3-4。

人行道最小宽度表　　　　表 3-4

项　目	最小宽度（m）		项　目	人行道最小宽度（m）	
	一般值	最小值		一般值	最小值
各级道路	3	2	火车站、码头附近	5	4
商业或文化中心区以及大型商店或大型公共文化机构集中路段	5	4	长途汽车站	4	3

② 绿化带：

在人行道上靠车行道一侧种植行道树。行道树株距一般为 4～6m，树池规格为 1.5m×1.5m 或 1.2m×1.8m。

若路侧带较宽也可设置专门的绿化带，其中种植草或花卉、灌木，以美化环境。

③ 设施带：

设施带宽度包括设置行人护栏，照明灯柱，标志牌杆柱，信号灯杆柱等宽度。其常用宽度：护栏 0.25～0.5m，杆柱 1～1.5m。

(3) 宽度：路侧带宽度＝为人行道宽＋绿化带宽＋设施带宽

一般认为，道路宽：单侧路侧带宽＝5∶1～7∶1。

4. 路缘石（俗称道牙）

(1) 定义：路缘石是设置在路面与其他构造物之间的标石。

(2) 位置：分隔带与路面之间或人行道与路面之间。

(3) 形状：立式、平式、斜式。

(4) 尺寸：立式：一般高出路面 12～20cm，厚 10～15cm，长×宽＝80cm×20cm。

平式：一般与路面平，尺寸 100cm×(20～30)cm×12.5cm。

5. 非机动车道

(1) 一条非机动车道宽度符合表 3-5 规定。

一条非机动车道宽度　　　表 3-5

车辆种类	自行车	三轮车
非机动车道宽度（m）	1.0	2

(2) 与机动车道合并设置的非机动车道数单向不应小于 2 条，宽度大于 2.5m。

(3) 非机动车道专用道路宽度应包括非机动车道宽度及两侧路缘带宽度，单向大于 3.5m，双向大于 4.5m。

(4) 主干路非机动车道应与机动车道分隔设置；当次干路设计车速大于或等于 40km/h 时，非机动车道应与机动车道分隔设置。

(5) 非机动车专用路的设计速度宜用 15km/h～20km/h，并应设置相应交通安全、排水、照明、绿化等设施。

（七）路拱与超高

1. 路拱

(1) 定义：

路拱是路面表面做成中央高两边低的拱形。路拱坡度以百分率表示。

(2) 作用：排除路面上的雨水，但不利于行车，给乘客不舒适感觉。

(3) 坡度：取决于路面类型及当地的自然降水条件。常用坡度见表 3-6。

路拱坡度表　　　表 3-6

路面类型	水泥混凝土、沥青混凝土路面	其他黑色路面 整齐石块	半整齐石块 不整齐石块	碎、砾石等 粒料路面	低级路面
横坡度	1%～2%	1.5%～2.5%	2%～3%	2.5%～3.5%	3%～4%

注：人行道横坡宜采用单面坡，坡率为 1.5%～3%。

（4）形式：

①抛物线；②直线接抛物线；③折线形。

2. 超高

（1）定义：超高是在曲线路段将路面做成外侧高内侧低的单向横坡形式（图 3-2）。

（2）作用：减小车辆在曲线上行驶产生的离心力，提高汽车在曲线上行驶的稳定性与舒适性。

（3）横坡度：CJJ 37—2012 规定超高横坡值见表 3-7。

最大超高横坡度　　**表 3-7**

行车速度（km/h）	最大横坡度（%）
100、80	6
60、50	4
40、30、20	2

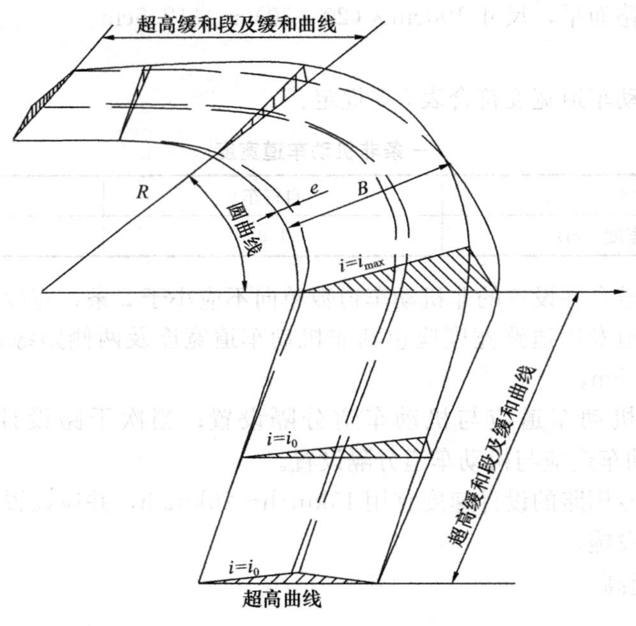

图 3-2　曲线超高

（4）超高缓和段或超高过渡段：

1）定义：由曲线上的双向路拱横坡渐变到圆曲线上的单向横坡路段。

2）纵向过渡：

纵向过渡通常采用超高设计图（图 3-3），该图以超高旋转轴为横坐标轴，其上按比例标注超高缓和段上各点桩号，纵坐标为道路中心线，道路边缘线与超高旋转轴之间的相对高差。为方便图解，纵坐标比例尺应比横坐标适当放大。图 3-4 为一幅路中轴旋转超高设计纵、横断面关系示意图。

过渡形式是指道路内、外侧边缘线 S'，S'' 相对高程沿里程变化形式，即常用的形

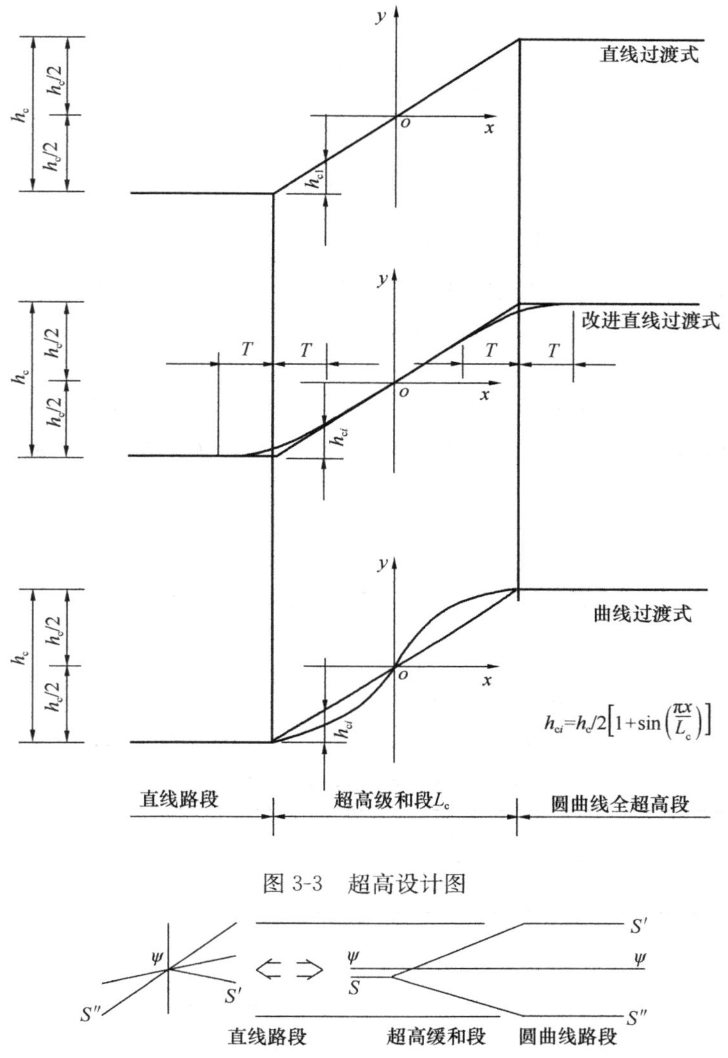

图 3-3 超高设计图

图 3-4 超高设计纵、横断面关系示意图

式有直线过渡式，但在缓和段的起、终点处存在明显的纵向折曲，车辆高速通过时会产生瞬时横向摆动和冲击效应。为改善这种状况，不利用“改进直线过渡式”与“曲线过渡式”。

3）横向过渡：包括两种：

① 无中间带道路的超高过渡

无中间带道路车行道，在直线路段均为路拱形式的双坡横断面，而在设超高的平曲线路段则为单坡断面。这就应按路面外侧先逐渐抬高，至路拱坡度后变成单坡（图 3-5），再绕旋转轴旋转直至超高横坡度。

常用的超高旋转过渡方式有：

a. 绕内侧边缘旋转。先将外侧车道绕中线旋转，待达到与内侧车道构成单向坡度后，整个断面再绕未加宽前的内侧车道边缘，直到超高坡读值，见图 3-6*a*，常用于新建道路。

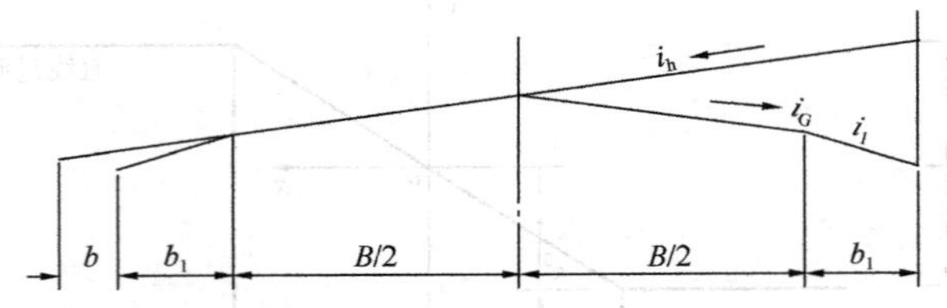

图 3-5　超高值等于路拱时的过渡

b. 绕中线旋转。计算公式见表 3-8。先将外侧车道绕路旋转，待达到与内侧车道构成单向横坡后，整个断面绕中线旋转，直到超高横坡度，见图 3-6*b*，用于改建道路。计算公式见表 3-9。

c. 绕外边缘旋转。先将外侧绕外边缘旋转，与此同时，内侧停车道随中线的降低而降低，待达到单向横坡后，整个断面仍绕外侧车道边缘旋转，直至超高横坡度，见图3-6*c*，因而改善道路。

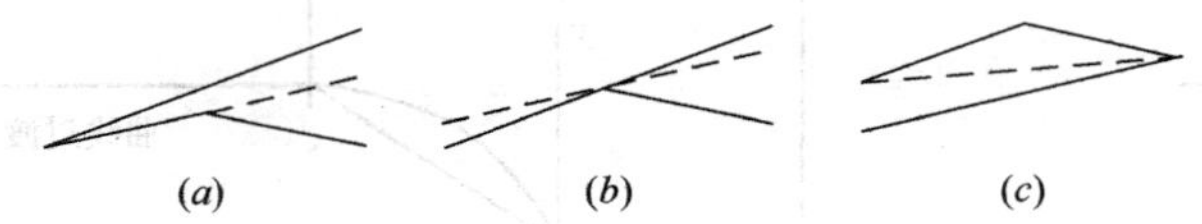

图 3-6　无中间带道路超高的过渡方式
(*a*) 绕内侧边缘旋转；(*b*) 绕中线旋转；(*c*) 绕外侧边缘旋转

绕内边线旋转超高值计算公式　　**表 3-8**

超高位置		计算公式		备　注
		$x \leqslant x_0$	$x > x_0$	
圆曲线	外缘	$b_j i_j + (b_j + B) i_j$　(3-8a)		1. 计算结果均为与设计高之高差。 2. 临界断面距超高缓和段起点：$x_0 = \frac{i_z}{i_y} \cdot L_c$ 3. 加宽值 b_x 按加宽计算公式计算
	中线	$b_j i_j + B/2 i_y$　(3-8b)		
	内线	$b_j i_j - (b_j + b_w) i_x$　(3-8c)		
过渡段	外缘	$b_j (i_j - i_z) + [b_j i_z + (b_j + B) i_j] \frac{x}{L_c}$　(3-9a)		
	中线	$b_j i_j + B/2 i_y$	$b_j i_j + B/2 \cdot \frac{x}{L_c} \cdot i_y$　(3-9b)	
	外缘	$b_j i_j - (b_j + b_w) i_z$	$b_j i_j - (b_j + b_w) \frac{x}{L_c} \cdot i_y$　(3-9c)	

绕中线旋转超高值计算公式 **表 3-9**

<table>
<tr><td colspan="2" rowspan="2">超高位置</td><td colspan="2">计算公式</td><td rowspan="2">备 注</td></tr>
<tr><td>$x\leqslant x_0$</td><td>$x>x_0$</td></tr>
<tr><td rowspan="3">圆曲线</td><td>外缘</td><td colspan="2">$b_j(i_j-i_z)+(b_j+B)(i_z+i_y)$ (3-10a)</td><td rowspan="6">1. 计算结果均为与设计高之高差。
2. 临界断面距超高缓和段起点：$x_0=\frac{2i_z}{i_z+i_y}\cdot L_c$
3. 加宽值 b_x 按加宽计算公式计算。</td></tr>
<tr><td>中线</td><td colspan="2">$b_ji_j+B/2i_z$ (3-10b)</td></tr>
<tr><td>内线</td><td colspan="2">$b_ji_j+B/2i_z-(b_j+B/2+b_w)i_y$ (3-10c)</td></tr>
<tr><td rowspan="3">过渡段</td><td>外缘</td><td colspan="2">$b_j(i_j+i_z)+(b_j+B/2)(i_z+i_y)\frac{x}{L_c}$ (3-11a)</td></tr>
<tr><td>中缘</td><td colspan="2">$b_ji_j+B/2i_z$ (3-11b)</td></tr>
<tr><td>外缘</td><td>$b_ji_j-(i_j+b_x)i_z$</td><td>$b_ji_j+B/2i_z-(b_j+B/2+b_x)\left(\frac{i_z+i_y}{L_c}-i_z\right)$ (3-11c)</td></tr>
</table>

表 3-6、表 3-7 中 B——行车道宽度（m）；

b_j——路肩宽度（m）；

b_w——圆曲线加宽值（m）；

b_x——x 距离处的加宽值；

i_y——超高横坡度；

i_z——路拱横坡度；

i_j——路肩横坡度；

x_0——与路拱同坡度的单向超高点至超高缓和段起点的距离；

x——超高缓和段中任意一点至超高缓和段起点的距离（m）。

【例 3-1】 某新建二级公路，设计速度 40km/h，其中一平曲线半径 $R=150$m，缓和曲线 $L_s=70$m，路面宽度为 $B=7$m，路肩宽为 0.75m，路拱坡度为 $i_z=2\%$，路肩坡度 $i_j=3\%$。该曲线的主要桩号：ZH＝K1＋098.665，QZ＝K1＋131.659，YH＝K1＋164.653，HZ＝K1＋234.635。

试计算各主点桩及下列桩号 K1＋040；K1＋070；K1＋180；K1＋210 处横断面内外侧和路中线三点的超高值（设计高为路基边缘）。

【解】 1. 确定超高缓和段长度：

根据公路等级、设计车速和平曲线半径查圆曲线的超高值，$i_y=5\%$，新建道路一般采用绕边线旋转，超高渐变率 $P=1/100$，所以超高缓和段长度 $L_c=\frac{B'\cdot\Delta_i}{p}=\frac{7\times5\%}{1/100}=35$（m），而缓和曲线 $L_s=70$m，先取 $L_c=L_s=70$m，然后检查横坡从路拱坡度（－2%）过渡到超高横坡（2%）时的超高渐变率 $P=\frac{3.5\times[2\%-(-2\%)]}{x_0}=\frac{3.5\times4\%}{28}=\frac{1}{200}>\frac{1}{330}$，所以取 $L_c=L_s=70$m。

2. 计算临界断面：$x_0=\frac{i_z}{i_y}\cdot L_c=\frac{2\%}{5\%}\times70=28$（m）。

3. 计算个桩号处的超高值：

超高起点为 ZH（或 HZ）点，分别计算出 x 值后，分别代入上面的表 3-6、表 3-7 计算公式中，加宽过渡采用比例过渡，加宽值 $b=1$（m）。土路肩在超高起点前 1m 变成与路面相同的坡度，且在整个超高过渡段保持与相邻行车道相同的横坡。计算结果见表 3-10。

超高值计算表 **表 3-10**

桩号	x（m）	加宽值 b_x	外侧超高值	中线超高值	内侧超高值
K1+028.665(ZH)	0.000＜x_0=28	0.000	0.008	0.093	0.008
+040	11.335＜x_0=28	0.162	0.073	0.093	0.004
+070	41.335＞x_0=28	0.591	0.245	0.126	−0.017
+098.665(HY)		1.000	0.410	0.198	−0.065
+131.659(QZ)		1.000	0.410	0.198	−0.065
1+164.653(YH)		1.000	0.410	0.198	−0.065
+180	54.653＞x_0=28	0.781	0.332	0.159	−0.037
+210	24.653＜x_0=28	0.352	0.149	0.093	0.000
+234.653(HZ)	0.000＜x_0=28	0.000	0.008	0.093	0.008

② 有中间带道路的超高过渡

a. 绕中间带的中心线旋转。先将外侧车行道绕中间带的中心线旋转，待达到与内侧车行道构成单向坡度后，整个断面一同绕中心线旋转，直至超高横坡度值。这时中央分隔带呈倾斜状，见图 3-7a。

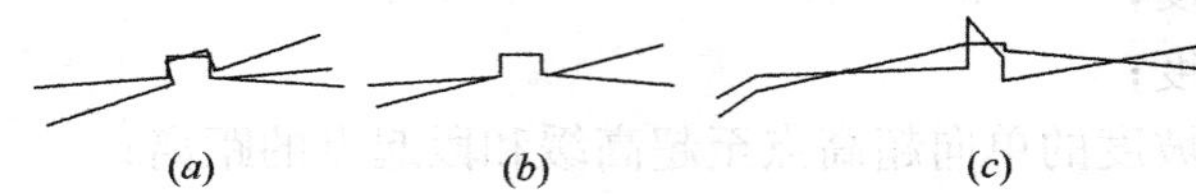

图 3-7 有中间带道路超高的过渡方法

（a）绕中间带的中心线旋转；（b）绕中央分隔带边缘旋转；（c）绕各自车行道中线旋转

b. 绕中央分隔带边缘旋转。将两侧车行道分别绕中央分隔带边缘旋转，使之各自成为独立的单向超高断面。此时中央分隔带维持原水平状态，见图 3-7b。计算公式见表 3-12。

c. 绕各自车行道中线旋转。将两侧行车道分别绕各自的中心线旋转，使之各自成为独立的单向超高断面。此时中央分隔带两边分别升高或降低而成为倾斜断面，见图 3-7c。

注：中央带宽度≤4.5m 的可用图中（a）法；各种中间带宽度均可采用图中（b）法；车道数大于 4 条的可用图中（c）法。对分隔式断面的道路的超高设置均可按两条无分隔带的道路分别予以处理。

4）缓高缓和段长度

① 计算式：

$$L_c = \beta\Delta_i / p \tag{3-12}$$

式中 β——旋转轴至车行道（设路缘带时为路缘带）外侧边缘宽度（m）；

Δ_i——超高坡度与路拱坡度代数差（%）；

p——超高渐变率。即旋转轴线与车行道（设路缘带时为路缘带）外侧边缘线之间的相对坡度，其值见表 3-11。

超 高 渐 变 率 **表 3-11**

设计车速（km/h）	80	60	50	40	30	20
超高渐变率	1/150	1/125	1/115	1/100	1/75	1/50

绕中央分隔带边缘旋转超高计算公式 表 3-12

超高位置		计算公式	行车道横坡值	备 注
外侧	C	$(b_1+B+b_2)i_x$	$i_x=\frac{i_z+i_y}{L_c}\cdot x-i_z$	1. 计算结果均为与设计高之高差。 2. 设计高程为中央分隔带外侧边缘高程。 3. 加宽值 b_x 按加宽计算公式计算。 4. 当 $x=L_c$ 时，为圆曲线上超高值
	D	0		
内侧	D	0	$i_x=\frac{i_y-i_z}{L_c}\cdot x+i_z$	
	C	$-(b_1+B+b_x+b_2)i_x$		

【例 3-2】 某新建道路，设计车速为 120km/h，其中某一平曲线半径 $R=200$m，缓和曲线 $L_s=180$m，曲线左偏，距路幅宽度组成为 2×(1.5+0.75+7.5+3.25+0.75)m，其中外侧路缘带宽 0.5m，包括 3.25m 的硬路肩内，路拱坡度 $i_z=2\%$，路肩坡度 $i_j=3\%$。该曲线的主要桩号分别为：ZH=K3+244.691，HY=K3+424.691，QZ=K3+919.271，YH=K4+413.852，HZ=K4+593.852。试计算各主点及桩号 K3+340，K3+400，K4+460，K4+510 处的横断面上中央分隔带（D）、外侧路肩带边缘（C）、硬路肩外侧边缘（B）、路基外侧边缘（A）共 8 个点的超高值（设计高的位置为中央分隔带边缘）。

【解】 1. 确定超高缓和段长度

（1）根据道路等级，设计速度和平曲线半径查表得圆曲线的超高值 $i_y=4\%$，现采用绕中央分隔带边缘旋转，超高渐变率 $p=1/200$，因此 $L_c=\frac{B'\Delta_i}{p}=\frac{(0.75+7.5+0.5)(4\%+2\%)}{1/200}=105(\text{m})$，缓和曲线 $L_s=180\text{m}>L_c=105\text{m}$，取 $L_c=180$m 时，横坡从路拱坡度（−2%）过渡到超高横坡（2%）时的超高渐变率：

$$p=\frac{8.75\times(4\%+2\%)}{180}\approx\frac{1}{342.8}<\frac{1}{330}$$

（2）又因为不设超高的半径为 5500m，因此距 ZH 点的距离为：

$$L=\frac{A^2}{5500}=\frac{2000\times180}{5500}=65.45\text{m}$$

根据此条件确定的超高缓和段长度为：180−65.45=114.54m，取整数为 115m，此时横坡从路拱坡度（−2%）过渡到超高坡度（2%）时的超高渐变率：

$$p=\frac{8.75\times(4\%+2\%)}{115}\approx\frac{1}{219}<\frac{1}{330}$$

满足排水的要求且满足不设超高的曲率半径的要求，所以取 $L_c=115$m，综合上面（1）与（2）后，取 $L_c=115$m。

2. 计算各桩号处的超高值：

超高起点为 K3+309.691（K4+528.852）。直线段的硬路肩坡度与行车道相同，为 2%；土路肩为 3%。圆曲线内侧的土路肩、内外侧的硬路肩坡度与行车道的坡度相同，均为 4%；外侧的土路肩坡度为−3%（即向路面外侧）。内侧土路肩坡度过渡段的长度为：

$$l_{0内}=\frac{(35-2\%)\times 0.75}{1/100}=0.75\text{m}$$

所以取 l_0＝1m，内侧土路肩坡度在超高缓和段起点之前（即 K3＋308.69～K3＋309.691、K4＋528.852～K4＋529.852 段内完成路肩的过渡）变成－3%；与路面横坡相同。

分别计算出各桩号距离超高起点的 x 值，然后分别代入上表 3-10 的计算公式中。结果见表 3-13。

超 高 计 算 值　　　　**表 3-13**

桩　号	x (m)	内侧（左侧）(m)				外侧（右侧）(m)			
		A	B	C	D	A	B	C	D
K3＋244.691(ZH)	直线段	－0.253	－0.23	－0.175	0.000	0.000	－0.175	－0.23	－0.253
＋340	30.309	－0.315	－0.291	－0.221	0.000	0.000	－0.037	－0.048	－0.071
＋400	90.309	－0.441	－0.411	－0.312	0.000	0.000	0.237	0.312	0.289
＋424.691(HY)	圆曲线	－0.49	－0.46	－0.35	0.000	0.000	0.35	0.46	0.438
＋919.271(QZ)	圆曲线	－0.49	－0.46	－0.35	0.000	0.000	0.35	0.46	0.438
K4＋413.852(YH)	圆曲线	－0.49	－0.46	－0.35	0.000	0.000	0.35	0.46	0.438
＋460	68.852	－0.398	－0.368	－0.28	0.000	0.000	0.139	0.183	0.161
＋510	18.852	－0.298	－0.268	－0.204	0.000	0.000	－0.089	－0.117	－0.139
＋593.852(HZ)	直线段	－0.253	－0.23	－0.175	0.000	0.000	－0.175	－0.23	－0.253

（八）设计方法与步骤

1. 横断面设计

在平面设计、纵断面设计完成标准断面图后进行。

2. 标准断面图（或称典型断面图）

（1）标准断面图是一条道路上可能出现的道路断面形式。

（2）标准断面图应按照城市道路交通性质、地形条件及近远期相结合原则确定的断面组成和宽度后才能绘制。

（3）标准断面图有：路堤式、路堑式、半堤半堑式。

（4）设计图采用比例尺为 1∶100 或 1∶200，图上应绘出红线，行车道、人行道、绿化带的宽度，同时应标明新建或改建的各种地下管线位置和宽度以及排水方向，路拱横坡度等（图 3-8）。

3. 施工平面图

（1）逐桩绘制横断面地面线（一般在现场或外业同时进行），各桩号在图纸上按从左到右、从下到上的顺序排列，比例为 1∶200。

（2）逐桩标志相应中填（T）或挖（W）高度、路宽、超高（h_c）和加宽（b_1）的数值。

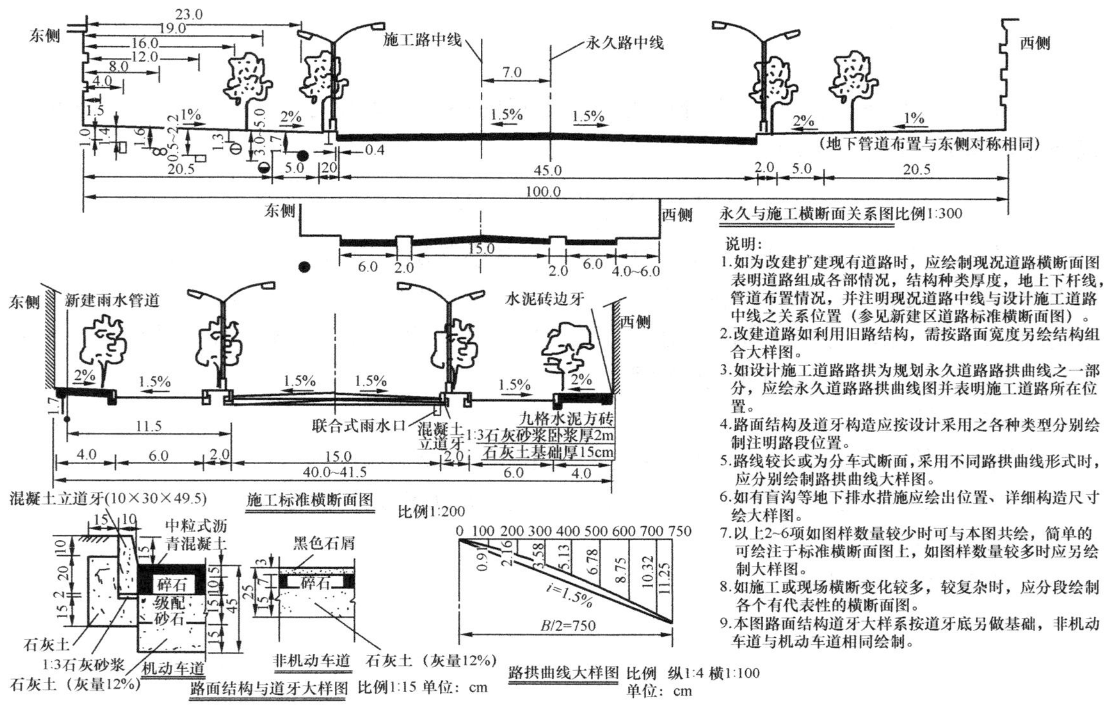

图 3-8 道路标准横断面图（尺寸单位：m）

（3）根据地质调查资料，标出各断面土石分界线，确定边坡坡度和边沟形状和尺寸。

（4）用三角板（亦可用十八帽子板），逐桩绘出路横断面设计线（包括边坡线）。有加宽、超高的也应画入，这样完成断面设计线。

（5）分别计算各桩号断面的填方面积（A_T）和挖方面积（A_W）并注在图上，详见图3-9。

（九）路基土石方数量的计算

路基土石方量是道路工程的一项主要工程量，是评价路线方案质量的主要技术经济指标之一，是编制施工组织设计与工程预算的主要数据。路基土石方量是在横断面设计完成，并在横断面图绘制完成后进行的，要获得土石方数量，首要计算横断面面积。

1. 横断面面积的计算

（1）路基填挖的断面面积，是指断面图中原地面线与路基设计线所包围的面积。高于地面线者为填，低于地面线者为挖。两者分别计算如图 3-9 所示。

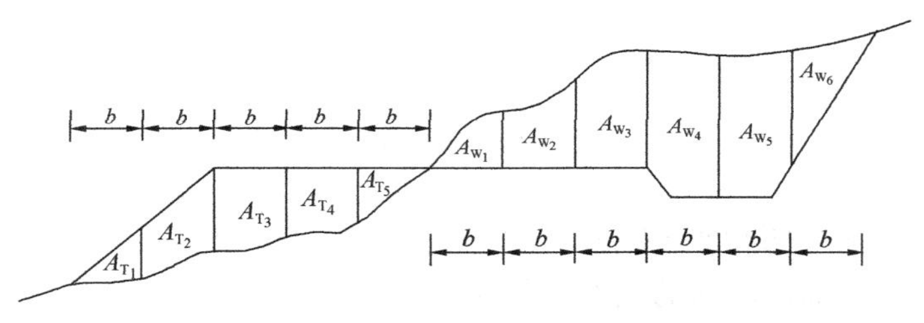

图 3-9 横断面面积计算

（2）计算方法：

① 积距法（亦称条分法）

a. 原理：把横断面面积垂直分成若干条等宽的小条，累加每一小条中心处的高度乘以条宽，即为该图形的面积

$$A_{\mathrm{T}}=\Sigma A_{\mathrm{T}_i}；A_{\mathrm{W}}=\Sigma A_{\mathrm{W}_i} \tag{3-13}$$

b. 推理：当 $b=1$ 时，则 A 在数值上就等于各小条块平均高度之和。由此可见，积距法求面积 A 就是在实际操作中转化为量取 A_{T} 或 A_{W} 的累加值。这种操作可以用分规按顺序连续量取每一条块的平均高度，分规最后的累计高度就是 ΣA_{W_T} 或 ΣA_{W_j}，再将条块宽 b 乘以 ΣA_{W_T} 或 ΣA_{W_j}，即为填或挖的面积。

② 数方格法

将横断面绘制在方格米厘纸上，若绘图比例是 1：200，则米厘纸上每一小格的面积为 $0.04\mathrm{m}^2$。从米厘纸上分别数出填方方格数和挖方的方格数，并分别乘以 $0.04\mathrm{m}^2$，即得出填方和挖方面积。

③ 坐标法（图 3-10）

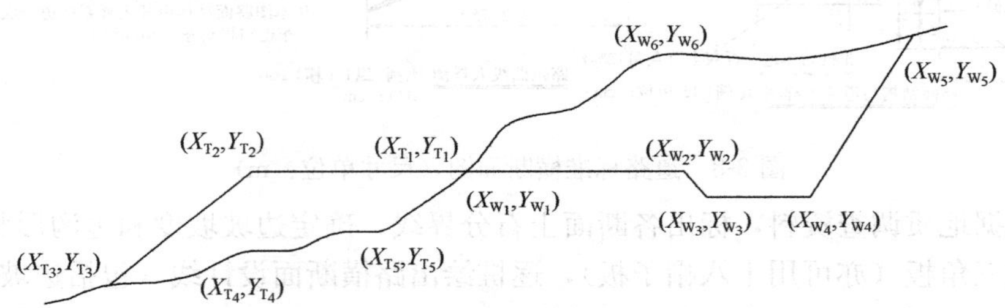

图 3-10 坐标法计算图

先判断出填、挖方，并分别计算出设计线和地面线上各转折点的坐标，则横断面面积为：

$$A_{\mathrm{T}}=\Sigma(X_{\mathrm{T}_i+1}Y_{\mathrm{T}_i+1}-X_{\mathrm{T}_i+1}Y_{\mathrm{T}_i+1}) \tag{3-14a}$$

$$A_{\mathrm{W}}=\Sigma(X_{\mathrm{W}_j+1}Y_{\mathrm{W}_j+1}-X_{\mathrm{W}_j+1}Y_{\mathrm{W}_j+1}) \tag{3-14b}$$

2. 土石方数量的计算公式

填、挖方体积计算即为土石方数量的计算，一般有：

（1）平均断面法。适用于两断面之间的填方或挖方面积大小相近时，计算公式为：

$$V_{\mathrm{T}}=\frac{1}{2}(A_{\mathrm{T}_i}+A_{\mathrm{T}_i+1})L \tag{3-15a}$$

$$V_{\mathrm{W}}=\frac{1}{2}(A_{\mathrm{W}_i}+A_{\mathrm{W}_i+1})L \tag{3-15b}$$

式中 V_{T}，V_{W}——相邻两断面之间的填方、挖方体积（m^3）；

A_{T_i}，A_{T_i+1}——相邻两断面的填方面积（m^2）；

A_{W}，A_{W_i+1}——第 i，$i+1$ 相邻两断面的挖方面积（m^2）。

（2）表格法。可用表格法来求之见表 3-14。

表格法计算表　　　　表 3-14

桩号	间距	填挖断面		平均断面		数量		土方调配
		+	—	+	—	+	—	

【例 3-3】 如图 3-11、图 3-12 所示，桩号 0+000，其挖方断面积为 2.6m^2，填方面积为 2.3m^2；0+050 其挖方断面积为 1.9m^2，填方断面积为 1.8m^2。求挖方与填方量。

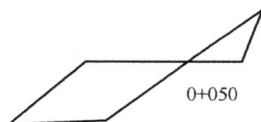

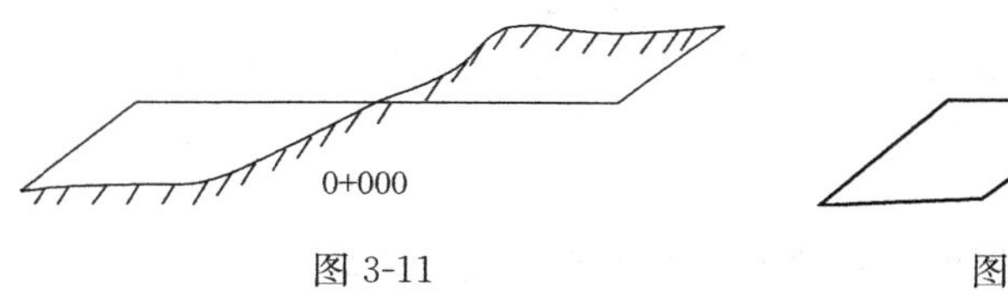

图 3-11　　　　图 3-12

解法 A：

$$V_{挖}=\frac{1}{2}(2.6+1.9)\times 50\ m^3=112.5m^3$$

$$V_{填}=\frac{1}{2}(2.3+1.8)\times 50\ m^3=102.5m^3$$

解法 B：见表 3-15。

表 3-15

桩号	断面积（m^2）		平均断面积（m^2）		间距（m）	体积（m^3）	
	+	—	+	—		+	—
0+000	2.3	2.6					
			2.05	2.25	50	102.5	122.5
0+050	1.8	1.9					

（十）土石方调配

土石方数量计算完后，要进行土石方调配，以便确定填方用土的来源和挖方弃土的去向，计价土石方的数量和运量。通过调配，合理解决各路段土石方数量的平衡与利用问题，在符合国家政策和技术经济的原则下，降低计价方数量，避免不必要的借方和弃方。

1. 原则

(1) 尽可能移挖作填，以减少废方和弃方。如在半填半挖路段，应首先考虑在本路段内移挖作填，进行横向平衡，然后再作纵向调配。

在某一段距离内，可以用路堑的挖方作为路堤的填方，该限度距离称为“经济运距”，即：

$$L_{经} = \frac{B}{T} + L_{免} \tag{3-16}$$

式中　B——借方单价（元/m^3）；

T——远运运费单价[元/(m^3 · km)]；

$L_{免}$——免费运距(km)。

(2)土方调配名词

① 免费运距：土方作业有挖、运、装、卸四个工序。在某一特定距离内，只按方计算，不另计算运费时，这一特定距离叫做免费运距。(一般应根据计价表子目中工作内容来定)。

② 超运距离：运土超过免费运距以外，按超运距计加运费，这一超出距离为超运距离。

③ 经济运距：某一限度距离内，可用路堑挖土作为路堤填土。超过此限度，宁可将路堑挖土废掉，另于填方地段两边取土坑取土，此一限度距离称为经济运距。它是评定借土和调运土方的标准。当经济运距大于调运距离时，可采用纵向调运是“经济的”，反之，则可考虑借土。

④ 平均运距：挖方体积重心到填方体积重心之间的距离。

(3)原则：平均运距小于经济运距；同时考虑土方平衡，尽可能挖方为填方。具体有：

① 调配土方应注意运土方向，尽可能避免或减少升坡运土。

② 半填半挖断面中，优先考虑横向平衡——移挖作填。

③ 土石方应根据工程需要分别进行调配。

④ 少占农田借土。

⑤ 对土方集中工程要分别调配，其工程开挖及运输与一般地段线路工程不完全相同。

2. 调配方法

调配方法有多种，如累积曲线调配图法及土石方数量计算表调配法等，工程上多采用土石方计算数量表调配法。具体步骤如下：

(1)土方调配是在土石方数量计算与复核完毕的基础上进行的。调配前应将可能影响调配的桥涵位置、陡坡、大沟等注在表内，供调配时参考。

(2)弄清各桩号间路基填挖情况，并作横向平衡，得出利用后填的余数量。

(3)求出经济运距后作纵向调配。

(4)逐桩逐段的临近路基余方就近纵向调运加以利用，并用箭头标明方向与数量。

(5)纵向调配后，仍有余土未用者可弃或借。

(6)调配复核公式：

$$横向调运+综合调运+借方=填方 \tag{3-17a}$$

$$横向调运+综合调运+弃方=挖方 \tag{3-17b}$$

$$挖+借=填+弃 \tag{3-17c}$$

（十一）设计成果

横断面设计成果主要是路基断面设计图和土石方数量计算表。

1. 横断面设计图（图 3-13）

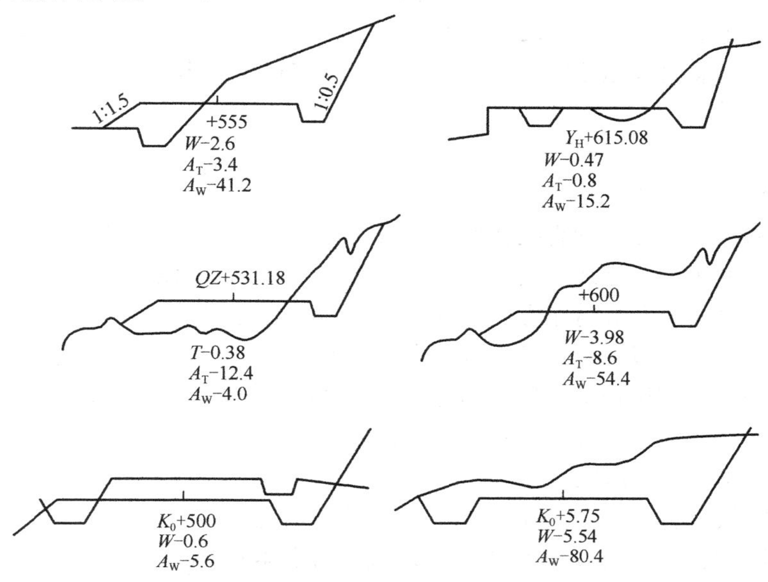

图 3-13 横断面设计图

横断面设计图比例尺一般用 1∶200。

每页图样的右上角应标明横断面图的总页数和本页图样的编码数。在横断面上应有地面线与设计线，并标注桩号，填（挖）高度，填（挖）面积，边坡坡度，在有加宽、超高的断面还要标明其相应数值，挡土墙等圬工构造物和边沟只绘形状，不标注尺寸。

路基横断面设计图按从下向上，从左到右的方式进行布置。

2. 路基土石方数量计算表

路基土石方数量计算表中，注意每一栏中的相互关系，要做到填表、计算、复核三个环节统一，以保证数据准确性。

3. 其他设计成果

1）路基标准断面图。

2）典型横断面图。

3）特殊路基设计图，图中标出地质、防护工程设施及构造物布置大样图。

第二节 平 面 设 计

一、道路平面线形

道路为带状构造物，要定出道路的空间位置就要把道路纵断面图与平面图结合起来，它的中线是一条空间曲线。中线在水平面上的投影为路线的平面，路线平面上的形状及特征称为道路的平面线形。道路的平面线形受各种自然条件、环境和社会因素影响和限制时，路线要改变方向，发生转折。为消除这些转折，使汽车安全、顺适的转向，在转折处均应设置曲线。因而，线形由线和曲线构成。

二、平面设计

城市道路的平面设计，为在城市道路系统规划的基础上进行。城市道路系统规划已大致地确定了路线的走向，路与路之间的方位关系。具体某条道路的平面设计，乃是把其位置明确肯定下来，就是以道路中线为准，根据行车的技术要求，确定道路在平面上直线、曲线和它们的衔接。

(一)线形几何

1. 直线(平面线形要素之一)

作为平面线形要素之一的直线在城市道路中采用最为广泛。一般定线时，只要地势平坦，没有大的地物障碍，定线人员首先考虑的就是直线。因直线有以最短距离连接两目的地、路线短捷、缩短里程和行车方向明确的特点，且具有视距良好，行车快速，易排水；另外其线形简单，易测设。但过长的直线，线形单调，行车安全性差，从线形美观看，又具有呆板，且难以与周围地形及环境相协调，同时，过长的直线会破坏自然景观，并易造成大挖大填，经济性差。因此采用直线时应充分考虑。

(1)适宜采用直线的路段：

① 不受地形、地物限制的平坦地区和山区的开阔地段。

② 城镇及其近郊或规划方正的农耕区以直线为主体的地区。

③ 为缩短构筑物长度，以便于施工的长大桥梁、隧道等构造物地段。

④ 为争取较好的行车和通视条件的平面交叉前后。

⑤ 两块板以上在适当间隔内设置一定长度的直线，以提供较好条件的超车路段。

(2)采用长直线线形时应注意的问题：

① 特别注意与地形关系，在运用长直线时须持谨慎态度，不宜采用长直线，因为这样会麻痹司机的注意力。

② 长直线或上下坡尽头的平曲线时，除应将曲线半径、超高、视距符合规定外，必须采取设警示标志和增加路面抗滑能力。

③ 长直线上坡不宜过大，因其在下行时易导致超速行车。

④ 长直线与大半径凹形竖曲线组合为宜。

⑤ 长直线亦不宜过短，特别是同向圆曲线间不得设置短直线。

⑥ 在车速不小于 60km/h 时，其最大直线长度应控制在 70s 左右时间的行程距离。

(3)采用最小直线长度的限制：

直线长度不宜过长亦不宜过短，特别在同向平曲线间不应设短直线，以免产生视觉上的错误而危及行车安全。

① 同向曲线间的直线最小长度是指前一曲线的终点至后一曲线的起点之间的长度。规范规定：当 $v \geqslant 60$km/h 时，同向曲线间直线最小长度以不小于速度(v)的 6 倍为宜，当 $v \leqslant 40$km/h 时，参照上述规定。

② 反向曲线间的直线最小长度是指两个转向相反的相邻曲线间连以直线形成的平面线形。规范规定：当 $v \geqslant 60$km/h 时，反向曲线间直线最小长度以不小于速度 v 的 2 倍为宜，当 $v \leqslant 40$km/h 时，参照上述规定。

(4)直线的组成方向与表达式：

① 直线的方向。

在路线平面中，直线位置是由两端的交点位置来确定的。直线方向决定了路线的走向，其有两种表示方法。

a. 用直线的夹角或转角表示，如图 3-14 所示。

直线 JD_{n-1}至 JD_n 至 JD_{n+1}之间的夹角叫做路线转角，通常用 Δ 表示，而转角 Δ 有右转角和左转角之分，通常用 Δy 表示右转，Δx 表示左转，如 $JD_{n-1}-JD_n$ 的方向已知，则转角即求得 JD_n-JD_{n+1}方向。

b. 用方位角表示。

方位角指路线某一直线方向与正北方向的夹角(由正北方向起按顺时针方向到该方向的夹角，通常用 Q 表示)(图 3-15)。

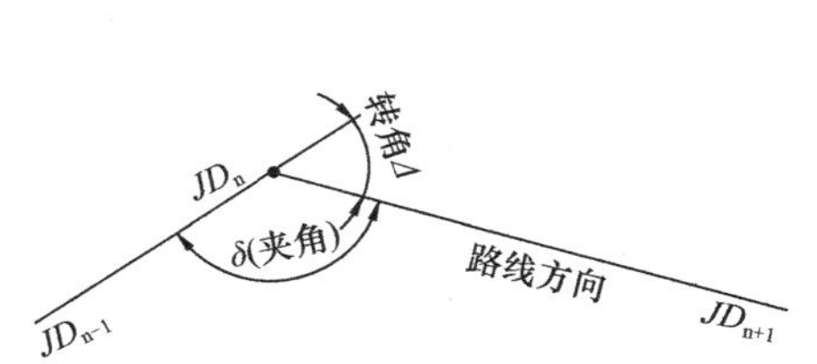

图 3-14　直线的夹角或转角

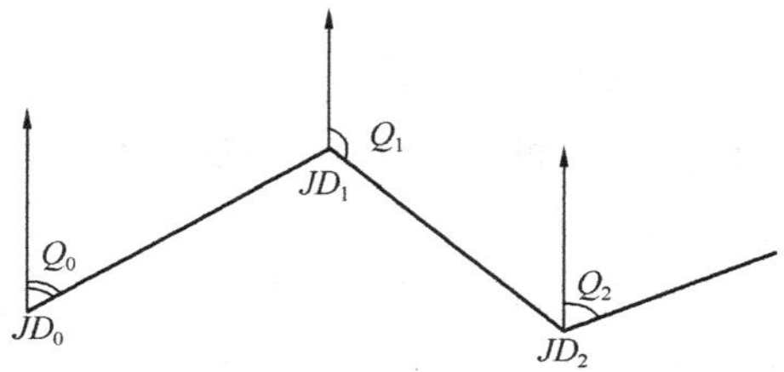

图 3-15　方位角

图 3-15 中 JD_0-JD_1 方位角用 Q_1 表示，JD_1-JD_2 的方位角用 Q_2 表示。

因此路线的转角等于后一方位角与前一个方位角之差，即 $\Delta=Q_2-Q_1$。

直线方位角的计算。

如图 3-16 中路线直线与 x 轴的夹角 β，按下式计算：

$$\beta=\arctan=\frac{\Delta y}{\Delta x}=\arctan\left|\frac{y_2-y_1}{x_2-x_1}\right| \tag{3-18}$$

直线的方向即路线的方位角按下式计算；

第一象限：$Q=\beta$；第二象限：$Q=180°-\beta$

第三象限：$Q=180°+\beta$；第二象限：$Q=360°-\beta$

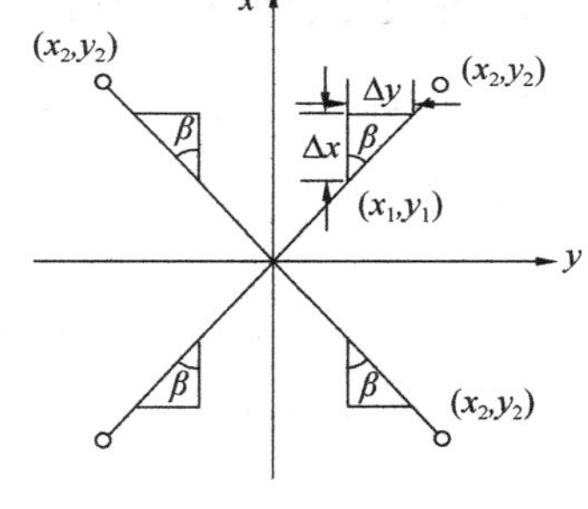

图 3-16

② 直线表达式：

a. 直线一般表达式：

$$\begin{cases}A_1x+B_1y+C_1=0\\A_2x+B_2y+C_2=0\end{cases} \tag{3-19}$$

b. 两条直线 L_1 和 L_2 的夹角为：

$$\delta=\arctan\left(\frac{A_1B_2-A_2B_1}{A_1A_2+B_1B_2}\right) \tag{3-20}$$

c. 若直线上有两点的坐标已知，则直线的数学表达式可用二点式表示，即

$$\frac{y-y_1}{y_2-y_1}=\frac{x-x_1}{x_2-x_1} \tag{3-21}$$

式中　x、y——直线上任意点坐标；

x_1、y_1、x_2、y_2——直线上两已知点的坐标。

③ 两点之间的直线长度：

$$AB = \sqrt{(x_2 - x_1)^2 + (y_2 - y_1)^2} \tag{3-22}$$

【例 3-4】 大沽南路上有两个控制交点：JD_1 和 JD_2，另有起点 JD_0 及终点 JD_3，其坐标如下表。

控制点	JD_0	JD_1	JD_2	JD_3
x	294531.774	294708.730	295011.974	295162.251
y	104922.230	104650.379	104311.346	104026.813

试计算交点距离及方向角。

【解】 1. 交点距离计算：运用公式 $L = \sqrt{(x_2 - x_1)^2 + (y_2 - y_1)^2}$

(1) $JD_0 - JD_1$

$$L_1 = \sqrt{(294708.730 - 294531.774)^2 + (104650.379 - 104922.230)^2} = 324.6731\text{m}$$

从而 JD_1 的桩号为 $JD_1 = JD_0 + L_1 = \text{K}0 + 000 + 324.371 = \text{K}0 + 324.37$

(2) $JD_1 - JD_2$

$$L_2 = \sqrt{(295011.974 - 294708.730)^2 + (104311.346 - 104650.379)^2} = 454.864\text{m}$$

从而 JD_2 的桩号为 $JD_2 = JD_1 + L_2 = \text{K}0 + 324.371 + 454.864 = \text{K}0 + 779.23$

(3) $JD_2 - JD_3$

$$L_3 = \sqrt{(295162.251 - 295011.974)^2 + (104026.813 - 104311.346)^2} = 320.77\text{m}$$

从而 JD_3 的桩号为 $JD_3 = JD_2 + L_3 = \text{K}0 + 779.23 + 320.77 = \text{K}1 + 100$

2. 导线方位角的计算：

运用公式 $\beta = \arctan\left|\dfrac{y_2 - y_1}{x_2 - x_1}\right|$

(1) $JD_0 - JD_1$

$$\beta_1 = \arctan\left|\frac{104650.379 - 104922.230}{294708.730 - 294531.774}\right| = 303°03'40.73''$$

(2) $JD_1 - JD_2$

$$\beta_2 = \arctan\left|\frac{104311.346 - 104650.379}{295011.974 - 294708.730}\right| = 313°48'38.37''$$

(3) $JD_2 - JD_3$

$$\beta_3 = \arctan\left|\frac{104026.813 - 104311.346}{295162.251 - 295011.974}\right| = 297°50'27.30''$$

3. 导线间偏角计算：

运用公式 $C = |\beta_{i+1} - \beta_i|$

(1) $JD_0JD_1—JD_1 - JD_2$

$$C = |\beta_2 - \beta_1| = |313°48'38.37'' - 303°03'40.73''| = 10°44'57.64''$$

(2) $JD_1JD_2—JD_2 - JD_3$

$$C = |\beta_3 - \beta_2| = |297°50'27.30'' - 313°48'38.37''| = 16°58'11.07''$$

2. 曲线——（平面线形要素之二）

(1) 道路上曲线有反向曲线和同向曲线，但其坐标原点在圆心时直角方程式为 $x^2 +$

$y^2=R^2$；当以圆周上任一点作为坐标圆点且以通过该点的切线和垂足与该点切线分别作为x和y轴时，用级数表示的直角坐标方程为（图 3-17、图 3-18）：

$$x=R\sin\delta=L_{\mathrm{P}}-\frac{L^3P}{6R^3}+\cdots$$

$$y=R(1-\cos\delta)=\frac{L^4P}{2R}-\frac{L^4P}{24R^3}+\cdots$$

式中 L_{P}——任意点 P 到曲线起点或终点的曲线长度；

δ——L_{P} 弧所对的圆心角。

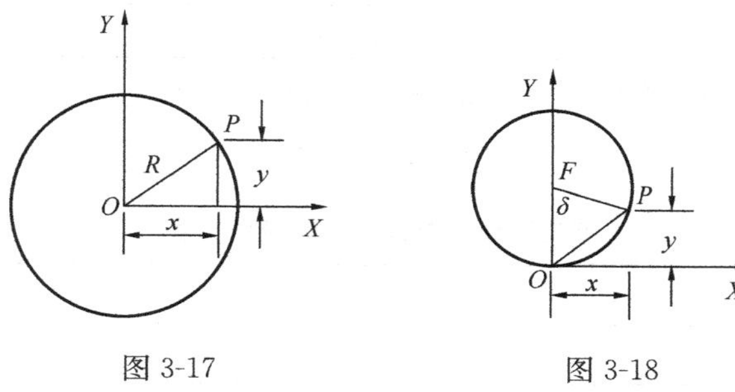

图 3-17　　图 3-18

用极坐标表示时其方程为：

$$\Delta P=\delta/2,\ C=2R\sin(\delta/2)$$

式中 ΔP——曲线上任意一点 P 的极角，又叫做偏角。

（2）圆曲线几何元素：c——极距，又叫做弦长。

圆曲线的几何元素见图 3-19。计算公式

$$T=R\tan\frac{\alpha}{2} \tag{3-23}$$

$$L=\frac{\pi}{180}\alpha R \tag{3-24}$$

$$E=R\left(\sec\frac{\alpha}{2}-1\right) \tag{3-25}$$

$$J=2T-L \tag{3-26}$$

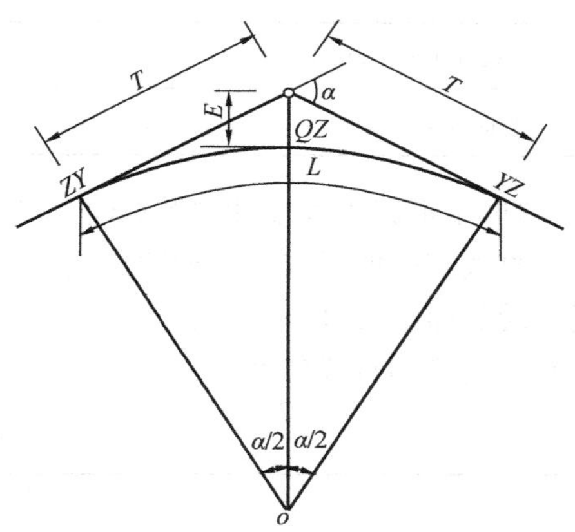

图 3-19　圆曲线几何元素

式中 T——切线长；

L——曲线长；

E——外矩；

J——超距或校正值；

R——半径；

α——转角（°）。

（3）圆曲线半径应尽量选用较大的，但应考虑以下因素：

① 一般情况下，采用极限半径的 4～8 倍为宜，当条件受限制时也应考虑采用大于或等于一般最小半径，只有当地形特殊困难时，才采用极限最小半径。

② 圆曲线半径不宜大于 10000m。

③ 当转角$<5°$可不设平曲线。

④ 圆曲线应同前后相邻的平面线形相协调，半径不宜相差过大，使之构成连续、均

衡的曲线线形。

⑤ 应与纵断面线形相协调，必须避免小半径平曲线与竖曲线重合。

（4）城市道路圆曲线最小半径见表 3-16。

圆曲线最小半径《城市道路工程设计规范》CJJ 37—2012　　表 3-16

设计速度（km/h）		100	80	60	50	40	30	20
不设超高最小半径		1600	1000	600	400	300	150	70
设超高最小半径（m）	一般值	650	400	300	200	150	85	40
	极限值	400	250	150	100	70	40	20

注：“一般值”为正常情况下的采用值，“极限值”为条件受限时可采用的值。

（5）城市道路平曲线与曲线最小长度见表 3-17。

城市道路平曲线与曲线最小长度　　表 3-17

设计速度（km/h）		100	80	60	50	40	30	20
平曲线最小长度（m）	一般值	260	210	150	130	110	80	60
	极限值	170	140	100	85	70	50	40
圆曲线最小长度（m）		85	70	50	40	35	25	20

（6）城市道路小转角平曲线最小长度见表 3-18。

小转角平曲线最小长度　　表 3-18

设计车速（km/h）	80	60	50	40	30	20
平曲线最小长度（m）	1000/Q	700/Q	600/Q	500/Q	350/Q	280/Q

《城市道路工程设计规范》CJJ 33—2012 规定：

直线与圆曲线或大半径圆曲线与小半径圆曲线之间应设缓和曲线。缓和曲线采用回旋线，缓和曲线长度应大于或等于表 3-19、表 3-20 的规定。当设计速度小于 40km/h 时，缓和曲线可用直线代替。

缓和曲线最小长度　　表 3-19

设计速度（km/h）	100	80	60	50	40	30	20
缓和曲线最小长度（m）	85	70	50	45	35	25	20

不设缓和曲线的最小圆曲线半径　　表 3-20

设计速度（km/h）	100	80	60	50	40
不设缓和曲线最小长度（m）	3000	2000	1000	700	500

圆曲线半径小于表 3-16 中不设超高最小半径时，在圆曲线范围内应设超高。超高横坡度应小于或等于表 3-21 的规定。由直线段的正常路拱断面过渡到圆曲线上的超高断面时，必须设置超高缓和段。

最大超高横坡　　**表 3-21**

设计速度（km/h）	100、80	60、50	40、30、20
最大超高横坡（%）	6	4	2

圆曲线半径小于或等于 250m 时，应在圆曲线内侧加宽，并设置加宽缓和段。

（7）视距应符合下列要求：

① 停车视距应大于或等于表 3-22 规定值，积雪或冰冻地区的停车视距宜适当增长。

停车视距　　**表 3-22**

设计速度（km/h）	100	80	60	50	40	30	20
停车视距（m）	160	110	70	60	40	30	20

② 当车行道上对向行驶的车辆有会车可能时，应采用会车视距，其值应为表 3-22 中停车视距的 2 倍。

③ 货车比例较高的道路，应验算货车的停车视距。

④ 设置平、纵曲线可能影响行车视距路段，均应进行视距验算。

（8）分隔带及缘石开口应符合下列规定：

① 快速路中间分隔带在枢纽立交、隧道、特大桥及路堑段前段后，应设中间分隔带紧急开口。开口最小间距不宜小于 2km，开口长度宜采用 20～30m，开口处应设置活动护栏。两侧分隔带开口应符合进出口最小间距要求。

② 主干路的两侧分隔带断口间距宜大于等于 300m，路侧带缘石开口距交叉口间距应大于进出道展宽段长度。

3. 缓和曲线（平面线形要素之三）

（1）缓和曲线是设置在直线与圆曲线之间（当其半径小于规范规定时）或半径相差较大的两个转向相同的圆曲线之间的一种曲率连续变化曲线。

（2）作用：

① 线形缓和。加入缓和段后曲率渐变，线形圆滑美观。

② 行车缓和。其离心率发生了突变，使行车安全及舒适度改善。

③ 超高和加宽缓和。

（3）任务：在满足设计标准前提下，选择适宜缓和的长度和将曲线的位置确定下来。

（4）设计标准：

① 城市道路缓和曲线最小长度 L_s 见表 3-23。

缓和曲线最小长度　　**表 3-23**

设计车速（km/h）	100	80	60	50	40	30	20
L_s（m）	85	70	50	45	35	25	20

② 要点：要注意与直线和圆曲线相协调、配合，在线形组合和线形美观上产生良好的行车和视觉效果。

缓和曲线长度除满足最小长度外，尚应考虑超高和加宽的要求，选择缓和曲线长度应大于或等于超高缓和段和加宽缓和段长度。

（二）线形设计基本要求

（1）适应汽车行驶轨迹：轨迹和轨迹线是连续的。

（2）合理确定平面线形要求：直线、曲线、缓和曲线三要素。

在城市道路中各要素使用合理、配合得当，要满足汽车行驶要求。有关各线形要素技术参数要视地形情况和人的视觉、心理、道路等级类别条件确定。

（三）平面线形课程设计

【例 3-5】 某城市道路为主干路，宽为 40m，采用导线布点，其中有它们的三个导线点，分别为 JD_0（294531.774，104922.23）、JD_1（294708.73，10465.379）、JD_2（295011.947，104511.346）。

请进行这段线路的平面设计

【解】 进行线路平面设计前，首先应计算导线上各交点之间的距离及偏角。

1. 交点之间的距离计算：可采用公式 $L=\sqrt{(x_{i+1)}-x_i)^2+(y_{i+1)}-y_i)^2}$ 长度

（1）JD_0-JD_1 长度

$$=\sqrt{(294708.73-294531.774)^2+(10465.379-104922.23)^2}$$

$$=324.371\text{m}$$

（2）JD_1-JD_2 长度

$$=\sqrt{(295011.947-294708.73)^2+(104511.346-104650.379)^2}$$

$$=451.864\text{m}$$

这时设 JD_0 桩号为 K0＋000，则 JD_1 桩号为 K0＋324.731，JD_2 的桩号为 K0＋776.235

2. 两条导线之间的偏角 α：

（1）计算偏角前，首先应计算两导线的方位角，这时可用 $\beta=\arctan\left|\dfrac{y_{i+1}-y_i}{x_{i+1}-x_i}\right|$

1）JD_0-JD_1 方位角 $=\arctan\left|\dfrac{10465.379-104922.23}{294708.73-294531.774}\right|=303°03'40.73''$

2）JD_1-JD_2 方位角 $=\arctan\left|\dfrac{104511.346-104650.379}{295011.947-294708.73}\right|=313°48'38.37''$

（2）导线间的偏角计算——运用 $\alpha=|\beta_{i+1}-\beta_i|$

$$\alpha=|313°48'38.37''-303°03'40.73''|=10°44'57.64''$$

3. 因为两导线偏角（10°44′57.64″）大于规范规定，必须设置曲线，根据《城市道路通用规范》规定，当设计车速 v=50km/h 时，不设超高最小半径应选用 $R_{\min}$＝400m，因此可得的该平曲圆曲线的几何元素值如下，见图 3-20：

$$T=R\tan\frac{\alpha}{2}=167.6\text{m}$$

$$L=\frac{\pi}{180}\alpha R=158.825\text{m}$$

$$E=R\left[\sec\frac{\alpha}{2}-1\right]=1.76\text{m}$$

$$J=2T-L=176.375\text{m}$$

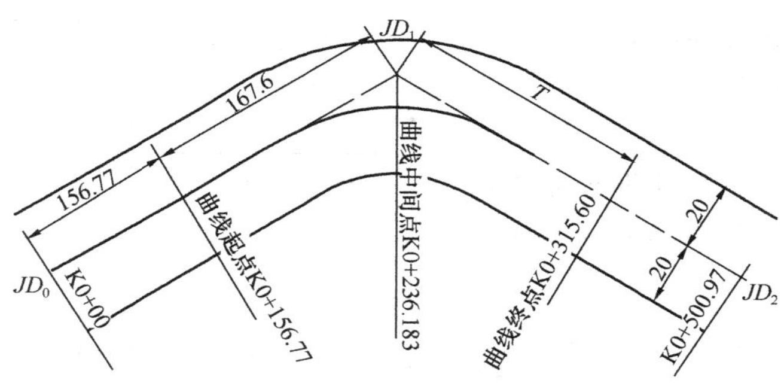

图 3-20 线路平面设计图

三、行车视距

（一）定义

驾驶员看到汽车前面的障碍物或迎面来车时能及时采取措施，避免相撞时这一必需的最短距离。

（二）分类

1. 停车视距

机动车辆在行进过程中，突然遇到前方路上有行人或坑洞等障碍物，不能绕越且需及时在障碍物前停车时保证安全的最短距离，如图 3-21 所示。

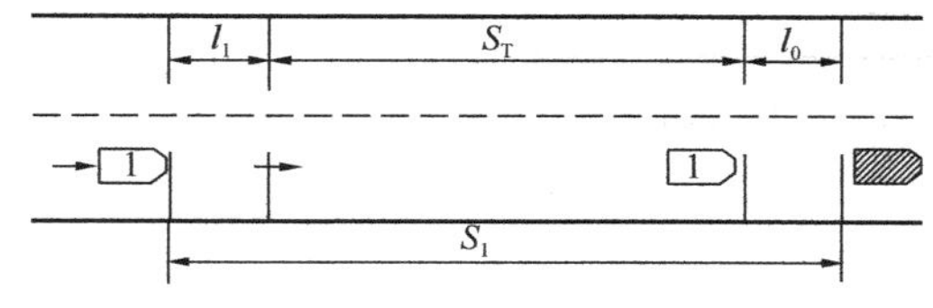

图 3-21 停车视距计算图

（1）反应距离 L_1。即驾驶人员从发现障碍物到开始制动时间内，车辆所行驶的距离，为：

$$L_1 = vt = \frac{vt}{3.6} \tag{3-27}$$

（2）制动距离 S_T。即车辆开始制动到车辆停止时间内，仍在行驶的距离，为：

$$S_T = \frac{v^2}{2g(\varphi \pm i)} = \frac{v^2}{254(\varphi \pm i)} \tag{3-28}$$

（3）保险车距 L_0。即车辆在障碍物前前后停止后，尚留有的一段保险距离，一般取 $L_0=5\sim10$m。

故，停车视距的计算式为：

$$S_1 = L_1 + S_T + L_0 = \frac{vt}{3.6} + \frac{v^2}{254(\varphi \pm i)} + L_0 \tag{3-29}$$

式中 v——设计车速（km/h）；

t——驾驶人员反应时间，与其驾驶技术有关。一般为 1～1.8s；

φ——路面纵向附着系数，取值按路面处于一般潮湿考虑，见表 5-4；

i——道路纵坡。上坡为“＋”号，下坡为“—”号，计算时可按平坡 $i=0$。

2. 会车视距

当两辆机动车彼此在一条车行道上正好对面相驶，发现时来不及或无法错车，只能双方采取制动，使车辆在未相撞之前完全制动，以防止事故的发生。此项在双方离路面 1.2m 高驾驶人员视点之间，保证安全的最短距离，如图 3-22 所示。

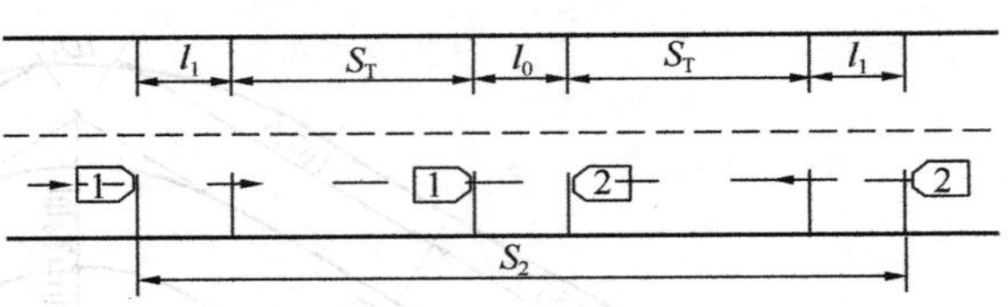

图 3-22　会车视距计算图

（1）双方车辆的反应距离 $2L_1$；

（2）双方车辆的制动距离 $2S_T$；

（3）保险距离 L_0。

设以 v_1 和 v_2 表示两机动车辆的速度，且分别在 i_1 和 i_2 的坡道上行驶，则会车视距计算式如下：

$$S_2=\frac{v_1+v_2}{3.6}t+\frac{v_1^2}{254(\varphi\pm i_1)}+\frac{v_2^2}{254(\varphi\pm i_2)}+L_0 \tag{3-30}$$

一般根据实践经验，多采取会车视距等于停车视距的两倍，即 $S_2=2S_1$。

城市各级道路的停车视距与会车视距，目前尚无正式颁布的设计准则，设计时通常可参照表 5-5 所列数值。

3. 超车视距

汽车在双车道以上的道路上行驶时，当后面的快速车超越前面的慢速车时，从开始加速离原车道起，至可见对向来车并超车后安全驶回原车道所需的最短安全距离，如图 3-23 所示。

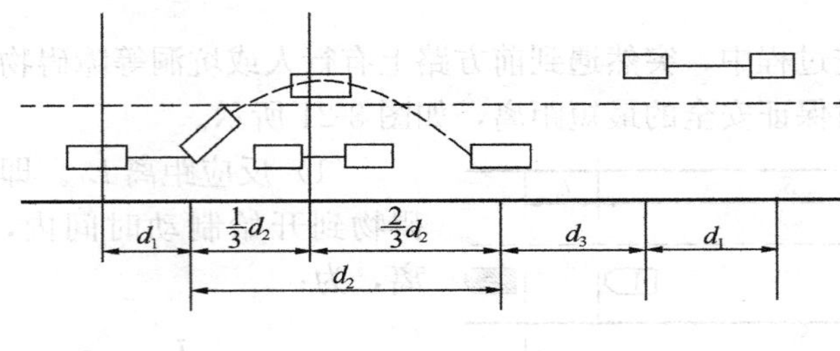

图 3-23

（1）准备距离 d_1

在超车司机判断可以超车，并将加速开到反向车道边缘的时间内，超车汽车所行驶的距离，

$$d_1=\frac{v_0}{3.5}t_1+\frac{1}{2}at_1^2 \tag{3-31}$$

式中　v_0——车速 5～20km/h；

t_1——加速时间，取 2.7～4.5s；

a——加速度，取 0.6～0.66/s²。

（2）超车距离 d_2。从超车开始到超车完毕回到原车道上来的时间内，超车汽车所行驶的距离，

$$d_2=\frac{v}{3.6}t_2 \tag{3-32}$$

这时 v 是超车速度，t_2 为 8～12s。

（3）安全距离 d_3。超车完毕后，超车汽车与对向来车之间应保持距离，一般采用 15～80m。

（4）迎面来车行距离 d_4。从超车汽车完全进入对向车道开始，到超车完毕为止的时

间内，迎面来车所行驶距离。

$$d_4 = \frac{2}{3}d_2 = \frac{2}{3} \times \frac{v}{3.6}t_2 \tag{3-33}$$

上式中，当迎面来车行驶的速度与超车汽车速度相等时，行驶时间为 $t_2 = \frac{2}{3}$，因此全超车视距为：

$$S = d_1 + d_2 + d_3 + d_4 \tag{3-34}$$

最小必须超车视距为：

$$S = \frac{2}{3}d_2 + d_3 + d_4 \tag{3-35}$$

（三）视距验算

在道路平面上的暗弯（处于挖方路段的弯道和内侧有障碍物的弯道）、纵断面上的凸形竖曲线及以下穿式立体交叉的凹形竖曲线上都有可能存在视距不足的问题，如图 3-24 所示，设计时应予以验算，以保证道路的行车视距。

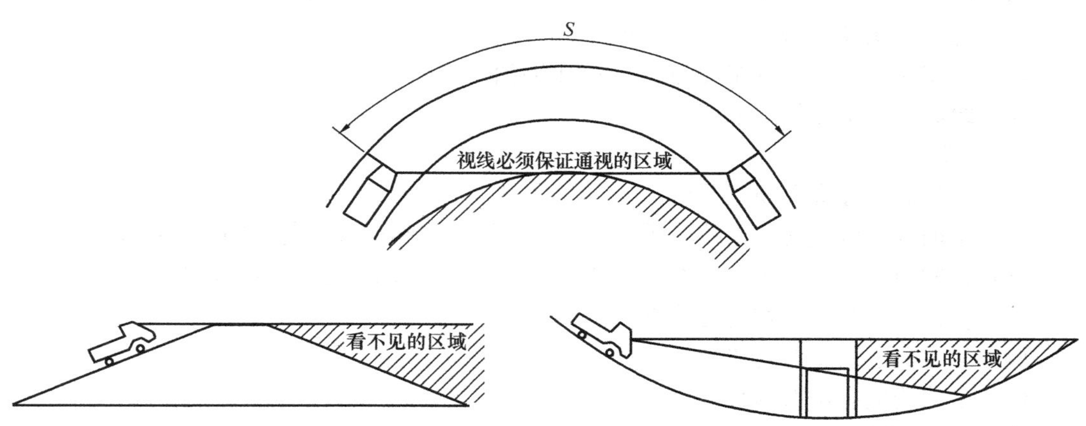

图 3-24　影响行车视距的地点

在城市道路设计中，主要考虑停车视距。如果车行道上对向行驶的车辆有会车可能时，应采用会车视距，会车视距为停车视距的两倍。城市道路交通规则规定，不许越过道路中心线利用对向车道进行超车，因此不存在超车视距问题。

《城市道路设计规范》CJJ 37—2012 中对停车视距的规定见表 3-24。

城市道路停车视距　　**表 3-24**

设计车速（km/h）	100	80	60	50	40	30	20
$S_{停}$（m）	160	110	70	60	40	30	20

四、平面图设计

（一）原则

（1）道路平面位置应按城市总体规划布设。

（2）道路平面线形设计应与地形、地质、水文条件结合起来，并符合各类各级道路的技术指标。

（3）应处理好直线与曲线的衔接，合理设置缓和曲线、超高、加宽等，合理确定行车视距并予以适当的保证措施。

（4）根据道路等级、类别，合理设置交叉口、沿线建筑物的出入口，停车场出入口，分隔带断口和公交停靠站位置。

（5）平面线形标准需分期实施的，应满足近期使用，兼顾远期发展，使远期工程尽可能减少对前期工程的废弃。

（二）内容

设计总目标是保证汽车行驶的安全、快速、经济和舒适，线形美观。

（1）平面线形设计包括直线、缓和曲线、曲线各自的设计及其组合设计，同时要考虑行车视距问题。

（2）沿线桥梁、隧道、道口、平面交叉口、广场和停车场等的平面布设，还有分隔带及其断口的平面位置，路侧带缘石断口的平面布置，公交站点的平面布置等。

（3）道路照明及道路绿化的平面布置。

（4）停车场（站）和汽车加油站等公用设施的布置。

（5）绘制成一定比例的平面设计图。

（三）要求

（1）必须满足标准和规范要求。

（2）平面线形应直捷、连续、顺适，并与地形地物相适应，与周围环境相协调。

（3）行驶力学上的要求是基本的，视距和心理上要求对道路应尽量满足。

（4）保持平面线形的均衡与连贯。

（5）应避免连续急弯的线形

（6）平曲线应有足够的长度：

① 同向曲线间的直线最小长度以不小于 $6v$ 为宜（式中：v 是设计车速）。

② 反向曲线间的直线最小长度以不小于 $2v$ 为宜（式中：v 是设计车速）。

（四）平面定线

定线就是把城市某一地区中一条道路的平面位置明确地确定下来。

城市道路的勘测设计中，一般是先在地形图上进行纸上定线，然后进行实地定线。

1. 纸上定线

（1）定义：纸上定线就是在地形图上确定道路中线和两边建筑红线在平面上的位置和立面上的高程，要求详细地确定每一路段的具体走向、转折地点、弯道半径、直线段与曲线段衔接等。

（2）基本原则：

① 注意贯彻党的方针政策。

定线中必须注意节约用地，少占农田，对旧有建成区，必须注意“充分利用，逐步改造”方针，反对大拆大迁，乱拆乱建，不顾人民生活等恶劣倾向。

② 掌握好各项技术标准。

为满足现代汽车、无轨电车交通要求，照顾到行人、自行车和其他各种非机动车交通的要求，对路线的弯道半径、道路宽度、纵坡度、视距等，都能掌握好各项技术指标，同时考虑沿线地形、地物以及土壤、地质、水文等自然情况，尽量利用有利于道路的因素，选出最经济最合理的路线，满足汽车行驶道路的各项要求。

③ 正确选定平面和立面的控制点。

纸上定线前，需先确定路线在平面和立面位置上必须经过的控制点，如道路的起终点，重要桥梁位置，路线穿线铁路处，重要道路交叉口，不能拆迁的重要建筑物，准备利用的原有路面等，都是平面上控制点或控制板。重要的桥梁位置应首先确定。一般是路线服从桥梁走向，对小桥涵服从路线走向。平面定线尚应考虑立面控制点对平面位置的可能影响。如滨湖路旁河流最高水位、路线等。

路线通过桥梁的必要标高、相交街道的中线标高、沿街建筑的底层地坪标高，都是立面控制点。因此定线时，既要注意平面控制点，也要考虑立面控制点。

④ 合理布设直线，弯道以及相互之间的衔接。

布设路线，力求平顺。由于控制点和地形、地物限制，必要时仍需插入弯道。为保证行车平顺，采用半径大一些弯道。

⑤ 全面考虑其他因素

a. 参照交通量调查资料，布设路线时能让最多的客货流量走最短捷的路线。

b. 要适应和利用当地的地形、土壤性质、水文地质等自然条件。

c. 选择路线的方位时，要考虑方向和日照影响。

d. 要考虑到为城市交通安全、绿化、排水、煤气、地下管线等提供有利的条件。

e. 为城市或其所在地区将来发展留有余地。

2. 实地定线

城市道路实地定线，一般就是将图上已定好的道路中心线准确地移到实地上去。

实地定线方法有图解法、解析法和综合法三种。

a. 图解法

根据图上规划好的设计中心线与其他附近地物的相对关系，在实地定出中心线。也就是根据地形、地物选测路线，然后是直线打通中线，丈量距离，编制桩号并传递里程。

b. 解析法

即预先在图纸上把道路中线上交点和特殊点的坐标算出，后按坐标到实地上去定线放样。

解析法的具体步骤为：

(1) 搜集路线附近导线点的坐标和方位角资料。

(2) 应用图解法在实地上定出路段的起、终点。

(3) 用全站仪定出导线点及各中桩位置。

【例 3-6】 某市需扩建一条城市干道（见图 3-25），根据纸上定线，定出甲、乙二点的直线为道路中心线，路线都在房屋中穿越，并与一号路相交于 K，该处交叉口近期需修建分离式立体交叉，要求新路中心线与一号路成 104°的交角，甲、乙两点无坐标资料，须用图解法在实地确定后进行连测。

在测量前，先收集该路线附近的导线资料见表 3-25。

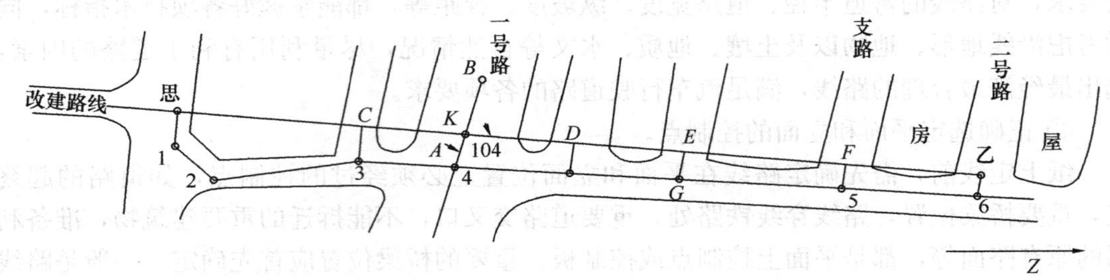

图 3-25　路线解析法测设图

导线点资料　　**表 3-25**

导线点（或三角点）							
点号	方位角			坐标			
				纵（x）		横（y）	
6				+893	14	−759	70
	186°	26′	16″				
5				+749	20	−775	95
	187°	50′	10″				
4				+556	75	−802	45
	185°	57′	12″				
3				+457	57	−812	79
	178°	16′	11″				
2				+349	37	−809	53
	219°	25′	23″				
1				+283	65	−863	58

（1）首先应用图解法在实地定出甲、乙两点的正确位置，根据测角数据和导桩资料，算出甲、乙两点的坐标，见表 3-26）。

方位角及坐标计算　　**表 3-26**

点号	方位角 α	$\sin\alpha$ $\cos\alpha$	边长 （m）	增值		坐标	
				Δx	Δy	x	y
1						+283.65	−863.58
	27 °050′13″	0.99987 0.01606	18.83	+0.30	−18.83		
甲						+283.90	−882.41
6						+893.14	−759.70
	269 °33′46″	0.99997 0.00763	10.05	−0.08	−10.05		
乙						+893.06	−769.75

(2) 求算出甲、乙两点直线的方位角和距离：

$$\tan\alpha_{甲-乙}=\frac{y_{甲}-y_{乙}}{x_{甲}-x_{乙}}=\frac{112.66}{609.11}=0.18486$$

∴　$\alpha_{甲-乙}=10°25'50''$（北偏东）

甲、乙两点距离：

$$S_{甲-乙}=\sqrt{112.66^2+609.11^2}=\sqrt{383707.268}=619.44\text{m}$$

(3) 在实地定出 1 号路中心线 AB，并与已知导线点相连测，求出 A 点坐标及 AB 的方位角，见表 3-27。

方位角及坐标位置　　　　**表 3-27**

点号	方位角 α	sinα / cosα	边长 (m)	增值		坐标	
				Δx	Δy	x	y
4						+556.75	−802.45
	176°51′0″	0.05495 0.99849	37.55	−37.49	+2.06		
A						+519.26	−800.39
	294°29′0″						
B							

根据实地测出的两条路线的方位角，求出道路中心线甲乙与 1 号中心线 AB 的交角 104°00′10″，与设计要求相差 10″，为此必须在实地将乙点位置向东移动 3cm，使甲乙的方位角为 10°29′，如图 3-26 所示。

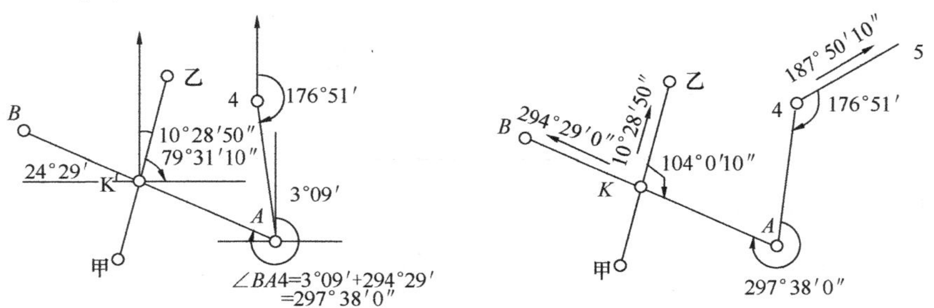

图 3-26　方位角计算简图

(4) 计算和测设中间点 C、D、E、F。

当道路中心线的方位角和距离算得后，即可进行中间点的计算和测设工作。由图 3-25 知，路线与若干支路相交，因此必须在这些支路上插设直线控制点 C、D、E 和 F 等点。

应用图解法在路线图上正确地量出甲 C、甲 D、甲 E、甲 F 等路段的距离，要注意 C、D、E、F 等各点必须与导线点通视，并求出各点的坐标值（表 3-28）。

由表 3-28 的计算可知，C、D、E、F 各点的里程桩编号，分别为 0＋175.0，0＋287.50，0＋386.0 及 0＋476.0。

(5) 求算 3C、AK、4D、GE、5F 和 6 乙的方位角和距离。

现说明 C 点的计算和测设方法如下：

方位角及坐标计算 **表 3-28**

点号	方位角 α	sinα cosα	边长 (m)	增值 Δx	增值 Δy	坐标 x	坐标 y
甲	10°29′	0.18195 0.98331	175.0	+172.08	+31.84	+28395	−88241
C						+45603	−85057
甲	10°29′	0.18195 0.98331	287.50	+282.70	+52.311	+28395	−88241
D						+56665	−83610
甲	10°29′	0.18195 0.98331	386.00	+379.56	+70.23	+28395	−88241
E						+66351	−81218
甲	10°29′	0.18195 0.98331	476.0	+463.06	+86.61	+28395	−88241
F						+75201	−79680

① 先计算点 3 至 C 的方位角和距离

$$\tan\alpha_{3-C}=\frac{y_c-y_3}{x_c-x_3}=\frac{-850.57-(-812.79)}{456.03-457.57}=24.53246$$

∴ $\alpha_{3-C}=87°39'57''$（南偏西）

即点 3 至 C 的方位角为 267°39′57″

点 3 至 C 的距离

$$S_{3-C}=\sqrt{37.78^2+1.54^2}=\sqrt{1427.3284+2.3716}=\sqrt{1429.70}=37.81\text{m}$$

② 计算夹角（∠3）（图 3-27）

夹角(∠3)$=\alpha_{3-C}-\alpha_{3-2}=267°39'57''-178°16'11''=89°23'46''$

③ 放角、量距

根据 $S_{3-C}=37.81$m 和∠3＝89°23′46″的数据，可置经纬仪于导点 3 上，后视导线点 2，测定夹角 89°23′46″和丈量距离 37.81m，即可定出 C 点位置。

其他中间点的确定，也可采用同一方法来测定，此处不再赘述。但应注意，在实地测定1号路中心线时，K点宜定在3、4点号的连线上，此外，为提高精度，减少误差，测设时应尽可能利用原有导线点坐标及方位角数据。

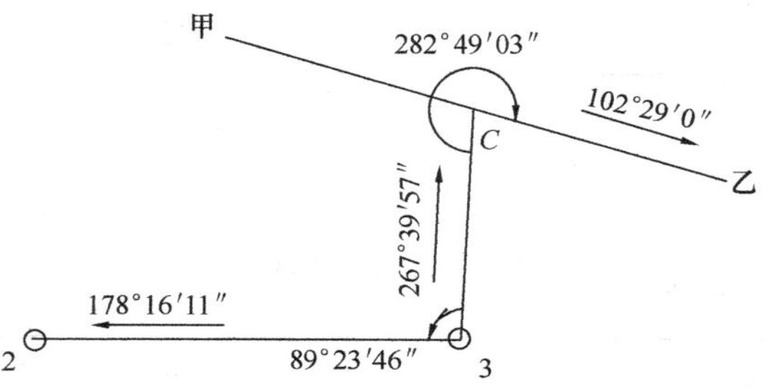

图3-27　夹角计算简图

3. 综合法

综合法就是在实地定线中将图解法和解析法同时应用。采用解析法精度高，对房屋密集度不通视地区，特别是不能通视的弯道容易解决问题，并能各不相关地分为若干个组分段测量和施工。但是，它需要进行较大的计算工作量，并必须有完善的坐标系统和导线点资料，在条件不具备时较难运用。如能采用上述图解法和解析法的优点，综合使用，往往能得到更好的效果。例如，对某一道路中一段地形空旷处应用图解法进行测量，而另一段房屋密集处采用解析法，或是先对整条路线采用图解法，在实地定出各主要转折点后，如两转折点间可以通视时，则采用图解法直接丈量定桩，在遇到多障碍时，可与已有导线连测，算出坐标，采用解析法定线。

（五）设计成果

完成路线平面设计后及时描绘各种图纸和表格。其中，主要的图纸有：路线平面设计图、道路平面布置图、路线交叉设计图、纸上移线图。主要成果表见表3-29、表3-30。

1. 直线、曲线及转角表

直线、曲线及转角表　　**表3-29**

交点号	交点坐标		交点桩号	转角值	半径(m)	缓和曲线长度(m)	曲线长度(m)	切线长度(m)	外矩	
	x	y								
1	2	3	4	5	6	7	8	9	10	11
起点	41803.204	90033.595	K0+000.00							
2	4137.589	90464.099	K0+652.716	右35°55′25″	800	0	496.934	256.777	40.199	
3	40796.303	90515.912	K1+159.946	左57°32′52″	250	50	501.100	162.511	35.692	
4	40441.519	91219.007	K1+923.562	左34°32′06″	150	40	130.412	66.753	7.545	
5	40520.204	91796.474	K2+503.273	右78°53′21″	200	45	320.375	187.55	59.533	
6	40221.113	91848.700	K2+764.966	左51°40′28″	224.13	40	242.14	128.667	25.224	
7	40047.399	92390.466	K3+271.313	左34°55′51″	150	40	131.449	67.323	7.715	
8	40190.108	92905.941	K3+602.98	右22°25′25″	600	0	234.32	118.932	11.674	
终点	40120.034	93480.920	K4+379.173							

曲线位置和直线长度方向　　**表 3-30**

交点号	曲线位置					直线长度方向			测量断链	
	第一缓和曲线起点	第一缓和曲线终点或圆曲线起点	曲线中点	第二缓和曲线终点或圆曲线起点	第二缓和曲线起点				桩号	长度(m)
起点		K0+395.939	K0+644.406	K0+892.873						
2	K0+997.453	K1+047.435	K1+147.985	K1+248.535	K1+298.535	395.939	652.716	138°44′		
3	K1+856.809	K1+306.809	K1+922.015	K1+947.2	K1+987.221	104.567	523.35	174°19′25″		
4	K2+315.893	K2+360.893	K2+476.081	K2+591.268	K2+636.268	558.274	787.558	116°46′33″		
5	K2+636.299	K2+676.299	K2+757.369	K2+838.439	K2+878.439	328.672	582.805	32°14′27″		
6	K3+203.995	K3+243.995	K3+269.720	K3+295.444	K3+335.404	0.031	316.078	161°07′48″		
7		K3+634.048	K3+601.458	K3+918.86		325.56	521.546	109°27′20″		
8						348.60	534.85	74°31′29″		
终点								96°50′		

它全面地反映了道路的平面位置和线形的各项指标。路线平面设计只有根据这一成果才能进行后面的一系列设计。

2. 道路平面设计图

道路平面设计图示例见图 3-28。

道路平面设计图是道路设计文件的重要组成部分，它全面地反映了道路平面位置和道路所经过地区的地形、地物等情况，它是设计人员设计意图的重要体现。

(1) 绘图比例尺：1∶500～1∶1000。

(2) 测绘范围：一般道路两侧红线以外各 20～50m 或中线两侧各 50～150m。

(3) 导线和中线的展绘。

坐标方格网间距采用 5cm 或 10cm，图廓网的对角线长度误差均不大于 0.5m，之后按导线点坐标精确地绘在相对位置上。

路线一律按前进方向从左到右绘制，在每张图拼接处绘出接图线，在图的右上角注明共×张，第×张，在图纸的空白处注明曲线元素及主要点里程桩号等。

(4) 控制点的展绘。

各种比例尺的地形图均应展绘测出各等级三角点、导线点、图根点、水准点，并用规定符号表示。

(5) 规划红线。规划红线是道路用地与其他用地的分界线。红线宽度即为道路的总宽度。

(6) 坡口、坡脚线或挡土墙边线。

填方路段在平面图中应绘出路基的坡脚线，挖方路段要绘出路基段坡口线或绘出挡墙的边缘线并显示出挡墙顶面宽度。

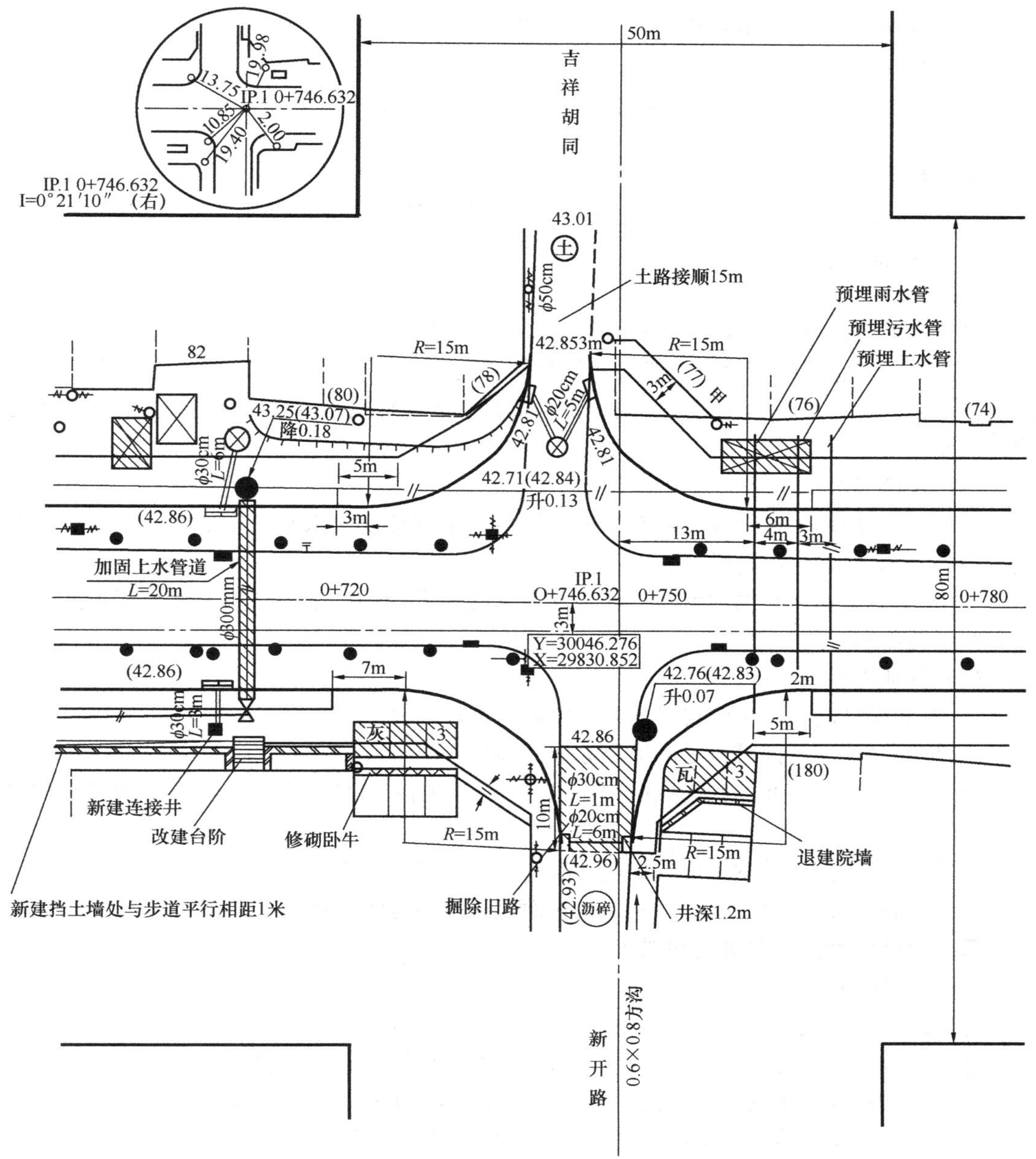

图 3-28 道路设计平面图示例

（7）车道线。

车道线是城市道路平面设计图重要内容。各种车道线位置宽度可在横道图布置中查得，在平面图中反映出来。各车道间的分隔带、路缘带、支路出入口等也应绘出。

（8）人行道、人行横道线、交通岛、分隔带等按设计绘出。

（9）交叉口。应详细注明交叉口的各路去向，交叉角度，曲线元素以及路缘石转弯半径。

（10）地下管线及设施。

（11）地形、地物、水系及其附属物的测绘。

第三节　纵 断 面 设 计

一、概念

（一）定义：纵断面设计是沿道路中线竖向剖切再沿道路里程展开的立面投影线形。

（二）特征

如图 3-29 所示。

（1）其上有两条主要线。一条是地面线，它是根据中线上各桩点的高程而点绘的一条不规则的折线，它反映了沿着中线地面的起伏变化情况；另一条是设计线，它是设计人员经过技术、经济以及美学等多方面比较后定出的一条具有规则形状的几何线，它反映了道路起伏变化情况。

（2）设计线上有：

1）直线。即均匀坡度线，它有上坡与下坡。是有坡度和水平长度的，它们是以道路上行驶的汽车类型及其行驶情况来决定的。

2）竖曲线。在直线的坡度转折处为平顺过渡而设置的曲线，它按坡度转折形式不同分为凹形与凸形。

（3）其他内容：

1）路面设计高程。不同桩号处的道路路面设计高程。

2）地面高程。不同桩号处的道路原地面高程。

3）桩号。从道路起点到终点中按要求（一定间隔和特殊地形、桥隧、涵洞等结构物处的）距离长度。

4）坡度与距离。某两个桩号之间的坡度与它们之间差值。

5）平曲线平面。反映桩号之间的在平面上直线还是曲线状况。

二、纵坡设计的有关规定和要求

（一）纵断面设计的一般要求

为使纵坡设计经济合理，必须在全面掌握勘测资料的基础上，结合城市竖向规划意图，经过综合分析、反复比较才能设计出较好的道路纵断面。一般要求为：

（1）纵坡设计必须满足《城市道路工程设计规范》CJJ 37—2012 的有关规定。

（2）为保证车辆能以一定速度安全顺利行驶，纵坡应具有一定的平顺性，起伏不宜过大和过于频繁。

（3）纵坡设计应对沿线地形、地下管线、地质、水文、气候和排水等因素综合考虑，视具体情况合理处理道路、管线、地下水位等的高程关系，保证道路路基的稳定性与强度。

（4）一般情况下，道路纵坡设计应考虑路基工程的填、挖方平衡，尽量使挖方用作就近路段填方，以减少借方和废方量，从而降低工程造价和节省道路用地。

（5）对于连接路段纵坡，如大中桥引道及隧道两段接线等，纵坡应和缓，避免产生突变，否则会影响行车的平顺性和视距。另外，在交叉口前后的道路纵坡也应平缓一些，一是考虑安全，二是考虑交叉口竖向设计。

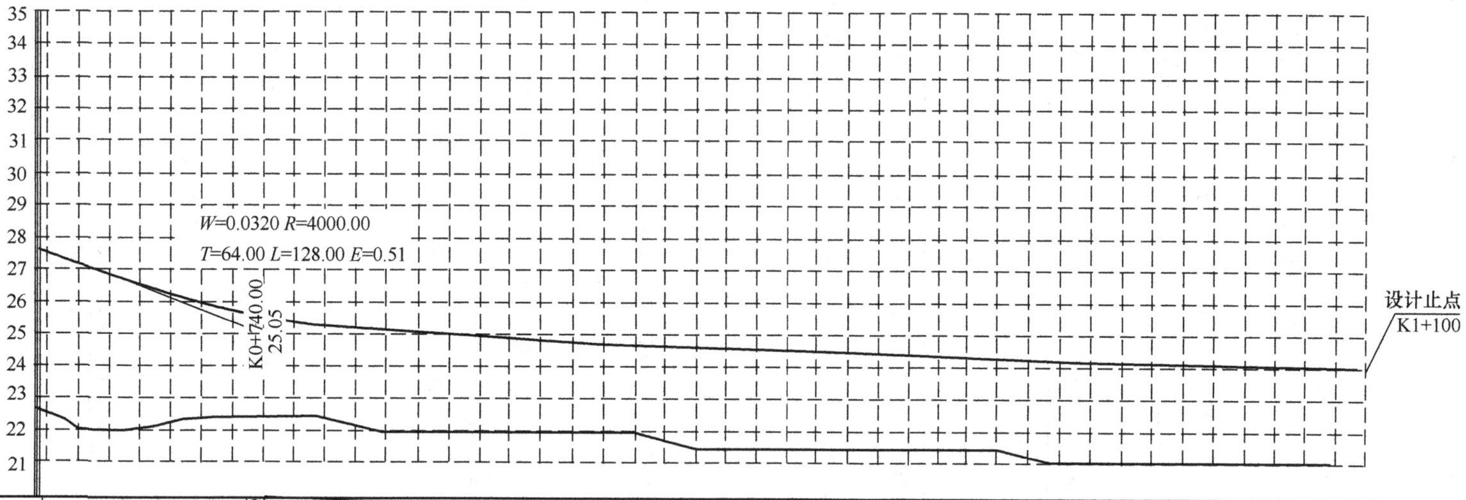

35
34
33
32
31
30
29
28
27
26
25
24
23
22
21

W=0.0320 R=4000.00

T=64.00 L=128.00 E=0.51

K0+740.00
25.05

设计止点
K1+100

坡度及距离		160.00 −3.50%			25.05	360.00 −0.30%																	23.97
路面设计高比原地面高	高	5.15	4.52	3.49	3.06	2.73	3.00	2.87	2.81	2.75	2.69	3.13	3.07	3.01	2.95	2.89	2.83	3.27	3.21	3.15	3.09	3.03	2.97
	低																						
路面设计高程		27.15	26.52	25.99	25.56	25.23	25.00	24.87	24.81	24.75	24.69	24.63	24.57	24.51	24.45	24.39	24.33	24.27	24.21	24.15	24.09	24.03	23.97
地面高程		22.00	22.00	22.50	22.50	22.50	22.00	22.00	22.00	22.00	22.00	21.50	21.50	21.50	21.50	21.50	21.50	21.00	21.00	21.00	21.00	21.00	21.00
桩号		K0+680.00	0+700.00	0+720.00	0+740.00	0+760.00	0+780.00	0+800.00	0+820.00	0+840.00	0+860.00	0+880.00	0+900.00	0+920.00	0+940.00	0+960.00	0+980.00	1+000.00	1+020.00	1+040.00	1+060.00	1+080.00	K1+100.00
平曲线						α_L=27°15′8″ R=1000.00 T=242.41 L=475.64 E=28.96																	

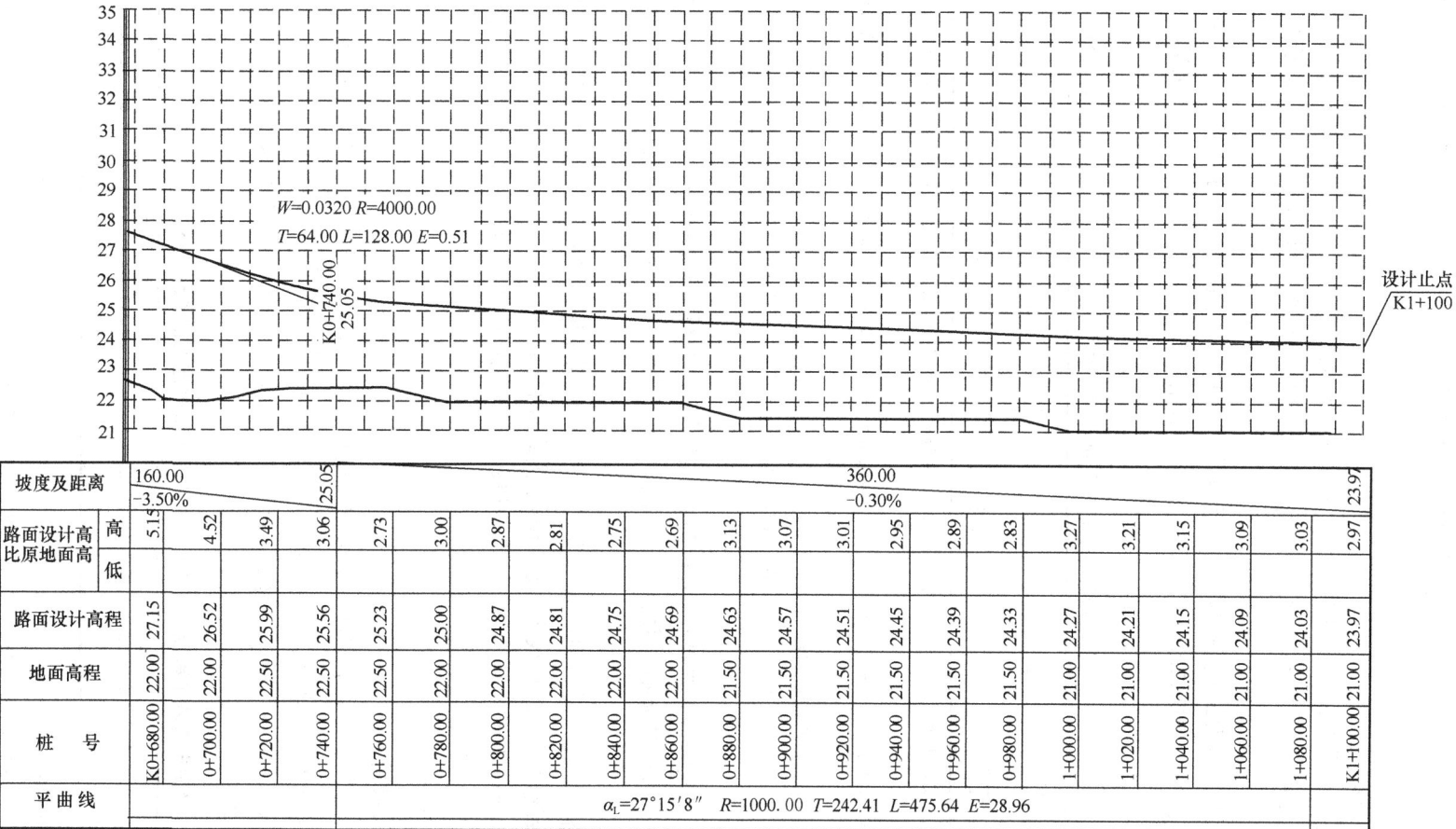

说明:
1.本图尺寸均以m计，高程为黄海系统。
2.比例 横向1:1000 竖向1:100。
3.原地面高程是在1/1000地形图上点绘而得。

图 3-29 道路纵断面设计图

（6）在实地调查的基础上，城市道路应充分考虑管线综合、沿街建筑地坪标高的要求。

（二）最大纵坡

最大纵坡是指在纵坡设计时各级道路允许采用的最大坡度值。它是道路纵断面设计的重要控制指标，在地形起伏较大的地区，直接影响路线的长短、使用质量、运输成本及造价。

各级道路允许的最大纵坡是根据当时具有代表性标准车型的汽车动力特性、道路类（级）、自然条件以及工程运营经济因素，通过综合分析，全面考虑确定的。最大纵坡见表3-31。

城市道路工程设计规范机动车最大坡度　　表3-31

设计速度（km/h）		100	80	60	50	40	30	20
最大纵坡（%）	一般值	3	4	5	5.5	6	7	8
	极限值	4	5	6		7	8	

注：1. 新建道路应采用小于或等于最大纵坡一般值；改建道路、受地形条件或其他特殊情况限制时，可采用最大纵坡极限值。

2. 除快速路外的其他等级道路受地形条件或其他特殊情况限制时，经技术经济论证，最大纵坡极限值可增加1%。

3. 积雪或冰冻地区道路的最大纵坡不得大于3.5%，其他等级道路最大纵坡不应大于6%。

4. 道路最小纵坡不应小于0.3%；当遇到特殊困难纵坡小于0.3%时，应设置锯齿形边沟或采取其他排水设施。

桥上及桥头路线的最大纵坡；小桥与涵洞处纵坡应按路线规定采用；大中桥上纵坡不宜大于4%；桥头引道纵坡不宜大于5%；紧接大中桥桥头两端的引道纵坡应与桥上纵坡相同。

隧道部分路线纵坡：隧道内纵坡不应大于3%；但对于明洞和短于50m的隧道其纵坡不受此限，紧接隧道洞口的路线纵坡应与隧道内纵坡相同。

在非机动车交通比例较大路段，考虑非机动车交通要求，可根据具体情况将纵坡适当放缓，一般不大于3.5%。

（三）坡长限制

1. 最小坡长限制

（1）原因。从汽车行驶平顺性要求考虑（坡长过短、变坡点增多，导致乘客感觉不舒适），并且从路容美观、视觉效果、相邻两竖曲线位置和纵面视距要求，坡长应有一定最短长度；从缓和的加速（上坡）和减速（下坡）功能发挥，太短则作用不大。

（2）规定。城市道路最小坡长规定见表3-32。

《城市道路工程设计规范》CJJ 37—2012规定城市道路最小坡长　　表3-32

设计车速（km/h）	100	80	60	50	40	30	20
最小坡长（m）	250	200	150	130	110	85	60

2. 最大纵坡限制

（1）原因。对行车速度显著下降，长时间使用低速挡会使发动机发热过分而使效率降低，水箱沸腾，行驶乏力；其次下坡时若坡度过陡，坡段过长而使刹车频繁，影响安全。

（2）规定。道路纵坡大于表 3-31 所列的一般值是，应按表 3-33～表 3-34 的规定最大坡长。道路连续上坡或连续下坡路应在不大于表 3-33 规定纵坡长度之间设纵坡缓和段。缓和段的纵坡应不大于 3%，其长度应符合表 3-34 最小纵坡的规定。

《城市道路工程设计规范》最大坡长　　表 3-33

设计车速(km/h)	100			80			60			50			40		
纵坡（%）	4	4.5	5	5	5.5	6	6	6.5	7	6	6.5	7	6.5	7	8
最大纵坡坡长(m)	700	600	500	600	500	500	400	350	300	350	300	250	300	250	200

《城市道路工程设计规范》规定非机动车道纵坡宜小于 2.5%；当非机动车道纵坡大于或等于 2.5%应按表 3-34 的规定最大坡长。

非机动车道纵坡限制坡长（m）　　表 3-34

纵坡度 / 车　种	3.5%	3%	2.5%
自行车	150	200	300
三轮车	—	100	150

3. 最小纵坡

（1）原因。使行车快速、安全、通畅。

（2）规定，长路堑、低填设边沟路段及其他横向排水不畅路段，为保证排水要求，防止积水影响道路稳定性，应设不小于 0.5%的最小纵坡，特殊情况下不少于 0.3%。在弯道超高渐变段上，当行车道外侧边缘的纵坡与超高附加坡度（即超高渐弯率 P）方向相反时，设计最小纵坡不宜小于$(P+0.3)\%$。

4. 平均纵坡

（1）定义。一定长度的路段连续上坡或下坡路段纵向所克服的高差与路线长度之比。

（2）原因。合理运用最大纵坡、坡长及缓和坡长的规定以保证车辆安全顺利地行驶的限制性指标。

（3）规定：公路二、三、四级越岭线平均纵坡为 5.5%。

三、竖曲线

（一）定义

在纵断面上两条坡度不同的相邻纵坡相交处，出现了转折处，就出现了变坡点，为便于行车，插入一段曲线来缓和，这条曲线即为竖曲线。

（二）作用

缓冲；保证纵向行车视距；有利于平竖曲线组合，有利于路面排水和改善行车的视线诱导和增加舒适感。

（三）分类

凸形与凹形。

（四）要素计算

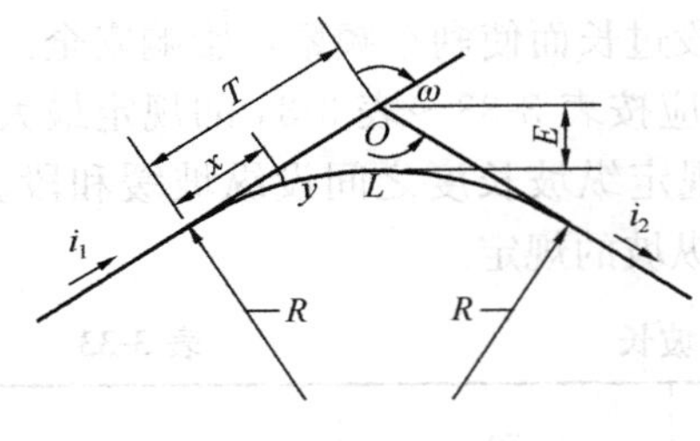

图 3-30　竖曲线计算图

如图 3-30 所示，O 为变坡点，相邻两坡差 $\omega=i_1-i_2$，（上坡取正值，下坡为负值）当 $i_1-i_2\geqslant0$ 为凸形竖曲线；当 $i_1-i_2<0$ 为凹形竖曲线。

我国采用二次抛物线作为竖曲线，设抛物线顶点半径为 R，则：

竖曲线长度　　$L=R\omega$　　(3-36)

竖曲线切线长　$T=\dfrac{L}{2}=\dfrac{1}{2}R\omega$　　(3-37)

竖曲线外矩　　$E=T^2/2R$　　(3-38)

竖曲线任意点到切线的距离（改正值或纵距）$y=\dfrac{x^2}{2R}$　　(3-39)

竖曲线上各点标高：对凸形竖曲线内其设计高＝未设竖曲线设计标高－Y；对凹形竖曲线内其设计高程＝未设竖曲线设计标高＋Y。

【例 3-7】　某城市上有一变坡点，桩号为 K10＋200，变坡点高程为 120.28m，两相邻路段的纵坡 $i_1=5\%$和 $i_2=-3\%$，竖曲线半径 $R=5000$m。试进行该竖曲线设计。

【解】　1. 竖曲线要素计算

（1）$\omega=i_1-i_2=5\%-(-3\%)=8\%>0$ 为凸形竖曲线

曲线 $L=R\omega=5000\times0.08=400$m

（2）切线长 $T=\dfrac{L}{2}=\dfrac{400}{2}=200$m

（3）外矩 $E=T^2/2R=200\times200/2\times5000=4$m

（4）求竖曲线起点和终点桩号：

竖曲线起点桩号：K10＋200－200＝K10＋000

竖曲线终点桩号：K10＋200＋200＝K10＋400

2. 求各桩号的设计标高，见表 3-35。

设　计　标　高　　　　**表 3-35**

桩号	切线高程（m）	标高改正值	竖曲线设计高程（m）	备　注
K10＋000	110.28	$y=\dfrac{x^2}{2R}=0.000$	110.28	竖曲线起点
＋020	111.28	0.04	111.24	
＋040	112.28	0.16	112.12	
＋060	113.28	0.36	112.92	
＋080	114.28	0.64	113.64	
K10＋100	115.28	1.00	114.28	
＋120	116.28	1.44	114.84	
＋140	117.28	1.96	115.32	
＋160	118.28	2.56	115.72	

续表

桩号	切线高程（m）	标高改正值	竖曲线设计高程（m）	备注
+180	119.28	3.24	116.04	
K10+200	120.28	4.00	116.28	竖曲线中点
+220	121.28	3.24	118.04	
+240	122.28	2.56	119.72	
+260	123.28	1.96	121.32	
+280	124.28	1.44	122.84	
K10+300	125.28	1.00	124.28	
+320	126.28	0.64	125.64	
+340	127.28	0.36	126.92	
+360	128.28	0.16	128.12	
+380	129.28	0.04	129.24	
K10+400	130.28	0	130.28	竖曲线终点

【例 3-8】 已知某城市主干道，其计算行车速度为 60km/h，设计纵坡分别为 $i_1=+2\%$、$i_2=-1\%$，转折点桩号为 0+575，设计标高为 $H_中=10.0$m。试合理确定竖曲线半径和计算竖曲线各要素以及竖曲线各点标高（图 3-31）。

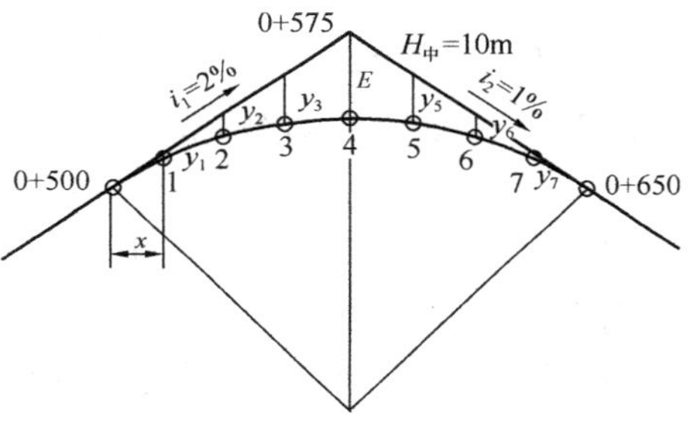

图 3-31 竖曲线上各点标高计算图

【解】 1. 选定竖曲线半径和计算各要素

根据Ⅰ级城市主干道的计算行车速度，查表 5-4，结合地形取 $R=5000$m。

因为 $\omega=i_1-(-i_2)=i_1+i_2=0.02+0.01=0.03$

所以
$$L=R\omega=5000\times0.03=150\text{m}$$
$$T=\frac{L}{2}=75\text{m}$$
$$E=T^2/2R=75^2/2\times5000=0.56\text{m}$$

2. 计算各点标高

为便于施工，在竖曲线上一般每隔 20m 设一整桩。各桩号的设计标高计算如下：

竖曲线起点桩号为：$(0+575)-T=0+500$，

标高 $h_起=H_中-T\cdot i=10.0-75\times0.02=8.5$m

桩号 0+520，$h_1=h_起+20\times i_1-y_1=8.5+20\times0.02-\frac{20^2}{2\times5000}=8.9-0.04=8.86$m

桩号 0+540，$h_2=h_起+40\times i_1-y_2=8.5+40\times0.02-\frac{40^2}{2\times5000}=9.3-0.16=9.14$m

桩号 0+560，$h_3=h_起+60\times i_1-y_3=8.5+60\times0.02-\frac{60^2}{2\times5000}=9.7-0.36=9.34$m

中点 0+575，$h_起=h_中-E=10.0-0.56=9.44$m

竖曲线终点桩号：0+650，$h_{终}=H_{中}-T\cdot i_2=10.0-75\times0.01=9.25\text{m}$

桩号 0+630，$h_7=h_{终}+20\times i_2-y_7=9.25+20\times0.01-\dfrac{20^2}{2\times5000}=9.41\text{m}$

桩号 0+610，$h_6=h_{终}+40\times i_2-y_6=9.25+40\times0.01-\dfrac{40^2}{2\times5000}=9.49\text{m}$

桩号 0+590，$h_5=h_{终}+60\times i_2-y_5=9.25+60\times0.01-\dfrac{60^2}{2\times5000}=9.49\text{m}$

为简化计算，上述圆形竖曲线各要素及竖曲线上各点的 y 值，均可从《公路竖曲线测绘用表（第三册）》中查得。

【例 3-9】 某计算行车速度为 60km/h 的城市主干路有一变坡点，桩号为 K10＋500，高程为 189m，两相邻路段纵坡 $i_1=-3\%$、$i_2=4\%$，在 K10＋520 处有一构造物，要求其设计标高不低于 190.6m。试计算竖曲线的最小半径。

【解】 $\omega=i_1-i_2=-3\%-(+4\%)=-7\%<0$ 为凹形竖曲线

$T=\dfrac{R\omega}{2}=0.035R$；因为在 K10＋520 处到竖曲线起点距离 x 为

$x=T-(10520-10500)=0.035R-20$；因为：$y=\dfrac{x^2}{2R}=\dfrac{(0.035R-20)^2}{2R}$

由 K10＋520 处的控制标高为 190.6m，可得

$$189+20\times4\%+y\geqslant190.6$$

即：$$189.8\times2R+(0.035R-20)^2=190.6\times2R$$

则∴$R=2037.5\text{m}$

根据控制点标高计算得到的最小半径大于该道路规定的极限最小半径。在设计中竖曲线半径一般取比计算值大的整数值即可。

【习题】 已知某Ⅰ级城市主干道，其行车速度为 60km/h，设计纵坡 $i_1=2\%$、$i_2=-1\%$；转折点桩号 0+575，设计标高 $H_{中}=10\text{m}$，选用 $R=500\text{m}$。求：(1) 竖曲线各要素 L、T、R 及 E 值。(2) 填表。

桩 号	切线设计高	改正 y 值	路面设计高程
0+500	$10-75\times0.02=10-1.5=8.5$		
0+520			
0+540			
0+560			
0+575			
0+590			
0+610			
0+630			
0+650			

（五）最小半径

1. 决定最小半径的因素

（1）缓和超重冲击。

（2）行程时间不至于过短。

（3）满足视距的要求。

2. 规范规定

《城市道路工程设计规范》CJJ 37—2012 规定的竖曲线最小半径与竖曲线最小长度。

竖曲线最小半径和最大长度（m） 表 3-36

设计车速（km/h）		100	80	60	50	40	30	20
凸形（m）	一般值	10000	4500	1800	1350	600	400	150
	极限值	6500	3000	1200	900	400	250	100
凹形（m）	一般值	4500	2700	1500	1050	700	400	150
	极限值	3000	1800	1000	700	450	250	100
竖曲线长度（m）	一般值	210	170	120	100	90	60	50
	极限值	85	70	50	40	35	25	20

四、纵坡设计

（一）内容

根据道路等级、沿线自然条件和构造物控制高程等，确定路线合适的高程，各坡段的纵坡度和坡长，并设计竖曲线。

（二）基本要求

纵坡均匀平顺，起伏平缓，坡长和竖曲线长度适当，平均与纵断面组合设计协调以及填挖经济、平衡。

（三）设计要点

1. 纵坡极限值、坡长运用

（1）应满足规范中有关纵坡的一切规定，纵坡极限值不可轻易采用，应留有余地。

（2）纵坡应力求平缓，避免连续陡坡、过长坡和反坡。

（3）纵断面线形应均衡、平顺、连续，并重视平纵线形的配合。

（4）纵坡设计应考虑填挖平衡，尽量移挖作填，减少借方和废方，降低工程造价。

2. 特殊地形条件下设计

（1）大、中桥桥头引坡应符合规定，路基设计标高应高于该桥设计洪水位至少 0.5m。

（2）大桥上纵坡不大于 4%，非汽车交通较多的地段，桥上及引道纵坡不大于 3%。

（3）隧道内机械通风的坡度宜放缓一些，以提高汽车行驶速度。

（4）道路纵断面的设计标高应保证管线的最小覆土深度，管顶最小覆土深度一般不小于 0.7m。

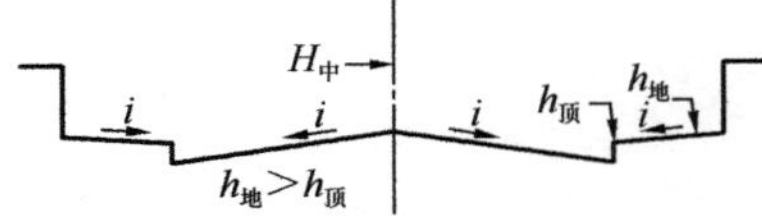

图 3-32　侧石顶面标高与地坪标高的关系示意图

$h_地$—地坪标高；$h_顶$—侧石顶面标高；$H_中$—路中心线设计标高；i—横坡

(5) 在水文条件不良或地下水位很高的路段，应根据当地气候、土质、水文和路面结构等状况，考虑适当的路基高度；滨河路及受水浸淹的路基，一般高出按一定洪水频率的计算水位0.5m以上。

(6) 确定中心线设计标高，必须考虑沿线两侧街坊的地坪标高。为保证道路及两侧街坊地面水的顺利排除，一般应使侧石顶面标高低于两侧街坊或建筑物的地坪标高（图 3-32)。

(7) 确定道路纵坡设计线，必须满足城市各种地下管线最小覆土深度的要求（见表3-37)。对于旧路改建，如必须降低原标高不宜定得太低，以防损坏路下的各种管线。

各类常用的最小覆土深度　　**表 3-37**

管线名称		最小覆土深度（m）	备　注
电力电缆	1.0kV以下	0.7	
	20～35kV	1.0	
电车电缆		0.7	
电信铠装电缆		0.8	埋在人行道下可减少0.3m
电信管道		0.7～0.8	
热管道	直接埋在土中	1.0	
	在地道中敷设	0.8	
给水管道		1.0	≥500mm的管径
		0.7	<500mm的管径
煤气管	干煤气	0.9	
	湿煤气	1.0	
雨水管		0.7	
污水管		0.7	

(8) 对于旧路改建，在确定城市道路设计纵坡时，宜尽量利用原有路面作为新路面的基层或面层，但应注意所定的设计标高应满足街坊两边的排水要求。

五、合成坡度

(一) 定义

合成坡度是路线纵坡设计纵坡坡度与弯道超高横坡坡度或路拱横坡的矢量和。

(二) 方向

路拱横坡的水流方向。

(三) 计算式

$$I=\sqrt{i_h^2+i^2} \tag{3-40}$$

式中　I——合成坡度（%）；

i_h——超高横坡坡度或路拱横坡坡度；

i——路线设计纵坡坡度（%）。

（四）目的

避免急弯与陡坡不利组合，防止因合成坡度过大而引起的横向滑移和行程危险，保证车辆在弯道上安全而顺适地运行。

（五）规定

（1）当陡坡与小半径平曲线重合时，在条件许可的情况下，宜采用较小的合成坡度。

（2）城市道路对合成坡度的规定见表 3-38。

《城市道路工程设计规范》CJJ 37—2012 表述如下：在设有超高的平曲线上，超高横坡度与道路纵坡度的合成坡度应小于或等于表 3-38 的规定。

超高横坡度与道路纵坡度的合成坡度　　**表 3-38**

设计速度（km/h）	100、80	60、50	40、30	20
合成坡度（%）	7.0	7.0	7.0	8.0

注：在积雪或冰冻地区各级道路合成坡度应小于或等于 6%。

（3）在设计中可由下式计算平曲线上允许的最大纵坡。

$$I_R=\sqrt{i_{max}^2-i_h^2} \tag{3-41}$$

式中　I_R——平曲线上允许的最大纵坡度（%）；

I_{max}——最大允许合成坡度（%）；

i_h——超高横坡度或路拱横坡度（%）。

（4）当路线的平面和纵坡面设计基本完成后，可用公式（3-39）检查合成坡度 I。如果超过最大允许合成坡度时，可减小纵坡或加大平曲线半径以减小横坡，或者两方面同时减小，以满足表 3-31 或表 3-32 的要求。

（5）各级道路最小合成坡度不宜小于 0.5%；当合成坡度小于 0.5%时，应采取综合排水措施，以保证路面排水畅通。

六、视觉分析

（一）定义

视觉分析是从驾驶员的视觉分析及其心理反应出发，对道路的空间线性及其与周围的自然环境和沿线建筑物的协调进行研究分析，以保持视觉连续性和舒适性，使驾驶员在行车时具有足够的心理舒适感和安全感的综合设计。

（二）要求

道路线形设计除应考虑自然条件、汽车行驶力学方面的要求外，还要把驾驶员在行车过程中心理和视觉上的反应作为重要因素来考虑。

（三）意义

将道路的线形、周边环境质量与驾驶员在行车中的动态视觉及其心理反应联系起来，体现道路集合设计以人为本的思想。

（四）视觉分析能力判断

视觉分析的判断能力与车速密切相关，车速越高，其注视前方越远，而视角逐渐变小。因此在高速行车时，驾驶员的眼睛总是瞄准到越来越远的地方，并试图达到看起来是固定的一点的目标的原因。

（1）注意力集中和心理紧张的程度随车速的增加而增加。

（2）注意力集中点随着车速增加而向远处移动。

（3）随着车速增加，驾驶员对前景细节的视觉开始变得模糊不清楚。

（4）驾驶员周界感随车速的增加而减少。

（5）在中等车速情况下，驾驶员也需要 1/16s（s 为秒）才能够把眼前注视在能够看得见的目标上。

（五）视觉评价方法

（1）所谓线形状况，是指道路平面线形和纵断面线形所组成的立体线形，在汽车快速行驶中给驾驶员提供的连续不断地视觉印象。

1）方法：利用视觉印象随时间或空间变化的道路透视图来评价。

2）目的：能反映道路自身的三维视觉，又能反映道路与沿街建筑立面设计之间的三维视觉效果。

3）道路透视图：按照汽车在道路上行驶位置，根据线形的几何状况，确定视轴方向以及由车速确定视轴长度，利用坐标透视的原理绘制透视图。

（2）作用：通过透视图，可直观地看出道路立体线形是否顺适；是否有易于产生判断错误或茫然的地方；路旁障碍物是否存在有碍视线的地方；道路与临街建筑物的协调情况如何等。

七、城市道路纵断面设计的步骤和方法

城市道路纵断面设计的主要内容包括：绘制原有地面线或需要改建道路的纵坡度，确定设计纵坡线并计算设计标高，设计竖曲线，计算填挖高度，标定桥涵、挡土墙、护岸等位置，设计锯齿形街沟，以及绘制纵断面设计图。

城市道路纵断面设计，可按以下步骤和方法进行：

（一）绘出原有地面线（或需要改建道路的纵坡线）

首先根据道路中线水准测量资料，按一定比例尺（一般水平方向用 1：500～1：1000，垂直方向 1：50～1：100）在厘米方格纸上点出各里程桩的标高，各点标高的连线即为原地面线。为使纵断面设计线定得更合理，有的往往在图的下方绘出沿线土壤地质剖面图和简明的路线平面设计示意图，并标出平曲线位置及其要素。

（二）标出沿线各控制点标高

在进行纵坡设计时，应先将全线各控制点的标高在图上用铅笔线标出。所谓控制（点）标高，在城市道路上通常指路线起、终点标高，相交道路中线交叉点的标高，相交铁路的轨顶标高，桥梁顶部标高，立交桥桥面、重要建筑物前的地坪标高，以及依据横断面选定的填挖合理点标高等。

各控制（点）标高的计算如下：

（1）城市桥梁桥面标高 $H_{桥}$

$$H_{桥}=h_{水}+h_{浪}+h_{净}+h_{桥}+h_{面}(m)$$

式中 $h_{水}$——河道设计水位标高（m）；

$h_{浪}$——浪高（m），一般可取 $h_{浪}=0.50m$；

$h_{净}$——河道的通航净空高度（m），视河道等级而定；

$h_{桥}$——桥梁上部建筑结构高度（m）；

$h_{面}$——桥上路面结构厚度（m），应包括预留的路面补强厚度在内。

（2）立交桥面标高 $H_{桥}$

1）桥下为铁路时

$$H_{桥}=h_{轨}+h_{净}+h_{桥}+h_{面}+h_{沉}(m)$$

式中 $h_{轨}$——铁路轨顶标高（m）；

$h_{净}$——铁路火车的净空高度（m），视铁路等级与通行的机车类型而定，一般蒸汽机车、内燃机车为 6.00m，电气机车为 6.55m；

$h_{桥}$——桥梁上部建筑结构高度（m）；

$h_{面}$——桥上路面结构厚度（m），应包括预留的路面补强厚度在内；

$h_{沉}$——桥梁预估的沉降量。

2）桥下为道路时

$$H_{桥}=h_{路}+h_{净}+h_{桥}+h_{面}(m)$$

式中 $h_{路}$——路面标高（m），应包括预留的路面补强厚度在内；

$h_{净}$——道路净空高度（m），视通行机动车种类而定，如通行汽车不小于 4.5m，通行有轨电车不小于 5.5m。

其余符号意义同上。

（3）铁路道口标高

按铁路轨顶标高计算。

（4）相交路中心线标高

按交叉口中心点设计标高计算。

（5）重要建筑物前的地坪标高

为满足两边街坊的排水和建筑物出入口标高的要求，在设计纵坡确定设计标高时，需考虑建筑物前的地坪标高 h_a，使设计标高大体满足下列两点要求，如图 3-33 所示。

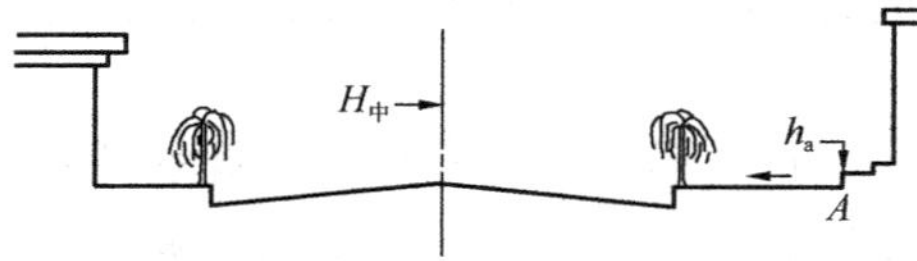

图 3-33 设计标高与建筑物地坪标高的关系

1）$h_a-H_{中}=0.3\sim0.5m$；

2）控制建筑物前的地坪坡度（包括人行道在内）$i=0.5\%\sim1\%$。

式中 $H_{中}$——道路中心线设计标高（m），应包括预留路面补强厚度在内；

i——横向横坡。

（三）试定纵坡（拉坡）

在标定全线的各控制点标高后，即可根据定线意图，综合考虑行车要求、有关技术标准规定（如最大纵坡、最小纵坡等）以及纵、横方向土方大致平衡的要求，初试设计线，通常称为“拉坡”。

试定设计线时，不一定从起点开始向前试坡，也可从中间开始先画出能连接几个控制点标高的设计线，彼此画的各设计线，即能得出若干个设计线的转折点。如按前后控制点标高定出的设计线不符合设计要求，则应调整有关控制点标高，再试定纵坡，以求得设计线的平顺与合理；同时在试坡时要前后照顾，交出转折点，不能仅顾一头向前定坡。

调整纵坡的方法，可以抬高或降低设计标高，延长或缩短坡长，以及加大或减少纵坡等。调整时，以少变动控制点标高、少采用最大纵坡和少变动填挖平衡原则，保证全线符合行车安全、平顺、舒适和经济等要求。

（四）确定纵坡设计线

经多次试坡，反复调整纵坡，基本能满足设计要求后，还要进行全面检查。检查内容主要为最大纵坡、坡长、桥头线形、控制点标高、某些断面的纵横向平衡，以及纵断面与平面合理的纵坡设计线。

在设计纵坡线时，尚须指出的是：

（1）在定设计线时，一般采用多包少割（相对原地面线而言），做到缓坡宜长，陡坡宜短。在城市道路中的土方填挖平衡，应结合街坊内部的土建工程（如人防工程等）来考虑。填方过多，需要借方；挖方太多，需要弃土，二者均不合理。

（2）在进行纵断面设计时，要定出经济而又合理的纵坡，必须充分领会该路设计要求，熟悉全线的有关设计和勘测资料，包括地形、土质、土壤、水文、桥涵、交通以及控制点标高等方面的资料，进行综合分析比较，不断修改，不断完善。

（五）选定竖曲线半径并计算其要素

八、平纵断面线形组合设计

（一）目的

满足汽车运动学和力学的前提下，结合地形、地物、景观视觉和经济性，满足驾驶员在视觉和心理方面的连续性、舒适性并与周围环境相协调。

（二）原则

（1）线形设计应先从道路规划开始，按平面线形设计，纵断面线形设计和平纵线形组合设计的程序进行，最终是以平纵组合的立体线形展现在驾驶员眼前的。

（2）能在视觉上自然诱导驾驶员的视线，并保持视觉连续性；必须尽力避免使驾驶员感到茫然、迷惑或判断失误的线形。

（3）平面与纵断面线形的技术指标应大小均衡，不要悬殊太大，使线形在视觉上和心理上保持协调。

（4）选择组合得当的合成坡度，以利于路面排水和安全行车。

（5）注意线形与自然环境和景观的配合与协调，应充分与道路所经地区的景观相配合的基础上进行。景观协调有内部协调（指平纵线形视觉的连续性和立体协调性）和外部协调（指道路与其两侧坡面、路肩、中间带、沿线设施等协调以及道路的宏观位置）两个方面。

（三）平、竖曲线的组合

（1）一般情况下，平、竖曲线两者应相互重合，宜将竖曲线起、终点放在平曲线的缓和段内，不仅可起到诱导视线作用，还可取得平顺和流畅效果。

(2) 一般情况下，竖曲线的半径约为平曲线半径的10～20倍，这样可使平曲线与竖曲线大小保持平衡。

(3) 做不到平竖曲线较好的组合时，可把平竖曲线分开较大距离，使平曲线位于直坡段或让竖曲线位于直线上。

(4) 应避免以下情形：

1) 凸形竖曲线顶部或凹形竖曲线底部与反向平曲线拐点重合。

2) 小半径竖曲线不宜与缓和曲线重叠。原因是对凸形竖曲线处事故率高，对凹形竖曲线路面排水不良。

3) 当车速 $V \geqslant 40$km/h 时，应避免凸形竖曲线顶部或凹形竖曲线底部插入小半径平曲线。原因是前者会导致驾驶员在接近坡顶时减速或出现事故，后者使汽车高速行驶时急转弯，造成行车不安全。

(四) 直线与纵断面组合

(1) 平面长直线与纵断面直坡段相配合，对双车道路提供了超车方便，且驾驶员在这种直线上行驶易疲劳和超速。

(2) 从美学上来说，应避免平面直线与小半径凸形竖曲线配合。

(五) 线形组合与景观的协调配合

道路在规划、选线、设计、施工中都要重视景观要求，力求与周围的风景融为一体。

(六) 组合特征及注意事项（表3-39）

组合特征及注意事项 **表3-39**

空间线形组合	特征	注意事项
平面长直线与纵断面长坡段组合	(1) 线形单调、枯燥，使驾驶员易疲劳； (2) 驾驶员易超速、超车； (3) 在交通错综复杂路段（如交叉口）这种线形有利	(1) 调节单调视觉，增设视线诱导； (2) 设计时画车道线、设标志； (3) 用改变景观、分段绿化，与周围建筑协调
平面直线与凹形竖曲线组合	(1) 具有良好视距； (2) 线形不生硬、呆板； (3) 驾驶员以动视觉印象，提高了行车舒适性	(1) 避免用较短凹形竖曲线； (2) 在两个凹形竖曲线间不要插入短直线
平曲线与纵断面直坡段组合	只要平曲线半径选择适当，其与纵面直坡组合视觉良好。若组合不当，将对视觉产生折曲现象	(1) 注意平曲线半径与纵坡度协调； (2) 注意合成坡度要求； (3) 避免急弯与陡坡相结合
平面线形与凹形竖曲线组合	线形视距条件差，线形单调应避免	采用较大竖曲线半径，保证视距

续表

空间线形组合	特　征	注意事项
平曲线与竖曲线组合	如竖曲线几何要素大小适当，均衡协调，位置适宜，可以视觉舒适，如平竖曲线较小，会出现不良组合	（1）应使平纵曲线对应重叠组合； （2）注意平纵曲线几何要素指标均衡、匀称、协调，不要过缓与过急、过长与过短平竖曲线组合在一起； （3）注意凸形顶部与凹形底部不得与反向平曲线拐点重合； （4）避免在一个平曲线上连续出现多个凹凸竖曲线； （5）应避免“暗凹”、“跳跃”不良现象

（七）规范规定

《城市道路工程设计规范》CJJ 37—2012 规定，应满足行车安全、舒适以及沿线环境景观协调的要求，并保持平面、纵断面线形的均衡，保证路面排水通畅，并符合：

（1）应使线形在视觉上能自然地诱导驾驶员的视线，并保持视觉连续性。

（2）应避免平面、纵断面、横断面的最不利的相互组合设计。

（3）平纵面线应相互对应，技术指标大小应均衡连续，与之相邻路段各技术指标均衡。

（4）条件受限时，选用平面、纵断面的各接近或最大值、最小值及其组合时，应考虑前后地形，技术指标选用等对实际运行速度的影响。

（5）横坡与纵坡应组合得当，以利路面排水和行车安全。

九、纵断面设计成果

（一）纵断面设计图

1. 反映

（1）路线所经过的中心地面起伏情况与设计标高关系。

（2）横坐标表示里程，纵坐标表示高程。

2. 比例

横坐标 1∶2000；纵坐标 1∶200。

3. 内容

（1）桩号里程、地面高程、地面线、设计高程与设计线、施工填挖值。

（2）设计线的纵坡度及坡长。

（3）竖曲线及其要素，平曲线资料。

（4）设计排水沟沟底线及坡度、距离、高程、流水方向、土壤地质情况。

（5）沿线桥涵及人工构造物的位置、结构类型及孔径。

（6）与公、铁路交叉桩号。

（7）沿线跨越河流名称、桩号，现有水位及最高洪水位。

（8）水准点位置、编号、高程。

（9）短链桩位置、桩号及长短链关系。

4. 示例

如图 3-34 所示。

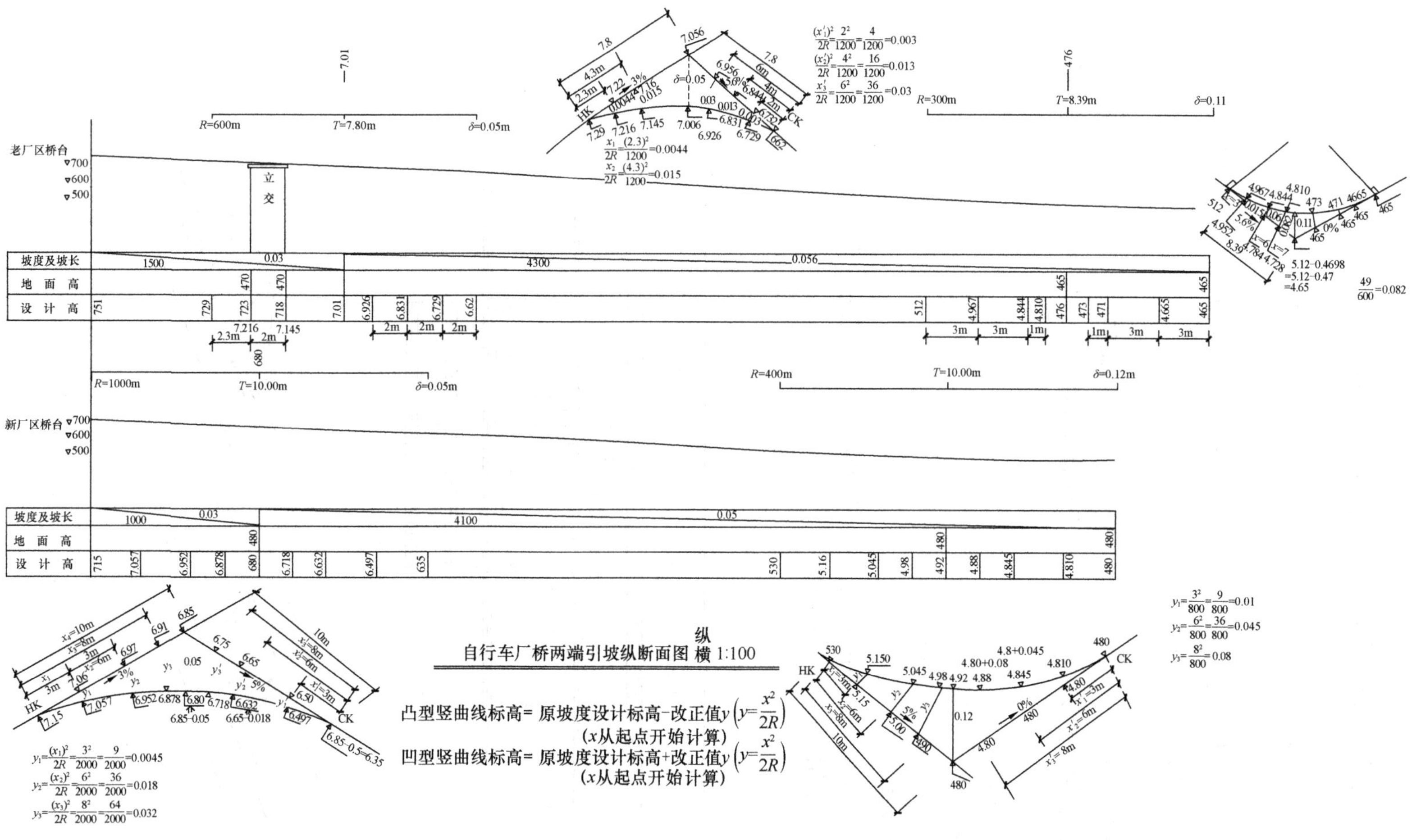

图 3-34　道路纵断面图示例

（二）路基设计表

路基设计表是平面、纵、横断面等主要测设资料综合。

第四节　无障碍步道体系规划与设计

城市道路中为考虑残疾人及老年人的交通，在人行道体系中设供盲人判别走向的步行道系统和方便过街轮椅上下人行道的斜坡道。

一、定义

在人行道系统中留出一条适当宽度的带状范围，铺砌特殊的便于盲人辨别的步行砖（分直行导向砖、转向停步砖），并且在遇台阶的地方代替以适当坡道，从而形成一个特殊的人行道体系。

二、规划原则

1. 分区域、分阶段实施。

2. 区域内贯通，区域外连续外延。

三、设计要点

1. 盲道一般设在人行道中央。若路侧带较宽，且在其范围内设有绿化带，将盲道靠近绿化带设置，如图 3-35～图 3-37 所示。

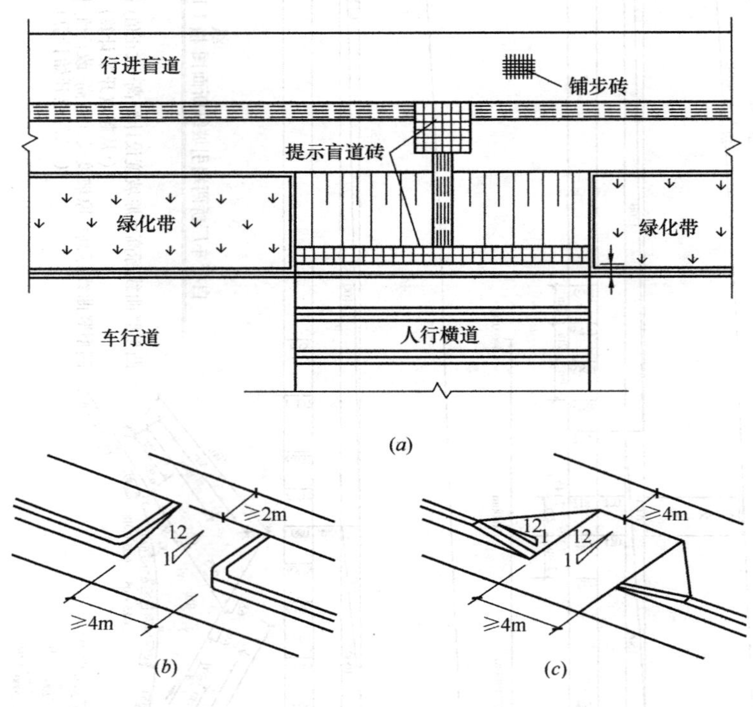

图 3-35　路段人行横道处坡道及盲道布置

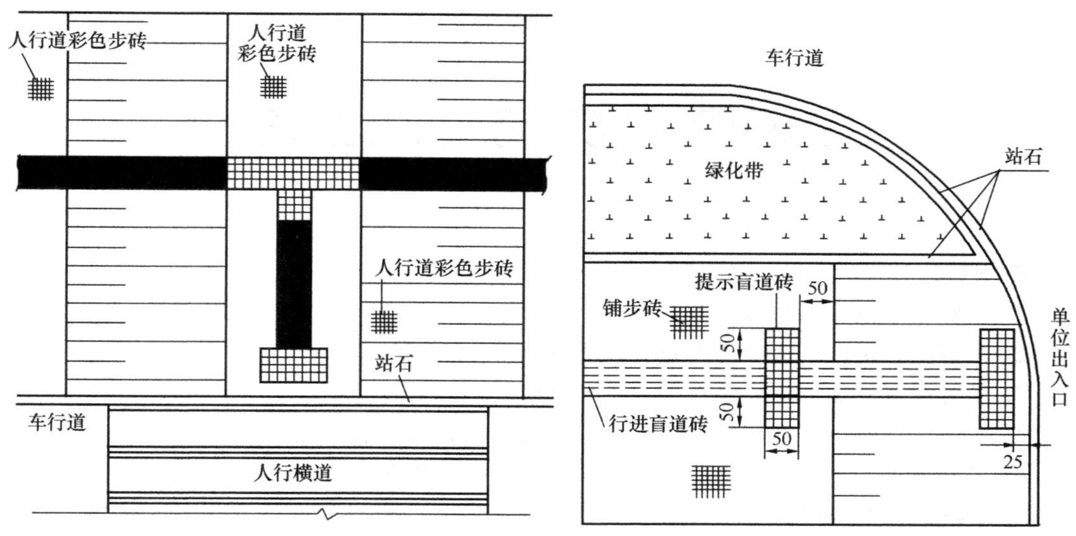

图 3-36　相交道口处人行横道处坡道与盲道布置　　　图 3-37　单位出入口处坡道及盲道布置

2. 轮椅自行或推行道处应在所有人行道方向上的台阶处设置坡道。

3. 贯彻以人为本的设计理念，设计者应真正从这些人群用路要求出发来考虑实际问题。

四、要求

遍及整个城市道路网络。

思　考　题

1. 何为道路的横断面？城市道路横断面布置有哪些基本形式？它们各自适用范围以及特点有哪些？

2. 城市车行道宽度确定的基本依据是什么？有哪些布置形式？

3. 何为城市道路的平面图？城市道路平面线形有哪些要素？

4. 某城市道路主干路设计车速 60km/h，路线偏角 $\alpha=15°$。试计算该圆曲线的几何元素？

5. 城市道路纵坡设计时，一般要考虑哪些控制标高？

6. 在纵断面边坡处为什么要设置竖曲线？

7. 某桥头边坡点处桩号为 K4＋950，设计标高为 120.78m，设计车速 $v=60$km/h，$i_1=3.5\%$，桥上为平坡，桥头端点桩号为 K5＋023，要求竖曲线不上桥，并保证 15m 的直坡段。试问，竖曲线半径应选什么范围？

8. 名词解释：(1) 中间带；(2) 路侧带。

9. 某城市主干道，设计车速 $v=60$km/h，其纵坡 $i_1=-2.5\%$，$i_2=1.5\%$，转折点处桩号为 K0＋640，设计高程 $H_{设}=9.00$m。计算：(1) 竖曲线最小半径并计算曲线上每 10m 的各点高程；(2) 由于受地下管线和地形限制，凹形竖曲线中标高要求不低于 9.3m，且不高于 9.4m，这时竖曲线半径应为多少？

第四章 城市快速路

知识目标：

1. 了解城市快速路的组成及其特点。

2. 了解城市快速路通行能力分类及服务水平分级情况。

3. 了解城市快速路横断面形式及各自组成。

4. 了解城市快速路平面线形及其纵断面设计内容与要求。

5. 了解城市快速路出入口的位置、间距及端部几何设计的概念、目的、分类及要求。

6. 了解城市高架路概念（定义，适用，布置方式，设计速度）及其在横断面、平面与纵断面、匝道设计的原则与规定。

能力目标：

1. 熟悉根据城市快速路的组成，叙述其特点。

2. 能了解城市快速路上一条车道基本通行能力和设计通行能力。

3. 能熟悉城市快速路上横断面类型及组成。

4. 掌握城市快速路平面线形及纵断面设计内容与要求。

5. 根据快速路出入口分类，掌握主线及辅路上出入口的车道名称及其位置、间距、类型及最小间距。

6. 掌握高架路平面设计、纵断面设计、匝道设计的关键点。

第一节 通行能力及服务水平

一、快速路

（一）定义

快速路是城市内修建的主路、辅路、出路口、匝道等组成的供机动车辆快速通行的道路。

（二）特点

主路具有单向双车道或多车道，控制出入通行能力大，辅路有集散主路车辆交通并有配套交通安全与管理设施系统的道路。

（三）目的

解决大城市机动车辆快速交通问题。

（四）系统

有配套交通安全设施与管理设施。

（五）规范

《城市快速路设计规范》CJJ 129—2009。

（六）车速

《城市快速路设计规范》CJJ 129—2009 和《城市道路工程设计规范》CJJ 37—2012 规定为 100km/h、80km/h、60km/h。

二、通行能力

（一）定义

道路某一点上在单位时间内仅能通过某种车辆的能力。一般以每条车道一小时能通过某种车辆数来表示。

（二）作用

道路规划、设计最基础尺度，也是交通管理的具体措施。

（三）单位

当量标准车辆数(或行人数)/单位时间。

（四）分类

应根据交通流行驶特征分为基本路段，分合流区和交织区，分别采用相应的通行能力

1. 设计通行能力

（1）定义：等于基本通行能力乘以道路相应设计服务水平的交通量/道路容量比率及道路条件修正系数。

（2）规定：《城市道路工程设计规范》CJJ 37—2012 规范规定，快速路一条车道通行能力见表 4-1。

快速路基本路段一条车道通行能力　　**表 4-1**

计算行车速度（km/h）	60	80	100
基本通行能力（pcu/h）	1800	2100	2200
设计通行能力（pcu/h）	1400	1750	2000

（3）有观测值时对匝道取值考虑

①
$$N = 3600/t_i (\text{pcu/h}) \tag{4-1}$$

式中　t_i——匝道上一条车道连续车流计算车头时间（s）。

②匝道通行能力还受制于匝道入口（合流）或出口（分流）的通行能力，而入口的通行又与快速路最右侧车道通行能力和一个方向的通行能力密切相关。

2. 基本通行能力

（1）定义：基本通行能力（即理想条件的通行能力）是根据实际的道路条件和交通状况进行修正，所得到的通行能力。考虑安全、通畅地留有余地的通行能力称为实际通行能力。

（2）分类

①路段通行能力。一条机动车道的可能通行能力。

②交叉口通行能力。在通常的交通车行道条件（和信号设计条件）下，各进口道所能通过交叉口的最大小时流率之和。

③立体交叉口通行能力。

④非机动车道通行能力。

⑤人行道通行能力。

三、服务水平

（一）定义

道路使用者根据交通状态，从道路所能得到的服务效果程度。

（二）决定

行车速度、运行时间、运行自由程度、交通中断或受阻及与行车有关的安全性，舒适性和经济性。

（三）标准

行车速度（我国采用交通密度）。

（四）分类

分为 A～F 六个等级见表 4-2。

服务水平分类 **表 4-2**

服务水平等级	交通运行特征	V/C（交通量/道路容量）比率				
		车速（km/h）				
		100	80	60	50	40～30
A	自由流，行车自由度大	0.30	0.32	0.34	0.35	0.36
B	自由流，行车自由度适中	0.50	0.54	0.57	0.59	0.61
C	接近自由流，车速可维持设计车速	0.70	0.75	0.80	0.83	0.85
D	行车自由度受限，车速有所下降	0.84	0.87	0.89	0.91	0.92
E	饱和车流，行车没有自由度	1.00	1.00	1.00	1.00	1.00
F	拥塞状态，强制车流	—	—	—	—	—

快速路基本路段服务水平应符合表 4-3、表 4-4、表 4-5 的规定，新建道路按三级服务水平设计。

设计速度为 100km/h 的基本路段服务水平分级（CJJ 33—2012） **表 4-3**

服务水平等级		密度 pcu/（km·h）	速度（km/h）	V/C	最大服务交通量
一级（自由流）		≤10	≥88	0.40	880
二级（稳定流）		≤20	≥76	0.69	1520
三级（稳定流下线）		≤32	≥62	0.91	2000
四级	（饱和流）	≤42	≥53	接近 1.00	2200
	（强制流）	>42	<53	>1.00	

设计速度为 80km/h 的基本路段服务水平分级（CJJ 33—2012） **表 4-4**

服务水平等级		密度 pcu/（km·h）	速度（km/h）	V/C	最大服务交通量
一级（自由流）		≤10	≥72	0.34	720
二级（稳定流）		≤20	≥64	0.61	1280
三级（稳定流下线）		≤32	≥55	0.83	1750
四级	（饱和流）	≥50	≥40	接近 1.00	2100
	（强制流）	<50	<40	>1.00	

设计速度为 60km/h 的基本路段服务水平分级（CJJ 33—2012） **表 4-5**

服务水平等级		密度 pcu/（km·h）	速度（km/h）	V/C	最大服务交通量
一级（自由流）		≤10	≥55	0.30	550
二级（稳定流）		≤20	≥50	0.55	1000
三级（稳定流下线）		≤32	≥43.5	0.77	1400
四级	（饱和流）	≤57	≥30	接近 1.00	1800
	（强制流）	>57	<30	>1.00	

城市道路通常设计选用三级服务水平，相应于一条车道设计通行能力 **表 4-6**

设计车速（km/h）	100	80	60
设计通行能力（pcu/h）	200	1800	1400

计算快速路基本路段通行能力时，各种车辆类型换算系数应符合表 4-7 的规定。

快速路基本车辆换算系数 **表 4-7**

车　型	小客车	大型客车	大型货车	铰接客车
换算系数	1.0	2.0	2.5	3.0

（五）CJJ 33—2012 年规范对快速路设计时采用的最大服务交通量规定：

1. 双向四车道快速路折合成当量小客车的年平均日交通量为 40000pcu～80000pcu；
2. 双向六车道快速路折合成当量小客车的年平均日交通量为 60000pcu～120000pcu；
3. 双向八车道快速路折合成当量小客车的年平均日交通量为 100000pcu～160000pcu。

第二节 横断面设计

一、一般要求

（一）红线

（1）快速路红线宽度应根据交通发展要求的通行能力、地形条件、城市其他设施布置的要求，城市远期发展等因素，最小值 40m，但对城市中心区为 50～60m，城市外围50～100m。另外，在高架路上下匝道、变速匝道、集散车道等应预留宽度。

（2）快速路红线与建筑红线之间应保持距离：有抗震设防城市为大于 5～10m，高架路桥边缘与建筑距离为大于 4.5m（原因是考虑消防、维修及高架路本身维修需要）。

（二）横断面

1. 整体平地式断面

采用中央分隔带将上、下行车流分隔开来，车辆分向行驶；分离式横断面上、下行路幅则因地制宜分幅设计，上、下行车辆可在不同高程位置分向单向行驶。由快速机动车道、变速车道、集散车道、紧急停车带、中间带、两侧带、辅路（慢速机动车道、非机动车道）和人行道或路肩等组成。

2. 高架（地道）分离式

（1）组成

①高架（地道）式快速机动车道系统：由行车道、中间带、两侧防撞墙以及紧急停车带、变速车道、集散车道组成。

②地面辅路系统：由机动车道、中间带（桥墩）、两侧带、非机动车道及人行道或路肩等组成。

（2）联系：依靠上下匝道。

（三）快速路车行道车道数

（1）应按交通发展预测交通量与道路通行能力关系确定。

（2）高架路车道数以 6 车道或至少 4 车道并考虑增加紧急停车带。

二、车行道

车行道宽度＝主路车行道宽度＋辅路车行道宽度。

（一）主路车行道宽度

主路车行道宽度＝车行道宽度＋紧急停车带宽度＋路缘带宽度。

1. 主路车道

主路的一条机动车道宽度见表 4-8。

一条机动车道宽度 **表 4-8**

级 别	设计车速（km/h）	车道宽度（m）	
		大型客货车或混行	小汽车
主路	100、80、60	3.75	3.50
辅路	40、30	3.50	3.25

（1）主路车行道宽度确定：交通发展预测交通量与通行能力。一般宽度为 3.75m；对城市中心区以小车为主时，车行道为 3.5m；高架路上车道以小客车为主的仍为 3.5m，对大小混合车道为 3.75m。

（2）路缘带宽为 0.5m，两侧防撞墙宽 0.5m。

（3）以行车小车为主的四车道快速路，其宽度为二条 3.5m 小车道加二条 3.75m 的混合车道再加紧急停车带宽度；对六车道快速路其宽为二条 3.5m 小车道加四条 3.75m 混合车道；对于八车道快速路其宽为四条 3.5m 小车道加四条 3.75m 混合车道。

2. 集散车道

（1）原因：快速路出入（上下匝道）间距无法满足车辆交织以及减速要求的规定时。

（2）规定：①集散车道与主路车行道之间应设分隔带。

②集散车道宽为双车道 7m。

③平地式以辅路代替集散车道。

3. 变速车道（图 4-1）

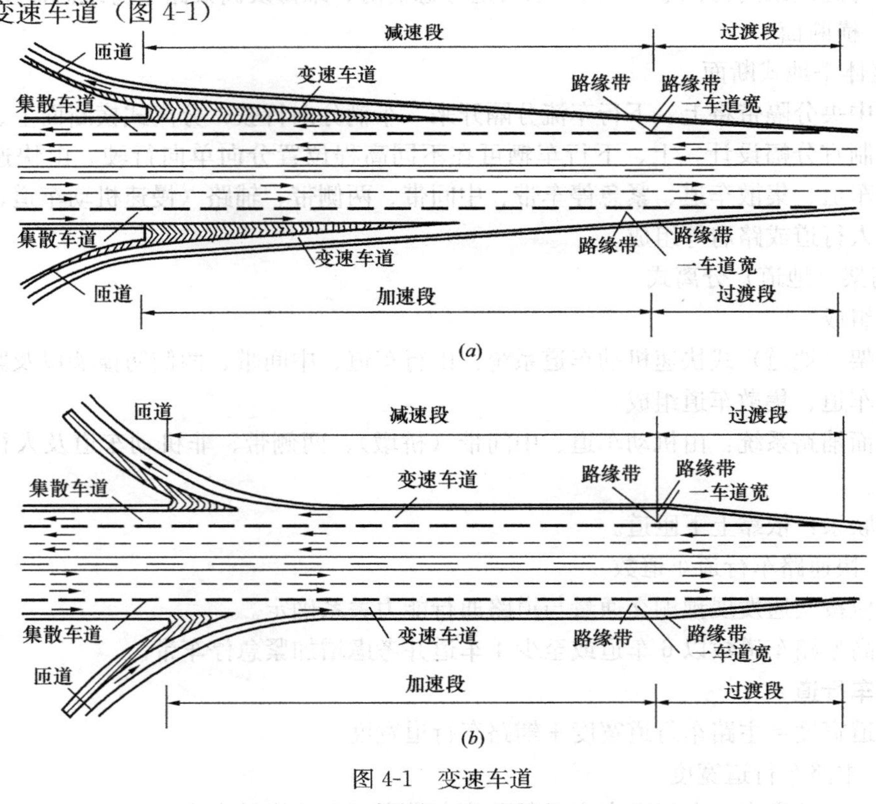

图 4-1 变速车道

(*a*) 直接式；(*b*) 平行式

（1）位置：快速路出入口（高架路上下匝道口）衔接地段，与辅路或匝道相接。
（2）宽度：与直行方向主路车道宽度相同，一般为单车道。（自干道路外侧算起）
（3）长度：满足设计车辆加、减速行驶要求。
4. 紧急停车带
（1）目的：保证快速路通行能力及行车安全。
（2）间距：不连续的紧急停车带每 500m 设一处。
（3）规定：
①高架式快速路采用连续紧急停车带。
②平地式快速路用缩窄两侧带方式灵活设紧急停车带。
③四车道快速路设 2.5m 宽的紧急停车带。
（二）辅路
1. 目的
（1）解决沿快速路两侧单位及街区机动车与快速路主路交通出入联系的通道。
（2）承担沿线非机动车与行人交通。
（3）设计车速≤40km/h。
2. 规定
（1）高架式则设在高架路下地面层。
（2）平地整体式则设在主路两侧带外侧。
3. 要求
（1）市中心区内应连续设置；市郊既可连续也可间断设辅路。
（2）平地整体式快速路辅路宜采用单向交通，出入口交通采取右进右出交通组织，特殊情况可用双车道。
（3）在横道面上，机动车与非机动车之间可用分隔带或路面画线来分隔。
（4）宽度：仅供机动车，非机动车的辅路大于 8.5m；当机动、非机动交通量大的辅路为 12～13m；分离式高桥（隧道）式断面辅路用三四幅式横断面布置。

三、分车带

（一）中间带
1. 目的
保证快速路机动车速度及行车安全。
2. 组成
有中央分隔带和行车方向两左侧路缘带。
3. 规定
（1）市中心区快速路中间带大于 3m，即中央分隔带和两侧各 0.5m 路缘带。
（2）市郊快速路中间带为 6～7m（即 5～6m 中央分隔带，两侧多 0.5m 路缘带）。
（3）高架路下中间分隔带，对 4 车道时最小为 6m（中央分隔带 5m，两侧各 0.5m 侧间余宽）；对 6 车道时最小为 7m（即中央分隔带为 6m，两侧各 0.5m 侧间余宽）。
（4）高架路或立交路段的快速路的中间带可适当减窄。
（5）中间带两侧设高为 18cm 的混凝土站石，中间为绿化带。
（6）中央分车带的断口：一般 1km 设一处，对市中心的高架路每 500m 设一处，平交路口及立交段匝道出入口不得设断口。

（二）两侧带

1. 目的

为主路与辅路分界线。

2. 分类

左路缘带与右路缘带。

3. 规定

(1) 宽度：两侧带的最小宽度为2.25m，分隔带宽度不小于1.5m、临主路一侧带为0.5m，临辅路一侧带为0.25m。

(2) 断口：市中心以不大于500m，市郊为0.8～1km。

四、路肩

1. 分类

硬路肩与土路肩。

2. 规定

(1) 硬路肩宽度小于2.5m，采用主路的路面结构。

(2) 土路肩宽度小于0.75m。

五、横断面布置

（一）平地式横断面（即地面整体式横断面）

1. 特点

主、辅路及两侧建筑地墙在同一高程。

2. 适用

(1) 平原城市中规划红线较宽。

(2) 横向交叉道路间距较大，城市外围与高等级公路连接地段。

(3) 新建城区富余地段。

3. 形式

采用四幅横断式。即主路双向机动车之间设中央分隔，主辅路间设两侧带并封闭设施；辅路上行驶$V \leqslant 40$km/h机动车及非机动车也设人行道。

（二）高架桥或隧道分隔式横断面

1. 特点

快速交通的主路采取高架桥或隧道式道路断面形式。即它沿线相交道路形成立体交叉，辅路在桥下或地面层，非机动车以及公交车等慢速机动车、行人在辅路上通行。

2. 适用

(1) 特大或大城市的建筑密集区，征地拆迁受限制，红线窄、交通流量大的快速路。

(2) 相交道路交叉口间距较小，横向交通干扰大的地段。

3. 形式

(1) 高架式断面布置。

(2) 隧道式断面布置。

4. 要求

(1) 高架式断面布置除满足规划断面外，尚应注意高架桥外侧与建筑物的间距应满足建筑防火及环保的要求，匝道断面也应注意匝道结构与车行道之间侧向余宽满足要求。

（2）隧道式断面布置应注意采取有效排水措施。

第三节　平　面　设　计

一、平面线形设计

由于快速路的机动车道形成一个相对独立和封闭的快速交通系统的特点，因此其直线、圆曲线、缓和曲线三种几何线形的控制标准如下：

1. 直线

对于城市快速路来说，过长的直线对于道路工程并不好，过长直线容易使驾驶员感到单调、疲倦，难以准确预测侧车间距，产生急躁超车，易产生交通事故，因此不宜采用过长直线。快速路平面线形中最大直线长度为 20 倍车速，同向曲线间最小直线长度为 6 倍车速，反向曲线间最小直线长度为 2 倍车速（表 4-9）。

快速路直线长度（m）　　**表 4-9**

计算行车速度（km/h）	100	80	60
最大直线长度	2000	1600	1200
同向曲线间最小直线长度	600	480	360
反向曲线间最小直线长度	200	160	120

2. 圆曲线

（1）快速路圆曲线半径应采用大于或等于表 4-10 所列数值，最大半径不超过 10000m。

快速路圆曲线最小半径（m）　　**表 4-10**

计算行车速度（km/h）	100	80	60
不设超高最小半径	1600	1000	600
设超高极限最小半径	400	250	150
设超高推荐最小半径	650	400	300
不设缓和曲线最小半径	3000	2000	1000

（2）圆曲线超高。当快速路圆曲线半径小于表 4-10 所列不设超高最小半径时，应在圆曲线上设置超高，最大超高横坡度见表 4-11。

快速路圆曲线超高最大值　　**表 4-11**

计算行车速度（km/h）	100	80	60
最大超高（m）	6	5	4

（3）平曲线长度。快速路平曲线或圆曲线长度应满足表 4-12 要求。

快速路平曲线或圆曲线长度　　**表 4-12**

计算行车速度（km/h）	100	80	60
平曲线最小长度（m）	170	140	100
圆曲线最小长度（m）	85	70	50

3. 缓和曲线

当快速路圆曲线半径小于表4-10所列不设缓和曲线最小半径时，应设缓和曲线。缓和曲线采用回旋线，缓和曲线长度应大于或等于表4-13中数值。

快速路缓和曲线最小长度（m）　　　　**表4-13**

计算行车速度（km/h）	100	80	60
缓和曲线最小长度（m）	85	70	50

4. 停车视距

快速路停车视距应满足表4-14要求。

停　车　视　距（m）　　　　**表4-14**

计算行车速度（km/h）	100	80	60	备注
停车视距（m）	160	110	70	

二、平面布置设计

快速路平面设计在横断面设计时应结合沿线地形地物，充分考虑主线与辅路的连接关系以及非机动车、行人的交通路线，在控制红线的范围内逐级布置与设计，同时注意以下几点。

（1）主路与辅路的衔接及出入口处车道数的平衡。

（2）公交停靠站与行人交通的衔接。

（3）分隔带及其断口设计与机动车交通组织。

（4）非机动车和行人过街的交通组织。

第四节　纵断面设计

一、总原则

应符合城市竖向规划控制标高，与环境相协调，同时考虑地上、地下构造物、管线、水文、地质的条件，而且纵坡要均匀、缓顺。

二、有关指标

1. 纵坡

最大纵坡不应大于表4-15规定。

最　大　纵　坡　　　　**表4-15**

计算行车速度（km/h）	100	80	60
一般最大纵坡（%）	3	4	5
极限最大纵坡（%）	4	5	6

注：1. 积雪、冰冻地区最大纵坡≤4%。

2. 3000m以上高原城市最大纵坡为表中值减1%。

最小纵坡一般不小于0.5%；干旱地区或特别困难地段可以不小于0.3%；大中桥梁引道最大纵坡不宜大于4%，隧道纵坡不宜大于3%。

2. 坡长

快速路在纵断面设计时，除了考虑最大纵坡以外，同样要考虑陡坡最大坡长和缓坡最小坡度问题，有关坡度规定详见表 4-16。

坡　　长（m）　　　　**表 4-16**

计算行车速度（km/h）		100	80	60
最小坡长（m）		470	290	170
最大坡长	3%	1000	—	—
	4%	800	900	700
	5%	—	700	500
	6%	—	—	300

3. 竖曲线

快速路竖曲线最小半径及最小长度应大于表 4-17 数值。

快速路竖曲线半径及长度（m）　　　　**表 4-17**

计算行车速度（km/h）		100	80	60
凸形竖曲线	一般最小半径	10000	4500	2000
	极限最小半径	6500	3000	1400
凹形竖曲线	一般最小半径	4500	3000	1500
	极限最小半径	3000	2000	1000
竖曲线最小长度		85	70	50

第五节　出 入 口 设 计

快速路出入口在位置、间距及端部的几何设计，应保证不让主线的直行交通受到干扰，并安全、迅速地实现分流、合流交通。

根据城市快速路的性质，其出入口分为两类，一类是与立交匝道相接的出入口（A型）；另一类是与辅路相接的出入口（B型），如图 4-2 所示。

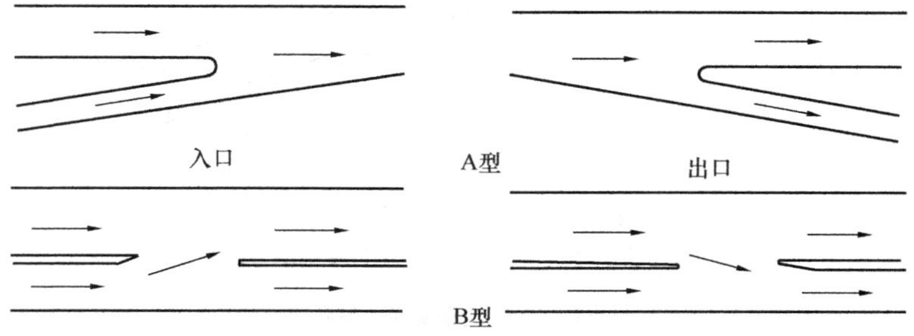

图 4-2　出入口类型

一、出入口位置

出入口一般情况下应设在主线行车道的右侧。出入口位置应明显易于识别，因此，在设置快速路出入口时应注意如下几点：

(1) 出入口附近的平曲线、竖曲线必须采用尽可能大的半径。

(2) 一般情况下，将出口设置在跨线桥等构造物之前；当设置在跨线桥后时，距跨线桥的距离应大于150m。

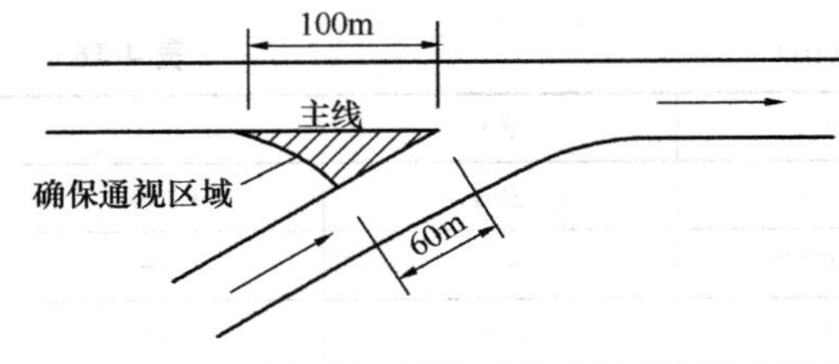

图4-3　入口处的通视区域

(3) 入口应设在主线的下坡路段，以便于重型车辆利用下坡加速，并使汇流车辆汇入主线之间保持充分的视距，以利合流，如图4-3所示（入口处的通视路段）。

(4) 主线与匝道的分流处，当需给误入车辆提供返回余地时，行车道边缘应加宽一定偏置值，并用圆弧连接主线和匝道路面边缘，如图4-4所示（分流点处楔形布置）。偏置值和楔形端部半径规定见表4-18。

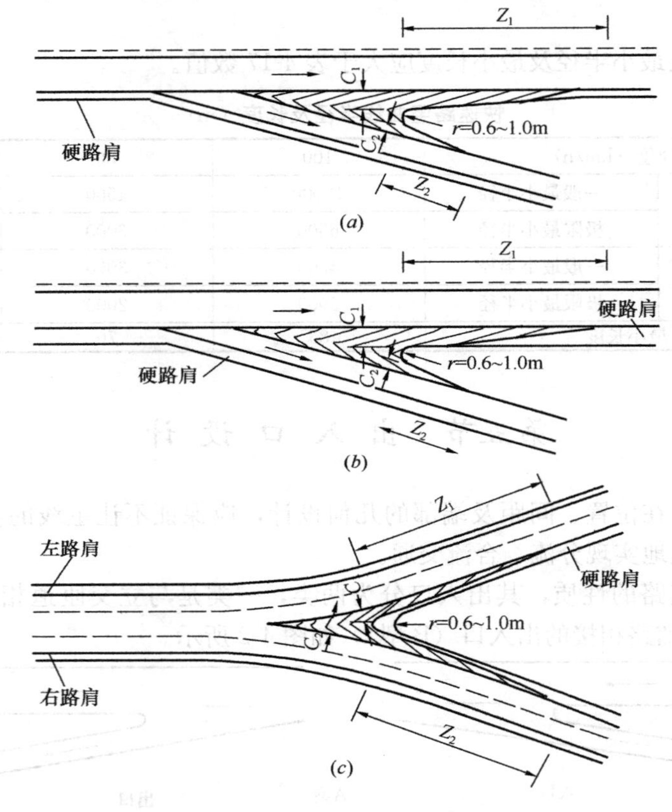

图4-4　分流点处楔形布置

(a) 驶出匝道出口硬路肩较窄时；(b) 驶出匝道出口硬路肩较宽时；(c) 主线分流时

偏置值和楔形端部半径　　**表4-18**

分流方式	主线偏置值 C_1 (m)	匝道偏置值 C_2 (m)	鼻端半径 r (m)
驶离主线	≥3.0	0.6～1.0	0.6～1.0
主线相互分岔	1.80		0.6～1.0

楔形端部后的过渡长度 Z_1、Z_2，根据表4-19的渐变率计算。

分流点处楔形端的渐变率 **表 4-19**

计算行车速度（km/h）	120	100	80	60	≤40
渐变率	1/12	1/11	1/10	1/8	1/7

当主线硬路肩宽度能满足停车宽度要求时，偏置宽度可采用硬路肩宽度。渐变段部分硬路肩应铺成与行车道路面相同的结构。

（5）B 型出入口应用缘石等与其他道路明显地区别开来，以便能明显确认其存在位置。出入口形式应明确，其几何设计应能防止辅路车辆通过出口进入主路，或主路的车通过入口进入辅路。

二、出入口间距

出入口间距应能保证主线交通不受分合流交通的干扰，并为分合流交通加、减速及转换车道提供安全、可靠的道路几何条件。

出入口间距指两出入口端部之间的距离。出入口间距组成类型有以下四类：出—出、出—入、入—入、入—出，如图 4-5 所示。

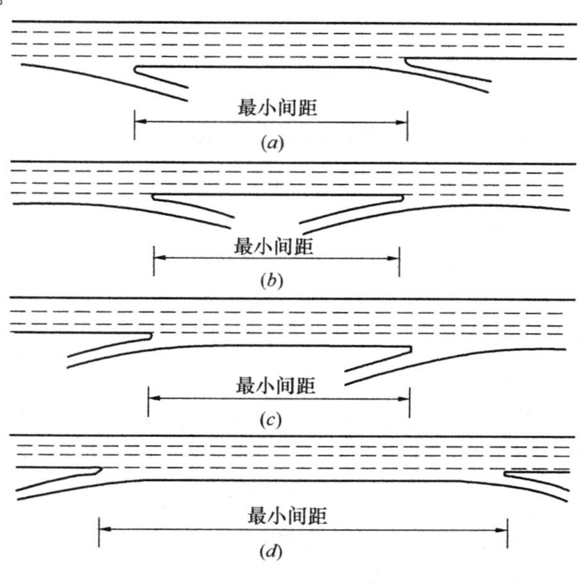

图 4-5 出入口最小间距
（a）出—出；（b）出—入；（c）入—入；（d）入—出

出入口间距由变速车道长度、交织距离（入—出类型存在交织问题）及安全距离组成。经计算，主线上出入口的最小间距应满足表 4-20 要求。

出入口最小间距（m） **表 4-20**

项目		匝道组合			
		出—出	出—入	入—入	入—出
主线计算行车速度（km/h）	100	760	260	760	1270
	80	610	210	610	1020
	60	460	160	460	760

三、辅助车道

在快速路的分合流处，为使车道数的平衡与基本车道数两者不产生矛盾，必须附加适当长度的辅助车道。所谓基本车道数是指道路在全长或较长路段内必须保持的车道数。同一条道路相邻两路段的基本车道数每次增减不得多于一条，变化点应距立体交叉口 0.5～1km，并设渐变率不大于 1/50 的过渡段。分合流处应按车道平衡公式（4-2）计算，以检验车道数是否平衡，见图 4-6（车道数的平衡）。

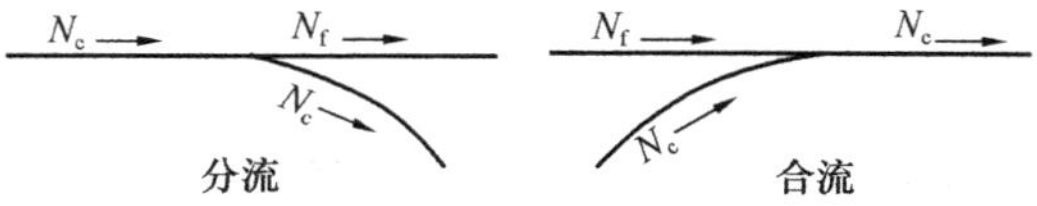

分流 合流

图 4-6 车道数平衡

$$N_c \geq N_f + N_e - 1 \tag{4-2}$$

式中 N_c——分流前或合流后的主线车道数；

N_f——分流后或合流前的主线车道数；

N_e——匝道车道数。

第六节 高架路设计

一、高架路

1. 定义

高架桥是连续跨越两条以上横向道路，并有沟通高架桥与地面交通的上下匝道所组成的道路系统。

2. 适用

(1) 用地受限制的市区，可充分利用昂贵的土地资源。

(2) 地下水位高，地下设有大量公用管线设施以及横向道路密集、交通较为繁忙的地区。

3. 优点

(1) 利用现有道路空间增加路网容量，利用现有道路的中央分隔部分建起桥墩，在其上空建路，使原四车道的地面道路增至六车道或八车道。

(2) 强化主干线的交通功能，交通分流。

高架路禁止非机动车和行人通行，主要承担经过市区的中、长距离过境性客货交通，它可以从空间上分隔穿越某市区的过境交通与到达某分区的目的地交通。因而避免地面道路由于车速差异和转向换车道路形成的相互干扰。在客运方面可使公交跨线车和全程车分流。公交车停靠站应设在地面道路上，而高架路通行的公交车宜为单节大站车或直放车，如此可提高高峰时公交车运营速度，解决远距离乘客的出行。地铁与轻轨交通是满足远距离客运需要，高架路既可客货兼运，又可快慢分流。

(3) 提高车速，提高通行能力和运输效率。

由于快慢分流，又无交叉口横向车流的干扰，故即使设计车速60～80km/h的高架路实际行驶速度至少可达45km/h，符合快速、缩短时间，提高运输效率。

(4) 高架路沿线交叉口上相交道路车流畅通无阻。

大城市交通拥阻主要发生于交叉口，高架路除引流交通达到疏解地面干线上的交通外，由于连续立交缓解了地面交叉口的拥阻，上层的车辆不必像通过数个互通式立交那样数次下坡上坡，而是在平缓的桥面上行驶，下层的相交车流则无冲突地通过交叉口。特别在交叉口附近不设上下匝道的交叉口更能保证车流的畅通，在设有上下两对匝道的交叉口，视交通情况随车流密度大小而异。

(5) 分期建设高架路有利于分期投资。

高架路仅在匝道或桥基础处局部调整原有地下管线，所以造价比地下道路低，仅为地铁的10％。

4. 设置条件

高架路通常沿原路轴线设置，即设置在原路幅内，设置匝道处需拓宽原路的部分路段。桥下中央为桥墩，两侧可供地面道路车辆行驶，实质上是全线简易立交的连续。

（1）凡设置高架干道的道路，其等级应属快速路，至少是主干路。高架路可呈十字线或呈环形，但不强求建成主架网络。并非所有快速干道均需设置高架干道，目前沿线为低层房屋，日后有拆迁可改造，交叉口间距具有 800～1200m 长的路段，不一定设高架路。

（2）交通量较大。

交通量是设高架路的定量指标，具有一定量的交通量方可使高架路发挥更大的经济效益。

（3）全线交叉口数目较多（4～5 个/km），交叉口间距小于 200m，相交道路中 80%以上属于次干道或支路的交通干道可建高架路。交叉口数目越多，建立高架连续简易立交后越能发挥因避免停车而获得运输经济效益。如果沿线与主干道相交较多，则势必多建上下匝道供汽车向地面转向，这样不仅造价高而且高架路上的交通速度与效率也因车辆过多和交换车位受到影响。

（4）交叉口上直行车辆占路口总交通量的比重较大（85%～95%），沿线交叉口交通状况均属低劣的一般干道，必要时也可设置短程高架，连续立交，以改善交叉口交通，使直行车通行无阻。

（5）在跨越河流或铁路的桥梁引道两端的交叉口车辆多，且交叉口距桥台间距又短的道路上，宜将引道建成高架桥，以便跨过整个交叉口。

5. 布线原则

（1）为保证高架桥道路交通的快速和通畅，不宜选择线路标准过低的道路或过于曲折的河道，除非沿线允许截弯取直。其评价指标应使直线段长度占全线长度比例大于 60%，或平曲线半径大于相应设计车速所允许的最小半径。

（2）为减少高架路对沿街建筑通风，采光，噪声的不利影响，高架路边缘距房屋至少应有 7m 的距离，故高架路不宜选在沿街为住宅建筑的道路上。

（3）为充分发挥因提高车速而获得的运输经济效益，高架干道全程不宜太短，也不必盲目过长。过长干道势必经过较多的交叉口，设置匝道过多又必将导致横向拆迁房屋。通常在交通枢纽尽端式的大城市，穿越市中心区的远程交通量并不多，故高架路宜选择在远程交通比例较大的交通干线上，以利发挥其效益。

（4）高架路距自然风景区，文物保护，古建筑所在地应保持一定的距离，避免路线对环境保护区的影响，大水道通过时尽量与河流边际线的走向配合。

二、横断面设计

1. 设计原则

（1）应在城市规划的红线宽度内。横断面布置应按高架路形式，计算行车速度，匝道布置，高架桥墩布置，设计年限的机动车道与地面道路非机动车道交通量和人流量、交通特性、交通组织、交通设施、地上杆线、底线管线、绿化、地形等因素同一安排，以保证车辆和行人交通的安全、通畅。

（2）横断面应远近期结合，并预留管线位置。

（3）交叉口范围有上下匝道布置的路段，有条件时，应在匝道外侧设地面车辆右转车道，避免车辆交往。

2. 横断面布置

高架道路的横断面形式有单层式高架无匝道和有匝道路段、双层式高架无匝道和有匝道路段等四种类型，见图 4-7～图 4-10。

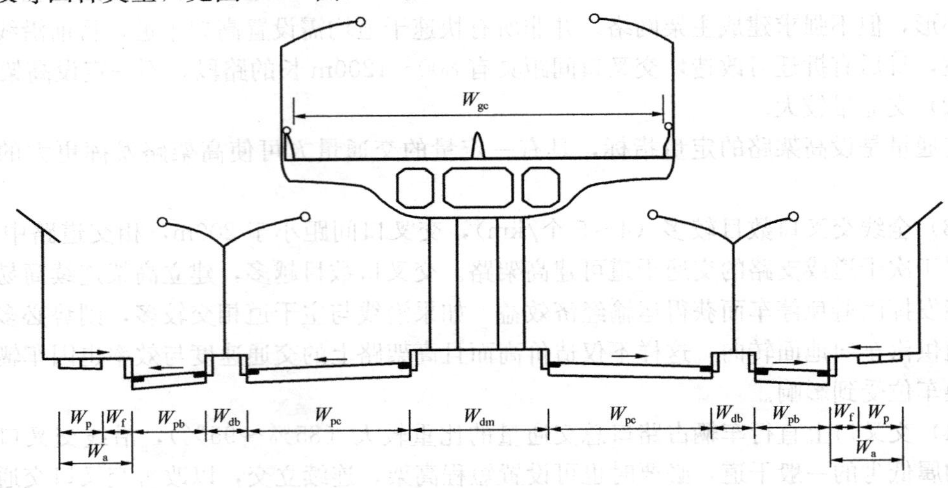

图 4-7　单层式高架路（无匝道）

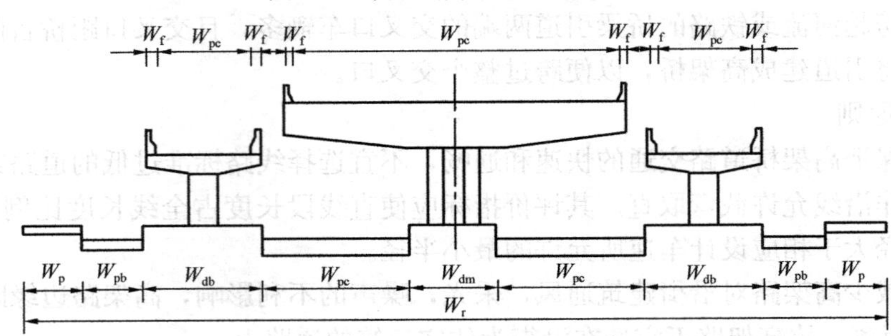

图 4-8　单层式高架路（有匝道）

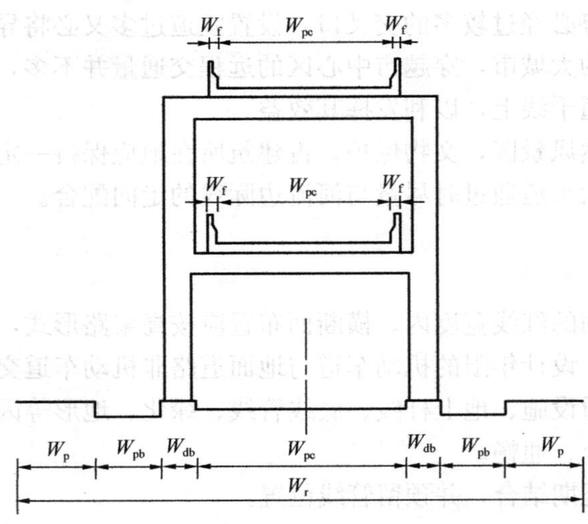

图 4-9　双层式高架路（无匝道）

高架路机动车车道宜单向二车道以上，一条小型汽车专用车道 3.5m 宽，其余车道 3.75m 宽。一车道匝道宽度除保证一条 3.5m 宽的机动车道外，还应设置 2.5m 宽的紧急

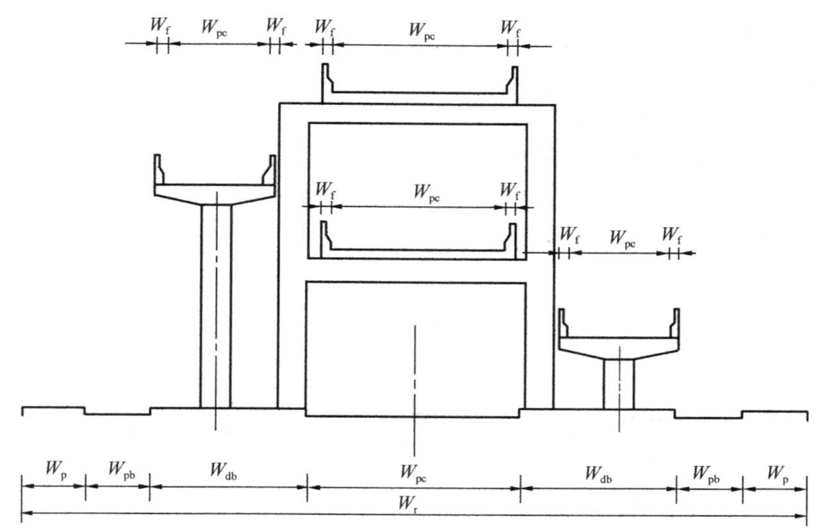

图 4-10 双层式高架路（有匝道）

停车带；二车道匝道的机动车道宽均为 3.5m，不设紧急停车带。

高架道路中央分隔带可采用 0.5m 宽的防撞墩，以减少桥梁构造，降低工程造价。

高架道路主线左右侧路缘带宽度采用 0.5m，匝道左右侧路缘带宽度采用 0.25m。高架道路和匝道两侧应设防撞栏杆。

高架路主线和匝道的横坡宜采用直线坡度。路拱设计坡度采用 2%，严寒积雪地区路拱设计坡度可采用 1.5%。

地面部分道路的横断面设计应符合《城市道路工程设计规范》CJJ 37—2012 的有关规定。

三、平纵线形设计

高架路的平面和纵断面设计原则上同一般平地式快速路。平面设计时在布置桥墩、桥台时需考虑墩（台）位置、尺寸对地面交通及地面设施的影响，以免造成不必要的建设冲突。纵断面设计关键在于桥梁标高的纵坡及坡长问题。桥梁标高既涉及工程造价，又涉及高架路与城市景观的协调；纵坡及坡长涉及桥上排水及行车平顺性。因此，高架路的平纵线形设计除了要考虑道路本身的交通功能以外，还应综合考虑多方面因素，灵活运用规范指标和设计手法才能设计好这样一种特殊的桥式“路”。

四、匝道设计

1. 原则与规定

(1) 匝道布置应最大限度地满足高架道路网中担负的交通需求，提高高架道路的利用率，使行驶高架道路的交通通行时间最短，充分发挥每一条匝道的功能，使高架道路和地面道路系统能切实达到疏解市内交通、分流过境交通的目的。

(2) 匝道的设置位置应符合交通现状和规划路网中的主要流向。

(3) 匝道间距应合理，一方面要确保快速道路的畅通，减少因匝道出、入引起的交织、合流、分流区段的影响范围；另一方面应注意匝道间距不宜过大，致使匝道与地面道路衔接处的流量过于集中而阻塞交通。

(4) 注意用地与建筑拆迁条件，因地制宜，近远期结合，预留好续建匝道位置。

(5) 匝道布置应尽量避免在主要横向道路交叉口前衔接，注意邻近地区路网的交通组织作用，因地制宜设立辅助车道，疏解交通。

(6) 在保证主线设计标准前提下，匝道布置形式（对称、错位、定向等）应因地制宜，尽量减少拆迁，充分利用现有路幅宽度，增加环境设施带宽度。

(7) 根据实际情况及设施的可能性来选择匝道位置。

2. 匝道形式

匝道的布置形式一般有五种，见图 4-11。

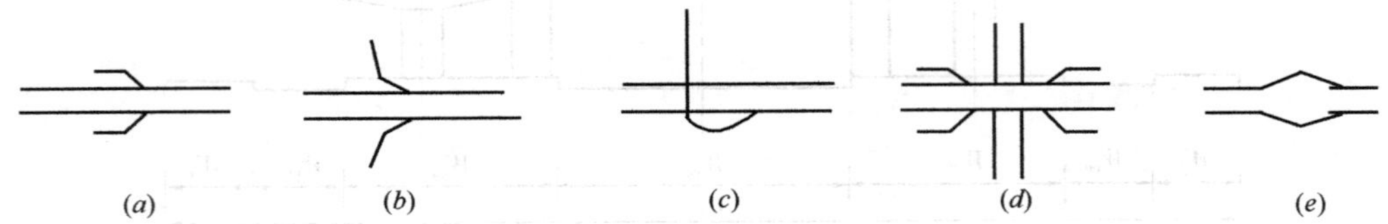

图 4-11 匝道布置形式

图式 (*a*)，匝道平行高架道路布置，上、下匝道的交通可通过地面道路交叉口来集散。优点是能较好的沟通高架与地面道路间的联系，工程投资较省；缺点是将增加地面道路交叉口的交通压力。在地面道路交叉口未饱和的情况下，采用该类匝道布置方式较合理，否则将造成交通阻塞。

图式 (*b*)、(*c*) 是将上、下匝道直接布置在横向道路上，这种布置形式需要有较完善的道路网。其优点是利用附近道路网来集散上、下匝道的交通，以减少主要道路交叉口的交通压力；缺点是除右转（或左转）交通较便捷外，其余直行和左转（或右转）的交通需增加绕行距离。当地面道路交叉口交通量较大时，且在附近路网较完善的情况下，采用该类匝道布置方式较合理。

图式 (*d*) 是上、下匝道对称跨越横向道路交叉口的布置形式，不仅可满足高架路与地面道路间的交通联系，并且地面交叉口的直行交通亦可利用匝道跨越交叉口。优点是能减轻地面交叉口的交通压力，适合地面交叉口交通量较大的情况；缺点是高架路及左、右转交通需在前方匝道驶离高架路，通过地面道路完成左、右转，或者对交叉口后下匝道通过路网绕行，另外横向道路左、右转在本路口不能上高架。若高架道路匝道总体布置得当，不仅能减轻主要地面道路交叉口的交通压力，还能充分利用高架道路，使高架路和地面道路的交通潜能得到充分发挥。

图式 (*e*) 是将上、下匝道布置在上、下行高架道路的中间。其优点是占地少，适用在高楼林立、用地紧张的路段；缺点是车辆需采用左进左出的交通运行方式，从交通运行角度看不够理想，且高架桥结构布置较复杂。因此，除特殊困难的情况外，该类匝道布置方式不宜采用。

3. 匝道最小间距

高架道路的驶入、驶出匝道的连接点是路段通行能力最小的控制路段，当交通量达到饱和或超饱和时，将出现驶入匝道上的车辆因无法在主线车流中找到可穿插（合流）空挡而排队阻塞，在驶出匝道上的车辆因地面道路的原因导致匝道交通受阻而影响主线车流驶出。因此，在交通拥挤及阻塞情况下，合流、分流或交织区可能会形成车辆排队现象，且范围变化很大，可长达几公里。所以考虑在稳定车流情况下，满足合流、分流或交织区的驶入、驶出匝道不同组合情况下的匝道最小间距。

1）高架路由基本路段、交织区和匝道连接点三种不同类型的路段组成。

高架道路基本路段是指不受驶入、驶出匝道的合流、分流及交织车流影响的路段。

交织区是指一条或多条车流沿着高架道路一定长度穿过彼此车行路线的路段，交织路段一般由合流区和紧接着的分流区组成。

匝道连接点是指驶入及驶出匝道与高架道路的连接点，由于汇集了合流或分流车辆，因而形成的连接点是一个交通紊流区。

2）匝道最小间距

在稳定车流状态下，驶入、驶出匝道各种不同车辆组合情况下，保证匝道间互不干扰的最小间距见表4-14。

为了使高架道路具有良好的服务水平，应尽可能提高高架道路基本路段的比例，匝道间距应尽可能大于表4-14中数值。

4. 上、下匝道坡脚距交叉口停车线的距离

匝道的起坡点（上匝道）与终坡点（下匝道）在地面道路的位置对交叉口的交通影响较大，图4-11中形式（*a*）、（*e*）匝道进出高架道路的车流均需通过地面道路交叉口来集散，因此，匝道坡脚至交叉口停车线应在同一路口交通信号系统管理之下。

上、下匝道坡脚距交叉口停车线的最小距离见表4-21。

匝道坡脚距交叉口停车线的最小距离　　表4-21

匝道	下匝道	上匝道	匝道	下匝道	上匝道
一般最小距离（m）	140	40	极限最小距离（m）	100	90

城市快速路的建设，在我国大城市里可谓方兴未艾。就道路工程设计所涉及的内容，应该说介于一般城市道路和高速公路之间，其设计理论和方法并没有多少更新的东西。一个城市要规划好、设计好城市快速路系统，充分发挥其快速交通功能，需要设计人员在城市交通分析上多下工夫。首先使快速路网络功能完整，通行能力需求明确，与城市其他道路网的衔接合理，然后才是每条快速路的几何设计问题，也只有这样，具体设计时才能做到有据有依、有的放矢。

思　考　题

1. 简述城市快速路的组成及其特点。
2. 《城市快速路设计规范》CJJ 129—2009规定服务水平分为哪四级？
3. 简述城市快速路横断面类型及其组成。
4. 城市快速路的车行道、分车道各有哪些组成？
5. 城市快速路平面设计内容及要求是什么？
6. 城市快速路纵断面设计要求有哪些？
7. 综述城市快速路与城市主干路之间有哪些相同与不同之处。

第五章　城市道路平面交叉

知识目标：

1. 了解城市道路平面交叉的基本概念。

2. 熟悉改善城市道路平面交叉的基本途径、计算要求和任务。

3. 了解城市道路平面交叉的一般几何类型及设计一般规定。

4. 熟悉城市道路平面交叉的无信号灯控制、有信号灯控制、环形三种形式。

5. 了解简单平面交叉设计中交叉口视距、转弯半径、增加辅加车道的知识。

6. 了解无信号灯控制的平面交叉中交通信号灯控制设计与无信号灯相适宜的增设车道、路口绿化及人行交通设计主要内容。

7. 了解环形交叉设计的内容。

能力目标：

1. 熟悉道路十字交叉口交通流线会产生交错点、分流点、合流点、冲突点，并能根据相交道路条数计算交错点总数。

2. 了解城市道路平面交叉的设计步骤。

3. 掌握城市道路无信号灯控制平面交叉口设计中的平面设计交叉口转弯半径、布设辅加车道的内容、纵面设计的六种形式和三种设计方法。

4. 熟悉城市道路有信号灯控制的平面交叉口中的控制设计与无信号灯配合相适应的增设车道、路口绿化及行人道交通的设计内容。

5. 熟悉环形平面交叉口设计中交织长度、交织段宽度、中心线、环道、横断面的内容。

6. 会进行平面交叉口竖向设计。

第一节　交叉口概述

一、定义

不同方向的多条道路相交或连接地点或道路与道路相关的部位，称为交叉口。

二、特点

交叉口是道路的咽喉，会阻滞交通，易发生交通事故。

三、特征

1. 交通流线在交叉口要产生交错点。

汽车行驶时所走的轨迹叫做交通流线。十字架交叉口入口处，每一交通流线都将分成直行、左转、右转三个方向的交通流线，因此十字交叉口交通流线十分复杂。

交错点是指交通流线相互发生交错的连接点。由于行车路线在交错点发生交错，给行车安全带来影响。按交通流线交错不同形式分为分流点（分岔）、合流点（汇合点）和冲突点（交叉点）。

分流点是指一条交通流线分为两条交通流线的地点。分流点主要产生于交叉口入口直行、右转、左转、交通流线之间。这时通行能力降低，有可能产生尾随撞车（见图 5-1）。

合流点是指来自不同方向的交通流线以较小的角度向同一方向汇合行驶地点（图 5-2）。合流点主要产生在交叉口的出口处直行、右转和左转交通流线之间，这时几个方向的车队合成一个车队，车辆之间可能发生同向挤撞或尾随撞车。

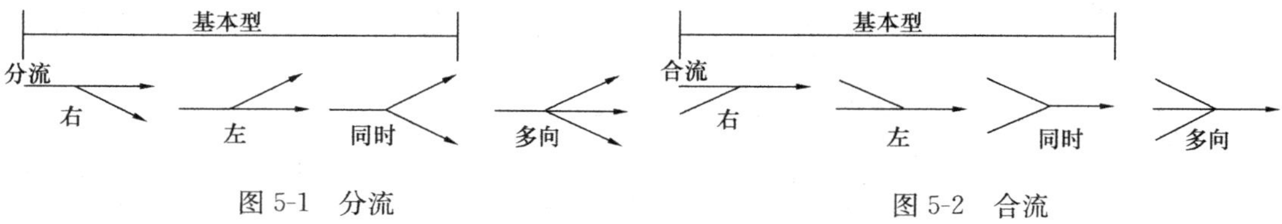

图 5-1　分流　　　　图 5-2　合流

冲突点是指来自不同方向的交通流线上较大角度或接近 90°相互交叉的地点（图 5-3）。冲突点主要产生在交叉口相交的公共区内左转，直线交通流线之间，会发生撞车的可能性最大，对交通干扰影响最大。

交织段是分流和合流的组合情况，当两个方向的交通流线合流后（图 5-4）交换车道又分流则形成了交织段长度，当交织段长度为零时即形成了冲突。

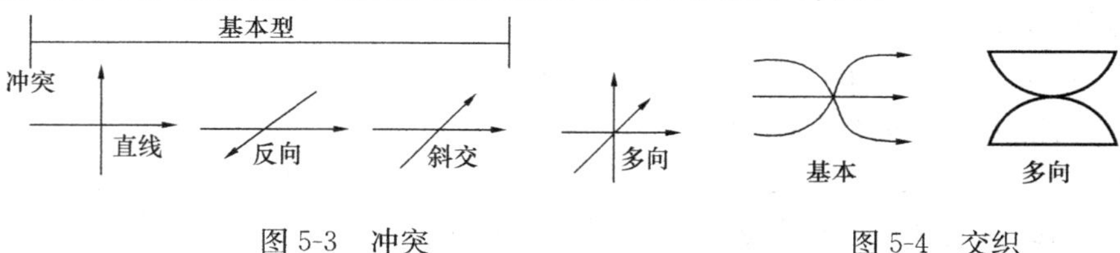

图 5-3　冲突　　　　图 5-4　交织

交叉口的交错点与交叉口相交道路数，车道数以及有无信号控制有关见表 5-1 和如图 5-5、图 5-6 所示。

交叉口的交错点　　**表 5-1**

交错点类型	无信号控制			有信号控制		
	相交道路的条数			相交道路的条数		
	3 条	4 条	5 条	3 条	4 条	5 条
△分叉点	3	8	10	2 或 1	4	4
□汇合点	3	8	10	2 或 1	4	6
○左转平流冲突点	3	12	45	1 或 0	2	4
⬡直行车流冲突点	0	4	5	0 或 0	0	0
交错点总数	9	32	70	5 或 2	10	14

根据表 5-1 可得出以下三点结论：

（1）在无信号控制的交叉口上，都存在着冲突点，合流点，并随相交道路条数的增加而显著地增加。交错点数量多少可依据相交道路的条数采用式（5-1）计算：

$$\left.\begin{aligned} D_{分} &= D_{合} = n(n-2) \\ D_{冲} &= \frac{n^2(n-1)(n-2)}{6} \end{aligned}\right\} \tag{5-1}$$

式中 n——各相交道路进入交叉口车道数总和。

例如，无信号控制时，三路交叉的冲突点只有 3 个，四条道路交叉口的冲突点就增加到 16 个，合流点 8 个，五条路交叉口的冲突点猛增到 50 个。

（2）产生冲突点最多的是左转弯车辆。在十字交叉口上如无左转车辆冲突点就可从 16 个减少到 4 个；五条路交叉口上的冲突点可有 50 个。因此，在交叉口设计中，如何正确处理和组织左转车辆，以保证交叉口的顺畅和安全，是设计交叉口的关键点之一。

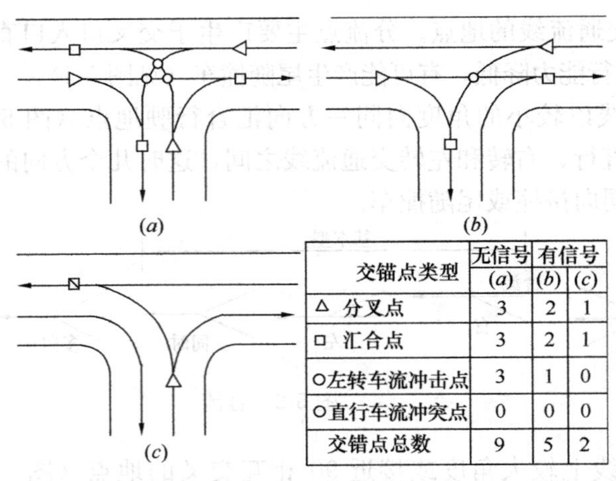

交错点类型	无信号 (a)	有信号 (b)	有信号 (c)
△ 分叉点	3	2	1
□ 汇合点	3	2	1
○左转车流冲击点	3	1	0
○直行车流冲突点	0	0	0
交错点总数	9	5	2

图 5-5　三条路（T字形）交叉

（3）为了控制和减少交叉口上的冲突点，以保证行车安全，必须设信号灯，按顺序开放各条道路的交通。

所以，在交叉口设计中，需力求减少或消除冲突点，保证交通安全，同时要努力提高交叉口的通行能力，保证行车畅通。

2. 车辆在进入交叉口时由于交叉口交通复杂，一般要减速、制动，出交叉口时又要起步加速，因此在交叉口处汽车必定变速行驶。另外，交叉口地处人口集中繁华地区，行人交通，非机动车，自行车转换方向，从而使交通流线相互干扰更为复杂。

3. 构造特征：交叉口具有公共面（图 5-7）。

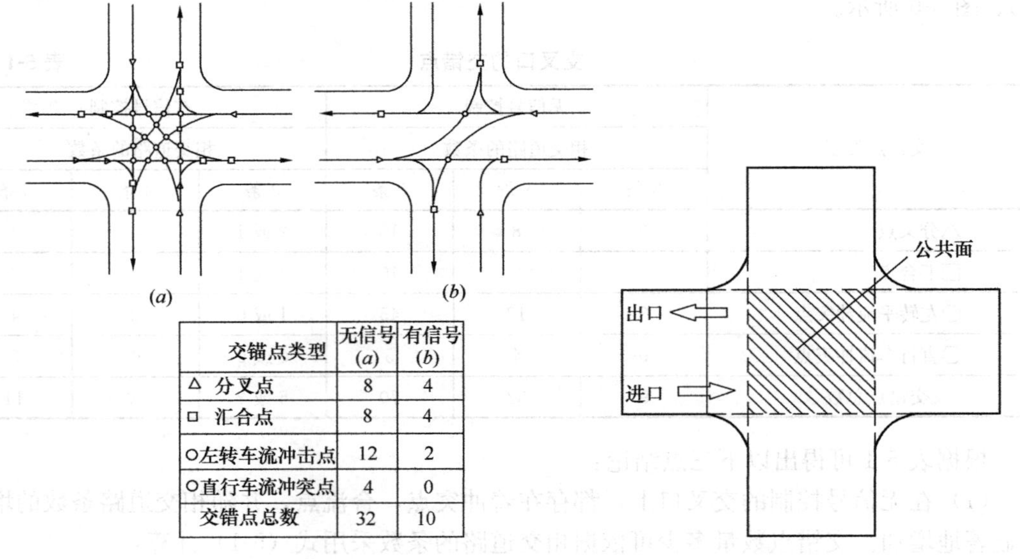

交错点类型	无信号 (a)	有信号 (b)
△ 分叉点	8	4
□ 汇合点	8	4
○左转车流冲击点	12	2
○直行车流冲突点	4	0
交错点总数	32	10

图 5-6　四条道路交叉

图 5-7　平面交叉口的公共面

由于是平面上的交叉，各条道路在交叉口处就形成了公共平面，这时交通十分复杂，另外在几何上应满足各条道路平、纵面线形和排水的要求。

四、改善交叉口的基本途径

1. 使交通流线在时间上分离

用交通组织和管理的办法，对交叉口的交通限制。通常在交叉口装置自动交通信号灯或由交警指挥或设置让路交叉口或定时不准左转车通行等，都是属于在时间上的分离措施。

2. 使交通流线在平面上分离

在交叉口采用各种交通设施或进行交通组织，使交通流线在平面上分离，这是减少交叉口危险重要途径。目标方法有：

(1) 在交叉口进口处设专用车道，将不同方向车辆在过交叉口前分离在各专用车道上，减少行车干扰。

(2) 合理组织交通路线，变左转车为右转车。如设置中央岛组织环形交通，规定交通路线，绕街坊组织大环形交通，设置返引交叉等方法，限制交通路线，使交通流线在平面上分离的交通组织方法。

3. 使交通流线在空间上分离

设立体交叉，从根本上分离交通流线，解决交叉口交通问题。

五、交叉分类

交叉分类如图 5-8 所示。

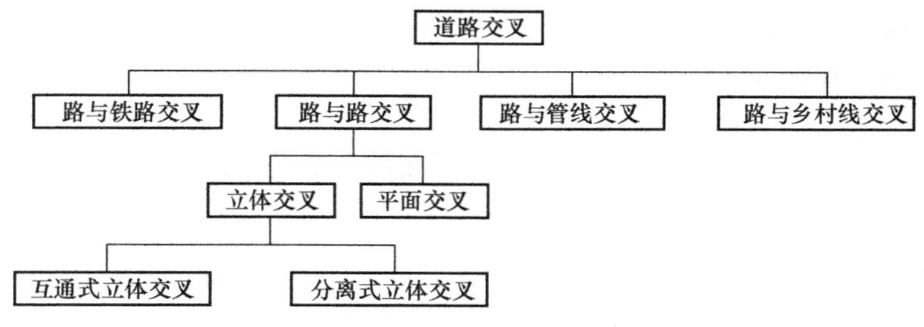

图 5-8　路线交叉分类

六、设计基本要求和任务

1. 基本要求

(1) 在确保交通安全前提下，使车辆和行人在交叉口能以最短的时间通过。

(2) 正确设计交叉口立面，保证交叉口范围内的地面水迅速排除。

2. 设计任务

(1) 正确选择交叉口形式，合理确定各组成部分的尺寸。

(2) 确定必须保证的行车视距，从而确定交叉口的视距范围。

(3) 立面布置需符合行车和排水要求。

(4) 处理好主干路与次干路的关系。在它们交叉时，平纵线形要全面考虑，相互配合，使其各自符合相关技术标准，但首要保证线形的舒顺、平缓。

(5) 正确合理地进行交通组织和交通管制。如设必要交通安全设施，合理布设交通岛和人形横道。

3. 设计规定：《城市道路工程设计规范》CJJ 37—2012 规范规定：

（1）应保证交通安全，使交叉口车流有序、畅通、舒适，并应兼顾景观。

（2）应兼顾所有交通要求者需要，处理好与其他交通方式的衔接。

（3）应合理确定建设规模，分期建设时，应远近期结合。

（4）应综合考虑交通组织，几何设计，交通管理方式和交通工程设施等内容。

（5）除考虑本交叉口流量，流向以外，还要分析相邻和相关交叉口的影响。

（6）改建设计应同时考虑原有交叉口情况，合理确定改建规模。

（7）符合《城市道路交叉口设计规程》CJJ 152 的规定。

4. 设计内容

（1）平面交叉设计：

①正确选择交叉口类型。

②合理布设交叉路口各种交通设施（包括交通信号、标志、标线、导流岛、方向岛等）进行交通组织设计（包括车辆交通和行人交通）。

③交叉口几何设计，确定交叉口各部分的几何尺寸。

④交叉口的立面设计和排水设计。

（2）主体交叉设计：

①主体类型选择及立交方案设计。

②立交线形设计（包括主线和匝道的线形设计）。

③立交桥跨构造物设计。

④主要变速车道设计。

⑤立交附属设施设计。

第二节　城市道路平面交叉

一、概述

（一）定义

多条道路在平面上相交，称为道路平面交叉。

（二）设计规定

1. 设计原则

（1）道理交叉口的位置受道路网规划控制，两条道路相交以正交为宜，必须斜交时，交叉角应大于或等于 45°，并避免错位交叉、多路交叉和畸形交叉。

（2）交叉口形状、类型可根据相交道路功能、交通组成、等级、设计速度、设计小时交通量在城市路网中的作用并结合地形、地物条件和投资因素进行设计。

（3）设计中应做好交通组织设计，正确组织不同流量的车流、人流，布设必要的转弯车道、交通岛、交通标志与标线等。平面交叉口按其管理方式分为设置信号和不设信号两种。

（4）为保证行车通畅和提高路口通行能力，可采取压缩进口车道、分隔带和路侧带宽度，增加车道条数等措施。

（5）路口设计速度：平交范围内相交设计速度，原则上应与该道路的设计速度一致。当两相交道路等级相同或交通量相近时，平交范围内直行交通设计速度可降低，但与道路设计速度之差不应大于 20km/h。对有信号控制的平交路口的设计速度，按各级道路行车速度 0.5～0.7 倍进行计算。

（6）平面交叉应优先保证主干路或交通量大的一方的通畅，其几何设计应结合交通管理方式考虑。平交叉范围内的路段宜用直线，当用曲线时其半径宜大于不设超高的圆曲线半径。纵坡应平缓，地段较短时，其长度应符合最小坡长规定，并对称的布置于交叉点两侧，紧接该段纵坡应小于 3%，特殊情况下应不大于 5%。

（7）平面交叉范围内必须通视，有障碍视线的障碍物应予清除。

（8）平面交叉的最小间距，应根据交织长度，左转弯车道长度，视距及识别距离等因素确定。间距较小且密度较大路段应采取修筑辅道、适当合并交叉或设分离式立体交叉等措施，以减少平面交叉的数量。

（9）平面交叉设计应以预测的交通量为基本依据。

（10）平面交叉改建设计时，除应收集交通量以外，还应调查分析包括延误以及交通事故的数量、原因等现在交叉的使用状况。

（11）拟分期建设的互通式立交，当近期先建平面交叉时，应对平面交叉和最终互通式立交两者作统筹构思，并对互通式立交进行足够深度设计，以保证分期建设方案在技术处理、占地和投资安排上的合理性。

2. 交通管理的规定

平面交叉因根据交通等级、相对功能地位、交通量等不同采用信号交叉、主路优先和无信号交叉三种不同方式的管理。

3. 采用信号交叉的规定

（1）两条交通量均大且等级或功能地位相同的道路相交的交叉，难以用“主路优先”的规范管理时应设信号。

（2）相交交通路虽有主次之别，但交通量均大，采用“主路优先”规定管理会出现交通事故和交通延误，则应设置信号。

（3）主路交通量相当大，而次干路尽管交通量不大，但采用“主路优先”规则管理时，次干道的车辆由于难以遇到可供驶入的主流间隙而引起不可接受的交通事故和交通延误或出现冒险驶入长度不足的主流间隙而危及安全时，应设信号。

（4）两相交道路的交通量虽未达到上述程度，但由于有相当数量的行人和非机动车穿越交叉而引起交通延误堵塞及交通事故时，应设信号。

（5）环形交叉的某些入口因交通量大而会出现过多的交通延误时，应设信号。

4. 平面交叉间距规定

（1）平面交叉间距有满足交织长度、视距、转弯车道长度等的最小距离。这一最小距离不小于 150m。

（2）平面交叉的最小间距见表 5-2。

平面交叉最小间距（m）　　表 5-2

道路等级	快速路			主干路	
功能	主干路		集散路	主干路	集散路
	一般值	最小值			
间距	2000	1000	500	500	300

5. 平面交叉的岔数规定

(1) 平面交叉的岔数路不得多于四条。

(2) 新建道路不得直接与已建的四岔或四岔以上的平面交叉相连接。

(3) 新建道路接入既有平面交叉时，应对交叉进行改建设计。

(4) 采用环形交叉时，岔路不宜多于五条。

6. 道路与铁路平交的规定

(1) 道路与铁路平交时应以正交为宜，必须斜交时，交叉角应大于 45°。

(2) 道口应设在瞭望条件良好的地点，不得设在铁路站场、道岔、有调车作业的范围内，并严禁设在道岔尖附近。

(3) 道口处的铁路路线以直线为宜，道路路线口应为直线。

(4) 道口铺砌长度延伸至钢轨外侧以外 0.5～2m 处，道口铺砌采用坚固、耐用、平缓且易于翻修的材料，道口铺砌宽度与路基宽度相同。

(5) 道路与铁路交叉时，应在车辆驶向道口方向的右侧或上方设置铁路道口标志。该标志或多股铁路道口标志至道口冲突点距离见表 5-3。设置道口标志处至道口之间路段范围内，不得另有平面交叉。

道口标志至道口距离（m）　　**表 5-3**

道路设计速度	100	80	60	≤40
道口标志至道路冲突点距离	200	150	100	60

(6) 当道口两侧的道路为路堤时，应设护栏。电气铁路车在距钢轨外侧 30m 处应设置限界架。其净交为该路等级规定的净交。

(三) 平面交叉的一般几何类型

(1) 形状：平面交叉口类型有十字形、X 形、T 形、多路交叉及畸形交叉等（见图 5-9）。路口的选型应根据城市道路的布置、相交道路等级、性质、设计小时交通量、交通性质及组成和交通措施等确定。

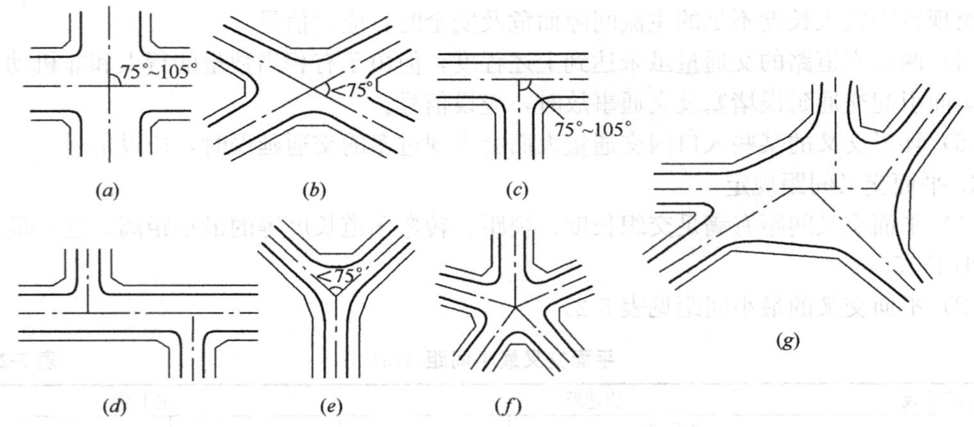

图 5-9　平面交叉口形式

(2) 平面交叉的相交道路宜为 4 条，不超过 5～6 条。平面交叉口应避免设置错位交叉，已有的错位交叉口应从交通组织、管理上加以改造。

（3）平面交叉口间距应根据道路网规划、道路等级、性质、计算行车速度、设计交通量及高峰期间最大阻车长度等确定，不宜太短。

（4）选型：根据《城市道路工程设计规范》CJJ 37—2012 规定见表 5-4。

平面交叉口选型表　　**表 5-4**

平面交叉口类型	选型	
	推荐形式	可选形式
主干路—主干路	平 A_1 类	—
主干路—次干路	平 A_1 类	—
主干路—支路	平 B_1 类	平 A_1 类
次干路—次干路	平 A_1 类	—
次干路—支路	平 B_2 类	平 A_1 类或平 B_1 类
支路—支路	平 B_2 类或平 B_3 类	平 C 类或 A_2 类

注：1. 平 A 类：信号控制交叉口

平 A_1 类：交通信号控制，进口道展宽交叉口

平 A_2 类：交通信号控制，进口道不展宽交叉口

2. 平 B 类：无信号控制交叉口

平 B_1 类：支路只准右转通行交叉口

平 B_2 类：减速让行或停车让行标志管制交叉口

平 B_3 类：全无管制交叉口

3. 平 C 类：环形交叉口

（四）平面交叉口线形与纵断面

（1）平面交叉口宜采用直线并尽量正交，当必须斜交时，交叉角不宜小于 45°。

（2）路段上平曲线的起终点离交叉口中心距离应根据道路及相交道路等级、计算行车速度等确定，不宜太短。

（3）两条道路相交，主要道路的纵坡宜保持不变，次要道路的纵坡应作相应调整。

（4）交叉口进口道的纵坡度宜小于或等于 2%，困难情况下应小于或等于 3%。

（5）桥梁引道处应尽量避免设置平面交叉口。

（6）视距：

1）引道视距。每条岔道和转弯车道上都应提供与行车速度相适应的引道视距。其值应等于停车视距，标准为眼高 1.2m，物高 1m。各种设计速度所对应的引道视距及凸形竖曲线最小半径规定见表 5-5。

引道视距及曲线最小半径　　**表 5-5**

设计速度（km/h）	100	80	60	40	30	20	备注
引道视距（m）	160	110	75	40	30	20	
凸形竖曲线最小半径（m）	10700	5100	2400	700	400	200	

2）通视三角区。两相邻交岔路间，由各自停车视距所组成的三角区内不得存在有碍通视的障碍物。

（7）立面设计：平面交叉处两相交道路有部分的立面形成及其引道横坡，应根据两相交道路的相对功能地位、平纵线形以及交通管理方式等因素而定。

1）采用“主路优先”交通管理方式的交叉应使主干道路的横断面贯穿立交，而调整次干路的纵断面以适应主干路的横断面，当调整纵断面有困难时可同时调整这两条道路的横断面。

2）主干路设超高时，应根据次干路纵断面的不同情况处理立面。

3）两相交道路功能地位相同或相仿或信号交叉时，两道路均应作适当调整。

（8）平面交叉范围内设置的附加车道、变速车道和转弯车道，其设计要点和有关规范见《规范》。

（9）平面交叉处的排水设计，应绘制排水系统图并注明流向和坡度。

（10）平面交叉渠化设计。可采用导流岛、路面标线、交通岛等方式。

（11）交叉口应设置：人行横道、人行天桥或通道，并设限速、指路和其他有关标志、标线和信号。

（12）改造旧平面交叉时，可采用增设车道、交通渠化、改为立体交叉等方法。

（五）平面交叉口设计的步骤

1. 收集资料

（1）测量资料。大比例尺地形图（1：200～1：1000）。

（2）交通资料。设计交通量及通行能力。当为交叉口改建设计时，还应收集交通现状资料（直行、右转、左转交通量）及交通事故发生的情况。

（3）道路资料。与交叉口相连道路的道路等级、宽度、半径、纵坡、横坡等平纵横设计或规划资料。

（4）用地资料。可供交叉口使用的用地范围及条件。

（5）水文资料。区域排水方式，已建或拟建地下、地上排水管道的位置和尺寸。

2. 交叉口方案设计或形式的确定

对于大型复杂的平面交叉或改建的平面交叉口，可根据上述收集的有关设计资料及要求解决的主要交通问题，拟定交叉口的位置、形式和交通管理方式，并用不同道路条件与交通管理方式组合多种设计方案。对每一个方案应进行概略计算与设计，然后绘制草图，并进行方案比较决定使用方案（推荐方案）。

对于简单或方案明了的平面交叉口，可不进行方案比较，直接选择平面交叉口形式，进行详细设计。

3. 详细设计

根据推荐的方案或选定的细部设计。其设计内容有：

（1）决定交通管理方式。对于设置信号的平面交叉口，根据初步拟定的道路条件，设计计算的交通管制的具体方法和控制。

（2）根据设计交通量及管理方式，检验交叉口通行能力，计算车道数，确定各部分几何尺寸和平面设计参数，根据交通组织布置附加车道、交通岛等（城市道路的交叉口还有停车线和人行横道等）。

（3）绘制平面设计图。将上述设计成果绘制在交叉口的大比例尺地图上，构成平面交叉口设计详图，通过平面设计图检查交叉口的视距和用地条件。

（4）确定交叉口立面设计模式，进行立面设计，并计算工程数量。

（5）编制工程预算。

通过详细设计，提出全部工程实施的设计文件和设计图纸资料。

一般一个平面交叉口的施工图有交叉口平面设计图与立面设计图。

第三节　无信号控制的城市道路平面交叉设计（平B类交叉口）

一、定义

在交叉口处用适当半径的圆曲线平顺连接相交道路路基和路面的平面交叉口（图5-10），称为简易交叉口。

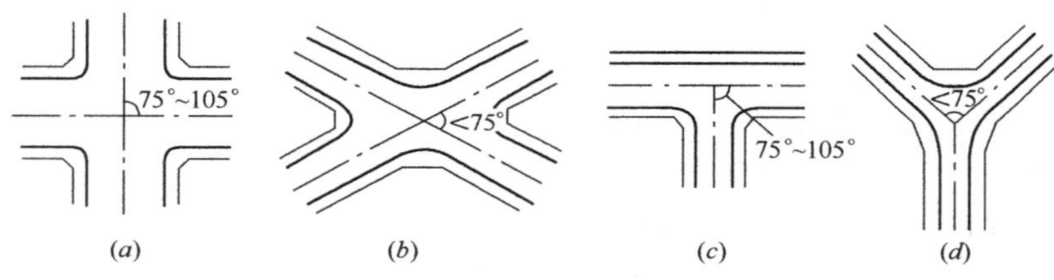

图5-10　简易交叉口

二、特点

形式简单，占地少，造价低，设计方便，但行车速度低，通行能力小。

三、适用

交通量小，车速低，转弯车量少的次干道或主次干道。

四、设计内容

解决合适的转弯半径和足够的视距。

五、平面交叉设计

（一）交叉口视距

1. 视距三角形

（1）定义：由相交道路上的停车视距所构成的三角形。

（2）目的：确定交叉口规划建筑线的位置，并得出交叉口用地范围。

（3）采用原因：保证交叉口的行车安全，需使司机人员在离交叉口前的一段距离上，能看清驶来交叉的车辆，避免两车交会时可能发生碰撞，以便能及时地驶过交叉口或必要时及时的制动停车。

（4）要求：

①这段必要距离应大于或等于最小停车视距（或路面视距）。

②在视距三角形范围内不能有任何阻挡驾驶员视线的障碍物（见图5-11、图5-12）

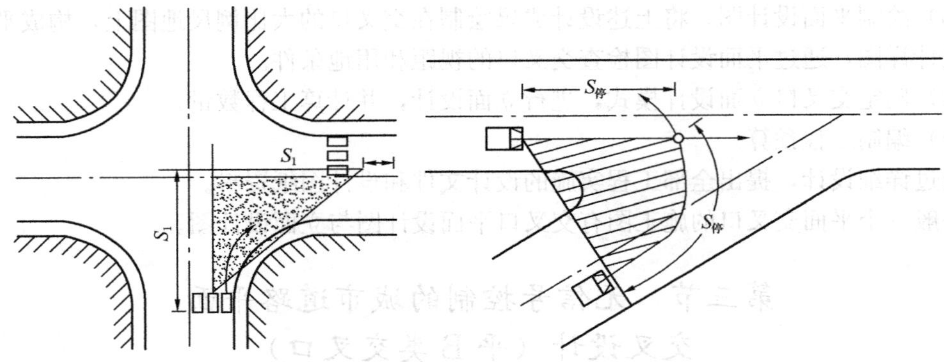

图 5-11　视距三角形的绘制　　　　图 5-12　Y 字畸形交叉口的视距三角形

（5）绘制方法与步骤：

1）确定停车视距 S_t：

可用公式 $S_t = vt/3.6 + \dfrac{v^2}{254(\varphi + i)} + l_0$

式中　v——车速（km/h）；

t——司机的反应时间，$t=1.2$s 左右；

i——道路纵坡，汽车上坡为"+"，下坡为"—"；

l_0——安全距离（m），一般可取 3～5m；

φ——轮胎与路面间的纵向摩擦系数，见表 5-6。

不同设计速度的停车视距见表 5-7。

轮胎与路面间的纵向摩擦系数　　**表 5-6**

路面状况	干燥、清洁	潮湿、泥泞	结　冰
纵向摩擦系数	0.5～0.7	0.3～0.4	0.1～0.2

不同设计速度的停车视距表　　**表 5-7**

设计速度（km/h）		100	80	60	40	30	20
停车视距（m）	一般值	160	110	75	40	30	20
	底限值	120	75	55	30	25	15
信号控制识别距离（m）		—	350	240	140	100	60
停车标志控制识别距离（m）		—	—	105	55	35	20

注：当受地形或其他限制时，停车视距可用表中低限值，但必须采取设置限速标志等措施。

2）找出行车最危险的冲突点：

①对十字形交叉口，图 5-11 中最靠右侧的第一条直线机动车道的轴线与相交道路最靠中心线的第一条直线车道交叉点为最危险的冲突点。

②对 Y 形（T 形）交叉口（图 5-12），直行道路最靠右侧第一条直行车道的轴线与相关联道路最靠中心线的一条左转车道的轴线所构成的交叉点为最危险的冲突点。

3）从最危险的冲突点向后沿行车轨迹各量取停车视距 S_t。

4）连接末端构成视距三角形（图 5-12）。

2. 识别距离

（1）定义：驾驶员在交叉口之前的一定距离就能意识到交叉口的存在及信号和交通标志的这一距离。

（2）作用：保证车辆安全顺利通过交叉口。

（3）规定：

①无信号控制的交叉口，见表5-6。

②有信号控制的交叉口n用下式计算

$$S_{识}=\frac{v\cdot t}{3.6}+\frac{v^2}{26a} \tag{5-2}$$

式中　v——路段设计速度（km/h）；

a——减速度，为2m/s^2；

t——识别时间（s），城市道路上取6s。

③停车标志控制交叉口。

一般为主干道与次干道交叉，可用公式（5-2）计算或采用识别时间2s。

（二）交叉口的转弯半径（交叉口转角处侧石半径）

交叉口需要有一定的转弯半径，以便各种右转车辆能以一定速度顺利地通过。若半径过小，就会降低车速或向外侵占相邻的车道，以加大转弯半径（图5-13）。转弯半径确定：

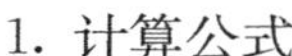

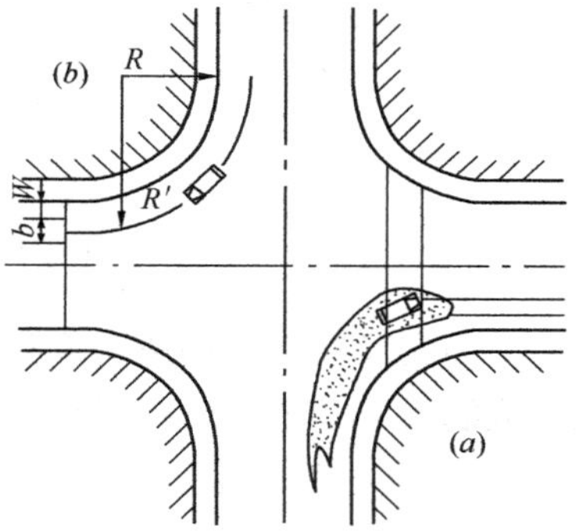

1. 计算公式

$$R=R'-(b/2+w) \tag{5-3}$$

式中　b——右转车道的宽度，一般用3.5m；

w——非机动车道的宽度，一般用3m；

R'——交叉口转弯处行车轨迹半径，$R'=v^2/127(\mu+i)=117$；

v——实际速度，大客车为15～25km/h，小汽车为15～35km/h；

μ——横向系数。大客车μ为0.1～0.15，小汽车μ为0.15～0.2；

i——路口横坡，一般用1.5%。

图5-13　转角半径不足引起行车侵占相邻车道及侧石半径的决定

2. 查表格

（1）鞍式列车在各种转弯速度情况下见表5-8。

路面内缘的最小曲线半径　　**表5-8**

转弯速度	≤15	20	25	30	40	50	60	70
最小半径（m）	15	15～20	20～30	30	45	65	75	90
最小超高（%）	2	2	2	2	3	4	5	6
最大超高（%）	一般为6，绝对值为8							

（2）转弯路面的边缘，其线形应满足车辆转弯时的行迹，半径见表5-9和图5-14。

转弯行迹半径　　表 5-9

△°	70～74	75～84	85～91	92～99	100～110
R_1（m）	18	17	16	15	15
R_2（m）	80	80	80	80	90
$\triangle_1$	53°30′～58°50′	58°50′～68°	69°～75°	76°～83°	84°～95°

（三）辅加车道布设（有变速车道与转弯车道）

1. 变速车道（图 5-15）

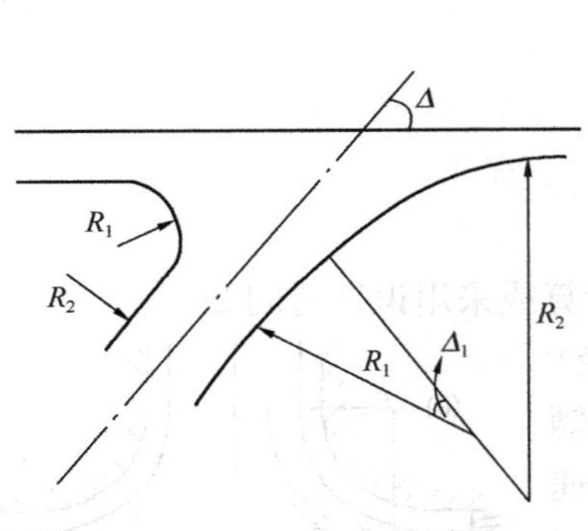

图 5-14　转弯边缘路面的复曲线

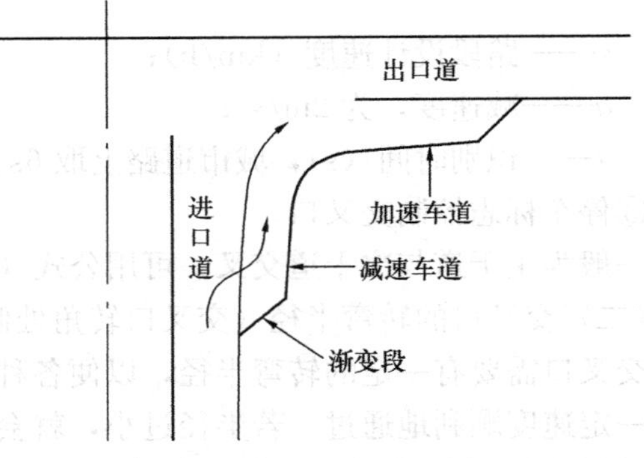

图 5-15　变速车道

平面交叉在需要加速合流和减速分流处，应设置加速或减速的变速车道。变速车道的线形应满足车道在合流、分流和变速行驶过程中各处对车速要求。变速车道宽为 3～3.5m，变速车道长度见表 5-10、表 5-11。

变速车道长度（m）　　表 5-10

道路类别	设计速度	减速车道长度			加速车道长度		
		$a=-2.5\text{m/s}^2$			$a=1\text{m/s}^2$		
		至 0	至 20	至 40	从 0	从 20	从 40
主干路	100	100	95	70	250	230	190
	80	60	50	32	140	120	80
	60	40	30	20	100	80	40
	40	20	10	—	40	20	—
次干路	80	45	40	25	90	80	50
	60	30	20	10	65	55	25
	40	15	10	—	25	15	—
	30	10	—	—	10	—	—

渐变段长度　　表 5-11

设计速度（km/h）	100	80	60	40
渐变（m）	60	50	40	30

（1）平面交叉在下列情况下应设右转弯车道：

①平面交叉小于60°时，右转弯交通量较大时。

②右转弯交通量大，所需车速较高时。

③有特殊需要时。

（2）平面交叉时除下列情况外应设左转弯车道：

①不允许左转弯时。

②设计通行能力有富裕时。

③设计速度为40km/h以下的双车道道路，设计小时交通量小于200辆/时。

2. 转弯车道设置方法

转弯车道设置方法是指交叉口进口道上如何实现增加车道方法。其方面有：

1）右转车道设置方法，就是在进口道右侧或同时在出口道的右侧拓宽右转车道。

2）左转车道的设置方法：

①宽形中间带（即一般大于4.5m时），将进口道一定长度的中间带压缩，由此增设出左转车（图5-16*a*）。

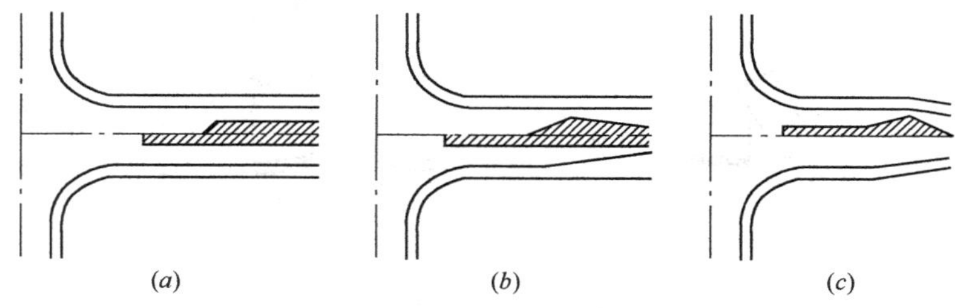

图5-16　拓宽左转车道

②窄形中间带（宽<4.5m），将道口单向或双向车道线向外侧偏移，增加不足部分宽度。向外偏移车道线后，在路幅总长度不变的情况下，视具体条件压缩行人道，两侧带或进口车道宽度（图5-16*b*）

③无中间带，可通过两种途径增设左转车道。一是向进口道的一侧或两侧拓宽，增加进口道路幅总宽度，在进口道路中心线附近辟出左转车道，如图5-16*c*所示；二是不扩宽进口道，占用靠近中线的对向车道作为左转车道。

左转弯车道的宽度见表5-12。

左转弯车道的宽度　　　　**表5-12**

剩余分车带类型	车道分划线	宽度大于0.5m标线带	实体值	
左转弯车道宽度（m）	3.5	3.25	3	3.25
左路缘带宽度（m）	0	0	0.5	0.3

六、平面交叉纵面设计

（一）主线纵面线形

（1）平面交叉范围内，两相交道路的纵面应尽量平缓。纵面线形应满足最小停车视距要求。

（2）主干道在交叉范围内的纵坡应在0.15%～3%的范围内，次干道上紧接交叉口的部分引道应以 0.5%～2%的上坡通过交叉，而且此坡段至主干道的路缘至少 25m（图 5-17）。

（3）主干路在交叉口范围内是超高曲线情况下，次干路的纵坡应服从主干路的横坡。若次干路在交叉前后相当长的范围内纵坡的趋势与主干路的横坡相反，则次干路在引道的一定范围内应设置 S 形竖曲线（图 5-18）。

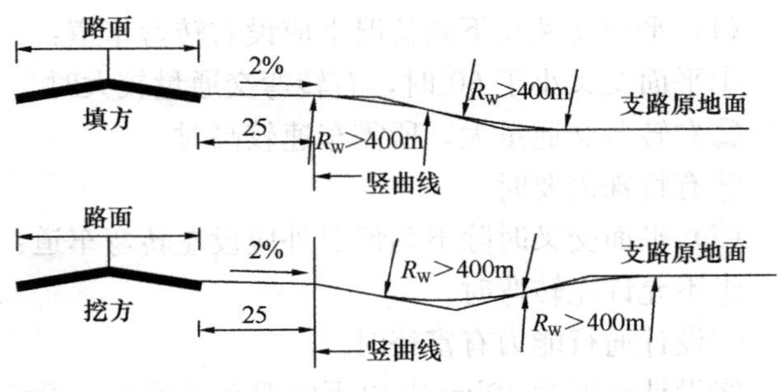

图 5-17 次干路引道纵坡

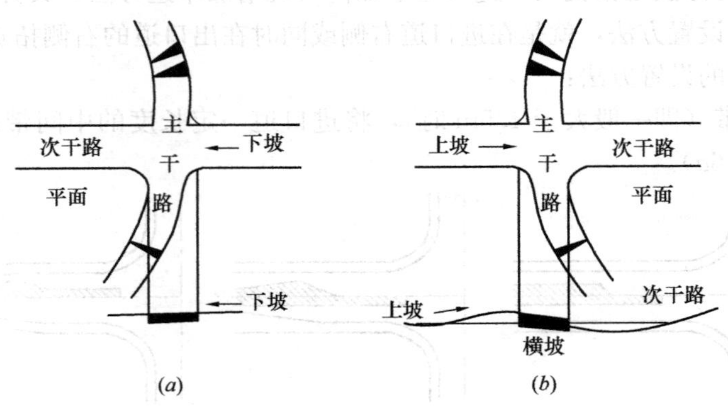

图 5-18 主干路超高时次干路引道纵坡

（二）平面交叉竖向设计

1. 竖向设计的目的

竖向设计是要统一解决相交道路之间以及交叉和周围建筑物之间在立面位置上的行车、排水和建筑艺术三方面要求，使相交道路在交叉口内能有一个平顺的共同面，便利车辆和行人交通；使在交叉口范围的地面水能迅速排除；使车行道和人行道的各点标高能与建筑物的地面标高相协调且具有良好的空间感。

2. 竖向设计基本要求

首先应满足主干路的行车方便，在不影响主干路行车平顺的前提下，适当变动主干路的纵坡和横坡，以照顾次干路或支路的行车需要。

3. 竖向设计的一般原则

（1）同级道路相交，纵坡一般不变，横坡可变。

（2）主次干路相交，主次干路的纵、横坡度一般均保持不变（非机动车道纵横坡可变）。次干路的纵横坡可适当改变。

（3）路口设计，纵坡不宜过大，一般不大于 2%，困难情况下不大于 3%。

（4）交叉口竖向设计标高应与四周建筑物地坪标高相协调。

（5）为保证交交叉口排水畅通，设计时至少应有一条道路的纵坡离开交叉口。如果困难地形（例如交叉口设在盆形地形），所有道路纵坡都向着交叉口时，须预先考虑修筑地下排水管道和设置进水口。

（6）合理确定变坡点和布置雨水口。在交叉口布置进水口，应不使地面水流过交叉口的人行横道，也不应使地面水在交叉口内积水或流向另一条道路。因此进水口应设在交叉口人行横道的前面能截住往来水的地方和竖向设计的低洼处。

4．交叉口立面设计的几种基本形式

其形式取决于地形，以及和地形相适应的相交道路的纵、横断面。如以十字交叉口为例。根据相交道路纵坡不同，立面设计有六种基本形式。

（1）相交道路纵坡全由交叉口中心向外倾斜（图5-19）。

设计时把交叉口上的坡度做成与相关道路上同样坡度，往往只需调整一下接近交叉口时的道路横坡即可。让地面水向四个交叉口四个角街沟排除，不需要设置进水口。

图5-19a为主—主交叉；图5-19b为主—次交叉。两者的立面设计都可设计成相同的立面形式。

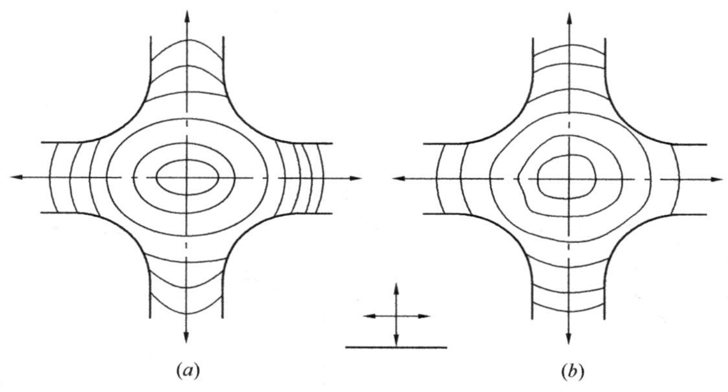

图5-19　在凸形地形的交叉口立面设计

（2）相交道路的纵坡全向交叉口中心倾斜（图5-20）。

图5-20a为主—主交叉；图5-20b为主—次交叉。

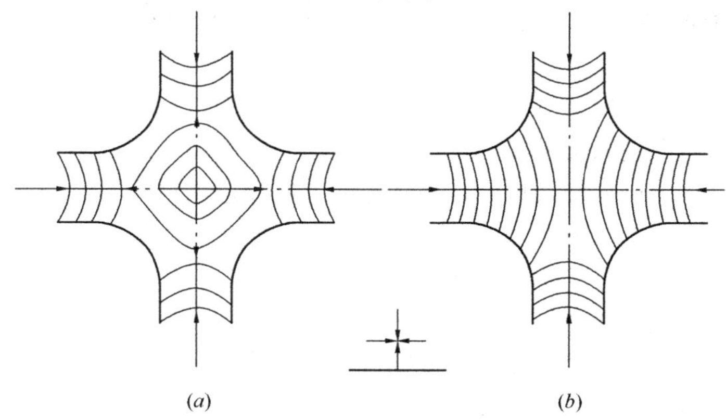

图5-20　在凹形地形的交叉口立面设计

在这种情况下，地面水都向交叉口集中，必须设置地下排水管排泄地面水。为避免雨水积聚在交叉口中心，还应将交叉口中心做得高些，在交叉口四个角上的低洼处设置进水口。此时街道纵坡必然有所改变，对行车和排水都不利，应尽量避免。最好能争取有一条主要街道的纵坡向外倾斜，即把其纵坡转折点设在远离交叉口的地方。

(3) 三条道路的纵坡由交叉口向外倾斜，而另一条路的纵坡向交叉口倾斜（图 5-21）。

交叉口中有一条道路位于地形分水线上就形成这种形式。设计时应将纵坡向着交叉口道路的路脊线在交叉口处分向三个方向，相交道路的横断面均不变。在纵坡向着交叉口的路口上的行人横道的上侧设置进水口，使街沟的地面水不流过行人横道和交叉口，以免影响行人和车辆交通。

图 5-21*a* 为主—主交叉；图 5-21*b*、*c* 为主—次交叉。

(4) 三条道路的纵坡向交叉口倾斜，而另一道路的纵坡由交叉口向外倾斜（图 5-22）。

图 5-22*a* 为主—主交叉；图 5-22*b*、*c* 为主—次交叉。

交叉口中有一条道路沿谷线上，则次要道路进入交叉口前在纵段面上产生转折点而形成。

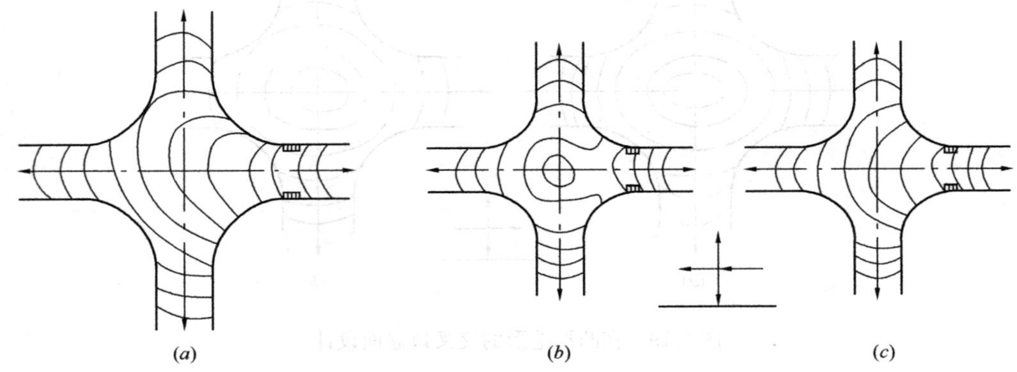

图 5-21　在分水线地形上的交叉口立面设计

(5) 相邻两条道路的纵坡向交叉口倾斜，而另外两条道路的纵坡向外倾斜（图 5-23）。

交叉口位于斜坡地形上就成了这种形式。设计时相交道路的纵坡均不变，按照天然地形，将两条道路横坡在进入交叉口前逐渐向相交道路的纵坡方向倾斜，而在交叉口形成一个单向倾斜的斜面。在进入交叉口的行人横道的上侧设进水口。

(6) 相对两条道路的纵坡向交叉口倾斜，而另外两条道路纵坡由交叉口向外倾斜（图 5-24）。位于马鞍地形上交叉口就是这种形式。

5. 交叉口竖向设计方法

包括方法网格、设计等高线法、方格网设计等高线。

方格网法的内容有：

(1) 定义：在交叉口的设计范围内，以相交道路中心线为坐标基线，打 5m×5m 或 10m×10m 方格网，并测出方格网点上的地面标高（纵、横坡较大路口可用 3m×3m），计算其设计标高，求出施工高度。

(2) 适用：一般交叉口竖向设计。

(3) 具体步骤和方法：

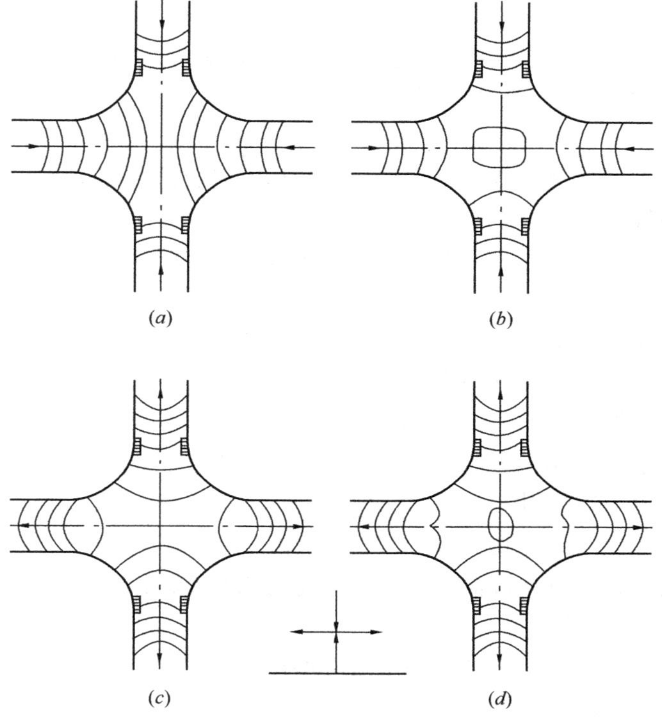

图 5-22　在谷线地形上的交叉口立面设计

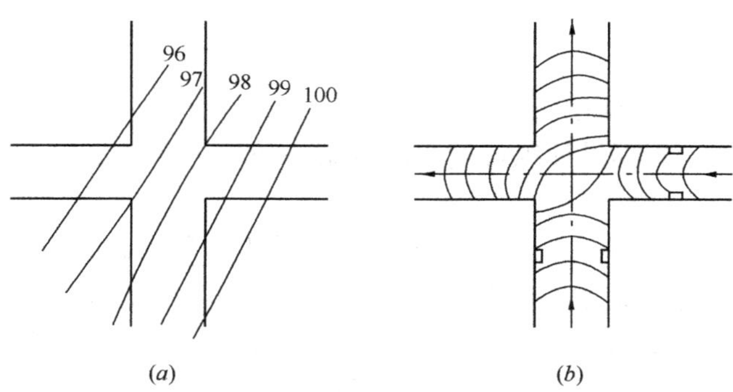

图 5-23　在斜坡地形上的交叉口

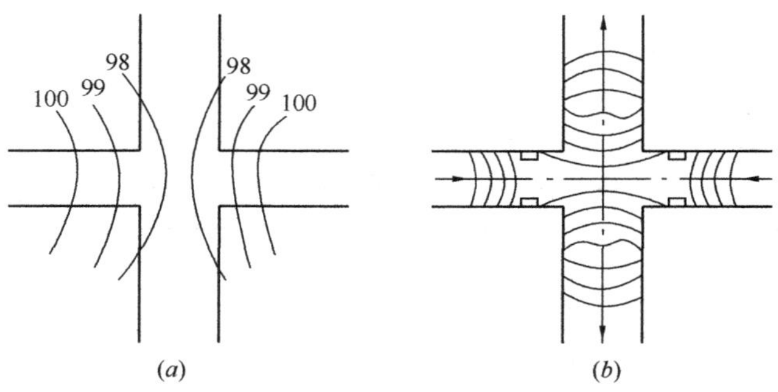

图 5-24　在马鞍地形上的交叉口

1）搜集资料：

①测量资料：在1∶200～1∶500地形图上，以相交两条路中心线为坐标基线，打5m×5m或10m×10m的方格网，并测出方格网点上的地面标高（纵、横坡较大路口可用3m×3m方格网）。

②交通资料：交通量及其直行、左转、右转车辆组成比例和车型，明确以小客车为标准车，其他车辆换算。

③排水资料：弄清排水方式，系地下还是明沟，是主管还是支管，已建或拟建排水管位置。

④道路资料：交叉路的等级，每条路宽度、纵坡、横坡等。

⑤有关地物标高：建筑物标高和交叉口各种标高。

2）绘出交叉口的平面图：

内容涉及路中心线、车行道与人行道宽度、侧石半径、方格网。

3）确定交叉口的设计范围：

①设计范围：为侧石半径切点外5～10m（相当于一个方格）。

②原因：因自双横坡到单坡需一定距离才能与相交路面砌接完。

4）确定竖向设计图式：

①依据：相交路的等级；纵坡方向附近地形；排水要求。

②选定：a. 上述六种形式中的一个。

b. 相邻等高线间距（Δh），视坡缓急为0.02～0.1m，为便于计算取偶数。

c. 大致确定雨水口位置。

5）勾绘等高线：

①路段上等高线计算与画法：

a. 在车道中心线上根据设计纵坡度，确定某一条整数的设计标高并选定相邻设计等高线的高差为h（m）。

b. 根据公式$l_1=h/i$路纵坡，算出车行道中心线上相邻等高线的水平距离。

c. 根据l_1可定出车行道中心线上其余的等高线位置（详见图5-25中有折线连接的）。

d. 根据公式$l_2=B/2\times i_{路横坡}/i_{街沟纵坡}$，算出街沟线上等高线水平距离或可用（两点高差/设计等高线$h+1$）即得某段长度等分成n份。

e. 根据l_2可定出车行道街沟线上其余等高线位置（图5-25）。

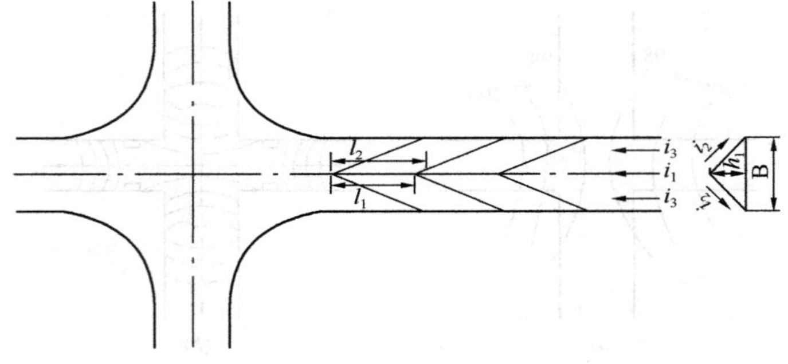

图5-25　等高线

设：i_1、i_3——分别为行车道中心线和街沟线的设计纵坡度；

i_2——车行道的设计横坡度；

B——车行道宽度（m）；

h_1——车行道路拱的拱高（m）；

h——相邻设计等高线的高差（m）。

②交叉口的等高线的计算和画法（图5-26）：

a. 由中心线交叉点 A 求出 h_a（原始控制标高）

b. 求出各路侧石切点横断面上三点 F、K、C 标高

$$h_F = h_A - AF \cdot i_{1纵}$$

$$h_C = h_K = h_F - \frac{B}{2} \cdot i_{1横}$$

注：用同样方法可求出另一路上 G、D、T 的标高

c. 根据 A、C、D 三点标高，求出交叉口内的等高线变化

$$h_B = \frac{[(i_{1纵} \times R + h_C) + (i_{2纵} \times R + h_D)]}{2}$$

$$h_B = h_A - \frac{h_A - h_B}{AB} \times AE$$

d. 根据 C、D、E 各点标高，沿 CD 内用下面办法求出需要点的标高。

[方法A]　方格网法

可根据路侧石 CD 和路脊线 AF、AG 上用补插法求出所有需要的点。

[方法B]　圆心法（图5-27）

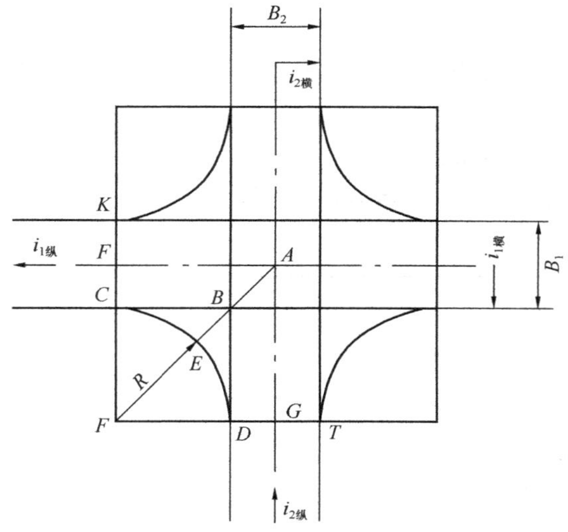

图5-26　交叉口竖向设计步骤示意图

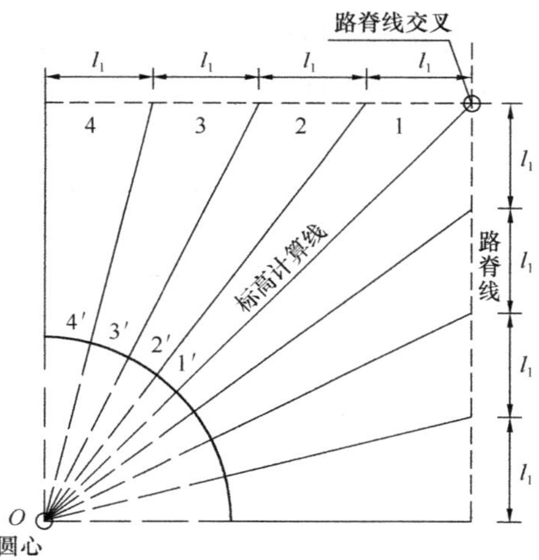

图5-27　圆心法

首先在路脊线上等分成 l_1，定出若干点1、2、3、4；然后把04、03、02、01连成直线与侧石线，则得出4′、3′、2′、1′。

[方法C]　等分法（如图5-28）

把交叉口范围内路脊线等分成 l_1 若干份，得出①、②、③、④点，然后把 CD 弧（即侧石线）等分 l_2 为若干份得到①′②′③′④′点；最后连接1①′、2②′、3③′、4④′。

[注] 等分时可用$\left(\frac{\text{两点交叉}}{\text{等高线差值}}+1\right)$分。

[方法 D]　平行线法（图 5-29）

先作出 ABO 及 AHO，后将左侧分别作 ABO 平行线，然后右侧分别作 AHO 的平行线。

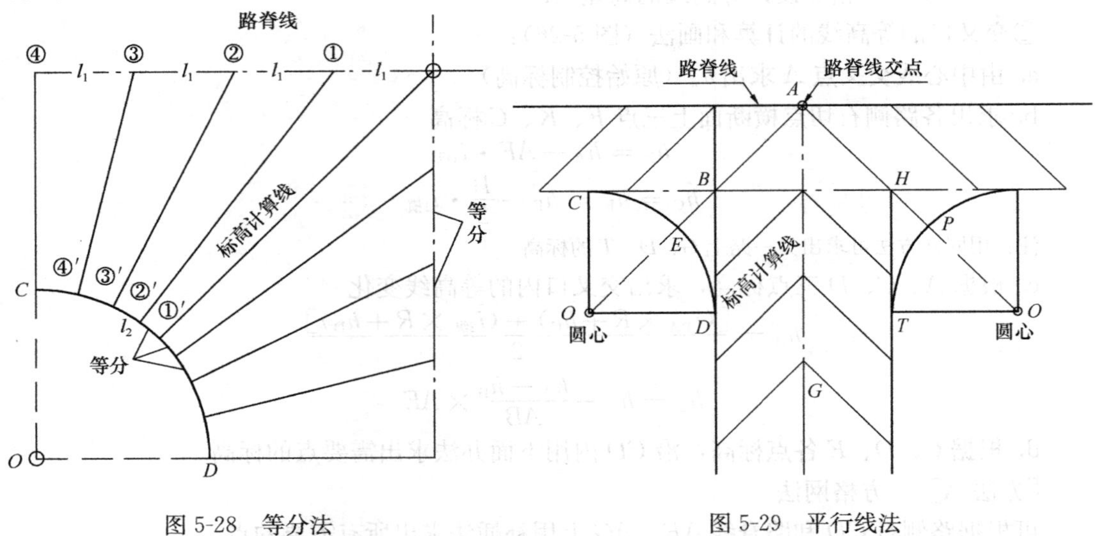

图 5-28　等分法　　　图 5-29　平行线法

注：上述四种方法以“等分法”为最好。因为上述四种方法所计算出来的标高计算线与要求的路拱横断面并不在同一位置上，为使标高计算线处于与行车方向垂直的位置才用等分法。

③主次道路相交时，且主路横坡不变，这时要将主路上路脊线高程移转到次路上的路脊线上及主路车行道边线交点上（图 5-30）。

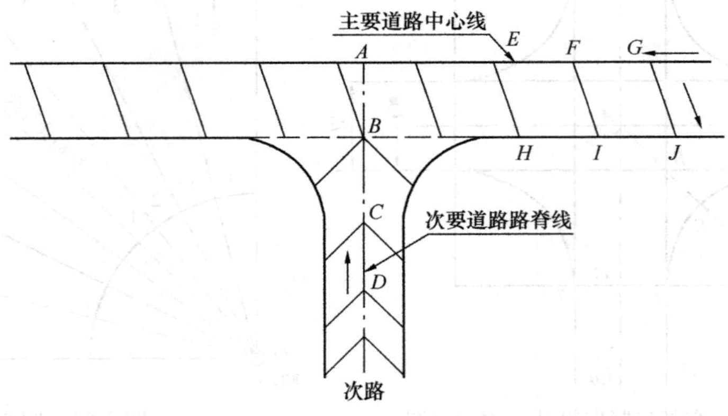

图 5-30　路脊线交点位移

这时交移时应根据 A 点及次路纵坡求出 B、C、D，后根据 A 和主路纵坡求出 E、F、G，最后根据主路横坡求出 H、I、T。

其次，根据路拱方程计算出每条标高线的设计标高。

最后，勾画交叉口上的设计等高，参照已知竖向设计图式和形状，把各等高点连接起来，可得初步的以设计等高线表示的交叉口竖向设计图。

④勾画交叉口上的设计等高线。参照已知竖向设计图和形状，把各等高线连接起来，可得初步的以设计等高线表示的交叉口竖向设计图。

6）调整标高。

①按行车平顺和排水迅速要求，调整等高线疏密（一般是中疏，而边沟应密）和均匀变化，并调整个别不合理的标高，也应补设进水口。

②检查方法：

a. 可用大三角板或直尺沿行车方向和横断面方向或任一方向检查设计等高线的分布是否合理。

b. 从而判别纵坡、横坡和合成坡度是否满足行车和排水要求。

c. 最后再检查街沟线上纵坡能否顺利排水及进水口的布置是否妥当。

7）计算施工高度：

①根据等高线标高，用补差法求出方格点上的设计标高。

②施工高度等于设计标高减地面标高。

有了上面的基本知识，就可研究水泥混凝土交叉口（图 5-31）竖向设计图。

沥青类路面交叉口竖向设计图（图 5-32）。

【例 5-1】 某交叉口图式选定如图 5-33 所示。道路中心线纵坡、边沟纵坡同为 $i_1^{纵}=$

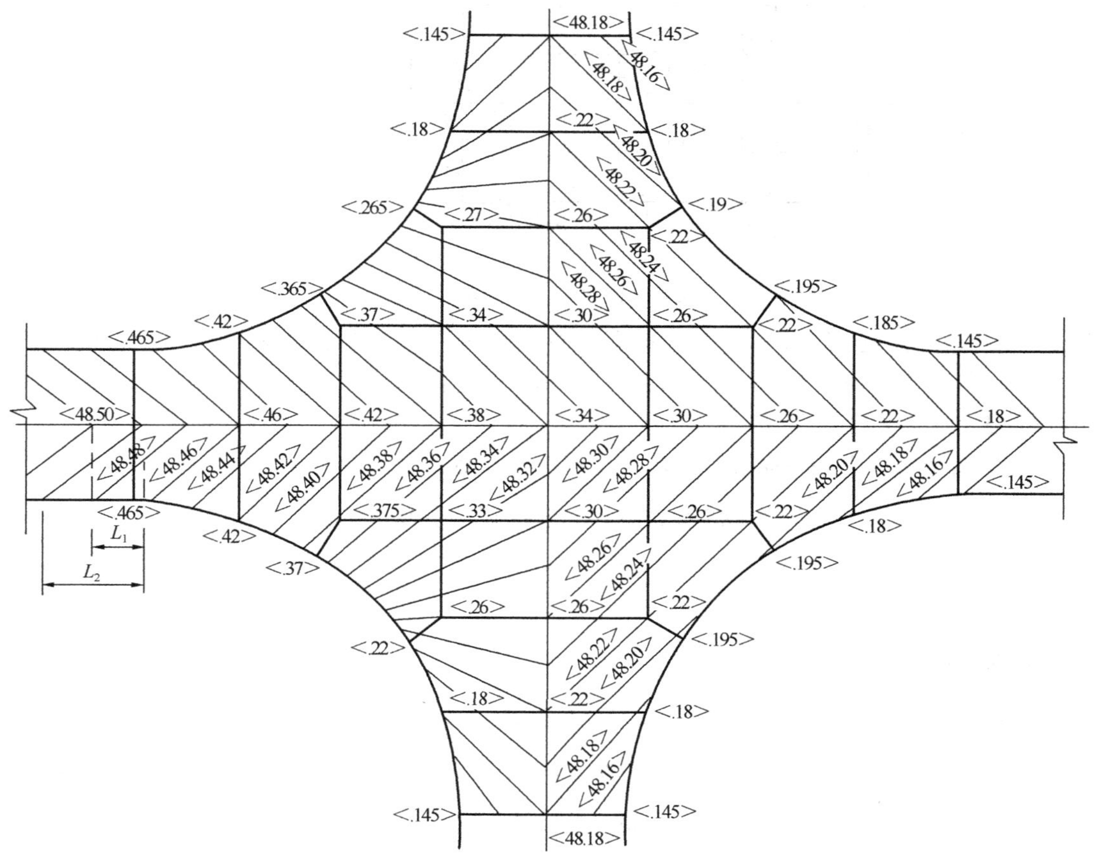

图 5-31　水泥混凝土路面交叉口竖向设计（单位：m）

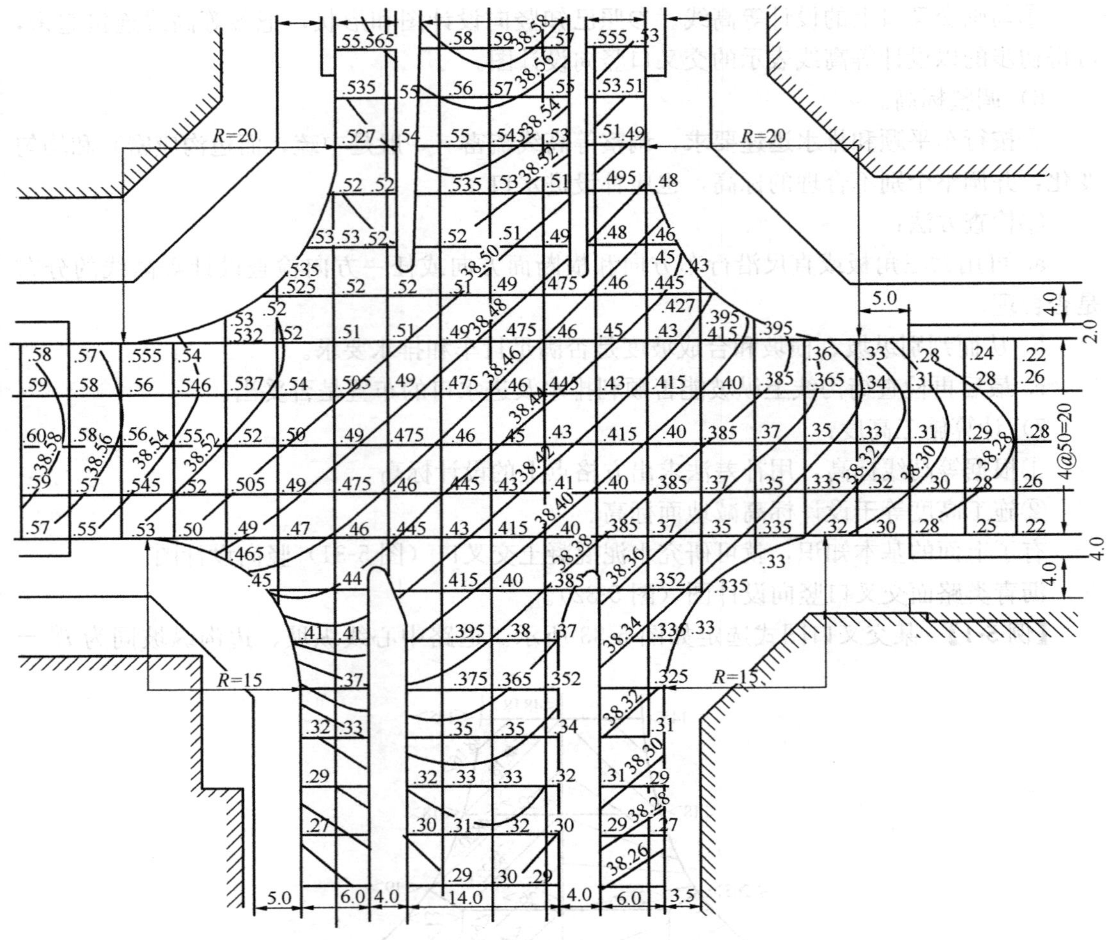

图 5-32　沥青路面交叉口竖向设计（单位：m）

$i_2^{纵}=3\%$，路面横坡 $i_1^{横}=i_2^{横}=2\%$，车行道宽度为 15m，等高线间距采用 0.1m，交叉口中心控制标高为 2.05m，交叉口转弯半径为 10m。试进行交叉口设计。

【解】 画交叉口等高线

1. 根据交叉口中心控制标高，求 F、H、K 三点。

$$h_{\mathrm{H}}=h_0-OH\times i_1^{纵}=2.05-17.5\times0.03=1.525\mathrm{m}$$

$$h_{\mathrm{F}}(h_{\mathrm{K}})=h_{\mathrm{H}}-\frac{B\times i_1^{横}}{2}=1.52-7.5\times0.02=1.37\mathrm{m}$$

同理可得：

$$h_{\mathrm{G}}(h_{\mathrm{M}})=2.43\mathrm{m}$$

$$h_{\mathrm{S}}(h_{\mathrm{T}})=1.37\mathrm{m}$$

$$h_{\mathrm{P}}(h_{\mathrm{Q}})=2.43\mathrm{m}$$

2. 根据 O、F、G 的标高，求交叉口范围内上网等高点变化。

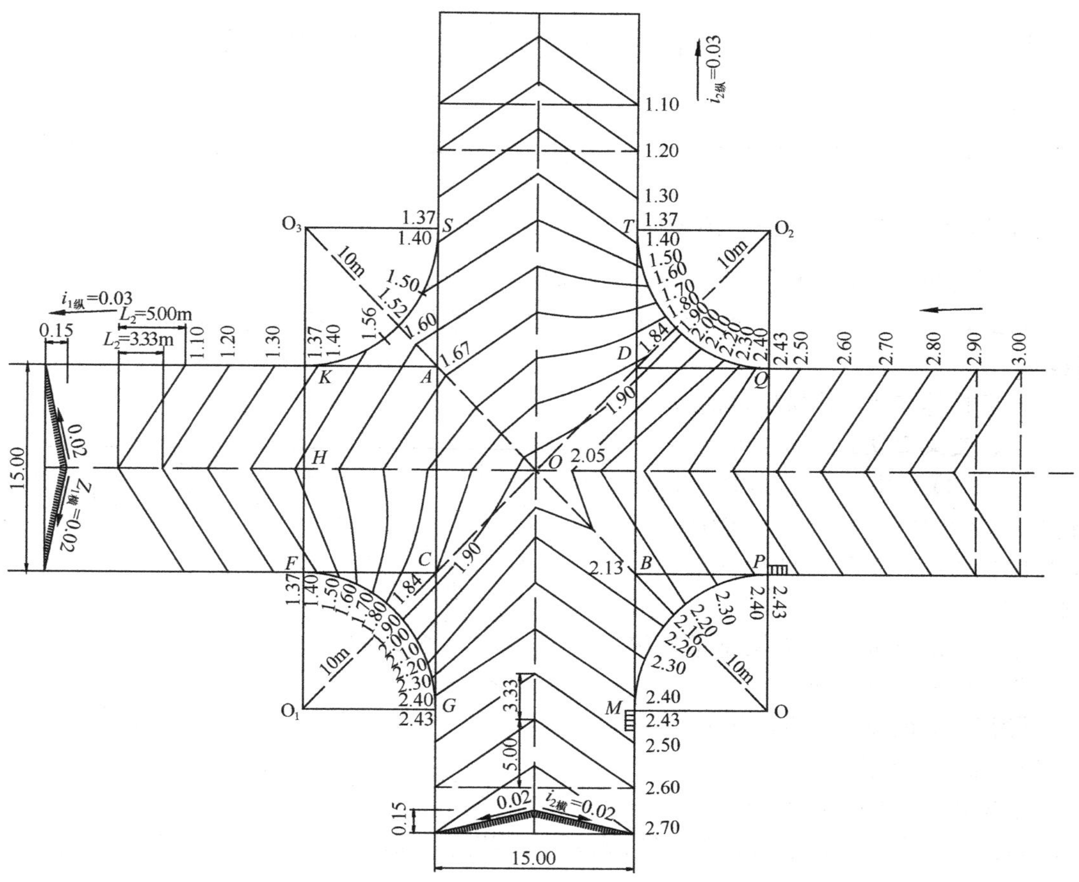

图 5-33　交叉口竖向规划计算图例（单位：m）

$$h_C=\frac{[(i_1^{纵}\times R+h_F)+(h_G-i_2^{纵}\times R)]}{2}$$

$$=\frac{(1.37+0.03\times10)+(2.43-0.03\times10)}{2}=1.9\text{m}$$

$$h_{E_1}=h_0-\frac{h_0-h_C}{OC}\times OE_1$$

$$=2.05-\frac{2.05-1.9}{7.5\cos45°}\times[7.5\sec45°+(10\times\sec45°-10)]$$

$$=2.05-\frac{0.15}{10.61}\times14.76=1.84\text{m}$$

$$h_D=h_C=1.9\text{m},h_A=1.67\text{m},h_B=2.13\text{m}$$

$$h_{E_2}=h_{E_1}=1.84\text{m},h_{E_3}=1.52\text{m},h_{E_4}=2.16\text{m}$$

3. 根据 F、E_1、G 各点标高求出曲线段上各等高点。

$\widehat{FE_1}$和$\widehat{E_1G}$弧长为$L=\frac{\pi R}{4}=\frac{3.14\times10}{4}=7.85\text{m}$

而$\widehat{FE_1}$间应有设计等高线为$\frac{1.84-1.37}{0.1}$，约 5 根，因而平均间距为 $7.85\div5=1.57\text{m}$。

同理：$\widehat{E_1G}$间应有设计等高线为$\frac{2.43-1.84}{0.1}$，约 6 根，其平均间距为 7.85÷6 =1.31m。

同理：KE_3 及 E_3S 及间应有设计等高线为$\frac{1.52-1.37}{0.1}$，约 2 根，则$\widehat{ME_4}$及$\widehat{E_4P}$间应有设计等高线为$\frac{2.43-2.16}{0.1}$，约 3 根。

参照已知图式的形状，把多等高线点连接起来，如图 5-33 所示。接着，要调整等高线的形式，这一步也是生产性设计的重要步骤，要求设计者有一定的实践经验和设计技巧。

最后将等高线绘成圆顺的曲线。

七、交叉口立面课题设计

【例 5-2】 用设计等高线法设计某 Y 字形平面交叉口的立面设计，交叉口的平面图和交叉口的设计范围如图 5-34 所示。

本例题的立面设计方法是采用等分法作为标高计算线网。

【解】 立面设计的方法如下：

1. 确定立面设计图式

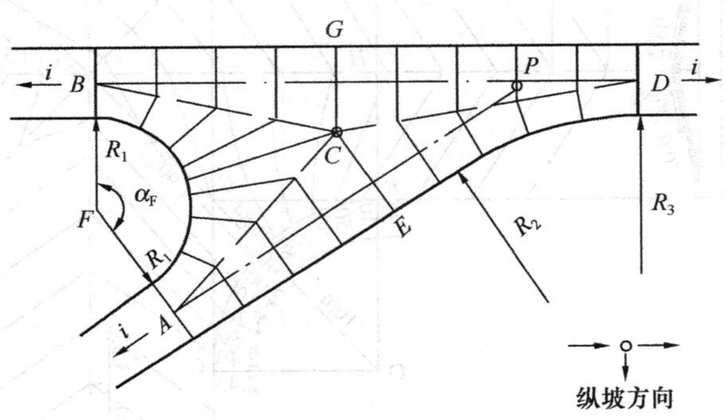

图 5-34　Y 字形平面交叉口示意图

根据相交道路的纵坡方向和兼顾相交道路的行车平顺，采用如图 5-21*a* 所示上半部的立面设计，按等高线法设计，选用等高线高差 $h=0.10$m。

2. 确定路脊线和控制标高

为了使交叉口的路拱均匀及便于行车和排水，选定的三条路脊线（AC，BC，DC）均偏离原路中心线，基本上位于对向车辆行驶轨迹的分界线上，三条路脊线交于 C 点，大致位于交叉口的中心。经推算求得 C 点的控制标高 $h_c=3.75$m。

3. 确定标高计算线网

选用等分法。根据 C 点控制标高先算出三条路脊线两端的标高，然后，进行等分。例如，路脊线 AC，已知 $h_c=3.75$m，据纵坡和距离算得 $h_A=3.45$m，因此，AC 应等分为：$\frac{h_c-h_A}{h}+1=\frac{3.75-3.45}{0.1}+1=4$ 等分。同理，可求得另外两条路脊线上的等分点。

过 C 点向街沟线（侧石线）作垂直线（或与圆曲线半径的圆心连接）分别交于 E、F、G，然后把街沟上的各段长度，也按相邻的路脊线等分数进行同样数量的等分。最后把路脊线上的等分点与街沟线上相对应的等分点连接起来，即得等分法的标高计算线网。

4. 计算各等分点的设计标高

计算之前，首先要检查路脊线和街沟的纵坡是否满足行车和排水要求。因为路脊线的两端标高是按纵坡推算，照理是没问题的。这里主要是检查街沟纵坡是否满足排水要求，如 $i<0.3\%$，则要考虑调整标高还是设计锯齿形街沟，如何布置分水点和集水点（进水

口）等。

待街沟线的排水措施和标高解决了，即可计算标高，计算线网上等分点的设计标高（计算从略）。

5. 计算标高计算线上的路拱标高

因为标高计算线的位置相当于路拱断面的位置，是作为路拱标高的计算依据。本例题的车行道路拱是采用双向倾斜的抛物线路拱，故所有标高计算线均相当于半个路拱，位于路脊线的一端为路拱的中央，位于街沟线的一端为路拱终点。所以，标高计算线两端的标高之差，即是路拱的高度 h_1。

例如：CE 的路拱高度 $h_1=h_c-H_e=3.75-3.53=0.22\text{m}$。

本交叉口为高级路面，选用式（6-44）的路拱方程，利用表 6-15 分别计算标高计算线上的路拱标高。每条标高计算线应计算几个等分点的标高，则取决于需要内插的等高线数目。

例如：CE 需内插等高线的数目为 $n=\dfrac{h_1}{h}=\dfrac{0.22}{0.10}\approx 2$ 条，则 CE 应等分为 $n+1=2+1=3$ 等分。

据 $h_1=0.22\text{m}$ 查图 5-34，得三等分点上的路拱高度 $h_3=0.179\text{m}$，$h_3=0.114\text{m}$，故求得该二点的设计标高分别为 $H_e+h_3=3.53+0.179\approx 3.71\text{m}$；$H_e+h_3=3.53+0.114\approx 3.64\text{m}$。

同理，可求得所有标高计算线上相应等分点的设计标高。

6. 勾画设计等高线

参照已知的立面设计图式和形状，把各等高点的连线连接起来，即得初步的、以计算等高线表示的交叉口立面设计图（图 5-35）。

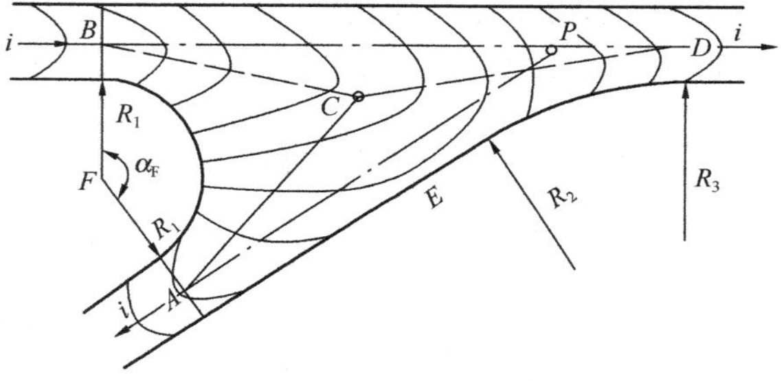

图 5-35　等高线法立面设计示意图

7. 调整设计等高线

按行车平顺和排水迅速的要求，检查设计等高线的图形，并进行必要的调整。

8. 布置进水口。

9. 绘出交叉口的立面设计图（标高计算线网，其标高可不绘出）。

如交叉口范围很大，为便于施工测量放线，可加绘方格网，测出方格点的地面标高，并根据设计等高线的标高，用补差法求出方格点上的设计标高，最后算出施工高度、供施工使用。

如交叉口的路面为水泥混凝土路面，则应按水泥混凝土板的需要进行划块，根据设计等高线的标高，把各个板角的设计标高用插入法算出并写在图上，供施工使用。

如交叉口范围不大，而且也不是水泥混凝土路面，有时可直接利用标高计算线网上的特征点来进行控制施工。

【例 5-3】 某交叉口的立面设计图式选定如图 5-36 所示。已知相交道路的路中心线、街沟纵坡 $i_1=i_3=0.03$，路面横坡 $i_2=0.02$，车行道宽度 $B=15\text{m}$，缘石半径 $R=10\text{m}$，交叉口中心标高为 2.25m，等高线间距 h 采用 0.10m。试绘制交叉口的立面设计图。

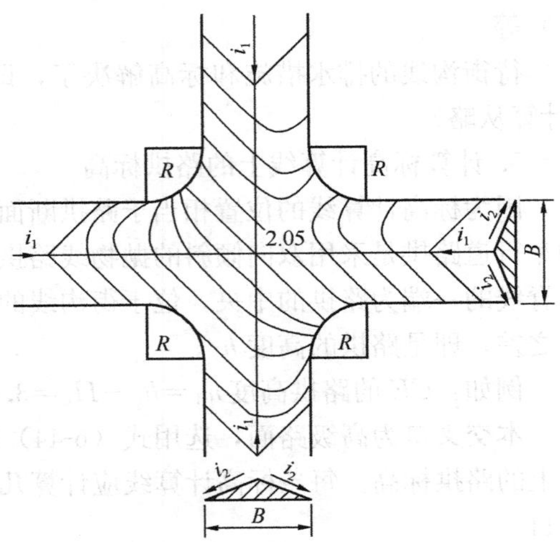

图 5-36　单向倾斜的立面设计图式

【解】 本例题所采用的立面设计方法是画方格网并把缘石曲线上的标高点平均分配。

交叉口的立面设计图可按下列步骤绘制，如图 5-37 所示。

1. 画路段上的设计等高线

$$l_1 = \frac{h_1}{i_1} = \frac{0.10}{0.03} = 3.33\text{m}$$

$$l_2 = \frac{B}{2} \times \frac{i_2}{i_3} = \frac{15}{2} \times \frac{0.02}{0.03} = 5.00\text{m}$$

2. 画交叉口上的设计等高线

(1) 根据交叉口中心标高，求出 F_3、N、F_4、三点标高

$$h_N = h_A - A_N \cdot i_1 = 2.05 - 17.5 \times 0.03 = 1.53\text{m}$$

$$h_{F2}(\text{或 } h_{F4}) = h_N - \frac{B}{2} \times i_2 = 1.52 - \frac{15}{2} \times 0.02 = 1.37\text{m}$$

同理，可求出 h_{E4}（或 h_{E1}）=2.43m，h_{F1}（或 h_{F4}）=2.43m，h_{E2}（或 h_{E3}）=1.37（m）

(2) 根据 A、F_4、E_4 点的标高，求交叉口范围内的等高点的变化。

$$h_{c4} = \frac{(h_{F4} + R \cdot i_1)(h_{E4} - R \cdot i_1)}{2} = \frac{(1.37 + 10 \times 0.03) + (2.43 - 10 \times 0.03)}{2}$$

$$= \frac{1.67 + 2.13}{2} = 1.90\text{m}$$

$$h_{D4} = h_A - \frac{h_A - h_{c4}}{AC_4} \times AD_4 = 2.05 - \frac{2.05 - 1.90}{\frac{7.5}{\cos 45^\circ}}\left[\frac{7.5}{\cos 45^\circ} + \left(\frac{10}{\cos 45^\circ} - 10\right)\right]$$

$$= 2.05 - \frac{0.15}{10.61} \times 14.76 = 1.84\text{m}$$

同理：$h_{c2} = h_{c4} = 1.90\text{m}$，$h_{c3} = 1.67\text{m}$，$h_{c1} = 2.13\text{m}$

$h_{D2} = h_{D4} = 1.84\text{m}$，$h_{D3} = 1.52\text{m}$，$h_{D1} = 2.16\text{m}$

(3) 根据 F_4、D_4、E_4 各点标高，求出缘石曲线上的等高点 $\overline{F_4D_4}$、$\overline{D_4E_4}$ 的弧长 $L = \frac{1}{8}(2\pi R) = \frac{1}{8}(2 \times 3.1416 \times 10) = 7.85\text{m}$

$\overline{F_4D_4}$ 间应有设计等高线为 $\frac{1.84 - 1.37}{0.10} \approx 5$ 根

等高线的平均间距为 $\frac{7.85}{5} = 1.57\text{m}$

同理：$\overline{D_4F}$ 间应有设计等高线为 $\frac{2.43 - 1.84}{0.10} \approx 6$ 根

等高线的平均间距为 $\frac{7.85}{6} = 1.31\text{m}$

$\overline{F_3D_3}$、$\overline{D_3E_3}$ 间应有设计等高线为 $\frac{1.52 - 1.37}{0.10} \approx 2$ 根

等高线的平均间距为：$\frac{7.85}{2}=3.93\text{m}$

$\overline{E_1D_1}$、$\overline{D_1F_1}$间应有设计等高线为$\frac{2.43-2.16}{0.10}\approx3$ 根

等高线的平均间距为：$\frac{7.85}{3}=2.62\text{m}$

（4）根据 A、M、K、G、N 各点标高，分别求出路脊线 AM、AK、AG、AN 的等高点（计算从省略）。

（5）根据以上求出各点标高绘出等高线，经合理调整后即得如图 5-37 所示的立面设计图。

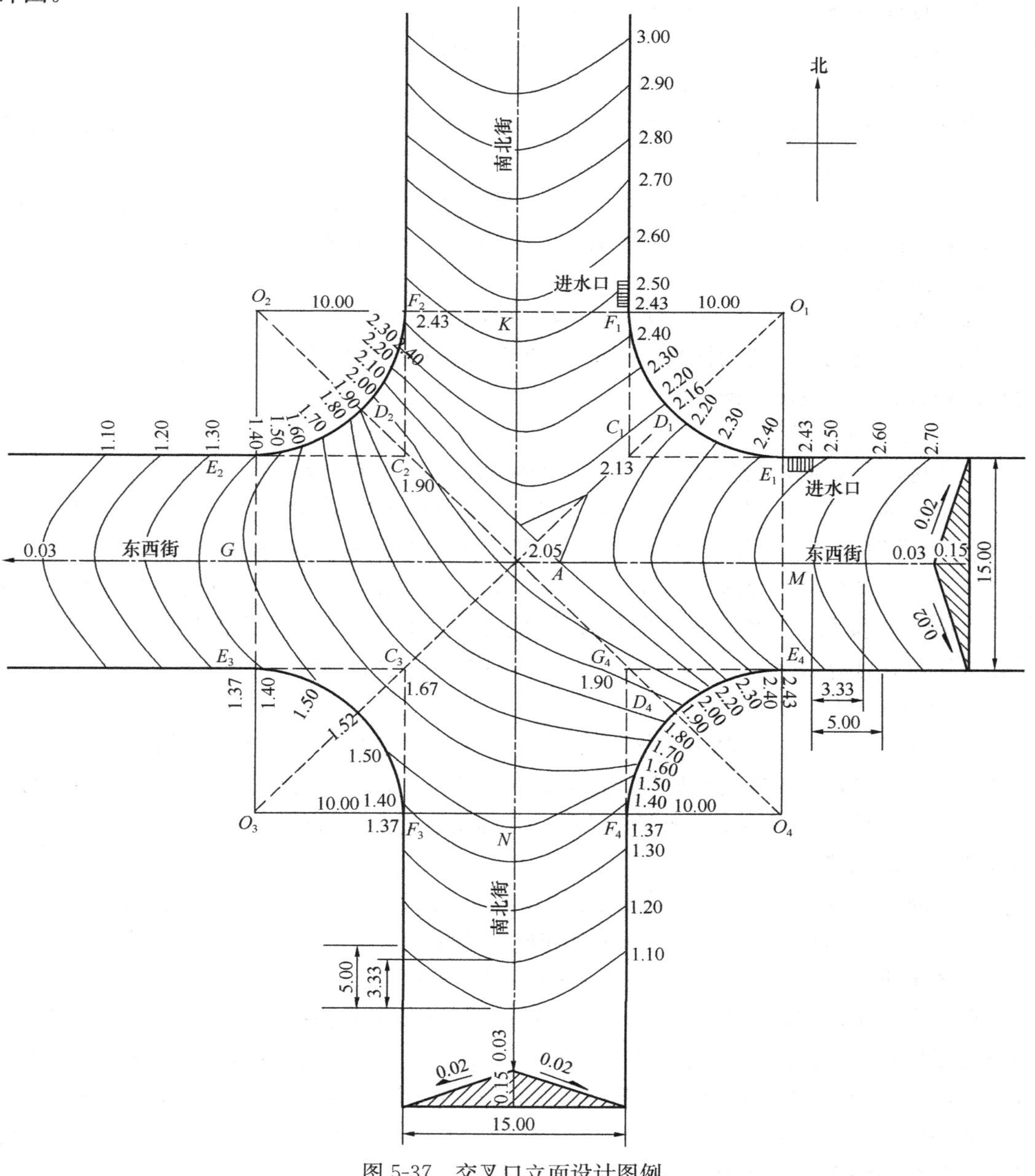

图 5-37　交叉口立面设计图例

【例 5-4】 现有某市纬一路（车行道宽度 14m）改建，它与经一路（车行道宽 12m）正交，需设计该交叉口。

【解】 本例题的立面交叉设计方法采用同心圆做法为标高计算线网。它的立面设计方法概述如下：

1. 绘制交叉口的平面设计图

根据相交道路的平面、纵断面和横断面设计资料绘出交叉口平面图（包括路中心线，车行道和人行道宽度，缘石半径，进水口等），并标上有关标高。

根据纬一路的纵断面设计标高（图 5-38），在交叉口平面图上标出路中心线标高及街沟进水口标高（图 5-39）。纵断面上北街沟桩号 1＋440 处进水口已在交叉口设计范围内，故其标高应结合交叉口综合考虑（根据侧平石街沟排水纵坡不宜小于 0.3%，设置挑水点（分水点），确定其位置及标高）。

交叉口西北角在经一路施工范围处，原有道路的街沟标高为 5.08m，并向南下方泄水，故设计时应顺坡引入进水口。

东北角经一路有进水口标高为 5.04m，纬一路桩号 1＋485 处的北面有进水口标高为 5.00m，在此两个进水口之间设置挑水点，使两边街沟纵坡相同（水泥混凝土平石纵坡≮0.4%）。

2. 确定交叉口设计范围

纬一路：桩号 1＋425～1＋475 为交叉口范围。

经一路：路北取东北角标高 5.03m 的进水口横断面为施工范围；路南取大致与路北对称的地方为施工范围（图 5-39）。

3. 计算各点高程

确定标高计算网，划分标高计算线上的标高点数，计算各标高点的高程。

本例题的标高计算网采用圆心线，以相交道路的路中心线为路脊，把它分为若干等分（本例每等分取 8m），与相应的转角圆心连成直线，即得圆心法的标高计算网。

再根据每条标高计算线两端（即路脊线上的各点与相应连接的缘石曲线上的各点）的标高差值 h_1，按照所选用的路拱抛物线计算公式分别算出所有标高布置点的高程。本例题是采用公式计算各标高点的高程，在图 5-39 中括号内所示数字即为计算标高。

4. 画交叉口的设计等高线

当上述各标高点的高程计算完成后，交叉口设计范围内的设计高程已初步确定，但这些高程是否恰当，还不能完全凭计算的无误来判定，因此需要将已算得高程绘制相应的等高线图，然后从等高线的图形来审查各部分高程是否匀称、协调，如有矛盾，则应根据等高线要求予以调整，使其成为完美的设计。

画等高线可用插入法。本例题选定相邻等高线的高差为 0.05m，取等线标高为 4.90m、4.95m、5.00m、5.05m、…、5.25m 分别连成等高线。

5. 根据等高线图形，调整个别不合理的高程

调整本交叉口东南角上一进水口，路东离 5m 处设挑水点，向南由于道路纵坡较大，故不能设挑水点，路面水直泄南端进水口，故此进水口泄流范围小，作用不大，可以废除。建议在桩号 1＋480 处新设置进水口一座，这样，从桩号 1＋480 处到经一路南端进水口止的一段范围内的街沟需适当调整，使此段路面的排水分别向纬一路桩号 1＋480 处的进水口和纬一路南端标高为 5.80m 的进水口两处泄水。

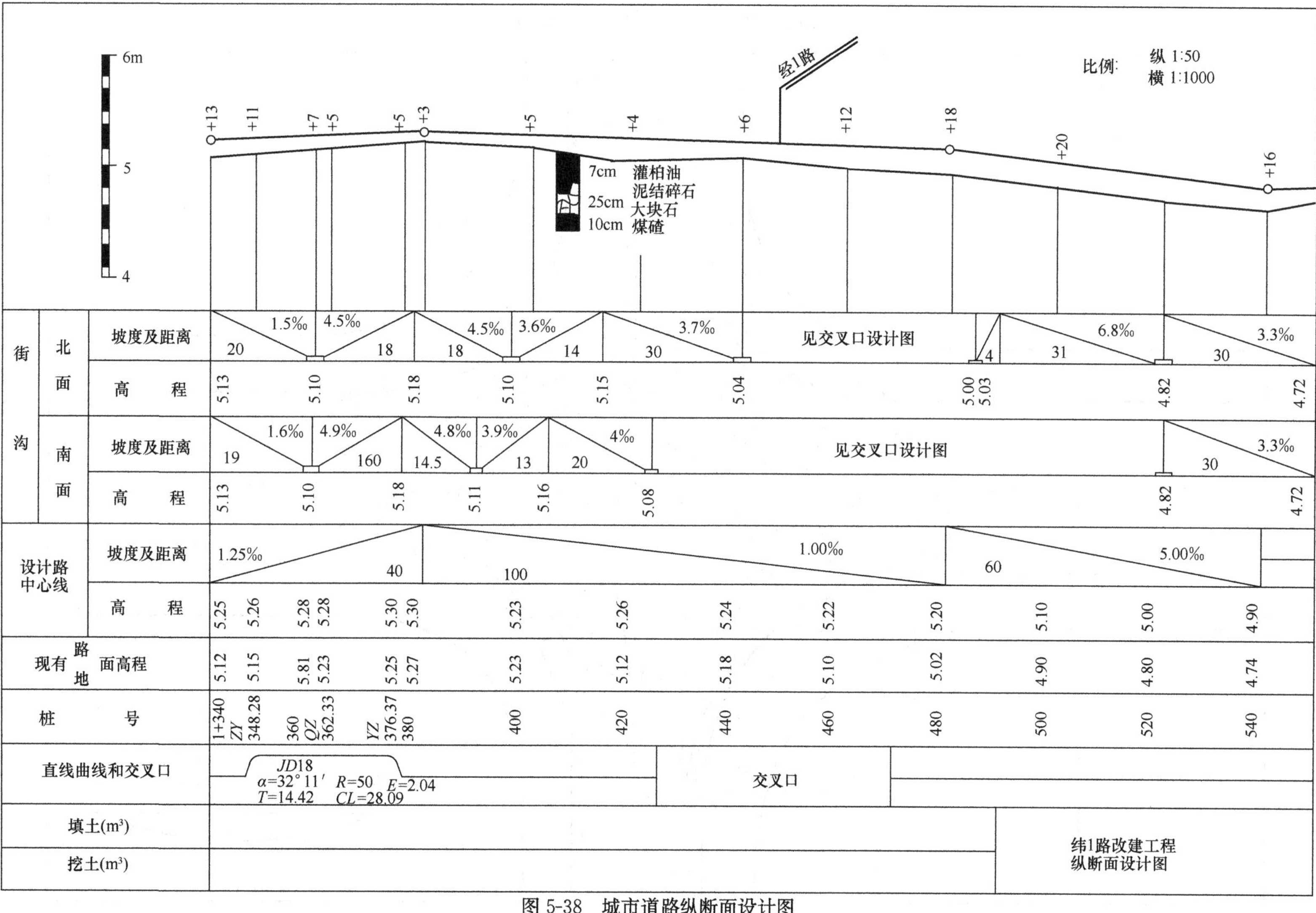

图 5-38　城市道路纵断面设计图

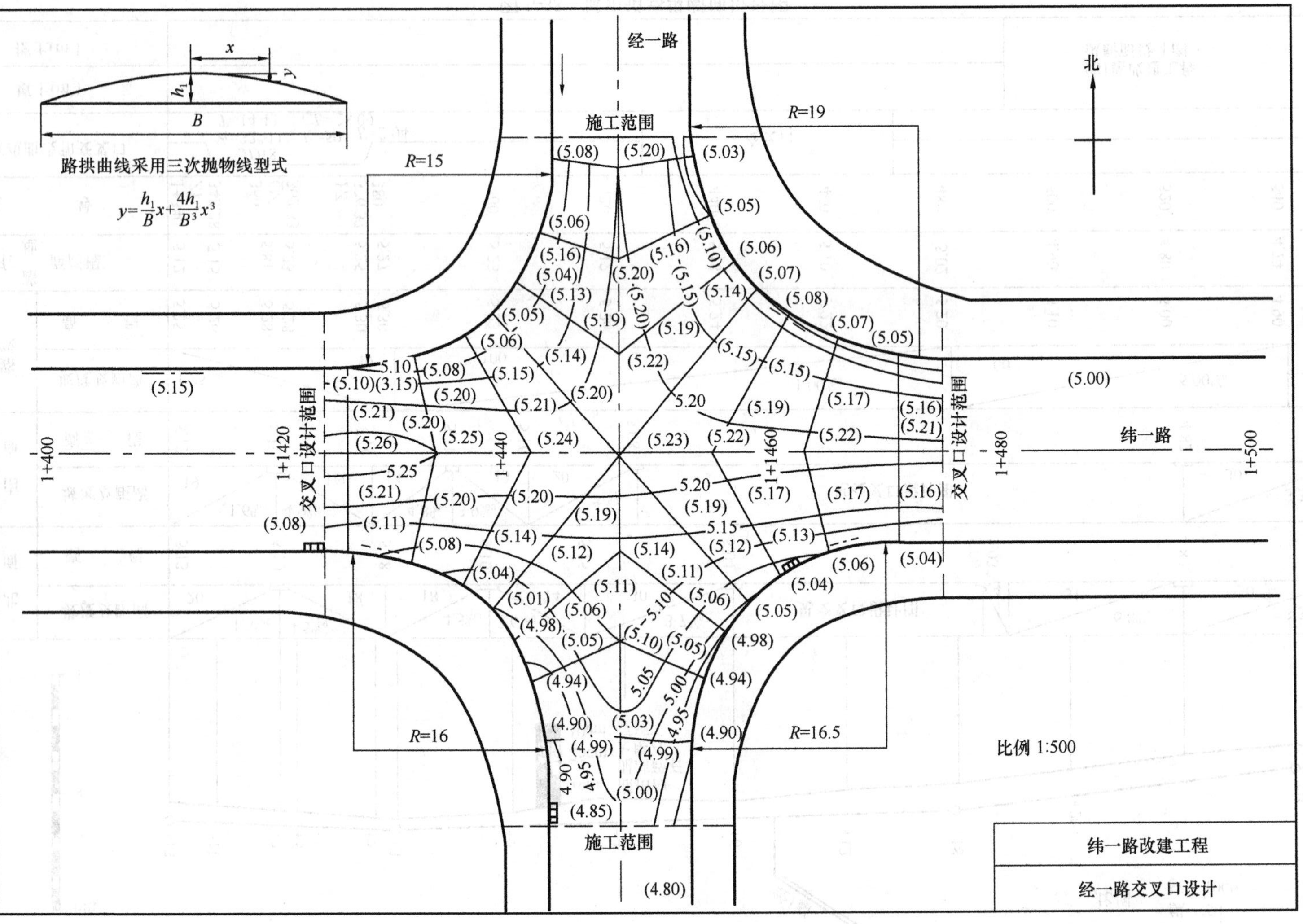

图 5-39　城市道路交叉口平面设计图

如果交叉口的路面是采用混凝土路面，则最后还要按照水泥混凝土板划块的需要，把各个板角的标高用插入法算出并写在图上，以便施工。

八、交叉口立面设计示范图

（一）柔性路面交叉口立面设计示范图一

十字形正交交叉口，按方格网设计等高线法设计，如图 5-40 所示。

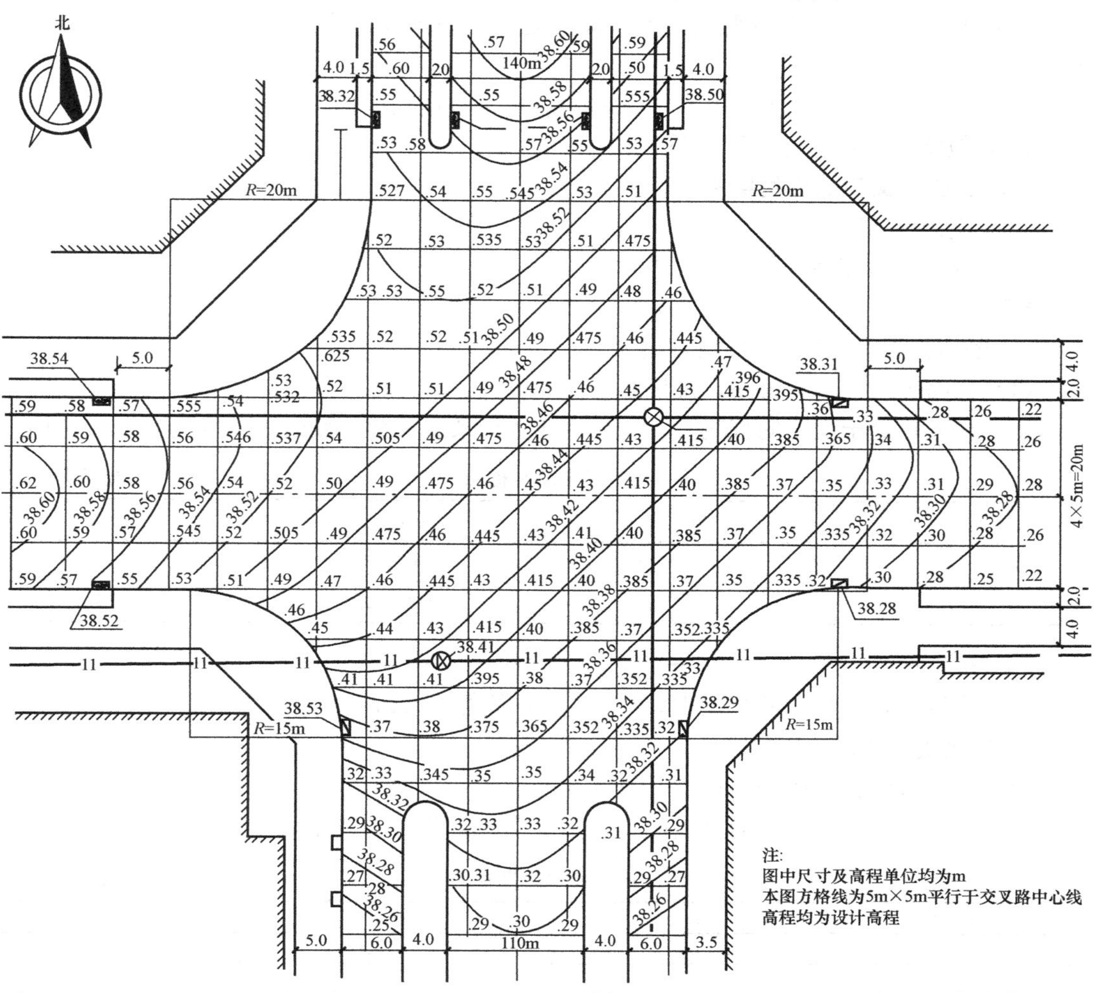

图 5-40　柔性路面交叉口立面设计示范图（正交）

说明

1. 路口平面设计图图纸比例为 1/200～1/500，主要表示路面设计高程，路口平面布置情况一般可于平面图表示者不再绘入。
2. 本示范图所绘为新建路口，旧有路口改建或原地面测量图纸有方格高程、各种窨井盖、雨水口高程时，所有设计高程用（　　）表示，并在说明中注明；另应注明掘除的路面范围、加铺路面的结构做法及范围，各种井盖注升降值，详见图 5-41。
3. 方格线一般用 5×5m 或 10×10m 并平行于路中线，斜交路口时应选施工便于放线测量方向。
4. 等高线形式根据交叉道路等级、纵横坡度、交角、排水要求决定，一般情况可参阅“路口等高线形式示意图”。
5. 等高线高差视坡度缓急选用 2～10cm，用红墨水或铅笔描绘；柔性路面按方格各脚注高程，水泥混凝土路面按分块各板脚注高程，高程视坡度大小采用小数点后二位或三位。
6. 小路口、郊区次要道路交叉口及公路相交，路口高程设计可以简化或不作路口图，只在平面图上定中线及路面边缘高程，表示设计意图即可。

（二）柔性路面交叉口立面设计示范图二

柔性路面斜交交叉口，按方格网设计等高线法设计，如图 5-41 所示，刚性路面交叉的立面设计示意如图 5-42、图 5-43 所示。

说明

1. 本图为水泥混凝土路面路口竖向设计图。

2. 因水泥混凝土路面为刚性板体，每块板必须是直线，故等高线为直线或折线，折点均应设在板缝处。

3. 按混凝土板分块式样在板脚注设计高程，设计高均应加（　）。

4. 其他路口布置及说明详见图 5-40。

九、三路交叉口的应用实例

（一）原始资料

1. 交叉点主线里程

K7＋985.00。

2. 设计路线（主线）平面设计资料

（1）公路等级：二级公路，设计速度 80km/h。

（2）交叉口处于主线的直线段。主线中线上交叉点及交叉点前后两点坐标见表 5-13。

主线中点坐标表　　**表 5-13**

序　号	里　程	X 坐标	Y 坐标
1	K7＋885.00	79608.983	78090.320
2	K7＋985.00	79520.021	78044.650
3	K9＋085.00	79431.038	77998.980

（3）主线路幅资料：路基宽 12.00m；行车道宽 9.00m；土路肩宽 1.50m。

3. 被交线平面设计资料

（1）公路等级：三级公路；设计速度 60km/h。

（2）交叉口处于被交线的直线段。被交线中线上两点的坐标见表 5-14。

被交线中线坐标表　　**表 5-14**

序　号	里　程	X 坐标	Y 坐标
1	K0＋000.00	79520.021	78044.650
2	K0＋120.00	79562.061	77932.255

（3）主线路幅资料：路基宽 8.50m；行车道宽 7.0m；土路肩宽 0.75m。

4. 主线纵断面资料和横坡值

（1）主线纵断面资料：主线处于 0.8％的直线坡段上，纵断面资料见表 5-15。

主线纵断面资料　　**表 5-15**

变坡点桩号	变坡点高程（m）	竖曲线半径（m）
K7＋800.00	50.56	0
K8＋200.00	53.76	0

（2）主线路拱横坡：2％；土路肩横坡：3％。

5. 被交线纵坡和横坡

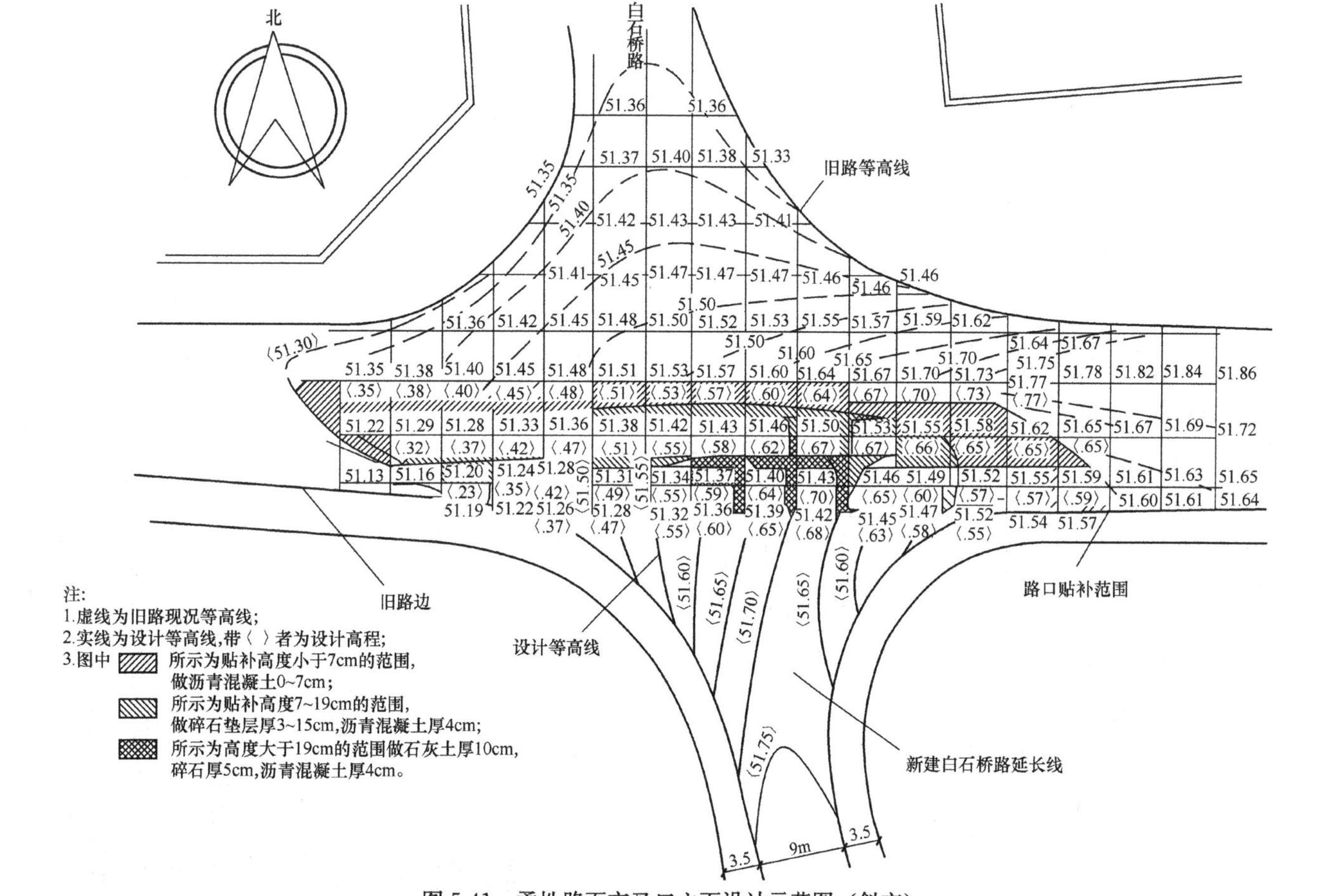
北
白石桥路
旧路等高线
旧路边
设计等高线
路口贴补范围
新建白石桥路延长线
3.5
9m
3.5
注:
1.虚线为旧路现况等高线;
2.实线为设计等高线,带〈 〉者为设计高程;
3.图中 所示为贴补高度小于7cm的范围,做沥青混凝土0~7cm;
所示为贴补高度7~19cm的范围,做碎石垫层厚3~15cm,沥青混凝土厚4cm;
所示为高度大于19cm的范围做石灰土厚10cm,碎石厚5cm,沥青混凝土厚4cm。

图 5-41　柔性路面交叉口立面设计示范图（斜交）

说明

1. 本图所示为旧路改建时或新旧路相交处，需在旧路上局部加铺路面时的加铺厚度及范围。
2. 在旧路上贴补路面时一般参照新建路的结构，按需贴补的不同高度定贴补厚度及范围，并以不同符号予以区别，同时应注明施工时具体做法，以保证贴补层的稳定。
3. 作图前需打方格测量路口范围内旧路高程，方格线一般用 5×5m 或 10×10m 平行于路中线，斜交时应选施工便于放线测量的方向。
4. 其他路口布置及说明详见图 5-40。

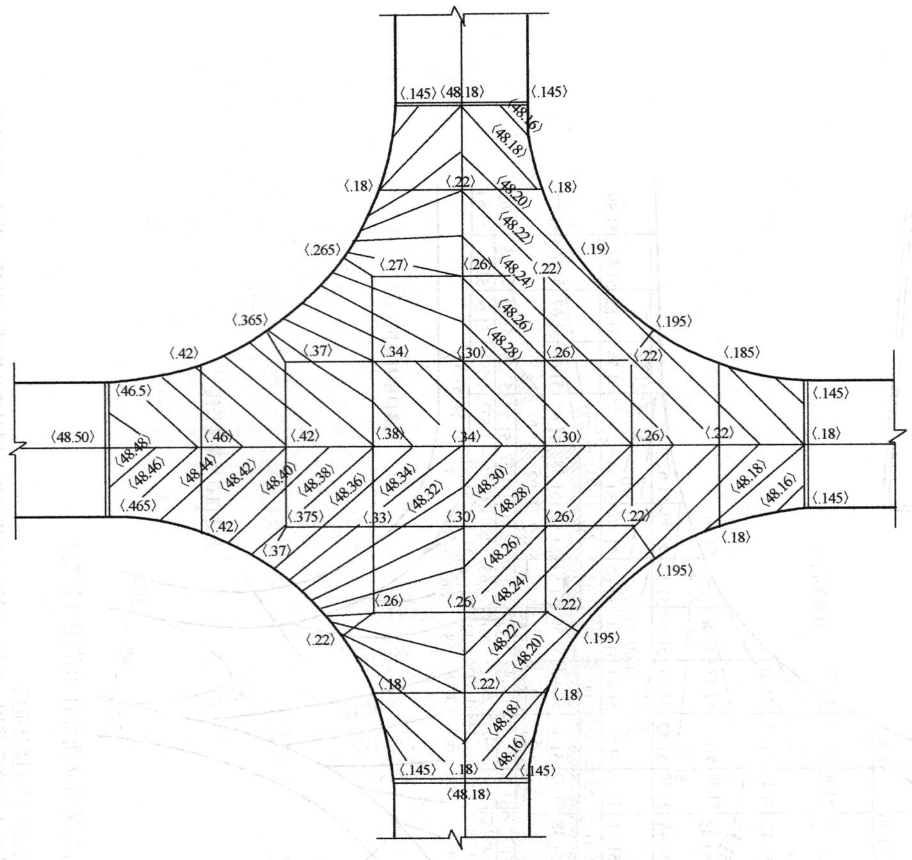

图 5-42　刚性路面交叉口立面设计示范图（正交）

说明

1. 本图为水泥混凝土路面路口竖向设计图。
2. 因水泥混凝土路面为刚性板体，每块板不能有凹凸折面，板边必须是直线，故等高线为直线或折线，折点均应设在板缝处。
3. 按混凝土板分块式样在板脚注设计高程，设计高均加〈　　〉。
4. 其他路口布置及说明详见图 5-40。

（1）纵坡：−1%（方向背离交叉点）。

（2）路拱横坡：2%；土路肩横坡：3%。

（二）平面设计

1. 转角曲线半径计算

转角曲线 A 的右转车速选用 40km / h，根据计算路面转角曲线 A 的半径采用 50m，为了便于施工和交叉口平面线形整齐美观，将路面转角曲线 A 、 B 在被交线上的切点对齐，则转角曲线 B 的半径按下式计算：

$$R_{\mathrm{B}} = \left(\frac{2 \times 50 + 7}{2\cot^2 \dfrac{(83°20')}{2}} \right) - \frac{7}{2} = 38.87\mathrm{m}$$

转角曲线 B 的右转车速选用 30km / h，根据计算路面转角曲线的最小半径应大于 30m，转角曲线 B 的半径采用 38.87m，满足要求。

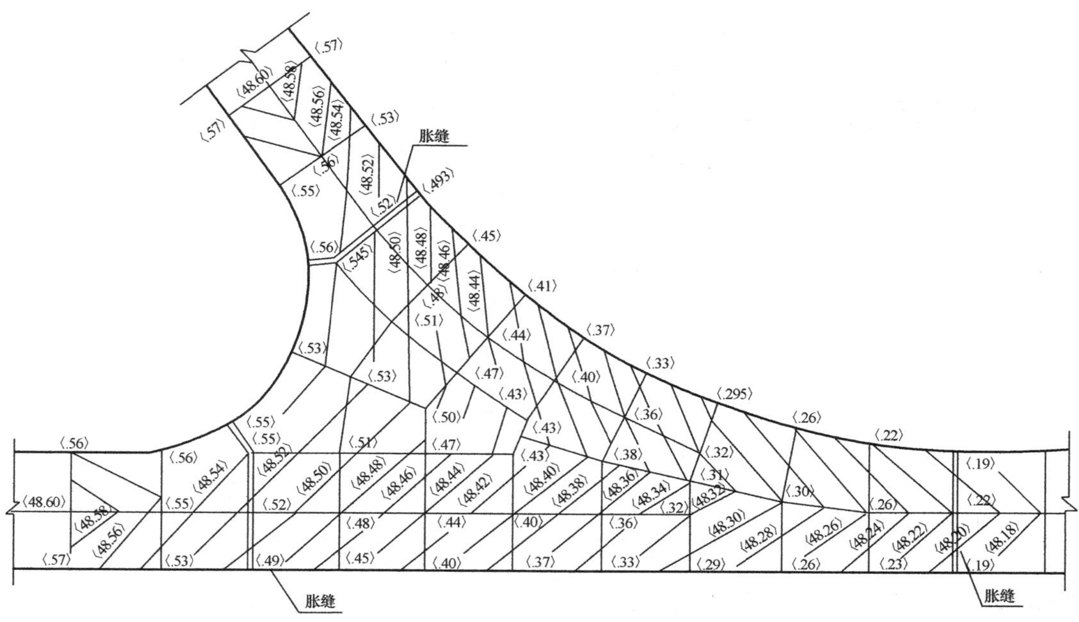

图 5-43　刚性路面交叉口立面设计示范图（Y 字形斜交）

转角曲线 A 路基的转角曲线半径采用 $50-\frac{1.5+0.75}{2}=47.75\text{m}$，转角曲线 B 路基的转角曲线半径采用 $38.87-\frac{1.5+0.75}{2}=37.75\text{m}$。

确定了转角曲线的半径后，可计算交叉口各曲线切点处至交叉口点的距离，以确定各切点处的里程，进而计算转角曲线主点的坐标，供施工放样使用。

2. 交通岛设计

相交公路均没有中央分隔带和侧分带，交通岛设计主要是导流岛的设计。公路平面交叉口的导流岛一般设在相交公路的路基以外，导流岛边缘与直行交通的直行车道边缘相隔土路肩或硬路肩，因而不再考虑直行交通方向的缘石后退量。导流岛的形状取决于相交公路路基边线的线形和右转车道转弯半径。由于相交公路鞍式列车的比例很小，转角曲线半径为 50m 和 38.87m 时的右转弯车道宽度分别为 3.5m 和 4.0m。导流岛的岛端圆弧半径为：$R_0=0.5\text{m}$，$R_1=1.0\text{m}$，$R_2=1.5\text{m}$。

（三）立面设计

立面设计模式，相交公路的等级相近，在交叉口范围内，主线与被交线的纵坡都保持不变，横坡都改变。

交叉口的交叉角为 83°20′，大于 75°，路脊线不用调整。交叉口特征断面的设计标高可根据上节讲述的方法计算。标高计算线网采用圆心法。

（四）设计成果

根据以上的原始资料和设计方法，绘制出该三路交叉口的平面设计图和高程设计图，具体见图 5-44、图 5-45。

十、四路交叉口的应用实例

设计交叉口的主线为四车道的平原区二级公路，被交线为地方城镇道路，交叉口处左

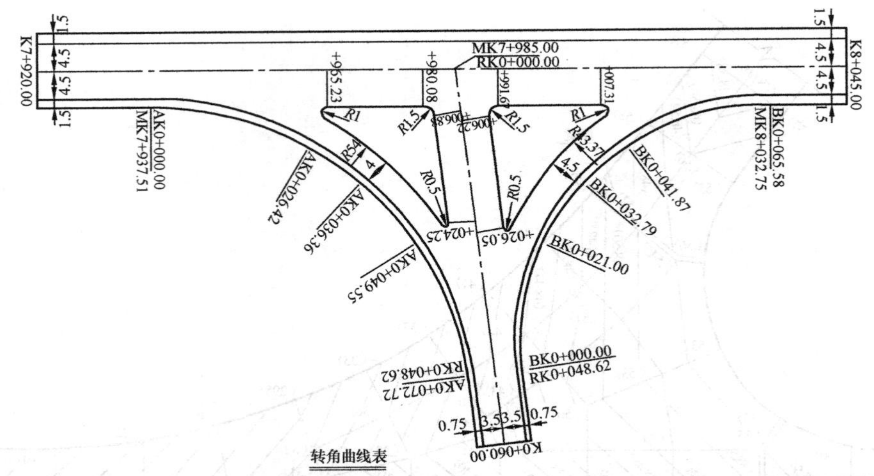

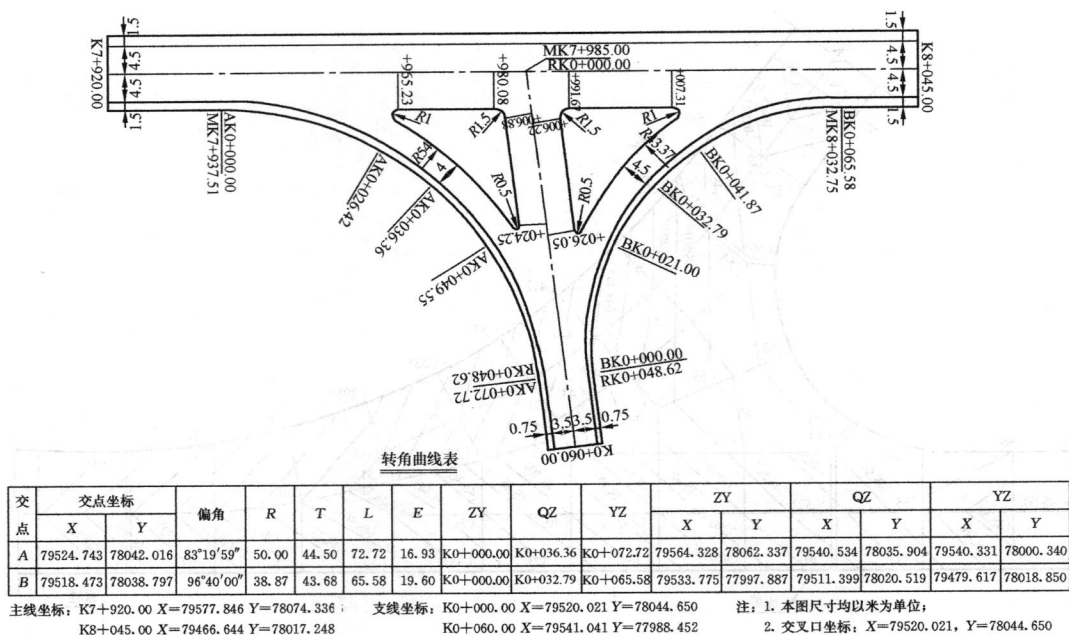

转角曲线表

交点	交点坐标		偏角	R	T	L	E	ZY	QZ	YZ	ZY		QZ		YZ	
	X	Y									X	Y	X	Y	X	Y
A	79524.743	78042.016	83°19′59″	50.00	44.50	72.72	16.93	K0+000.00	K0+036.36	K0+072.72	79564.328	78062.337	79540.534	78035.904	79540.331	78000.340
B	79518.473	78038.797	96°40′00″	38.87	43.68	65.58	19.60	K0+000.00	K0+032.79	K0+065.58	79533.775	77997.887	79511.399	78020.519	79479.617	78018.850

主线坐标：K7+920.00 X=79577.846 Y=78074.336；
K8+045.00 X=79466.644 Y=78017.248

支线坐标：K0+000.00 X=79520.021 Y=78044.650
K0+060.00 X=79541.041 Y=77988.452

注：1. 本图尺寸均以米为单位；
2. 交叉口坐标：X=79520.021，Y=78044.650

图 5-44　三路交叉口的平面设计图

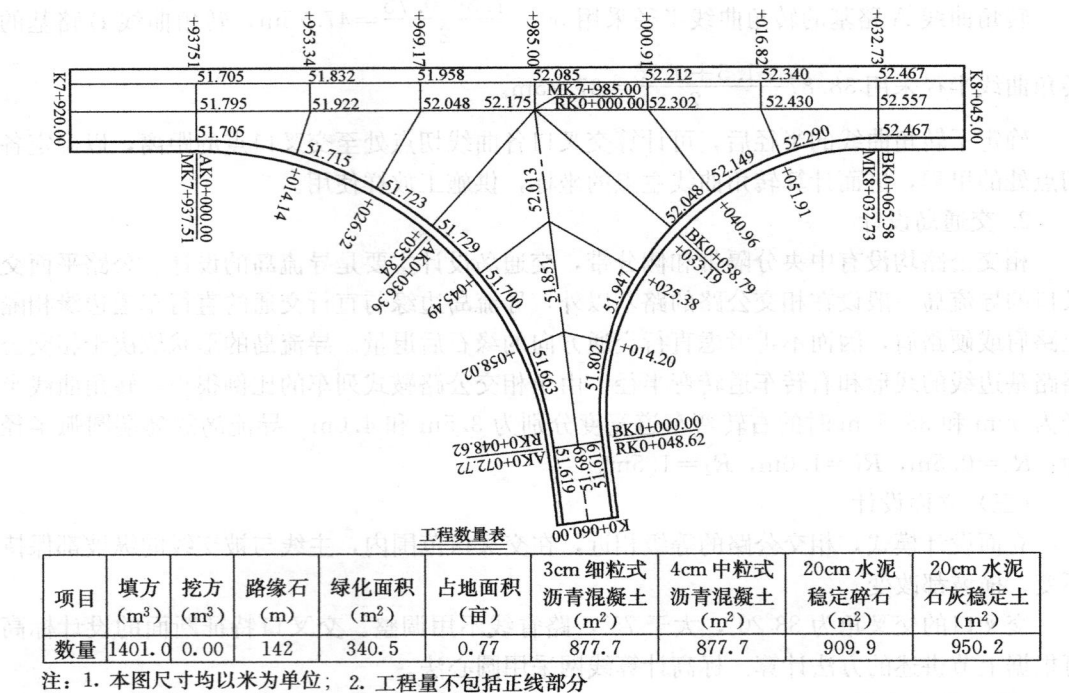

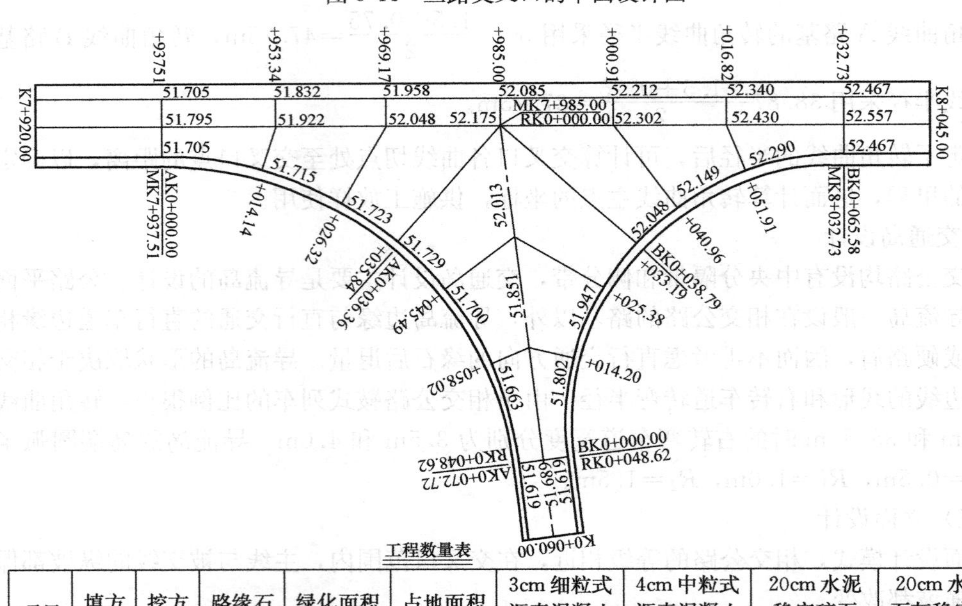

工程数量表

项目	填方（m^3）	挖方（m^3）	路缘石（m）	绿化面积（m^2）	占地面积（亩）	3cm 细粒式沥青混凝土（m^2）	4cm 中粒式沥青混凝土（m^2）	20cm 水泥稳定碎石（m^2）	20cm 水泥石灰稳定土（m^2）
数量	1401.0	0.00	142	340.5	0.77	877.7	877.7	909.9	950.2

注：1. 本图尺寸均以米为单位；2. 工程量不包括正线部分

图 5-45　三路交叉口的高程设计图

转和右转的交通量均很小，交叉口形式采用简单交叉口。

（一）原始资料

1. 交叉点主线里程

K5+760.00。交叉点坐标：X=2769.254，Y=3756.504。

2. 设计路线（主线）平面设计资料

(1) 公路等级：二级公路；设计速度80km/h。

(2) 交叉口处于主线的圆曲线段，该曲线的交点坐标为：N（X）=2689.818，E（Y）=3623.397，交点桩号K5+859.816，转角值 $\alpha=22°11'37''$（右偏），半径 R=1950m，缓和曲线长度 L_s=200m，直缓点ZH的方位角为244°27′10″。

(3) 主线路幅资料：路基宽22.00m，行车道宽18.00m；土路肩宽2.0m。

3. 被交线平行设计资料

(1) 道路等级：城镇次干路：设计时速30km/h。

(2) 交叉口处于被交的直线段。被交线中线上交叉点前后两点的坐标见表5-16。

被交线中线坐标表　　　　**表5-16**

序号	X坐标	Y坐标	序号	X坐标	Y坐标
1	2679.263	3755.269	2	2689.262	3757.601

(3) 被交线路幅资料：路基宽10.00m；行车道宽7.00m；硬路肩宽1.50m。

4. 主线纵断面资料和横坡值

(1) 主纵断面资料：主线处于直坡段上，纵断面资料见表5-17。

主线纵断面资料　　　　**表5-17**

变坡点桩号	变坡点高程（m）	竖曲线半径（m）	变坡点桩号	变坡点高程（m）	竖曲线半径（m）
K5+150.00	59.100	0	K5+930.00	59.350	0

(2) 主线路拱横坡：2%；土路肩横坡：3%。

(3) 主线超高绕行和横坡。

5. 被交线纵坡和横坡

被交线一纵坡：−1.875%；被交线二纵坡：−1.00%（方向均背离交叉点）。

路拱横坡：2%；土路肩横坡：3%。

（二）平面设计

转角曲线半径的确定：转角曲线的右转车速均选用20km/h，根据《城市道路规范》路面的转角曲线半径选用 R_A=10.00m，R_C=10.00m。为了交叉口平面线形整齐美观，选用 R_B=23.33，R_D=23.83。相应的路基转角曲线半径等于路面转角曲线半径减去 $\left(2+\frac{1.5}{2}\right)=1.75$m。

（三）立面设计

立面设计模式：相交道路为主要公路与次要道路相交，在交叉口范围内，主线的纵坡、横坡都不变，被交线纵坡、横坡均改变，此时，路脊线的交点移到了次要道路路脊线与主要道路行车道边线的交点处。交叉口特征断面的设计标高可根据上节讲述的方法计算。标高计算线网采用圆心法。

（四）设计成果

根据以上的原始资料和设计内容，绘制出该四路交叉口的平面设计图和高程设计图（图5-45和图5-46）。

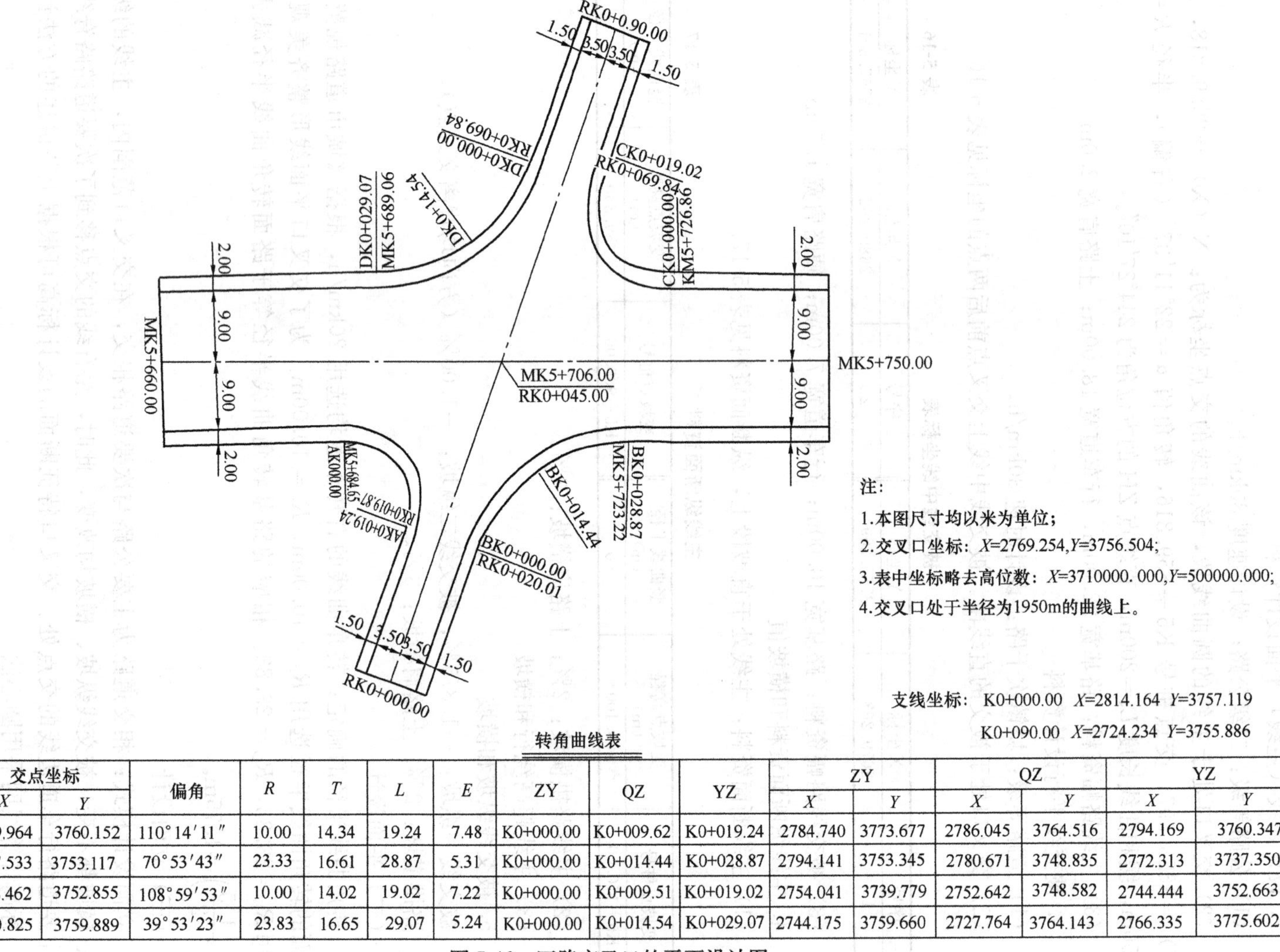

转角曲线表

交点	交点坐标		偏角	R	T	L	E	ZY	QZ	YZ	ZY		QZ		YZ	
	X	Y									X	Y	X	Y	X	Y
A	2779.964	3760.152	110°14′11″	10.00	14.34	19.24	7.48	K0+000.00	K0+009.62	K0+019.24	2784.740	3773.677	2786.045	3764.516	2794.169	3760.347
B	2777.533	3753.117	70°53′43″	23.33	16.61	28.87	5.31	K0+000.00	K0+014.44	K0+028.87	2794.141	3753.345	2780.671	3748.835	2772.313	3737.350
C	2758.462	3752.855	108°59′53″	10.00	14.02	19.02	7.22	K0+000.00	K0+009.51	K0+019.02	2754.041	3739.779	2752.642	3748.582	2744.444	3752.663
D	2760.825	3759.889	39°53′23″	23.83	16.65	29.07	5.24	K0+000.00	K0+014.54	K0+029.07	2744.175	3759.660	2727.764	3764.143	2766.335	3775.602

图 5-46 四路交叉口的平面设计图

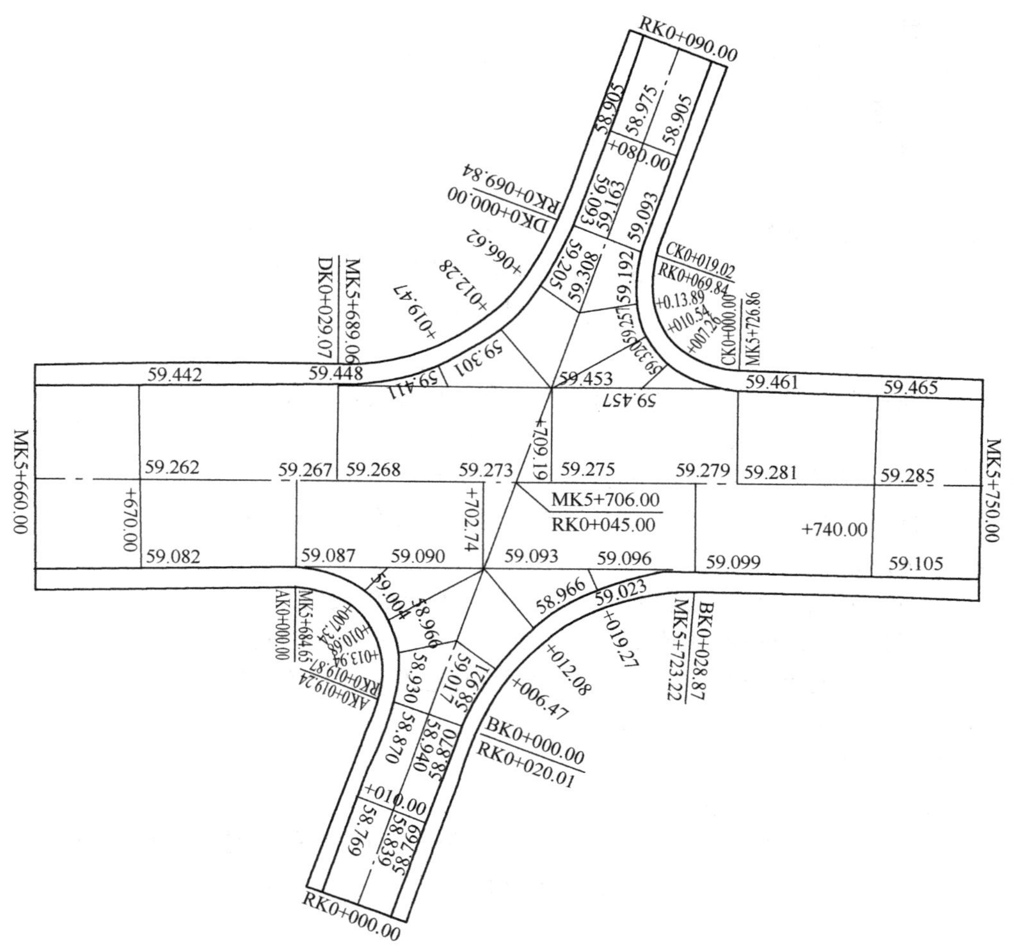

工程数量表

项目	填方 (m^3)	挖方 (m^3)	路缘石 (m)	绿化面积 (m^2)	占地面积 (亩)	3cm细粒式沥青混凝土 (m^2)	4cm中粒式沥青混凝土 (m^2)	18cm水泥稳定碎石 (m^2)	30cm水泥石灰稳定土 (m^2)
数量	244.1	0.0	0	0.0	0.95	663.1	663.1	687.5	717.9

注：1.本图尺寸均以米为单位；
　　2.工程量不包括正线部分。

图 5-47　四路交叉口的高程设计图

第四节　信号灯控制的平面交叉（平 A 类交叉口）

一、定义

在道路交叉口，采用信号灯控制交通，手持指挥棒指挥交通，代替过去民警管理的形式。

二、目的

增强交叉口的行车安全，提高交叉口的通行能力。

三、交通信号

（一）基本类型

1. 民警手持指挥棒

这是一种人工操作的交通指挥信号。其优点是根据实况灵活机动的更换信号，减少停车时间，提高交叉口通行能力。缺点是必须有交通民警现场操作。

2. 定期自动循环的交通信号（大多数城市采用）

（1）根据：

①交通量大小和组成，事先配备好周期和色灯时间，一直不停地自动循环。

②根据不同时期的交通特点（如早高峰、晚高峰、白天非高峰、夜间行车等，设计配置几套不同时期而定色灯时间，到预定时间它会自动更换周期色灯时间。

（2）优点：不需交通民警到现场管理，可培养人们遵纪守法的良好习惯。

（3）缺点：不管有车没车，它都刻板机械地显示色灯。

3. 不定周期自动控制交通指挥信号（先进国家推广使用）

（1）根据：来往车辆不同情况，随时自动调整显示色灯时间长短。

（2）优点：灵活机动，不需要民警管理，理想的交通指挥工具。

（3）缺点：成套设备的价格较贵。

（二）交通信号规定

城市与公路交通管理规定：

（1）绿灯亮，准许直行车与右转弯；在不妨碍直行车辆的情况下，准许车辆左转弯。

（2）黄灯亮，准许车辆左转弯、调头或右转弯；禁止车辆直行，已越过停车线的可继续前进。

（3）红灯亮，严禁车辆通行；在不妨碍车辆行驶的情况下，准许车辆右转弯；T 字形路口右边无横道的直行车辆，在不妨碍放行车辆行驶情况下，准许通行。

（三）交通信号控制类型

（1）点控制：各交叉口交通信号单独使用，彼此无联系。

（2）线控制：一条路上各交叉口的交通信号联动使用，使每批车能够不停地连续通过各个交叉口。

（3）面控制：把某一地区的所有线控制都有机地联系起来，没有控制中心，可从荧光屏上指挥各条道路和交叉口交通。

（四）信号灯装置

1. 类型

（1）直式：适用于交叉口小，超高车辆多。它的形式为 ○○○（竖排），它悬挂在交叉口中央上空或交叉口四交柱上。

（2）横式：适用于交叉口大，路宽。它的形式为 ○○○，它悬挂高出人行道 4～5m 柱的水平横杆上。

2. 设置信号灯量

十字形交叉口的流量>400 辆/h 时。

（五）交通信号设计内容

（1）确定信号设计内容。

（2）确定信号灯的各种色灯显示时间和周期时间。

四、交通信号控制设计

（一）点控制交通指挥信号的设计

1. 确定信号灯的显示

（1）显示：

①定义：在一个周期时间内信号灯配置几种色灯显示。

②依据：交通组织方式；交通指挥信号规则。

③损失：每次显示损失约 3s 时间。

（2）我国信号灯显示类型

我国目前主要采用的信号灯显示有两种：

1）两色显示。红、绿两种色灯（图 5-48）。多用于交叉口范围较小的一般道路，因车辆较少，无须设置黄灯清除交叉口车辆后再开放横向道路车辆，以减少车辆的停候耽误时间。

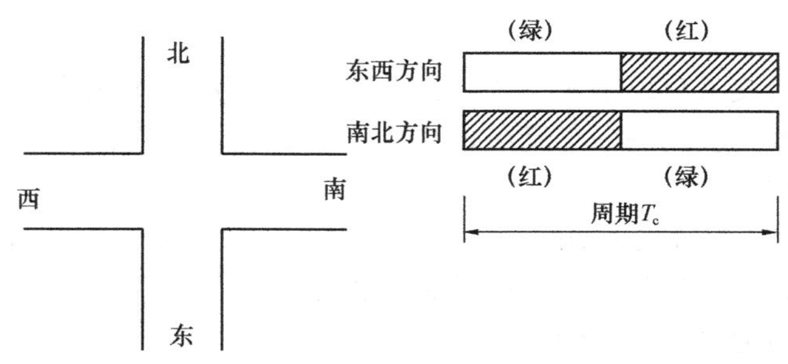

图 5-48　两色显示交通指挥信号

2）3 色显示。红、绿、黄 3 色灯（图 5-49）。多用于交通繁忙的交叉口上，其中黄灯主要起清除车辆作用。

2. 确定信号灯显示时间和周期时间

（1）信号灯三种颜色各自显示时间

1）绿灯时间应根据相交道路交通量的大小进行分配，交通量大的道路显示时间长，反之，则短。

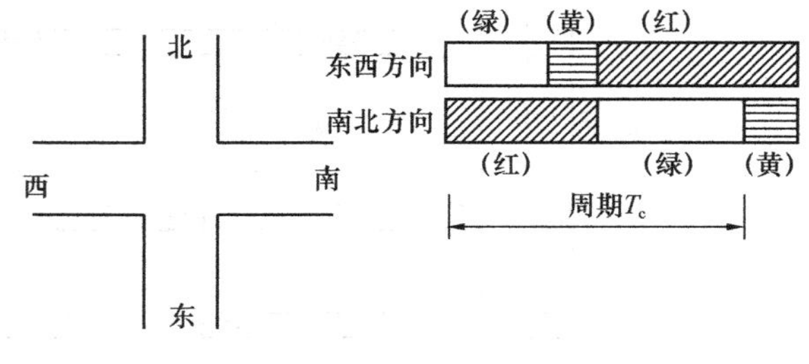

图 5-49　3 色显示交通指挥信号

2）黄灯时间长短，取决于：

①保证绿灯末的直行尾车与横向道路绿灯开始的直行车不产生冲突（这时一般交叉口黄灯时间为 2～3s，特殊交叉口应验算）。

②兼供左转车辆使用时间（根据绿灯末尚未能够通过的左转车辆配置黄灯时间）。

3）红灯显示时间与几种色显示有关。当两色显示时与横向道路绿灯时间对应；当 3 色显示时，与横向道路的绿灯和红灯时间之和相对应。

（2）信号灯的周期时间

1）决定：各向色灯显示的排列组合（是两色还是 3 色）；交叉口间距；因信号而行驶车辆排列不造成邻近交叉口阻塞。

2）信号灯的色差显示时间和周期计算：

①可先拟定一个周期值 T_c（一般用 T_c＝60～90s）后，根据高峰时交通量算出每个进口道平均每个周期实际到达的直行和左转车辆数目。

②将算得的每个周期实际到达的直行与左转车辆数代入“冲突点法”或停车线断面法的计算公式，反求出各进口道所需绿灯时间。最后，各个方向均取其中大的计算值。

③根据交通量、交叉口大小、停车线位置和车速，确定是否设黄灯。若设一般可取黄灯时间为 2～3s。

④把相交两个方向各求得的绿灯和黄灯时间进行排列组合。组合时按两色或 3 色从而得出 T_c。若 T_c 与预先选定 $T_{c初}$ 接近即可。若相差大，要重新选定周期 $T_{c初}$，重复上诉步骤，直到 T_c 与 $T_{c初}$ 接近为止。

⑤最后在实际使用中进行调整。

（二）线控制交通指挥信号的设计（绿波交通）

1. 特点

（1）把沿路各个交叉口原来无联系的点控制信号变为一套联动信号灯。

（2）以一定速度行驶的一串车流在通过第一交叉口后，再次通过后面的交叉口时都会遇到绿灯而通行无阻。

（3）线控制交通指挥信号作用：减少车辆停、耽时间，提高交叉口通行能力。

（4）适宜布置：交叉口间距比较相近主干道上。

（5）设计方法可通过计数或图解法。

（6）线控制联动信号灯设计的图解步骤（图 5-50）：

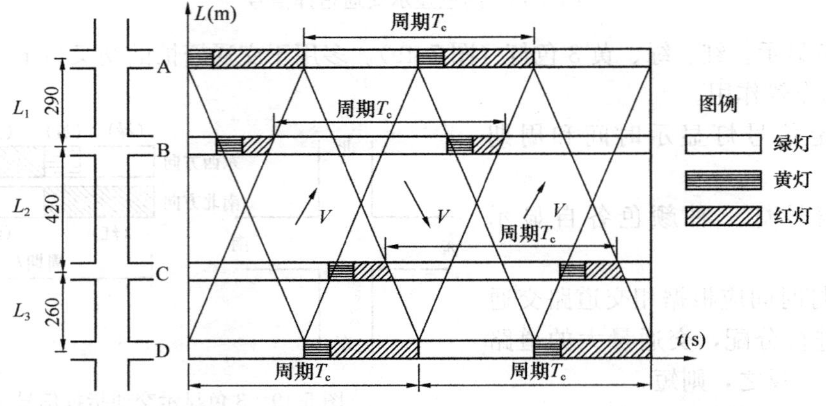

图 5-50　线控制交通指挥信号设计示意图

①以主要交叉口为主，兼顾次要交叉口，确定公用周期时间 T_c（本例题中 A、D 为主要交叉口；B、C 为次要交叉口）。

②以交叉口间距为纵坐标，以信号灯显示时间为横坐标，把沿路的交叉口位置画在图上。

③确定车辆平均运行速度 v（但不是设计速度）。

④计算相邻两主要交叉口开放绿灯信号的相位差（或时差）。

绿灯信号灯时差为两主要交叉口的信号灯在开放绿灯时有先后次序，彼此保持一定的间隔时间。例如，本例中 AD 间距为 $L_1+L_2+L_3=970\text{m}$，设车辆运行速度 $v=35\text{km/h}$（即 $v=9.7\text{m/s}$），则 AD 两交叉口相差位 $t_{\text{AD}}=\dfrac{AD}{v}=\dfrac{970}{9.7}=100\text{s}$，则交叉口 A 在开放绿灯后相隔 100s 交叉口才开放绿灯。

⑤把前面已确定的主要交叉口的周期时间和各色灯显示时间绘在 $L-t$ 坐标图上。

⑥连接主要交叉口上下行的相同的色灯线（如图中 X 线）。

⑦检查所有交叉口的周期时间和红绿灯的分配是否合理，如有不适合的地方进行调整。

⑧在使用中检查调整。

五、与信号灯配合相适宜的增设车道、路口渠化及行人交通

（一）平面交叉口交通组织设计

1. 基本任务

保证相交道路车辆和行人安全，提高交叉口的通行能力，使各方向车流安全，快速地通过交叉口。

2. 内容

车辆交通组织和人行交通组织。

3. 车辆交通组织

（1）设置专用车道

1）进口道设置专用左转车道，可以采用以下方法。

①在直行车道中分出一条专用左转车道。

②压缩较宽的中央分隔带，新辟一条专用左转车道，但缩窄后的中央分隔带的宽度至少为 0.5m，其端部宜为半圆形。

③进口道中线向左侧偏移，新增一条专用左转车道。

④加宽进口道，以便新增一条专用左转车道。

采用压缩中央分隔带和进口道中线偏移方法形成专用左转车道时，其长度 L_z 应保证左转车不受相邻停车队长度的影响，如图 5-51 所示。

2）进口道设置专用右转车道，可用以下方法：

①在直行车道中分出一条专用右转车道（现有直行车道至少有两条或通过压缩中央分隔带、中线偏移等措施增加左转车道，从而保证直行车道至少有两条）。

②加宽进口道，新增一条右转专用车道，其长度 L_y 应保证右转车不受相邻候驶车队长度的影响，并应在调查后计算确定（图 5-52）。

③交叉口进口道设右转专用车道数，应不小于进口直线车道数（除去左、右转专用车道）。出口道的车道宜布置在进口道的直行车道的延线上，当出口道虽经调整中央分隔带和人行道宽度也不能保证与进口道有相等的直行车道时，应预先减少进口道的直行车道

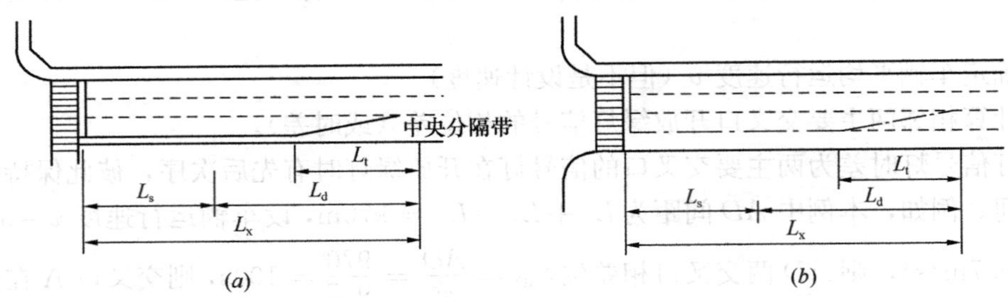

图 5-51　左转专用道设置

(a) 压缩中央分隔带；(b) 中线偏移

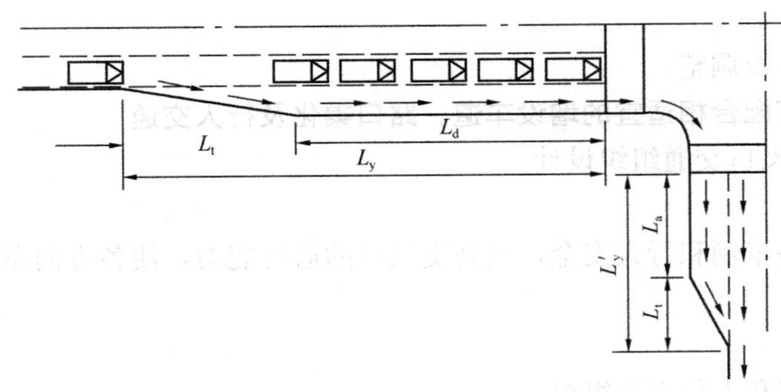

图 5-52　拓宽设置右转专用道

数，并应考虑设置平缓的渐变段（长度大于 100m）。

(2) 合理组织左转弯车辆的交通

1) 实施信号灯管理，设专用车道。

在交叉口设信号灯，使左转弯车辆从直线车流中分流出来，在路口进口道停车线后的专用储存车道上排队等候，待信号灯转变为绿色灯时，再左转通过或驾驶员继续左转通行，以减少左转对直行、右转车辆行驶的干扰阻滞。为了使入交叉口的各行驶车辆更好地分道行驶，应尽可能设置左转、右转专用车道。

2) 变左转为右转行驶。

在交叉口中央设置圆形或椭圆形的交通岛，使车辆进出交叉口一律绕岛作反时针单向行驶，它的特点是不设信号灯。车辆正常情况下无需停顿等候，可连续行驶。左转车流变右转的另一方法是使左转车绕邻近交叉口的街坊道路右转行驶。此外，在大中城市路幅宽度为 40～45m 以上的干道中，还可将左转车辆在交叉口上先作右转离开交叉口相当距离后，再作 180°的围转来实现左转变右转（称之为远引交叉）。

(3) 组织渠化交通

渠化交通即是在道路上画出各种管理设施（如车道线、停车线）及设置各种交通岛，使人、车分离，各行其道，使不同类型、不同方向及不同速度的车辆能像渠道内的水流一样顺着一定的方向，互不干扰的通行。

交叉口进行渠化交通组织可以达到以下目的：

①分离冲突点。

②控制冲突时的交通流线角度。

③压缩交叉口内不必要的路面铺设。

④控制交通路径，指示交叉地点。

⑤为主要交通流向提供优选通行条件。

⑥保证过街行人安全。

⑦提供设置交通标志的场所。

⑧阻止车辆驶入禁行方向。

⑨控制车速等。

4. 行人交通组织

在城市道路中，尤其在交叉口处，行人在此汇集、转向、过街，需考虑行人交通组织。行人交通组织的主要任务包括两个方面：一是组织行人在人行道上行走，二是组织行人在人行横道线内安全过街，从而人、车分离，相互之间的干扰最少。

人行道通常对称布置在车行道两侧。交叉口内相邻道路的人行道相互连通，并将转角处人行道加宽，以适应人流集中和转向的需要。在人行道上除必要的道路标志、交通信号、照明及栏杆等外，不允许布置其他设施，以保证人行道的有效宽度。

为使行人安全、有序地横穿车行道，应在交叉路口设置人行横道。交叉范围的人行道和人行横道相互连接，共同组成可达任意方向的步行道网，尽量不将吸引大量人流的公共建筑的出入口设在交叉口上。

人行横道的设置应考虑以下几个方面的要求：

(1) 人行横道应与行人自然流向一致，否则将导致行人在人行横道外的地方横过车行道，不利于交通安全。

(2) 人行横道应尽量与车行道垂直，行人过街距离短，使行人尽快地通过交叉口，符合行人过街的心理要求。

(3) 人行横道尽量靠近交叉口，以缩小交叉口的面积，使车辆尽快通过交叉口，减少车辆在交叉口内的通行时间。

(4) 人行横道设置在驾驶员容易看清的位置，标线应醒目。

在设置信号灯控制或设置停车标志的交叉口，应在路面上标绘停车线，指明停车位置。此时人行横道一般可布置在停车线之前至少1m处（图5-53）。

人行横道的宽度与过街行人流量和行人过街时的信号显示时间有关，所以应结合每个交叉口的实际情况设置。一般应比路段人行道宽些，考虑到应便于驾驶员在远处辨认，其最小宽度为4m，最大值不超过8m。

当车行道较宽时，行人一次横穿过长的街道会引起行人思想紧张，尤其对行走迟缓的老、弱、妇、孺等，会感到很不安全。《城市道路设计规范》规定，当机动车道数大于或等于6条或人行横道长度大于30m时，应在道路中线附近设置宽度不小于1m的安全岛。

当交叉口宽阔、人流量大、车流量大且车速高时，如快速路上的交叉口，可考虑设置

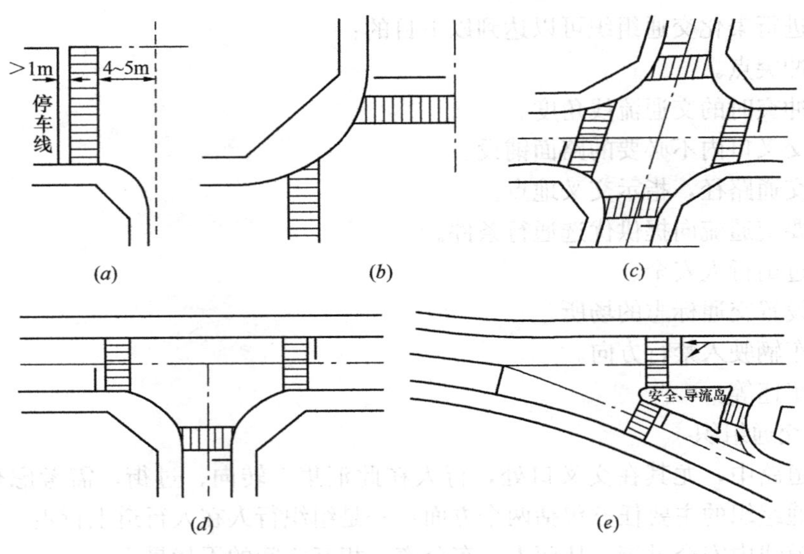

图 5-53 交叉口人行横道的布置

人行天桥或人行地道，这是行人交通组织最彻底、最有效的办法。为了使人行天桥（地道）的功能能够得到最大限度的发挥，即过街行人从心理上能够接受，在规划人行天桥（地道）选址、选型不当，而弃之不用或基本不用的不乏实例，这点值得注意。

（二）渠化设计

平面交叉处交通量较大时，应作渠化设计，即采用交通岛、路面标线等设施疏导车流。渠化设计不宜采用标准化。

1. 作用

（1）利用分车线或分隔带、交通岛等，把不同方向和速度的车流划分车道行驶，使行人和驾驶员很容易看清互相行驶的方向，避免车流相互侵占车道和干扰行车路线，减少车辆相互碰撞的机会，增加行车安全。

（2）利用交通岛的布置，限制车辆行驶方向，使斜交对冲的车流为直角或锐角交叉。

（3）利用交通岛的布置，限制车道宽度，控制车速，防止超车。

（4）可利用渠化交通设置的交通岛或分隔带，设置各种交通标志，并可作为行人过街时避让车辆的安全岛。

（5）在转弯交通量较大，车速较高的交叉口，利用交通岛组织渠化交通，可为左转弯车辆转向行驶和变速行驶提供变速车道和候驶车道。

2. 原则

（1）渠化的行驶路线应简单明了，过于复杂的设计容易使车辆误行，造成交通混乱。

（2）应避免交通流的分流、合流集中于一点。

（3）导流车道的宽度应是适当，过宽会引起车辆并行，容易发生碰撞事故。

（4）驾驶员驶近导流设施前应能醒目地觉察到导流设施的存在。交通岛的端部应视情况设置标志、标线和照明等设施。

3. 交通岛的设计

(1) 交通岛类型

在渠化交通中，最常用的是交通岛。按其作用不同可分为导流岛、分隔岛、中心岛、安全岛（图5-54）。

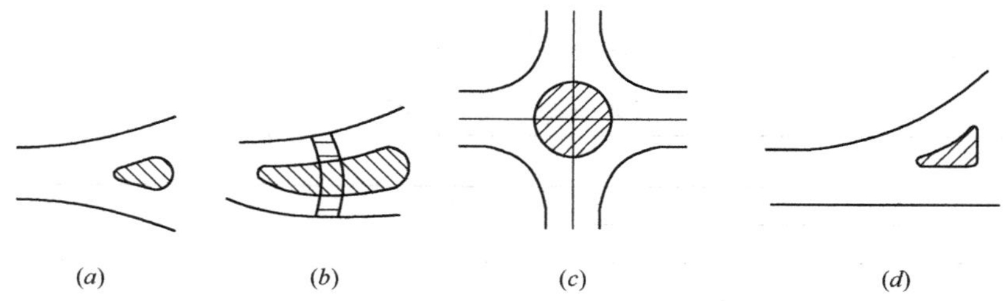

图5-54　交通岛类型

(a) 分隔岛；(b) 安全岛；(c) 中心岛；(d) 导流岛

(2) 交通岛尺寸

1) 导流岛。导流岛一般采用缘石围成高出路面的实体岛。当岛面窄小时，可采用路面标线表示的隐形岛。

导流岛边缘的线形为直线与圆曲线组合，其端部最小圆曲线半径为0.5m，如图5-55*a*所示和从表5-18、表5-19中选用。

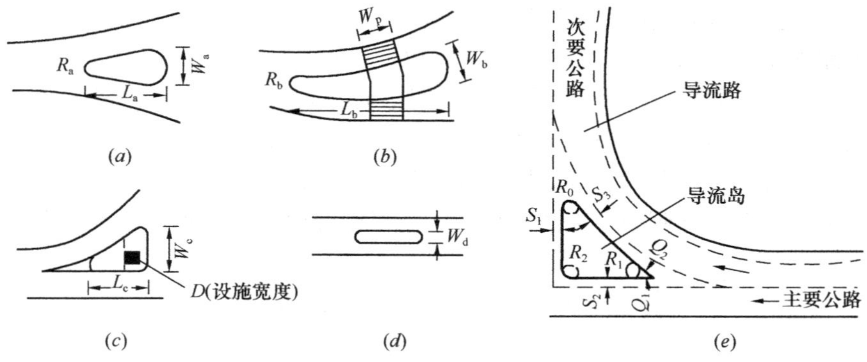

图5-55　导流岛要素

(a) 只分隔交通流时；(b) 兼作安全岛时；(c) 设置实施时；

(d) 无渐变段的分隔带；(e) 导流岛的端部和移距

导流岛偏移距、内移距　　**表5-18**

设计速度(km/h)	偏移距(m)			内移距(m)	
	S_1	S_2	S_3	Q_3	Q_2
80	1.00	1.00	0.50	1.50	1.00
60	0.75	0.75	0.50	1.00	0.75
50以下	0.50	0.50	0.50	0.50	0.50

导流岛端部半径　　　　**表 5-19**

R_0(m)	R_1(m)	R_2(m)
0.5	0.5～1.0	0.5～1.5

导流岛及分隔带各部分的要素如图 5-53 所示，其最小尺寸规定见表 5-20。

导流岛各要素的最小值　　　　**表 5-20**

图　式	(*a*)			(*b*)			(*c*)		
要素	W_a	L_s	R_a	W_b	L_b	R_b	W_c	L_c	W_d
最小值(m)	1.5	5.0	0.5	2.0	5.0	0.5	(D+1.5)	5.0	1.5

当导流岛很大时，端部内移距在主要一侧按 1/10～1/20 过渡，次要公路一侧为 1/5～1/10。

2）分隔岛及中心岛。分隔岛时用来分隔机动车和非机动车、快速车和慢速车，以及对向行驶车流，保证行车速度和交通安全的长条形交通岛，有时也可在路面上画线来代替分隔岛。

中心岛是设在交叉口中央，用来组织左转弯车辆和分隔对向车流的交通岛。

3）安全岛。设计速度大于 60km/h 的公路，若平面交叉处横穿的距离较长，则应设置安全岛，以确保行人的安全。

(3）交通岛的一般要求

1）各种交通岛的面积在城区不小于 $5m^2$，其他地区不小于 $7m^2$。用缘石标界的交通岛一般高出路面 15～25cm，有人行通过时为 12～15cm。

2）交通岛可根据其大小、位置和用途采用不同方式标界，一般采用下列方式：用缘石标界、交通岛高出路面；用路面标线标界，岛的全部或部分面积上标以斑马线。

3）交通岛端部的处理。交通岛端部应醒目明了，并在外形引导车辆前进方向。楔形端应做成圆形。行车道遇到楔形端的内移距，应根据交通岛的大小和位置确定。

第五节　环形平面交叉

一、定义

环行平面交叉又称转盘，是在交叉口中央设置一个中心岛，用环道组织渠化交通，驶入交叉口车辆，无需信号灯控制，一律绕岛逆时针单向行驶，实现右进右出，依据交织运行的交口处形式，如图 5-56 所示。

二、优点

(1）有利于直行、左转、右转车辆在交叉口不必停车即可通过。

(2）避免周期性交通滞等。

(3）消灭了冲突点，仅存在交织点，能保证行车安全。

三、缺点

(1）占地多。

(2）非机动车多时不宜用。

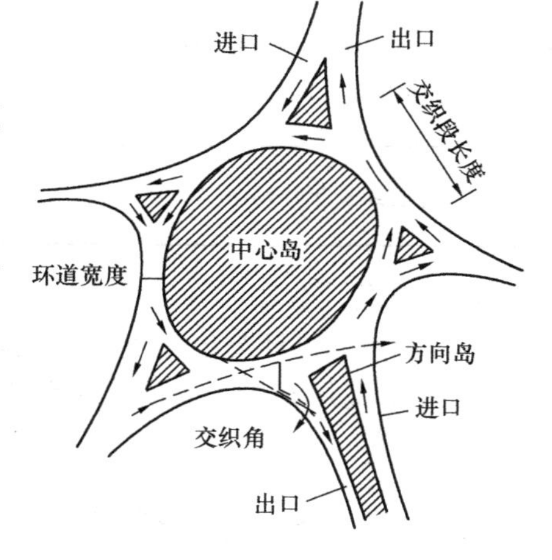

图 5-56　环形平面交叉口

(3) 斜坡较大地形和桥头引道上不宜用。

四、适宜范围

(1) 交通量中等（即 500～2000 辆／h），且左转车辆占比例大。

(2) 相交道路 5～6 条。

(3) 邻近道口采用红绿灯时，交叉口将影响其他道口车辆行驶。

五、组成形式

(1) 中心岛。

(2) 方向岛。

(3) 环道。

六、环形交叉口设计

(一) 要求

(1) 确定中心岛形状和尺寸。

(2) 确定环道宽度。

(3) 设计环道的外侧石和进出口。

(4) 进行竖向处理。

(二) 设计内容

1. 交织长度

(1) 定义：进环和出环的车辆，在环道上行驶相互交织时，交换一次车道位置所引起的路程（图 5-57）。

(2) 长度：取决于环道上的车辆行驶速度。

2. 交织段长度

(1) 定义：相邻两路口中心之间沿环道中心线长度。

(2) 最小交织长度（图 5-50）不应小于环道计算行驶 4s 的距离，其取值参见表 5-21 的规定。对行驶铰接车时，其最小交织长度不应小于 30m。

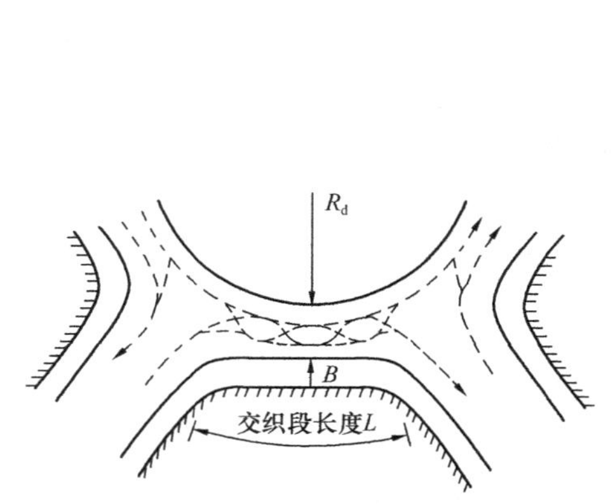

图 5-49　车辆在环道上交织行驶

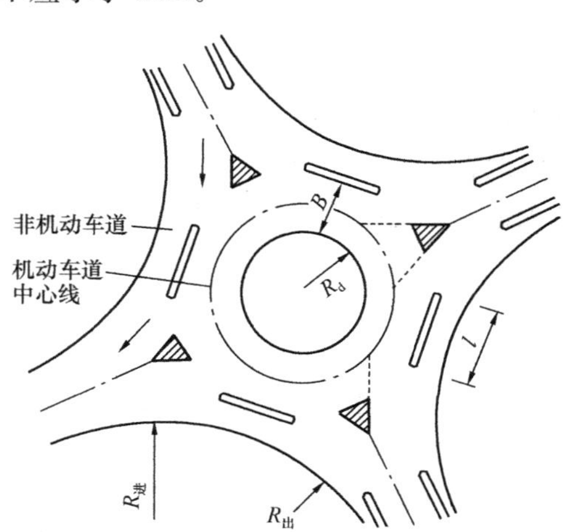

图 5-57　交织段长度的位置

最小交织长度　　**表 5-21**

环道计算车速（km/h）	50	45	40	35	30	25	20
最小交织长度（m）	60	50	45	40	35	30	25

3. 交织角

（1）定义：进环与出环车辆行驶轨迹相交的角度。以环道交叉中右转弯车道的外缘 1.5m 和中心岛缘石外 1.5m 的两条切线的夹角（图 5-58）。

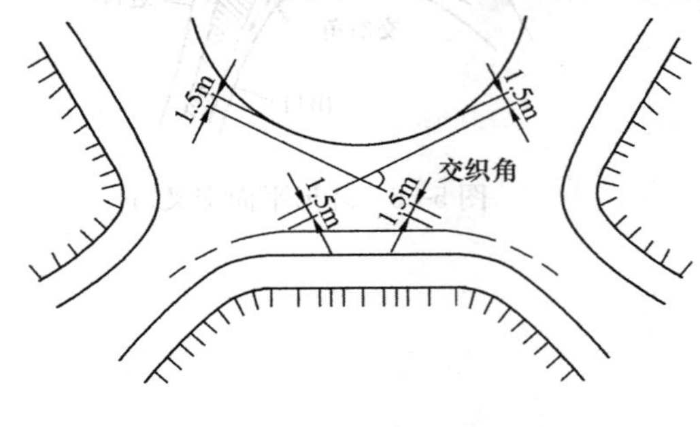

图 5-58　交织角的绘制

（2）作用：检验交织时安全程度。一般来说，交织角小行车安全，交织角大司机要小心谨慎或降低车速或停车。

（3）要求：交织角以 20°～30°为宜。

4. 中心岛

（1）中心岛的形状：有圆形、椭圆形、圆角方形和菱形等。主要取决于交通流特性、相交道路等级、相交的夹角和地形地物的条件，一般都用圆形。

（2）半径：

半径与环道内车辆的行驶速度和车辆相互交织所需的长度密切相关。先要满足车辆在环道上行驶的使用要求，进行合理地选择。

①根据满足车辆设计车速的要求计算 R：

$$R_{\mathrm{d}}=\frac{v^2}{127(\mu+i)}-\frac{b_i}{2}>\text{最小半径}$$

式中　μ——横向力系数，取 0.14～0.18；

i——路面横坡，取 1.5%～2.0%；

b_i——环道内侧车道宽（m）。

环道计算行车速度以相交道路中最大计算行车速度的 0.5～0.7 倍计算。主车道车速大的，宜取较小的系数值。一般公交车为 $0.5v$，小汽车为 $0.65v$，卡车为 $0.6v$。

②根据交汇道路条数与交织距离的经验公式计算 R：

$$R_{\mathrm{d}}=\left(\frac{n\cdot l}{2\pi}-\frac{b}{2}\right)>\text{最小半径}$$

式中　n——交叉口交汇的道路条数；

l——设计交织距离长度（m）；

b——环道宽度（m）。

③根据中心岛半径 R、环道车速求交织长度，其值大于最小交织长度（表 5-20）。

$$l=\frac{2\pi}{n}\left(R+\frac{B}{2}\right)-B_{平均}$$

$$l=\frac{2\pi\alpha}{360^{\circ}}\left(R+\frac{B}{2}\right)-B_{平均}$$

式中　α——相邻道路中心线所形成的交角，当交角不相等时，应采用最小夹角值。

④不同环道车速最小半径和采用直径见表 5-22。

不同环道车速最小半径和采用直径　　表 5-22

环道车速 v(km/h)	20	25	30	35	40
最小半径 R(m)	15.5	24.0	35.0	48.0	61.0
采用直径 D(m)	35	50	70	95	120

5. 环道

(1) 定义：环绕中心岛的单向车行道。

(2) 交通组织。

环道上一般设三条车道或四条车道。将靠近中心岛的一条车道作为绕行之用。靠外边的一条车道供右转弯车辆使用，中间的 1～2 条车道供行车交织使用。设非机动车道时，应用隔离带与机动车隔开，以保证交通安全。

(3) 宽度。

宽度取决于相交道路的交通量和交通组织。环道宽度包括机动车宽度、非机动车道宽度、有隔离带时还包括分隔带宽度。

环道上每条车道宽度一般用 3.5～3.75m。而机动车道宽度等于环道车道数乘以一条车道宽度。按照汽车行驶要求，环道上的车道宽度必须按照弯道加宽值予以加宽。根据机动车车长（按平均车长为 10m 计算），每条车道的加宽值见表 5-23。由于右转车辆的行车轨迹，除进出口需拐弯行驶，在交织段长度内多为直线行驶，可不必加宽，因而只需将绕岛车道和交织车道加宽。按设计三车道计算加宽后的路面宽度，当中心岛半径为 20～40m 时，均可采用 15～16m。

环道上每条车道的加宽值　　表 5-23

弯道半径(m)	20	25	30	40	50
加宽值(m)	2.2	2	1.7	1.5	1.2

对于非机动车道，可与机动车混合行驶或分行布置。为保证交通安全，减少互相干扰，一般以分行为宜，可用分隔带（墩或标线等）分隔。非机动车道宽度一般不小于相交道路中的最大非机动车行车道宽度，也不宜超过 8m。

通常当中心岛半径在 20～40m 时，环道总宽度取 18～20m 即可，当非机动车数量较多时，最好用分隔带（宽度用0.5～1m）隔开，以保证行车安全。

6. 环道外缘线形及进出口曲线半径

(1) 环道进口的曲线半径应近似等于中心岛半径，即 $R_{进} \approx R_{岛}$。

(2) 环道出口的曲线半径应大于进口曲线半径，即 $R_{出} > R_{岛}$，原因是可加速车辆驶出，保证交叉口畅通。

(3) 外缘平面线形不宜设计成反向的曲线形状，宜做成直线圆角形式，如图5-58所示。

7. 横断面

横断面形状对行车半径的平稳和路面排水有很大关系，形状还取决于路脊线的选择。一般路脊线应设在交织车道中间（图5-59）；而进出口的环道处的横坡度较缓和，进出口无交通地方可设三角形方向岛，而且中心岛四周设雨水井或有盖板的明沟。

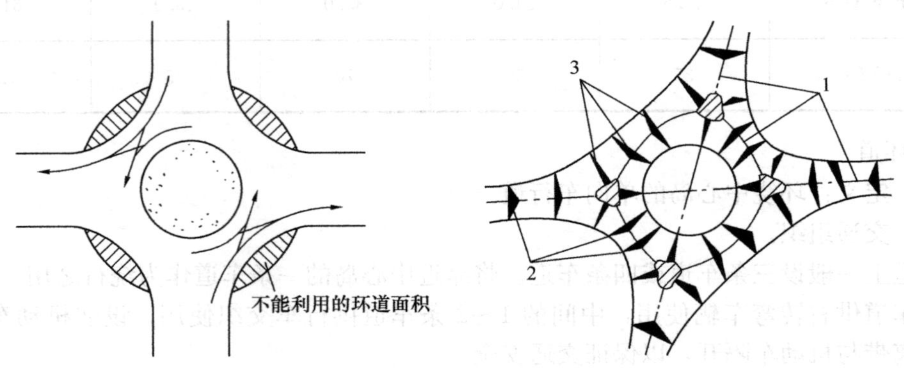

图5-58　环道的外缘石平面形状　　图5-59　环道的路拱脊线

(三) 设计实例

本例为某市东出口城郊结合部人民路、环城东路北段及与设计线环城东路南段相交的四路环形交叉口设计实例，如图5-60、图5-61所示。

1. 原始资料

(1) 交叉点设计线里程：K0+000.00。交叉点（中心岛中心）及各相关道路中线上已知点坐标如下：

交叉点：X=3715872.382，Y=507652.081

人民路东：X=3715855.087，Y=507523.237

人民路西：X=3715891.007，Y=507790.837

环城东路北段：X=3715992.355，Y=507655.059

环城东路南段：X=3715772.426，Y=507649.107

(2) 各相交道路路幅资料：

人民路：路面宽为28.00m，其中行车道宽为2×7.5m，非机动车车道宽和人行道宽为2×6.5m。

环城东路北段：路基宽为12.00m，其中行车道宽为2×4.5m；硬路肩宽为2×1.5m。

环城东路南段：路基宽为22.00m，其中行车道宽为18.00m，土路肩宽为2×2.0m。

各相交道路均没有中央分隔带和侧分带。

(3) 各相交道路的设计纵、横坡值：

各相交道路的设计横坡值均为 0.02。

人民路东设计纵坡值为：−0.0635%（方向面向中心岛）。

人民路西设计纵坡值为：−0.0478%（方向面向中心岛）。

环城东路北段设计纵坡值为：−0.0368%（方向面向中心岛）。

环城东路南段设计纵坡值为：0.47%（方向背离中心岛）。

(4) 路面：采用沥青路面。

2. 平面设计

如图 5-60 所示。

(1) 中心岛半径。

环道的设计速度采用路段设计速度的 0.6 倍，即 40×0.6＝24km/h，横向力系数取 0.16，环道横坡度采用−1.5%，紧靠中心岛的车道宽度取 5.5m，初拟环道宽度 22m，根据下式计算中心岛半径：

$$R=\frac{24^2}{127\times(0.16-0.015)}=28.53\text{m}$$

取中心岛半径为 30m，经验算，交织段长度大于相应环道设计速度所必需的最小交织段长度，中心岛半径满足要求。

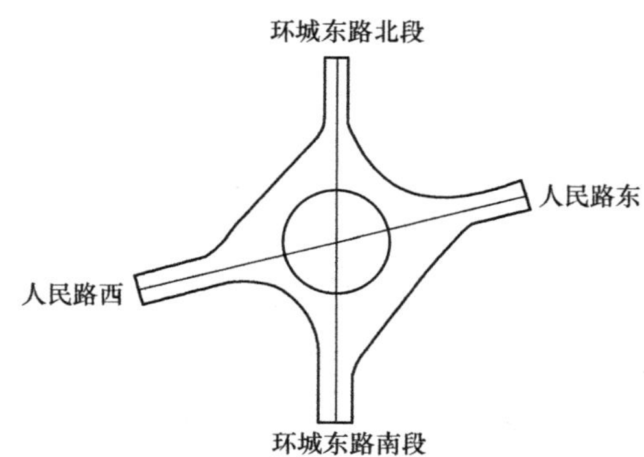

图 5-60 相交道路示意图

(2) 环道外缘平面线形。

一般采用直线圆角形，当相交道路间的夹角较小且进、出口转弯半径相近时，将环道外缘平面线形设计成单曲线形状。

(3) 环道宽度和车道设置。

环道宽度采用 22m，其中绕岛车道宽 5.5m，右转车道宽 5m，非机动车车道宽 6.5m。

(4) 进出口半径。

各相交道路的进出口半径除西南象限环道外缘平面线形为单曲线，半径为 63m 之外，其余道路的进口半径为 40m，出口半径为 45m。

(5) 方向岛。

各方向岛的岛端圆弧半径均采用 1.0m。

3. 立面设计

根据各相关道路的设计纵坡度，先计算各相交道路间环道的纵坡度，然后利用环道横坡度计算环道上各断面的设计标高；根据环道上各断面的设计标高及各相关道路的设计纵坡和路拱横坡，就可计算各相关道路的进出口的设计标高。

4. 设计成果

根据以上的原始资料和设计内容，绘制出该四路环形交叉口的平面设计图和高程设计图，具体见图 5-61、图 5-62。

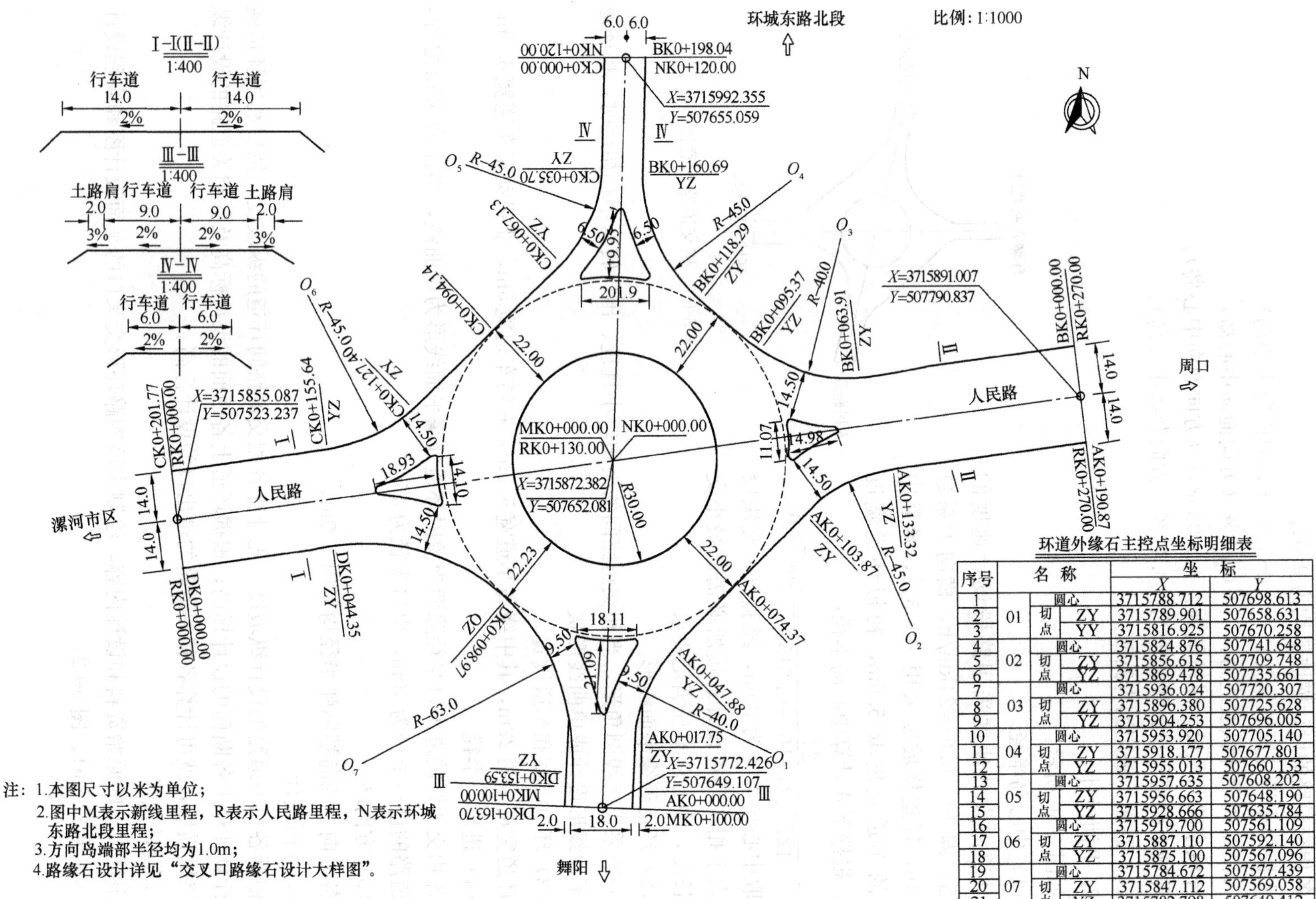

环道外缘石主控点坐标明细表

序号	名称			坐标 X	坐标 Y
1	01	圆心		3715788.712	507698.613
2		切点	ZY	3715789.901	507658.631
3			YY	3715816.925	507670.258
4	02	圆心		3715824.876	507741.648
5		切点	ZY	3715856.615	507709.748
6			YZ	3715869.478	507735.661
7	03	圆心		3715936.024	507720.307
8		切点	ZY	3715896.380	507725.628
9			YZ	3715904.253	507696.005
10	04	圆心		3715953.920	507705.140
11		切点	ZY	3715918.177	507677.801
12			YZ	3715955.013	507660.153
13	05	圆心		3715957.635	507608.202
14		切点	ZY	3715956.663	507648.190
15			YZ	3715928.666	507635.784
16	06	圆心		3715919.700	507561.109
17		切点	ZY	3715887.110	507592.140
18			YZ	3715875.100	507567.096
19	07	圆心		3715784.672	507577.439
20		切点	ZY	3715847.112	507569.058
21			YZ	3715782.798	507640.412

注：1.本图尺寸以米为单位；
2.图中M表示新线里程，R表示人民路里程，N表示环城东路北段里程；
3.方向岛端部半径均为1.0m；
4.路缘石设计详见“交叉口路缘石设计大样图”。

图 5-61 四路环形交叉口的平面设计图

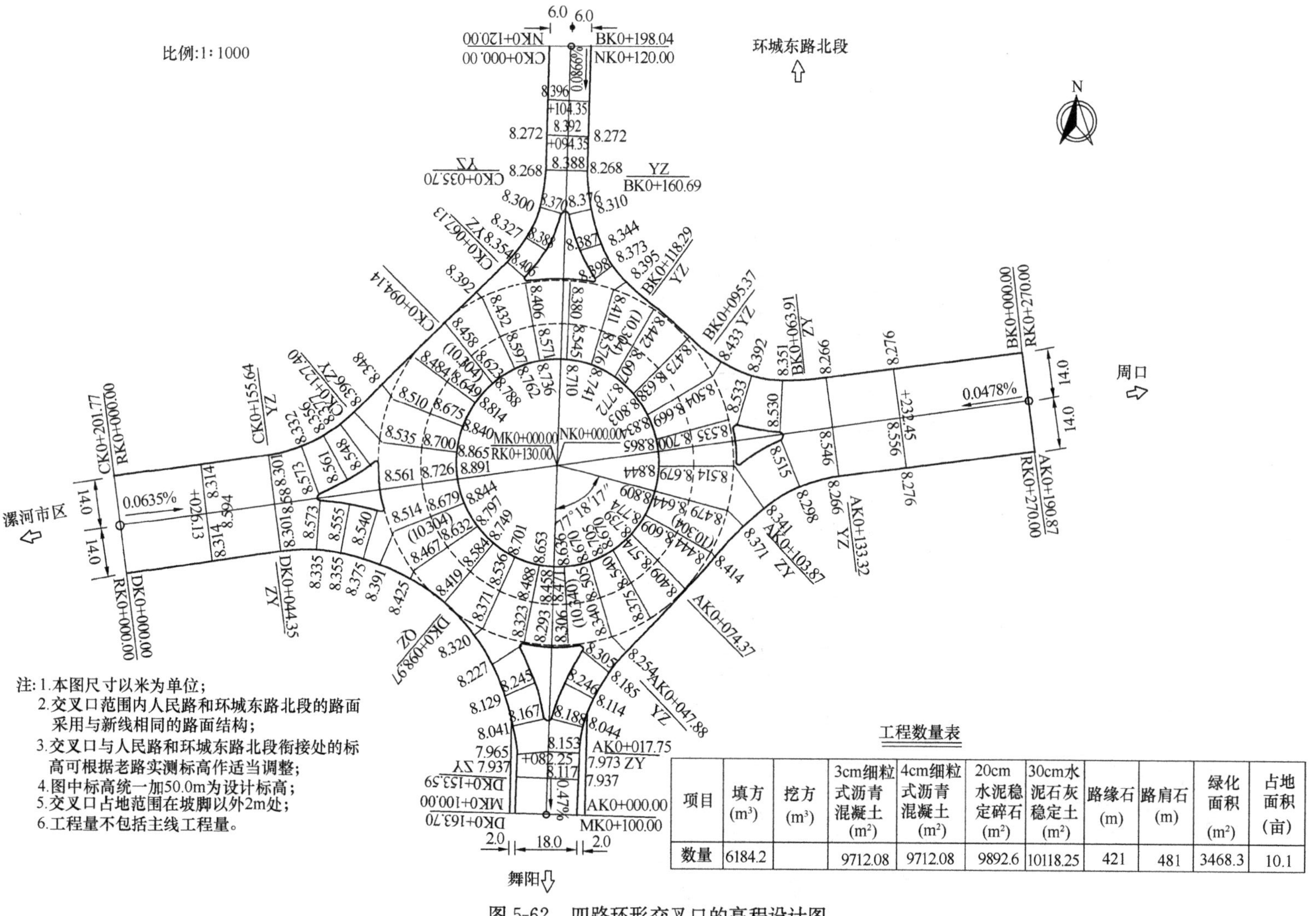

注:1.本图尺寸以米为单位;
2.交叉口范围内人民路和环城东路北段的路面采用与新线相同的路面结构;
3.交叉口与人民路和环城东路北段衔接处的标高可根据老路实测标高作适当调整;
4.图中标高统一加50.0m为设计标高;
5.交叉口占地范围在坡脚以外2m处;
6.工程量不包括主线工程量。

工程数量表

项目	填方 (m^3)	挖方 (m^3)	3cm细粒式沥青混凝土 (m^2)	4cm细粒式沥青混凝土 (m^2)	20cm水泥稳定碎石 (m^2)	30cm水泥石灰稳定土 (m^2)	路缘石 (m)	路肩石 (m)	绿化面积 (m^2)	占地面积 (亩)
数量	6184.2		9712.08	9712.08	9892.6	10118.25	421	481	3468.3	10.1

图 5-62 四路环形交叉口的高程设计图

思　考　题

1. 名词解释：

(1) 交错点、分流点、合流点、冲突点。

(2) 交织段、交织长度、交织段宽度。

(3) 渠化交通、导流岛、分隔岛、中心岛、安全岛。

2. 交叉口有何交通特征和构造特征?

3. 简述平面交叉口设计的主要内容及改善交叉口的基本途径。

4. 简述平面交叉口竖向设计的目的、基本要求、一般原则和立面设计中六种基本形式。

5. 交叉口竖向设计中间高线的设计方法有哪些? 它们各自是如何计算的? 哪一种方法最好?

6. 一般平面交叉口设计主要确定哪些几何尺寸? 交叉口缘石半径理论如何计算?

7. 环形交叉口由哪些部分组成? 怎样计算环形交叉口的中心岛半径、交织长度、环道宽度?

8. 简述信号灯控制平面交叉口的目的、交通信号规定与控制类型。

9. 简述平面交叉口交通组织设计的基本任务、内容、车辆交通组织主要措施，人行交通组织任务、主要措施。

10. 交叉口进行渠化交通目的、作用、原则、内容是什么?

第六章　城市道路立体交叉

知识目标：

1. 了解立体交叉基本特征、设计原则、选型原则。
2. 熟悉立体交叉的组成与形式。
3. 了解互通式立体交叉依据平面几何状态及行驶方向的多种形式。
4. 了解立体交叉垂线结构组成，主线设计要求与标准。
5. 了解立体交叉匝道设计标准、要点和端部设计内容。

能力目标：

1. 熟悉立体交叉的组成、形式。
2. 熟悉互通式立体分类与图式。
3. 熟悉立体交叉主线组成及设计要求。
4. 了解立体交叉设计标准和设计要求。
5. 了解立体交叉匝道设计标准和设计要求。
6. 熟悉立体交叉城市匝道的设计速度、最大纵坡规定、视距规定、变速车道长度与有关参数的规定。
7. 了解匝道端部设计内容及分类。
8. 熟悉匝道其他车道。

第一节　立 体 交 叉 概 述

一、定义

道路立体交叉是指两条或多条路线（道路与道路、道路与铁路、道路与其他交通线路）在不同平面上相互交叉的连接方式（亦称交通枢纽）。

二、基本特征

立体交叉工程是道路的重要组成部分，与道路工程的其他构造物相比，它具有重要性、复杂性、庞大性与区域性特征。

（一）位置重要，功能明确

立体交叉位置通常是处于两条（或多条）的“道路”交叉点上，它在城市道路网中起着重要的交通枢纽作用。它具有通行大量交通流量和车辆车道转换功能。对于确保车辆快速、安全畅通的运行有着十分重要的作用。

立交位置通常处于交通发达、经济繁荣地区，它的建设对于发展地区经济，促进周围土地的开发和利用，起着十分重要的作用。

（二）规模庞大，造价昂贵

立体结构实体庞大，占地多，投资费用高。

（三）形式多样，工程复杂

立体交叉桥跨与匝道的灵活多变，加上立交区环境复杂，使立体交叉类型和式样千变万化，千姿百态。

立体交叉又是一个十分庞大的结构物。复杂，反映在设计影响的多变性和工程结构的复杂性，也在设计内容的多样性。立交设计包括了总体规划设计、路线设计、桥梁设计、路基路面设计以及排水、照明、绿化设施等多方面过程设计项目和工程地质、工程测量、计算机应用等多方面学科的内容。因此，立体交叉设计是一项综合性强，难度大，涉及面广，影响因素多的复杂工作。

（四）区域制约，设计灵活

立交工程具有很强的区域性。它的形式、规模以及结构尺寸都受到区域的特性、经济、地形、地物及其环境条件制约，应紧密结合地域条件，因地制宜、机动灵活地设计。

（五）提高通行能力，经济安全

车辆可连续运行，节约燃料与时间，降低成本。采用立交可使各方向车流在不同标高的平面上行驶，消除和减少冲突点，车流可以连续运行，提高通行能力，节约运行时间和燃料消耗。控制相关道路车辆出入，减少对快速路、主干路的干扰。

三、设计原则

立体交叉在道路网中起着重要的枢纽作用。设计时除应遵循道路设计的一般原则外，应考虑立交工程是一项综合性的工程，涉及道路路线、桥梁、路基、路面以及各种交通设施的复杂工程，因此应遵循以下原则：

（一）功能性原则

立体交叉是道路上车辆交通转换法的重要设施，立体交叉的设计首先应满足其交通功能的要求，其主要有：

(1) 确保行车安全，减少交叉口事故。

(2) 车辆行驶快速、通畅，路线短捷，使交叉口延误时间尽可能缩短。

(3) 行车路线方向明确。

(4) 主次分明，首先确保主线交通原则。

(5) 通行能力大，能满足远景设计年限交通要求。

（二）经济原则

在保证交通功能，满足行车要求前提下，要尽量节约造价。其应：

(1) 投资少，工程费用省。

(2) 少拆迁，少占地。

(3) 运营费及车辆行驶的油耗、轮耗、车损最小。

(4) 养护及管理费最省。

（三）适应性原则

立交具有很强区域性，因此应与所在区域条件相适应，要求有：

(1) 立交方案及布设应机动灵活，因地制宜，应与立交环境条件、自然条件以及社会、经济等条件相适应。

(2) 立交应与该立交在路网中地位和作用相适应，应发挥其在路网中应有的功能。

(3) 立交应与周围的土地利用和开发以及经济发展相适应。

(4) 立交规划应与区域规划和区域交通规划相适应。

(四) 艺术原则

建成后的立交是构成该地区的人工环境之一。因此立交设计应满足:

(1) 立体交叉的造型和结构应保证其自身建筑艺术的完美性,并具有其独特的艺术风格。

(2) 要注意与区域建设和自然景物相协调,达到与外界相融洽的自然美。

(3) 立交的建设不能对区域自然景观产生削弱和破坏作用。

四、立交类型

(一) 选型原则

(1) 选型取决于相交道路的性质、任务和远近交通规则、设计时交通流量、流向等多方面因素,类型选定后应确保行车安全、通畅和车流的连续,且满足交通功能的需要,而且应力求简单。

(2) 选型必须与当地条件相适应,选型时要充分考虑地区规划,结合地形、地质条件,可能提供的用地范围、周围建筑及设施分布状况等条件,因地制宜地分布匝道。

(3) 选型要注意近远期结合,全面考虑。既要考虑近期交通要求,减少投资费用,又要考虑远期交通发展的需要。

(4) 选型和匝道布设要分清主次,首先应满足主要道路的交通要求,然后考虑次要道路,处理好相交道路的关系。选型要与路线、构造物设计、总体布局及环境相配合。

(5) 立体交叉匝道口处于机动车与非机动车互相干扰、造成交通阻塞、影响正常运行时,可采用机动车与非机动车分行的立体交叉。

(6) 应根据具体情况综合分析,进行技术、经济和环境效益的比较后确定。

(二) 立交适用条件

一般类型立交条件可参照表6-1,结合实际分析选择。

一般类型立交适用条件 **表 6-1**

<table>
<tr><th>立交类型</th><th>非机动车处理方式</th><th>立交等级</th><th>相交道路性质</th><th>备 注</th></tr>
<tr><td>分离式立交</td><td>分行或混行</td><td>四</td><td>快速路、主干路与次干路交叉</td><td rowspan="3">十字交叉</td></tr>
<tr><td rowspan="2">苜蓿叶形立交</td><td>分行</td><td>一</td><td>快速路与快速路交叉</td></tr>
<tr><td>分行或混行</td><td>一、二</td><td>主干路与快速路或主干路交叉</td></tr>
<tr><td rowspan="2">喇叭形立交</td><td>分行或混行</td><td>一</td><td>快速路与快速路交叉</td><td rowspan="2">T形交叉口</td></tr>
<tr><td>分行</td><td>一、二</td><td>主干路与快速路或主干路交叉</td></tr>
<tr><td>迂回式立交</td><td>分行或混行</td><td>二</td><td>主干路与次干路交叉</td><td>十字交叉</td></tr>
<tr><td rowspan="2">组合式立交</td><td>分行</td><td>一</td><td rowspan="2">快速路与快速路交叉且因部分左转车流量大,需设定向匝道时</td><td rowspan="2"></td></tr>
<tr><td>混行</td><td>二</td></tr>
<tr><td>菱形立交</td><td>分行或混行</td><td>三</td><td>快速路、主干路与次干路交叉</td><td>十字交叉</td></tr>
<tr><td rowspan="2">环形立交</td><td>分行或混行</td><td>二</td><td>主干路与主干路采用上跨下穿交叉</td><td rowspan="2">多路或十字交叉</td></tr>
<tr><td>分行或混行</td><td>二</td><td>主干路与次干路交叉,次干路与转向车共环道交织运行</td></tr>
</table>

注:1. 部分苜蓿叶形立交,根据交通要求、地形、地物等条件选型,故未列入表中。

2. 相交道路性质栏中,对一级公路、高速公路按快速路处理。

3. 环形立交适用于各向左转车流量比较均衡、环道通行总车流量＜3000pcu/h的道路交叉。

（三）分类：

立体交叉口应根据相交道路等级，直行及转向（主要是左转）车流行驶特征，非机动车对机动车干扰来分类

1. 立 A 类：枢纽交

立 A_1 类：主要形式为全定向、喇叭形、组合式全互通立交；

立 A_2 类：主要形式为喇叭形、苜蓿叶形、半定向、组合式全互通立交；

2. 立 B 类：一般立交

主要形式为喇叭形、苜蓿叶形、环形、菱形、迂回式、组合式全互通或半互通立交。

3. 立 C 类：分离式立交。

（四）立体交叉口类型及交通流行驶特征（表 6-2）

立体交叉口类型及交通流行驶特征　　表 6-2

立体交叉口类型	主路直行车流行驶特征	转向车流行驶特征	非机动车及行人干扰情况
立 A 类 （枢纽立交）	连续快速行驶	较少交织，无平面交叉	机非分行、无干扰
立 B 类 （一般立交）	主要道路连续快速行驶，次要道路存在交织或平面交叉	部分转向交通存在交织或平面交叉	主要道路机非分行，无干扰，次要道路机非混行，有干扰
立 C 类 （分离式立交）	连续行驶	不提供转向功能	—

（五）立体交叉口选型：

根据交叉口在道路网中地位、作用、相交道路的等级，结合交通需要和控制条件确定，并应符合表 6-3 的内容。

立体交叉口选型表　　表 6-3

立体交叉口类型	选型	
	推荐形式	可选形式
快速路—快速路	立 A_1 类	—
快速路—主干路	立 B_1 类	立 A_2 类、立 C 类
快速路—次干路	立 C 类	立 B 类
快速路—支路	—	立 C 类
主干路—主干路	—	立 B 类

注：当城市道路与公路相交时，高速公路按快速路、一级公路按主干路，二级和三级公路按次干路、四级公路按支路，确定与公路相交的城市道路交叉口类型。

第二节　立交的组成和形式

一、组成

立体交叉上，设置了有跨线结构物（桥梁、隧道或地道）和转向的匝道，使相交道路的交通流在平面和空间上分隔，车辆转向行驶互不干扰，从而保证了交叉口行车的快速、

安全和顺畅，从根本上解决了交叉口的交通问题。

（一）主体部分

立交的主体是指直接为车辆直行、转向行驶的组成部分，包括跨越设施、主线、匝道三部分，如图 6-1 所示。

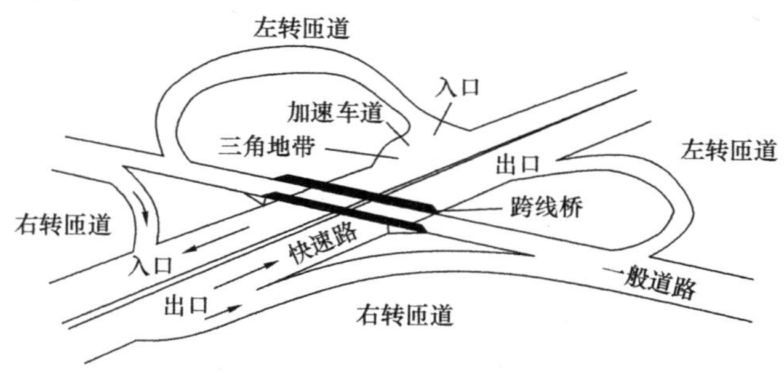

图 6-1 立体交叉的组成

1. 跨越设施

跨越设施是立体交叉实现交通流线分离的主体构造物。立交主线间的相互交叉跨越方式可分为上跨式和下穿式。上跨式采用桥跨结构物跨越，下穿式采用隧道或地道的方式跨越，跨越设施是立交的重要组成部分，其工程量可占全立交的 50%～70%。

2. 主线

又叫做正线，是指相交道路的直行车道。两条相交主线，在空间分离时又有上线和下线之分。上跨的正线从立交桥到两端主线起坡点的路段叫做引道，下穿正线从立交桥下到两端主线的坡点的路段叫做坡道，纵面起伏比较大，再加上转弯匝道的进、出口均接于主线，并通过加、减速车道与主线连接，因而主线设计与一般路线相比有不同的要求。

3. 匝道

为相交路转弯车辆转向使用的连接道。匝道使空间分离的两主线连接，形成互通式结构。匝道的线形和结构，直接影响转弯车辆行驶的技术条件和立交本身的经济、环境效益。因而匝道的布置和设计是立交设计的重要内容。

（二）附属部分

除上述三大主体部分外，立交的其他组成部分称可附属部分。主要包括出口、入口、辅助车道、三角地带、收费口等。

1. 出口与入口

出、入口是主线与匝道的结合部位。由主线驶出进入匝道的路口称为出口；由匝道驶入主线的路口称为入口。

出口由斜带、减速车道、分流鼻端三部分组成，入口由斜带、加速车道、合流鼻端三部分组成，如图 6-2 所示。

2. 辅助车道

辅助车道是指在交叉口分、合流处，用作停车、减速、转弯、转弯准备、交织、车道数平衡、载货汽车爬坡以及其他辅助直行交通运行的所有车道的总称。

在进、出口处，由于车辆的进出，使匝道和主线交通流分布发生变化，为使车流分布合理，匝道与主线车道平衡，而在主线一侧增设的车道就是辅助车道的一种。

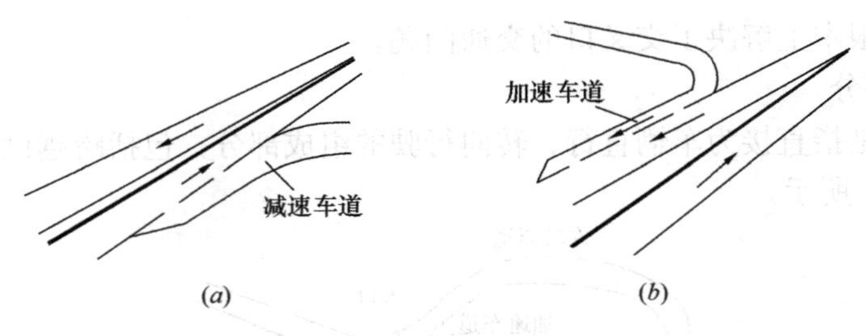

图 6-2　立交入口与出口
(a) 出口；(b) 入口

3. 三角区及立交范围

在立交范围内，匝道与主线间或匝道间的空旷地统称为立交三角区。三角地带是立交绿化和美化布置、照明以及布置设施等的用地。三角区的布置是立交设计的内容之一。

立交范围，一般是指交通交叉口的交点至各方向相交道路路口出、入口处变速车道斜带的顶点间包围的主线和匝道以及三角区的全部区域范围。立交范围线是划分路段与立交、立交与周围其他用地的界限，也是立交征地的依据。

二、形式

（一）按结构物形式分类

立体交叉按相交道路结构形式分为上跨式和下穿式两种。

1. 上跨式

上跨式为用跨线桥从相交道路上方跨越的立交方式。这种立体交叉方式施工方便，造价低，排水易处理，但占地大，引道较长，高架桥影响行车视线和路容，多用于市区以外或周围有高大建筑物处。

2. 下穿式（隧道式）

下穿式（隧道式）为用地道（或隧道式）从相交道路下方穿过的方式。它占地少，立面易处理，对视线及市容影响小，但施工复杂，造价高，排水困难，多用于市区。

（二）按交通功能分类

1. 分离式

分离式设置跨线构造物（跨线桥或地道）一座，使相交道路空间分离，上、下道路间无匝道连接的交叉方式。这种立体交叉方法结构简单、占地少、造价低，但相交道路的车辆不能转弯行驶，只能保证直行方向的车辆空间分离行驶。

2. 互通式

互通式设置跨线构造物使相关道路空间分离，而且上下道路之间设有匝道连接，以供转弯车辆行驶的交叉方式。采用此立交方式时，车辆可以转弯引驶，全部或部分消除了冲突点，各方向行车互相干扰小，但立交结构复杂，占地多，造价高。互通式立交适用城市中快速路与其他各类道路、大城市出口、入口道路，以及全部重要港口、机构或游览胜地的道路相交处。

其分为完全互通式和部分互通式两种。

完全互通式：是指各向车流经主线和匝道完全沟通，四通八达，无平面交叉。是立体交叉中功能齐全和安全度最高的立交。

部分互通式：是指当交叉口的车流不需要各向互通或受地形地物限制，某些方向不能设置匝道，只能采用部分互通式。

第三节　互通式立交的交通组织分析及图式

一、互通式立体交叉形状分类

按几何形状分类，互通式立体交叉依据平面几何形态及行驶方向可分为：苜蓿叶形、喇叭形、迂回式、定向式、组合式、菱形和环形立交等多种形式。

1. 苜蓿叶形立体交叉（图 6-3）

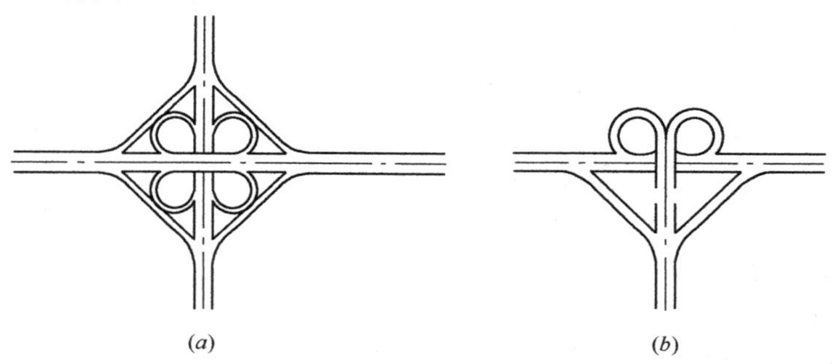

图 6-3　苜蓿叶形立体交叉

（1）完全苜蓿叶形立体交叉。

完全苜蓿叶形立体交叉适用于十字交叉口，在交叉点四周四个象限内均设有环形左转匝道和直接右转匝道，保证相交道路交通在各个方向转向。

其交通组织路线：除直行车流仍在原干路的直行车道上行驶外，转弯车辆需在所设的专用匝道上行驶。右转车辆在右侧专用匝道上行驶至相交道路；左转车辆通过跨线桥驶过相交道路后，右转绕行 120°进入相交道路。

（2）三枝苜蓿叶形立体交叉。

三枝苜蓿叶形立体交叉的行车方式同完全苜蓿叶形立体交叉。

2. 喇叭形立体交叉（图 6-4）

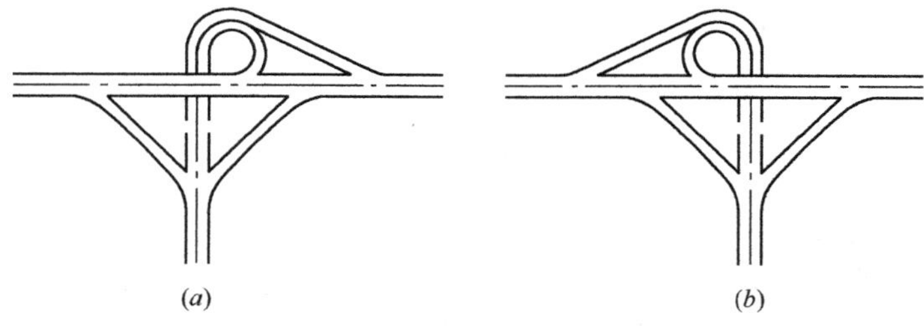

图 6-4　喇叭形立体交叉

喇叭形立体交叉是用一个内环匝道（转向约 270°）和一个外环匝道及两条右转匝道来实现车辆转向的全互通式立体交叉，用于三叉交叉口。

喇叭形立体交叉各转弯方向设独立匝道，无冲突和交织，行车干扰小，安全度大，转弯车流一律从主线右侧出入，方向明确。喇叭形立交根据匝道平面布置形式分右喇叭和左喇叭两种。

（1）图 6-4*a* 所示为右喇叭立交，内环匝道是车辆由次干路驶入主干路所用，设置在下层；高速车辆由主干路驶入次干路时，外环半径较大，有利于交通安全和逐步减速。

（2）图 6-4*b* 所示为左喇叭立交，车辆由主干路左转进入次干路时，半径较小，车速较高，存在冲出环形匝道的危险。

3. 迂回式立体交叉（图 6-5）

迂回式立体交叉是环形立交的变形，将左转弯匝道延长绕行的一种形式。

（1）双隧道远引式

图 6-5*a* 所示为主干路的线位及宽度不变，次干路分为两幅路形式，并距主线的两侧适当位置，在次要道路两幅车道之间设置半圆形调头匝道，在两路相交处设置隧道，所有转向车流在远引匝道上通过交织完成转向。

（2）双跨线匝道桥远引式

图 6-5*b* 所示为相交道路的直行车辆仍在原干路快速行驶，右转车辆在最外侧的右转匝道上行驶。由于右转车辆有专用匝道，与双隧道远引相比不再有交织段，左转车辆的行驶路线与图 6-5*a* 相同。

（3）双跨线桥远引式

图 6-5*c* 所示为直行车辆在原车道上行驶，右转车辆在右转匝道上行驶，左转车辆行驶路线同图 6-5*b*。此种远引方式行车路线明确，远引的两个环形匝道半径可适当增大，安全感及舒适感均优于图 6-5*a*、图 6-5*b*。

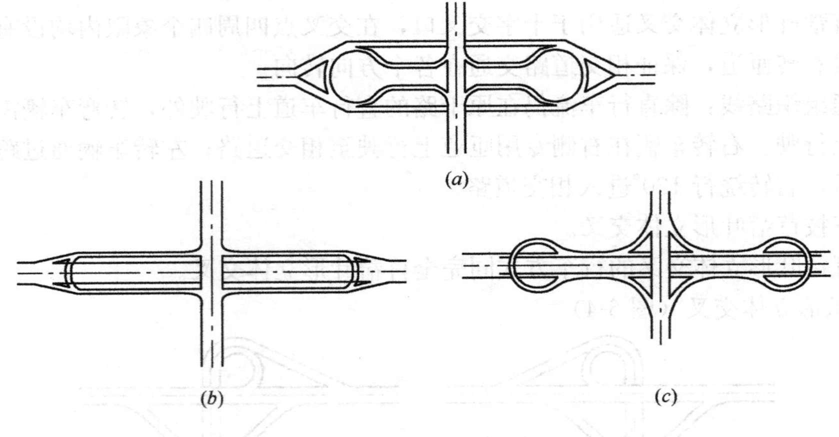

图 6-5　迂回式立体交叉

4. 定向式立体交叉

每个方向的车辆均行驶在直顺的专用单向行驶车行道上，与其他方向的车行道相交时，均采用立体交叉，无交织和交叉，路线短捷而清晰，行驶安全快速。

定向式立体交叉的种类、形式很多，图 6-6 所示为常见形式。

（1）图 6-6*a*、图 6-6*b* 所示为四层定向式立体交叉。

（2）图 6-6*c* 所示为 Y 形路口的三层定向式立体交叉，左转车流左出左进，右转车流右出右进。

（3）图 6-6*d*、图 6-6*e* 所示为二层定向式立体交叉，二层定向式立体交叉路线短，走向明确，左转车流左出左进，右转车流右出右进，每条匝道都直接引入指定方向的车辆。

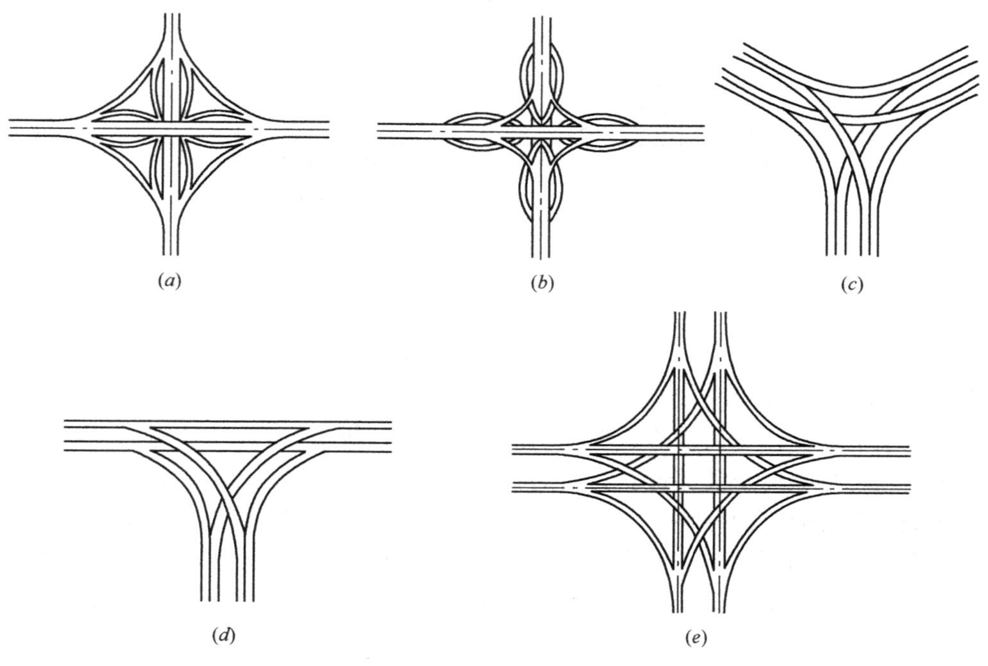

图 6-6　定向式立体交叉

5. 组合式立体交叉（图 6-7）

组合式立体交叉是根据各转向交通行驶要求，选用上述标准立交形式的某些部位，进行组合。最常见的为苜蓿叶形加定向式立交。

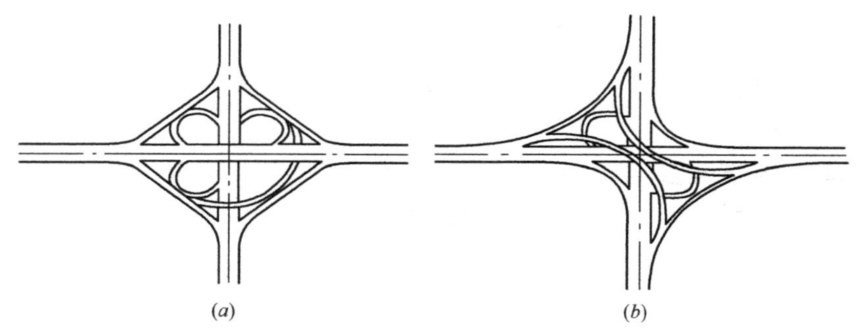

图 6-7　组合式立体交叉

6. 菱形立体交叉（图 6-8）

菱形立体交叉是将十字形平面交叉路口中主要干路高程在竖向与平交路口分离，次要道路与四条匝道相接，仍为平面交叉，可满足所有转向要求。

（1）图 6-8*a* 所示为两层菱形立体交叉，保证主要干路的直行交通快速行驶，右转车辆方便快捷，主干路的左转车辆需随右转车辆至次干路的平交路口进行左转，次干路的左转车辆驶过交叉路利用平交路口完成左转。这种立交的平交路口尚有 6 个冲突点。

（2）图 6-8*b* 所示为三层菱形立体交叉的两条相交道路的直行车流均在原干路上直接通过交叉口，不受干扰。各向左、右转车流占一层，组成平交路口，完成各向转向，但存在 4 个冲突点。

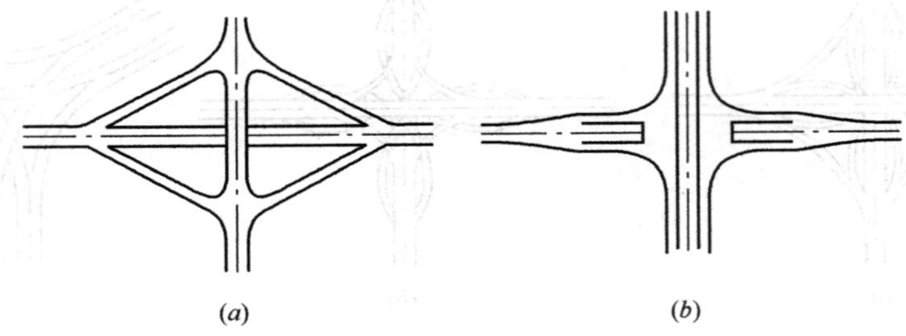

图 6-8 菱形立体交叉

7. 部分苜蓿叶形立体交叉（图 6-9）

部分苜蓿叶形立体交叉是指全苜蓿叶形立交缺少一条或一条以上匝道的立交。

部分苜蓿叶形立体交叉保证直行交通快速行驶，主干路上只有分流与合流，无冲突点。但限制某些转向车辆行驶。若提供其转向功能，需在相交道路上设平交叉路口。

（1）图 6-9*a* 所示为在二、四象限布置环形匝道供主干路的车辆左转，各右转车辆在专用匝道上行驶，次干路的左转车辆通过交叉口与对向的直行车辆交叉后与次干路的右转车辆合流完成左转。

（2）图 6-9*b* 所示为缺少二、三象限的环形匝道，因此限制了两个方向上车辆的左转，属部分互通式立交。

（3）图 6-9*c* 所示为主干路上的左、右转车辆均驶过交叉点至环形匝道，利用环形匝道行至相交道路，左转车辆与次干路的直行车辆合流完成左转；右转车辆与次干路的直行车辆平交一次，实现右转；次干路的右转车流利用右转匝道通过，不允许次干路的车辆左转。

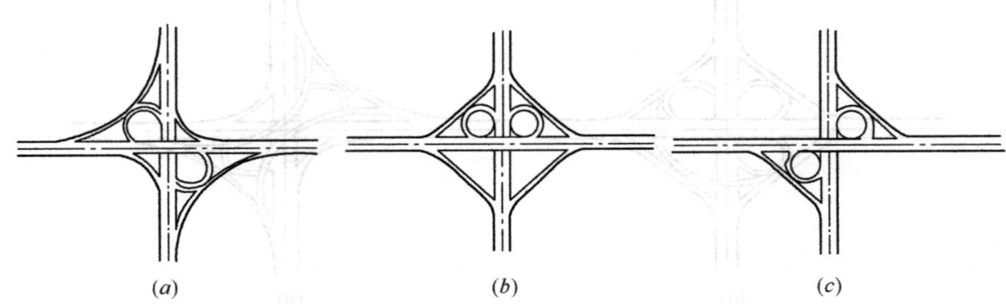

图 6-9 部分苜蓿叶形立体交叉

8. 环形立体交叉

它是由环道和上跨或（和）下穿的主干路组成的。环形立体交叉有两层式和三层式等。

（1）两层式环形立体交叉。

确保主干路直行交通快速通过交叉口，不受其他方向交通影响，其他方向交通均驶入平面环形路口。

两层式环形立体交叉包括三路环形立交（图 6-10a）、四路环形立交（图 6-10b）和多枝环形立交（图 6-10c）等。此种立交宜用于特大城市主要干路与次要道路相交及一般大中城市的主干路交叉。

（2）三层式环形立体交叉。

图 6-10d 所示为相交道路均为主要干路时，将两条主干路分别置于平面环交路口的上层或下层，确保其直行车辆的快速通行，只将转向交通通过平面环交路口。它宜用于特大及大城市的主干路交叉。

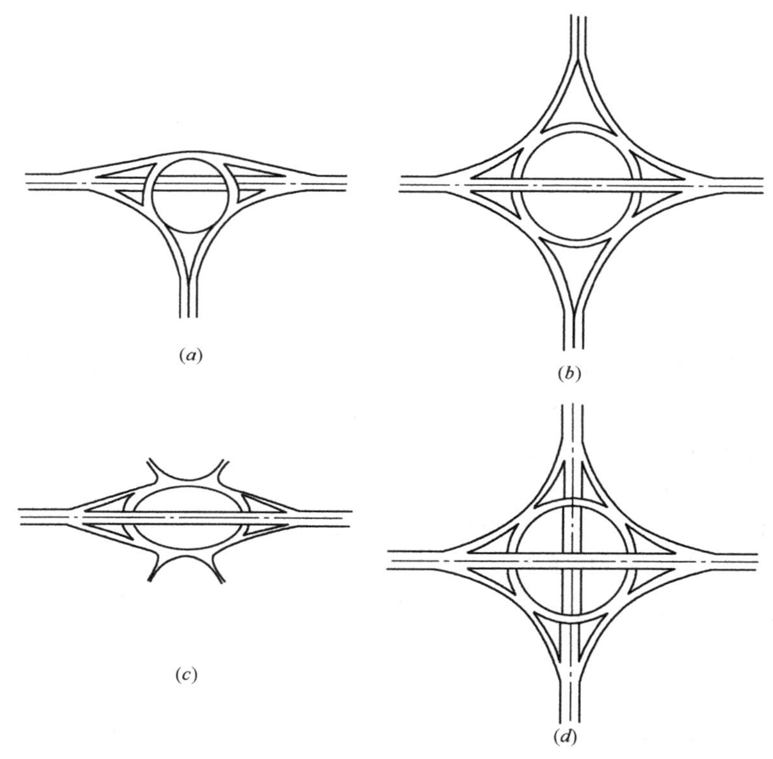

图 6-10 环形立体交叉

二、互通式立交车辆交通组成分类

互通式立体交叉依据其车辆交通组成又可分为机动车与非机动车混行或分行的立体交叉。

在通行机动车的主路或匝道上，凡允许非机动车行驶的立交均称为机非混行立体交叉。在互通式立交上增设独立的非机动车道系统即成为机动车与非机动车分行的立体交叉。

常见的机非分行形式有以下两种：

（1）图 6-11a 为机动车道系统为苜蓿叶形立交，非机动车道系统为环形平面交叉，其竖向高程一般布设在立交中层，平面位置视具体条件确定。

（2）图 6-11b 为机动车道系统为环形立交，非机动车道系统为平面环交，其平面位置及竖向高程，视现状条件确定。

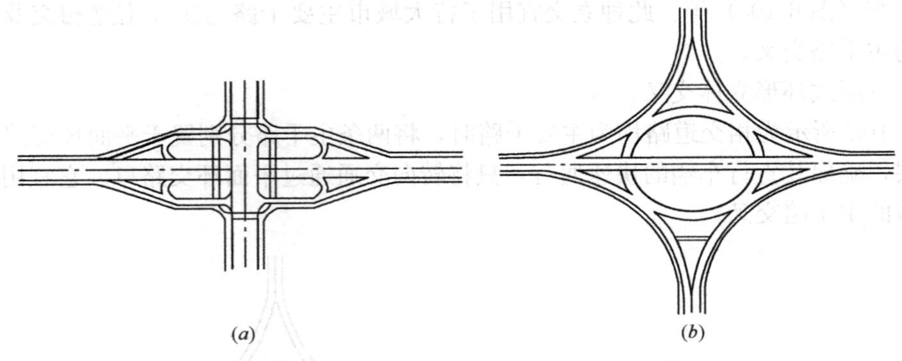

图 6-11　机动车与非机动车分行立体交叉

第四节　立 交 主 线 设 计

主线是立交的主体，是匝道等布置和定位的根据。主线、匝道一般同步设计。主线都要按远期交通要求和各自路段统一的技术标准进行线形设计。

一、立交主线设计特点及要求

（一）立交区主线的特点

立交范围内主线，与一般线路相比，具有如下特征：

（1）主线上交通复杂。互通式立交范围内，主线作为基本的交通流线，与各种转弯流线之间关系复杂。转弯车辆要进出主线，主线与匝道间常常产生合流、交织甚至交叉运行，对主线车流产生干扰，使主线交通复杂，行车安全受到影响。因此，立交主线线形标准比一般路段要高。

（2）影响主线线形的因素多。立交主线线形设计，除了考虑路线本身的影响因素外，还要考虑与相交路线在平面和竖向上相互间的影响，以及主线与匝道进出口的连接关系，这些都制约了主线的线形。例如，主线与主线交叉形式，交角是立交主线平面线形设计中必须要考虑的问题。竖向设计中，相交道路在竖向位置上的处理（如上跨或下穿），确保下线车辆通过净空都是纵断面设计的重要控制因素。主线线形设计，还要考虑与匝道在平面和竖向上的连接。因此，主线设计应与匝道的布设通盘考虑。如图 6-12 所示，这种定向型立交，由于匝道从主线左侧分流，从另一主线左侧汇合，要求相交的两条主线中间有足够的距离布设匝道，这就带来了主线平、纵面线形组合的复杂多变。

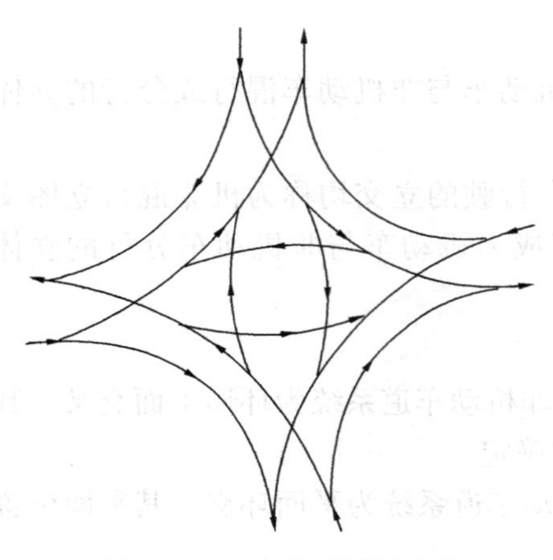

图 6-12　全定向型四层立交

（3）立交范围内主线上跨线桥、地道、支挡结构较多且复杂（弯、坡、斜桥占多数），如图 6-13 所示，在线形设计中要充分考虑主线与这些构造物在平面和竖向上的要求，这就增加了线形设计的复杂性。同时，主线下线，桥梁墩台对视线的障碍以及对道路净宽的限制；主线上线，桥跨位置较高，这些不利的行车条件给驾驶员行车心理带来了不良的反应，直接影响行车的快速和安全。

(4) 立交线路基横断面构造复杂。主线与匝道连接端部，行车道宽度的变化、超高和加宽的过渡、车道安排等与其他一般道路相比较，有所不同。这样，对主线行车有一定的影响，尤其在出口处，甚至会产生由于错误的视线诱导使直行车流误入转弯车道。

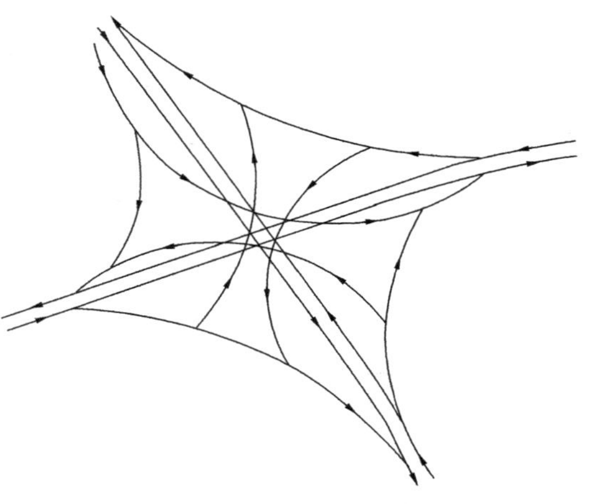

图 6-13 半定向型四层交叉

(二) 主线设计要求

(1) 主线设计应满足立交的易识别性，保证足够的行车视距，使主线上行驶的驾驶员从较远处看清立交，有充裕的时间注意立交出入车辆及出入口位置。为此，立交应尽可能布置在通视良好或大半径的曲线路段，并位于大半径的凹形竖曲线中。

(2) 为了确保立交主线上车辆行驶的要求，以及进出口车辆行驶安全、便利，在主线设计的同时，还应综合考虑其他交通措施，如变速车道、集散车道、导流岛、方向岛等。分、合流处主线右侧一般要求设置变速车道、集散道，以减少合流、分流对主线的交通影响，条件允许时还应设置导流岛等设施，以改善主线的行驶条件。

(3) 在线形设计中，原则上匝道线形应服从主线形的要求，在保证主线线形的前提下，主线和匝道综合考虑，为匝道设计创造较好的条件，便于进出口连接。

(4) 主线线形应满足标准要求，在可能条件下用较高的技术指标。相交主线力求正交，并在直线或大半径的曲线段相交，这样可减小桥跨或地道长度，避免斜桥、弯桥，利于设计、施工和运营。路线必须斜交时，其交角一般不小于 45°。

(5) 力求主线纵坡平缓，注意排水问题。互通式立交区主线陡下坡，不利于流出车辆的减速；相反，主线陡上坡则不利于流入车辆的加速坡，并且陡坡处主线与匝道、主线与变速车道的竖向连接处理困难。因此，纵面设计应尽可能采用缓坡。纵面设计还要注意满足下线排水的要求，这一点在平原区尤为重要。采用自流排水方式时应尽量使主线的下线最低点高出雨水管或排水沟出口，尽量减小水流的汇集范围，减少汇流量。

(6) 处理好跨线构造物与道路的连贯性，避免平面、纵面和横断面的突变。

(7) 保证相交路线有足够的跨线高度，满足行车及行车视距条件、桥下净空要求。

二、主线设计标准

(一) 公路互通式立交

1. 线形标准

根据《公路规范》的规定，主线线形的技术标准见表 6-4。

互通式立体交叉范围内主线的线形指标　　**表 6-4**

设计车速(km/h)		120	100	80	60
最小平曲线半径(m)		2000	1500	1100	500
		150	1000	700	350
最小竖曲线半径(m)	凸形	45000	25000	12000	6000
		23000	15000	6000	3000
	凹形	16000	12000	8000	4000
		12000	8000	4000	2000
最大纵坡(%)		2	2	3	4.5(4)
		2	2	4(3.5)	5.5(4.5)

注：当主线以较大的下坡进入立交，且减速车道为下坡，同时，后随的匝道线形指标较低时，主线的纵坡不得大于括号内的值。

2. 间距的规定

(1) 高速公路上互通式立体交叉的距离规定如下：

①大城市、主要产业区附近宜为 5～10km；其他地区为 15～25km。

②为避免交织运行影响车流平稳，相邻互通式立体交叉的间距，不应小于 4km。

当路网结构或其他条件受限制时，经论证相邻互通式立体交叉的间距可适当减少，但加速车道渐变段终点至下一立交的减速车道渐变段起点间的距离不得小于 1000m。

当间距小于规定的最小值，且经论证而必须设置时，应将两者合并为复合式互通式立体交叉。

③相邻互通式立体交叉的间距不宜大于 30km。在人烟稀少地区，此间距可适当增大，但不应超过 40km。超过这一最大间距时，应在合适位置设置与主线立体分离的 U 形转弯设施。

(2) 互通式立体交叉与相邻的其他有出入口的设施和隧道之间的距离规定如下：

①互通式立体交叉与服务区、停车区和长途汽车停靠站之间的距离应能满足设置一系列出口预告标志的需要。当条件受限时，间距可适当减小，但入口渐变段终点至下一出口渐变段起点的距离不得小于 1000m。

②隧道出口与前方互通式立体交叉间的距离应满足设置一系列出口预告标志的需要。当条件受限时，隧道出口至前方互通立交出口渐变段起点的距离不得小于 1000m。

③互通立交与前方隧道进口间距离应满足标志设置和标志以后对洞口判断的需要。

3. 位置确定

确定互通式立体交叉位置时，首先应综合考虑公路网的现状和规划情况而选定合适的被沟通的相交公路。在立交处，相交两道路应具有良好的线形指标。场址应具备良好的地形、地质和环境条件。

同互通式立体交叉相连的公路应具备如下条件：

(1) 通行能力应满足过境和集散交通量的要求。

（2）相连接公路在路网中应不低于次要干道或集散路的功能，不应有较大的横向干扰。

（3）与主要交通源的连接应短捷。

（4）分配到路网中附近公路的交通量应适当，不应使某些道路或路段负荷过重。

（5）根据路网布局等条件而选定的被沟通的公路，在通行能力和其他方面不能满足需要时，应进行改建设计。

（二）城市道路立交间距

（1）两个相邻互通式立交之间的最小净距见表 6-5。

互通式立体交叉之间最小净距　　**表 6-5**

干道设计速度(km/h)	80	60	50	40
最小净距(m)	1000	900	800	700

（2）立交范围内相邻匝道口之间的最小净距见表 6-6 及图 6-14。

匝道口最小净距（m）　　**表 6-6**

干道设计速度（km/h） 图　号	80	60	50	40
图 6-14*a*、*b*、*c*	110	80	70	60
图 6-14*d*	55	40	35	30

注：匝道口净距如图 6-14*a* 时，还应计算交织长度，并与表中数值比较，取最大者。

三、主线设计要点

1. 平面线形设计

立交主线平面线形设计主要任务是确定两条路线交叉点的位置、交叉角度以及主线的曲线要素（圆曲线半径、缓和曲线长度或参数 A）。交叉点的位置和交叉角度一般在立交规划中确定。主线线形设计方法与一般道路相同，考虑立交主线的交通特征，主线平面设计应注意以下几点：

（1）尽量采用直线或大半径的曲线，避免使用小半径的曲线，以便进、出口连接和匝道、集散道路的设置。

（2）立交桥跨主线宜采用直线，避免设置曲线桥，以便于桥梁设计和施工。不得已采用曲线桥时，应尽可能使相交路线走向沿曲线桥的圆心方向。

（3）在考虑交叉角、交点位置及确定线形要素时，先应满足主要道路的线形要求，尽可能为主线创造较好的行车和车辆出入的条件。

（4）主路平面线形标准不应低于路段标准，在进出立交的主要路段，其行车视距大于或等于 1.25 倍停车视距。

（5）立交范围内快速路主路基本车道数应与路段基本车道数连续一致，匝道车道数根据匝道交通量确定，进出口前后应保证主路车道数平衡，不能保证时应在主路车道右侧设辅助车道。主路横断面车行道布置宜与主路路段相同。

（6）平面设计应按《公路工程基本建设项目设计文件编制办法》的规定交付平面设计成果。

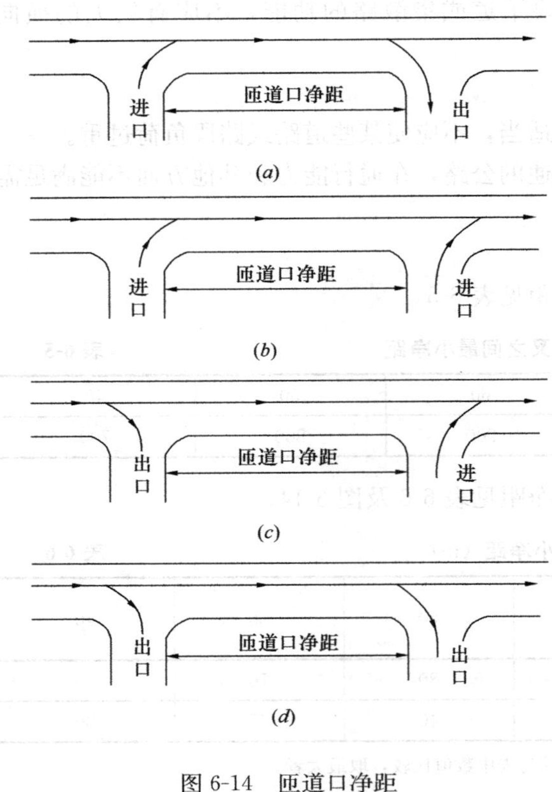

图 6-14　匝道口净距

2. 纵断面线形设计

立交主线纵面线形设计方法与一般道路纵面线形设计方法相同，除满足一般纵面设计的要求外，还应注意以下几点：

（1）注意满足控制标高的要求。立交交叉点的控制标高包括上线、下线的标高，是立交纵面设计的基本依据，是在立交规划中已经确定的，设计时应作为纵面设计的"死点"控制。

（2）当需要调整立交上线或下线的标高时，应注意保证相交路线有足够的跨越高度 H，H 的最小值应由计算确定。

（3）主线进出口处的标高应与匝道设计通盘考虑，一般是先定主线标高，再控制匝道。但当匝道布设困难、展线长度很紧时，也可能先定匝道进出口标高，控制主线纵断面设计，在主线与匝道相互交叉时，要注意处理好主线与匝道空间的关系，通常将这些点位的标高标在主线纵断面上，作为主线纵面设计的参考点。

（4）主线纵断面设计的一般步骤是：

①点绘地面线；

②标注主线与主线交叉点的控制标高、主线与匝道交叉点的控制标高、主线上匝道进出口的控制标高以及其他控制标高；

③进行主要道路的纵坡设计；

④进行次要道路的纵坡设计；

⑤核对和调坡；

⑥定坡。

第五节　立交匝道设计

一、匝道基本形式

（1）按车流方向分右转匝道和左转匝道

1）右转匝道（图 6-15）

为实施右转行驶，从主线行车道驶离的匝道形式。

①定向右转匝道：直接实施右转；

②半定向右转匝道（迂回定向匝道）：为减少占地，沿环形左转匝道迂回右转；

③环行右转匝道：并入环行左转匝道实施右转。

2）左转匝道（图 6-16）

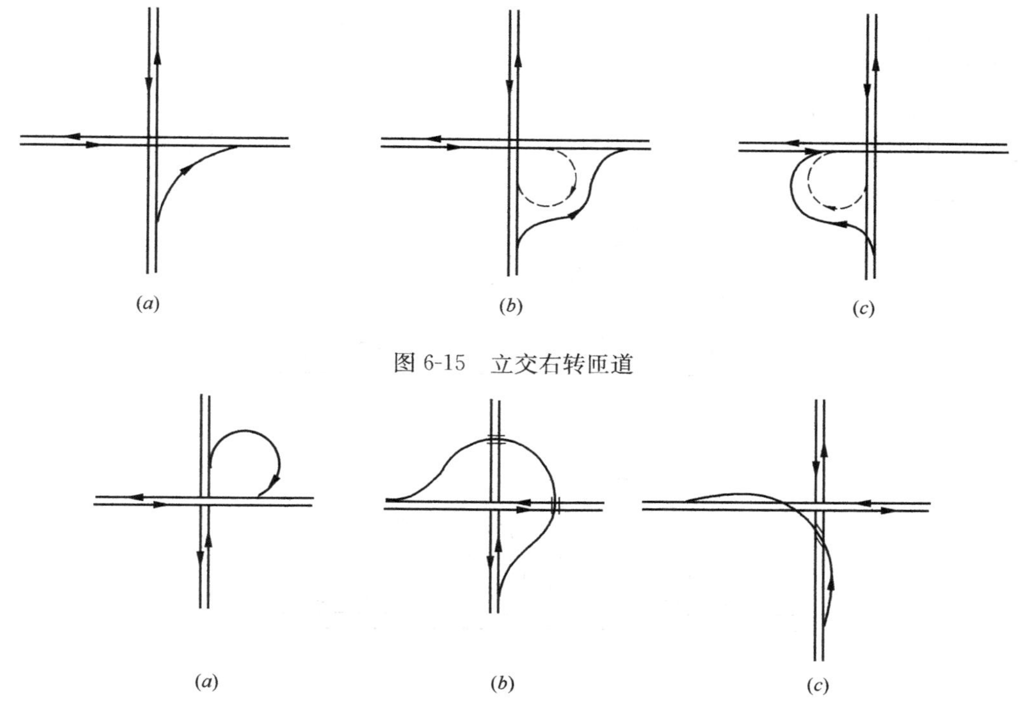

图 6-15　立交右转匝道

图 6-16　立交左转匝道

左转匝道一般可根据匝道的交通量大小、服务水平高低依次选用环形匝道、半定向匝道、定向匝道。

①环形匝道：为了实施左转行驶，从主线行车道右侧驶离主线后，大约向右转 270°，构成环形左转弯的匝道。

②半定向匝道（迂回定向匝道）：为了实施左转行驶，从主线行车道右侧驶离主线后，前进方向大致不变，跨过相应道路然后向左转的匝道形式。

③定向匝道：为了实施左转行驶，从主线行车道右侧驶离主线（一般驶出偏离角度较小，并在交叉点的左侧），在干道上直接实施左转的匝道形式。

2. 半定向，为定向匝道因出入口的形式不同而产生的变形，见图 6-17。

（1）在相交次要道路左侧车道驶入，图 6-17（*a*）、（*b*）；

（2）在相交次要道路左侧车道驶出，图 6-17（*c*）。

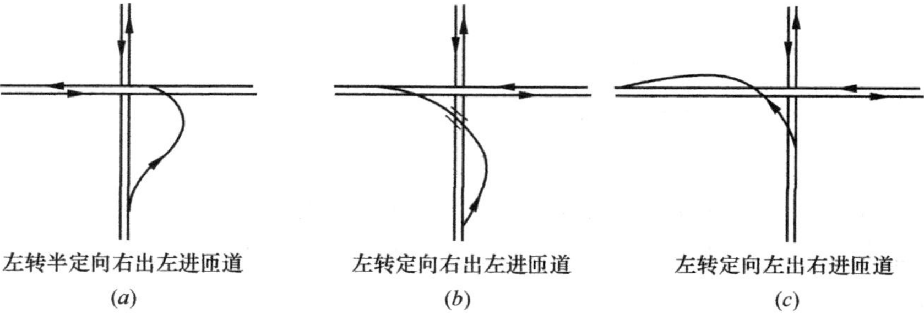

图 6-17　定向变形匝道

需要说明的是，这类左侧车道驶入（出）的匝道在快速路上不应采用。

3. 喇叭形立交环形匝道

作为市郊、远郊收费道路的互通式立交，通常多采用喇叭形互通式立交，其环形匝道可分为进口匝道（A型）、出口匝道（B型），见图6-18。考虑行车安全，环形匝道设计车速应不大于40km/h。

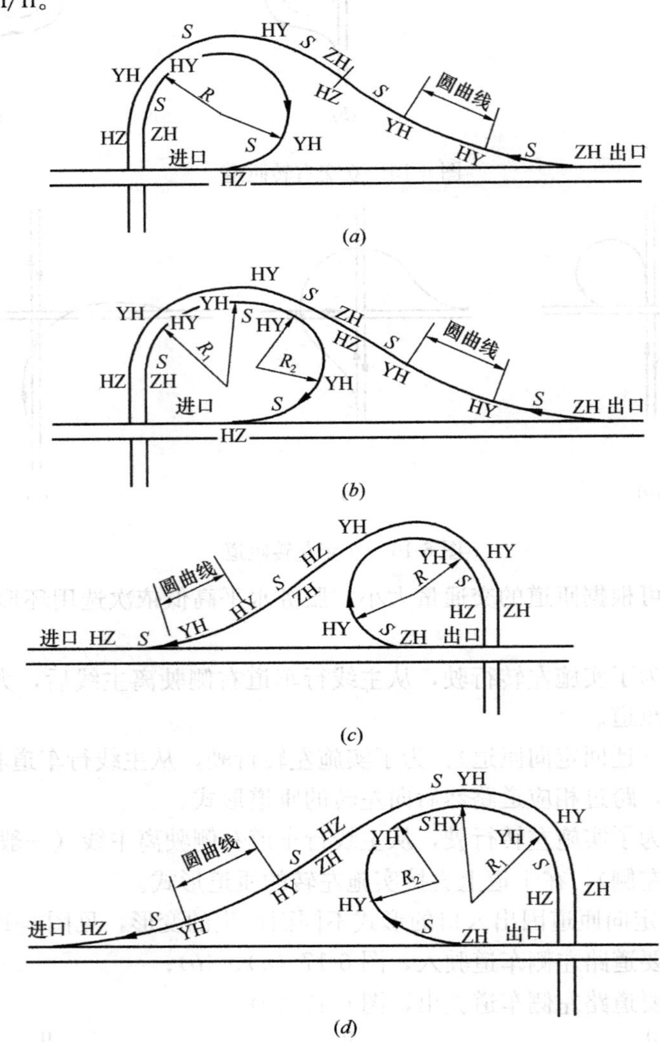

图6-18 喇叭形立交环形匝道

(*a*) 进口匝道单圆线形（A型）；(*b*) 进口匝道卵形线（A型）；
(*c*) 出口匝道单圆线形（B型）；(*d*) 出口匝道卵形线（B型）。

（1）进口匝道尽量采用单圆线形，环形匝道单圆半径一般宜采用40～60m。

当受场地限制半径小于40m的推荐下限值，环形匝道常采用卵形线，大圆和小圆半径之比应在1.5以下。

（2）出口匝道采用卵形线，线形美观顺适，大圆和小圆半径之比应在2～2.5以下。环形匝道半径大于60m也可采用单圆线形。

4. 立交的环道

作为市区受用地制约的交叉口，尤其是五岔和五岔以上的交叉，采用环形互通式立交有一定优势，是一种可选用形式。但应慎重分析环形交叉的通行能力和设计交通量与交通特点。

立交的环道是互通式立交匝道的特殊形式，其设计基本要素如下：

(1) 环道车速

在市区用地受限时以及对交通、安全、通行能力综合考虑，控制环道设计车速在25km/h至40km/h（高架环道）。

(2) 中心岛的形状和尺寸

中心岛形状应根据地形和交通流特性，采用圆形、长圆形、椭圆形等，其尺寸应满足最小交织长度和环道计算行车速度要求。具体取值参见表6-7。

环道最小交织长度和中心岛最小半径 **表6-7**

环道计算行车速度(km/h)	35	30	25	20
横向力系数 u	0.18	0.18	0.16	0.14
最小交织长度(m)	40～45	35～40	30	25
中心岛最小半径(m)	50	35	25	20

(3) 环道车道数和路面宽度

环道一般采用三条车道，左转车道、交织车道、右转车道，交通量大时交织车道可设置双车道。车道宽度必须按照弯道加宽值予以加宽，交织车道为双车道的仅需加宽一条车道。

(4) 环道进出口设计

环道出口车道半径 R_1 应大于进口车道半径 R_2（图6-19），入口车速和环道车速一致，出口车速略高于环道车速，但不应过高，否则带来的大半径会导致交织长度缩短，从而对交通不利。环道最外侧缘石不应设计成反向曲线，可增加少量路面面积按图6-19（*b*）设计，最合理为毗连岔道之间做成曲线形路面边缘，如图右边虚线所示。

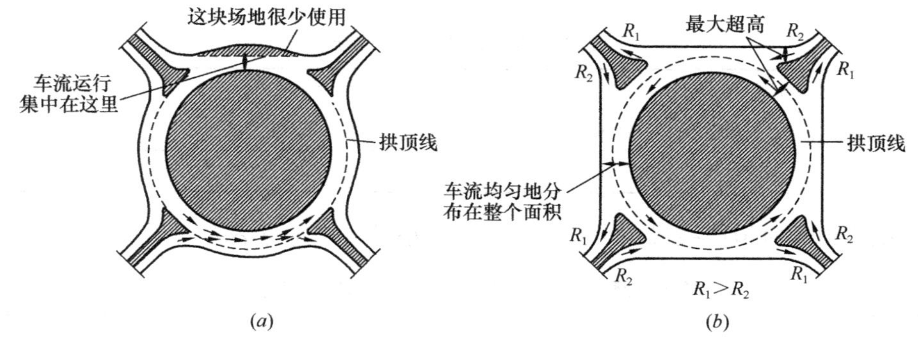

图6-19 环道交织路段的形状

(*a*) 圆形设计（不推荐）；(*b*) 外方形设计

二、匝道设计标准

1. 匝道设计速度

(1) 公路匝道设计速度规定见表6-8。

公路匝道设计速度规定　　**表 6-8**

匝道形式		直连式	半直连式	环形匝道
匝道设计速度（km/h）	枢纽互通式立交	80、60、50	80、60、50、40	40
	一般互通式立交	60、50、40	60、50、40	40、35、30

选用匝道设计速度时应遵循如下原则：

①右转弯匝道应尽量采用上限或中间值。

②直连弯匝道应尽量采用上限或中间值。

③匝道设计速度是指匝道中线形紧迫路段所能保持的最大安全速度。其余路段上应以与匝道中必然存在的变速行驶相适应的速度作为设计的控制值。接近自由流出入口附近的匝道部分应有较高的设计速度；接近收费站或平面交叉的匝道端部，设计速度可酌情降低。

（2）城市道路匝道设计速度见表 6-9。

匝道设计速度　　**表 6-9**

道路的设计速度 \ 相交道路的设计速度(km/h)	120	80	60	50	40
80	60～40	50～40	—	—	—
60	50～40	45～35	40～30	—	—
50	—	40～30	35～25	30～20	—
40	—	—	30～20	30～20	25～20

注：1. 120km/h 为高速公路的设计速度，用于城市快速路或主干路与高速公路交叉。

2. 表列大值为推荐值，地形条件特殊困难时可采用小值。

2. 匝道圆曲线最小半径

（1）公路匝道圆曲线最小半径规定见表 6-10。

公路匝道圆曲线的最小半径　　**表 6-10**

匝道设计速度(km/h)		80	70	60	50	40	35	30
圆曲线最小半径(m)	一般值	280	210	150	100	60	40	30
	最小值	280	175	120	80	50	35	25

（2）城市道路匝道曲线最小半径及平曲线最小长度规定见表 6-11。

城市道路匝道曲线最小半径及平曲线最小长度　　**表 6-11**

匝道设计速度(km/h)	60	50	45	40	35	30	25	20
横向力系数 μ	0.18						0.16	0.14
超高 i_s=6%的最小半径(m)	120	80	65	50	40	30	20	15
超高 i_s=4%的最小半径(m)	130	90	75	60	45	35	25	20
超高 i_s=2%的最小半径(m)	145	100	80	65	50	40	30	20
不设超高的最小半径(m)	180	125	100	80	60	45	35	30
平曲线最小长度(m)	100	85	75	65	60	50	40	35

3. 匝道回旋曲线参数及长度规定（表 6-12 和表 6-13）。

匝道回旋曲线参数及长度 **表 6-12**

匝道设计速度(km/h)	80	70	60	50	40	35	30
回旋曲线参数 A(m)	140	100	70	50	35	30	20
回旋曲线长度(m)	70	60	50	40	35	30	25

注：对行驶速度大于设计速度的匝道部位，设计时应按实际行驶速度值采用相应的 A 值。

分流鼻处匝道平曲线的最小参数 **表 6-13**

主线设计速度(km/h)	120	100	≤80
曲率半径(m)	350 (300)	300 (250)	250 (200)
回旋线参数(m)	140 (120)	120 (100)	100 (80)

注：括号内的值为极限值。

4. 匝道最大纵坡

(1) 公路匝道最大纵坡规定见表 6-14。

公路匝道最大纵坡 **表 6-14**

<table>
<tr><td colspan="3">匝道设计速度(km/h)</td><td>80</td><td>70</td><td>60</td><td>50</td><td>40</td><td>35</td><td>30</td></tr>
<tr><td rowspan="4">最大纵坡
(%)</td><td rowspan="2">出口匝道</td><td>上坡</td><td colspan="2">3</td><td colspan="2">4</td><td colspan="3">5</td></tr>
<tr><td>下坡</td><td colspan="2">3</td><td colspan="2">3</td><td colspan="3">4</td></tr>
<tr><td rowspan="2">入口匝道</td><td>上坡</td><td colspan="2">3</td><td colspan="2">3</td><td colspan="3">4</td></tr>
<tr><td>下坡</td><td colspan="2">3</td><td colspan="2">4</td><td colspan="3">5</td></tr>
</table>

注：因地形困难或用地紧张时可增大 1%。非冰冻积雪地区在特殊困难情况下可增加 2%。

(2) 城市道路匝道最大纵坡规定见表 6-15。

城市道路立体交叉引道和匝道的最大纵坡度 **表 6-15**

<table>
<tr><td colspan="2">设计速度(km/h)</td><td>80</td><td>≤60</td></tr>
<tr><td rowspan="2">最大纵坡(%)</td><td>冰冻地区</td><td>4</td><td>4</td></tr>
<tr><td>非冰冻地区</td><td>4</td><td>5</td></tr>
</table>

5. 匝道竖曲线的最小半径及长度规定（表 6-16 和表 6-17）

匝道竖曲线的最小半径及长度 **表 6-16**

<table>
<tr><td colspan="3">匝道设计速度(km/h)</td><td>80</td><td>70</td><td>60</td><td>50</td><td>40</td><td>35</td><td>30</td></tr>
<tr><td rowspan="4">竖曲线最小半径
(m)</td><td rowspan="2">凸形</td><td>一般值</td><td>4500</td><td>3500</td><td>2000</td><td>1600</td><td>900</td><td>700</td><td>500</td></tr>
<tr><td>最小值</td><td>3000</td><td>2000</td><td>1400</td><td>800</td><td>450</td><td>350</td><td>250</td></tr>
<tr><td rowspan="2">凹形</td><td>一般值</td><td>3000</td><td>2000</td><td>1500</td><td>1400</td><td>900</td><td>700</td><td>400</td></tr>
<tr><td>最小值</td><td>2000</td><td>1500</td><td>1000</td><td>700</td><td>450</td><td>350</td><td>300</td></tr>
</table>

续表

竖曲线最小长度(m)	一般值	100	90	70	60	40	35	30
	最小值	75	60	50	40	35	30	25

分流鼻附近匝道竖曲线的半径及长度　　**表 6-17**

主线设计速度(km/h)			120	100	80	60
竖曲线最小半径(m)	凸形	一般值	3500	2000	1600	900
		最小值	2000	1400	800	450
	凹形	一般值	2000	1500	1400	900
		最小值	1500	1000	700	450
竖曲线最小长度(m)		一般值	90	75	60	40
		最小值	60	50	40	35

6. 匝道加宽及超高

(1) 匝道圆曲线加宽规定见表 6-18。

匝道圆曲线的加宽值　　**表 6-18**

单车匝道(R1 型)		单车双车道或对向双车道匝道(R2 型)	
圆曲线半径(m)	加宽值(m)	圆曲线半径(m)	加宽值(m)
25～<27	2.00	25～<26	2.25
27～<29	1.75	26～<27	2.00
29～<32	1.50	27～<29	1.75
32～<36	1.25	29～<31	1.50
36～<42	1.00	31～<33	1.25
42～<48	0.75	33～<36	1.00
48～<58	0.50	36～<39	0.75
58～<72	0.25	39～<43	0.50
≥72	0	43～<47	0.25
—	—	≥47	0

注：1. 表中加宽值是对标准行车道宽度而言的。当遇特殊断面时，加宽值应予调整，使加宽后的总宽度与标准一致。
2. 对向分隔的双车道匝道，应按各自车道的曲线半径所对应的加宽值分别加宽。

(2) 匝道圆曲线超高规定见表 6-19。

匝道圆曲线的超高 **表 6-19**

匝道设计速度(km/h)	80	70	60	50	40	35	30	超高(%)
匝道圆曲线半径(m)	280	<210	<140	<90	50	<40	—	10
	280 330	210 250	140 180	90 120	50 70	40 50	—	9
	330 380	250 300	180 220	120 160	70 90	50 60	30 40	8
	380 450	300 350	220 270	160 200	90 130	60 100	40 60	7
	450 540	350 430	270 330	200 240	130 160	90 110	60 80	6
	540 670	430 550	330 420	240 310	160 210	110 140	80 110	5
	670 870	550 700	420 560	310 410	210 280	140 220	110 150	4
	870 1240	700 1000	560 800	410 590	280 400	220 280	150 220	3
	>1240	>1000	>800	>590	>400	>280	>220	2

7. 匝道视距

(1) 匝道识别视距规定见表 6-20。

识 别 视 距 **表 6-20**

设计速度(km/h)	120	100	80	60
识别视距(m)	350～460	290～380	230～300	170～240

注：当驾驶员需接受的信息较多时，采用较大(接近高限)值。

(2) 匝道停车视距规定见表 6-21。

匝道停车视距 **表 6-21**

设计速度(km/h)	80	70	60	50	40	35	30
停车视距(m)	110 (135)	95 (120)	75 (100)	65 (70)	40 (45)	35	30

注：积雪冰冻地区，应大于括号内的数值。

(3) 通视三角区

在汇流鼻端，匝道与主线间应有保证视距的一定范围，其通视三角区规定如图 6-20 所示。

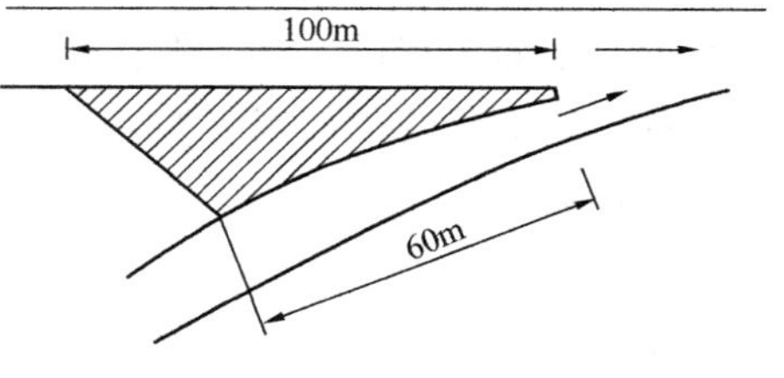

图 6-20 汇流鼻端前通视三角区

匝道出口位置应明显，易于识别。一般情况下，宜将出口设置在跨线桥前。当设置在其后时，则至跨线桥的距离宜大于 150m。

出口接下坡匝道时，应保证驾驶员能在出口前看清楚匝道中第一曲线的起点及曲率趋势。

8. 变速车道长度及有关参数规定（见表 6-22）。

变速车道长度及有关参数　　　　**表 6-22**

变速车道类别		主线设计车速（km/h）	变速车道长度（m）	渐变参数（m）	渐变段长度（m）	主线硬路肩或其加宽后的宽度（m）	分、汇流鼻端半径（m）	分流鼻端处匝道左侧硬路肩加宽 C2（m）
出口	单车道	120	145	25	100	3.5	0.60	0.60
		100	125	22.5	90	3.0	0.60	0.80
		80	110	20	80	3.0	0.60	0.80
		60	95	17.5	70	3.0	0.60	0.70
	双车道	120	225	22.5	90	3.5	0.70	0.70
		100	190	20	80	3.0	0.70	0.70
		80	170	17.5	70	3.0	0.70	0.90
		60	140	15	60	3.0	0.60	0.60
入口	单车道	120	230	—(45)	90(180)	3.5	0.6(0.55)	—
		100	200	—(40)	80(160)	3.0	0.6(0.75)	—
		80	180	—(40)	70(160)	2.5	0.6(0.75)	—
		60	155	—(35)	60(140)	2.5	0.6(0.70)	—
	双车道	120	400	45	180	3.5	0.63	—
		100	350	40	160	3.0	0.63	—
		80	310	37.5	150	2.5	0.67	—
		60	270	35	140	2.5	0.50	—

注：1. 单车道入口一般为平行式，若为直接式时，采用括号内的参数。

2. 当变速车道在坡道上时，应对其长度进行修正，其修正系数见表 6-23。

坡道上变速车道长度的修正系数　　　　**表 6-23**

主线平均坡度 i(%)	$i \leqslant 2$	$2 < i \leqslant 3$	$3 < i \leqslant 4$	$4 < i \leqslant 6$
下坡减速车道修正系数	1.00	1.10	1.20	1.30
上坡加速车道修正系数	1.00	1.20	1.30	1.40

9. 匝道的宽度

《公路规范》对匝道断面尺寸及类型规定如下：

(1) 匝道断面组成及尺寸。

匝道横断面由车道、路缘带、硬路肩和土路肩组成。对向分隔的匝道还应包括中央分隔带。各组成部分的尺寸规定如下：

①匝道宽度为 3.5m。

②路缘带宽度为 0.5m。

③左侧硬路肩（包括路缘带）的宽度为 1.0m。

④右侧硬路肩（包括路缘带）的宽度：不设紧急停车带时为 1.0m；设紧急停车带时，一般为 2.5m；特殊困难路段中，或对向分隔式双车道时为 2.0m。

⑤土路肩宽度一般为 0.75m；特殊困难路段中，在不设侧护栏的情况下为 0.5m。

⑥中央分隔带的宽度一般为 1.0m。

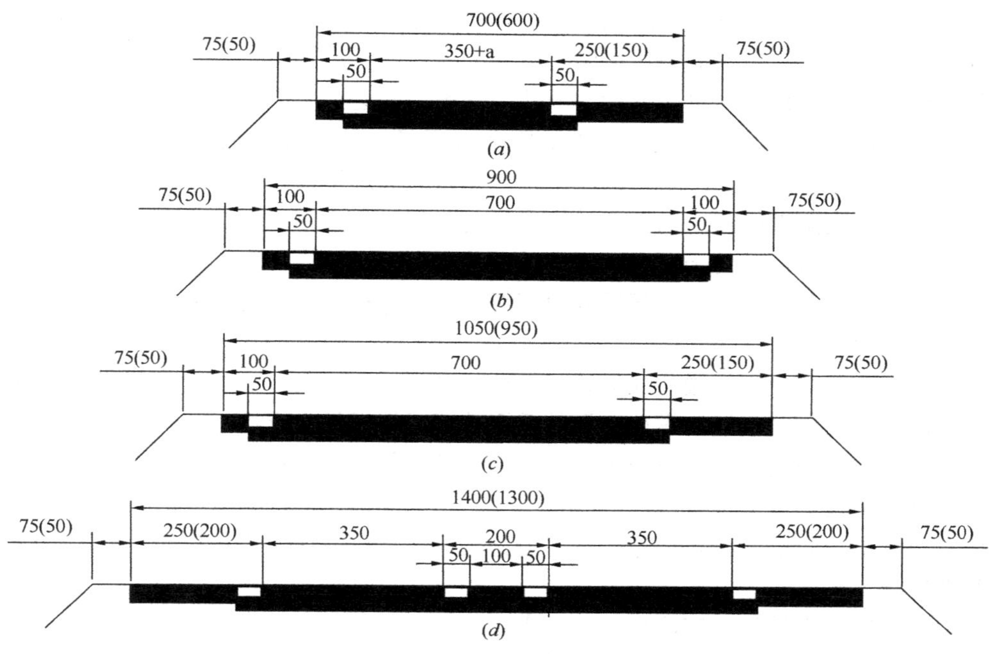

图 6-21 匝道横断面的基本类型（尺寸单位：cm）

（a）R1—单车道匝道；（b）R2—无紧急停车带的双车道匝道；（c）R3—设紧急停车带的双车道匝道；（d）R4—对向分隔式双车道匝道

注：不包括曲线上的加宽值。

（2）匝道横断面的基本类型分下列四种，如图 6-21 所示。

①R1 型。单车道匝道。

②R2 型。无紧急停车带的双车道匝道。

③R3 型。设紧急停车带的双车道匝道。

④R4 型。对向分隔的双车道匝道。

二、匝道设计要点

1. 平面设计要点

匝道平面线形设计应与匝道的设计车速及类型相适应，同时考虑地形、地物、占地等条件，从而保证匝道上行驶的车辆连续、稳定、安全。具体要求如下：

（1）匝道平面线形要与汽车行驶速度变化相适应。

（2）匝道平面线形设计要考虑匝道承担的交通量大小。通常在繁重的匝道上，应尽量设计成较好的线形。

（3）匝道的起、终点以及匝道的分、合流点，交通复杂，易发生事故，设计时应注意保证视距，并创造良好的视线诱导条件。

（4）匝道起点、终点、收费站等处，横断面组成、尺寸，横坡及线形等都满足行车要求并做到线形顺适圆滑，做好过渡段的设计。

2. 纵面设计要点

与一般主线纵断面线形相比，由于互通式立体交叉具有路线相互跨越的特点，匝道纵面线形往往受到上、下线标高的限制，因而如何满足上、下线竖向连接的要求，是匝道纵面设计的根本任务。匝道纵面设计应满足下列要求：

(1) 匝道纵面线形应尽可能连续、顺适、均衡，并避免生硬而急剧变化的线形。

(2) 在可能条件下，尽可能用较大的竖曲线半径，特别在匝道端部，这一点尤为重要。要从行车安全、畅通、不阻塞延误出发，做好纵面线形设计。

(3) 驶入主线附近的匝道纵面线形，必须有一段同主线的纵面线形一致的平行路段，充分保证主线通视条件，便于汇入车辆驾驶员的识别。

(4) 应尽量避免同向竖曲线间插入短直线。如有这种情况，可以采用大竖曲线包络两个竖曲线，予以改善。

(5) 匝道应尽量采用较缓的纵坡，以保证行驶的舒适与安全，尤其是加速上坡匝道和减速下坡匝道，更应采取缓的纵坡，严禁采用等于或接近最大纵坡值。

(6) 匝道的纵面线形设计应与平面线形设计结合起来，构成良好的空间线形。设计车速车道及其与主线的连接部分时，应特别重视匝道纵断面之间的关系。

(7) 匝道中设收费站时，接近收费广场路段的纵坡应平缓，不得以较大的下坡驶向或进入收费广场。

(8) 匝道纵面设计时还应注意以下要求：

①匝道的纵坡应平缓，且使两端较缓，中间较陡，并尽量避免反坡。

②匝道同主线相连接的部位，其纵面线形应连续，避免线形的突变。

③出口匝道宜为上坡匝道。

④上坡加速或下坡减速的匝道（逆坡匝道），应尽量避免采用最大纵坡值。

第六节 附属部分设计

1. 端部设计

匝道端部是包括匝道渐变段，变速车道、匝道端点等邻近主线出入口部分的统称。匝道端部可以根据端部变速车道的外形分为平行式和直接式，也可根据端部变速车道数分成单车道和多车道型。

(1) 匝道端部出入口设计要点

1) 立交枢纽匝道的出入口，应设置在主线行车道右侧。受条件限制的特殊情况下，出入口只能设置在主线行车道左侧时，应把左侧出入口按主线车道分流或合流形式设计，具体要求按“主线分流合流处的辅助车道”的设置要求进行。互通式立体交叉匝道出入口一般情况应设在主线行车道右侧，除特殊情况或在相交次要道路且其出入口交通量较小的条件下才可设置在次要道路左侧。

2) 出入口端部位置应明显及易于识别：

①一般情况下，宜将出口设置在跨线桥等构造物前，困难地段可把变速车道大部分设置在跨线桥前。当设置在跨线桥后时，则距跨线桥距离宜大于150m。

②一般情况下，宜将出口设置在凸形竖曲线上坡道上。当设置在凸形竖曲线下坡道处，应将凸形竖曲线设置长些，以增大视距，使驾驶员能看清出口端部变速车道渐变段的

起点和匝道平曲线的方向。

③入口端部宜设在主线下坡路段，以便于重型车辆利用下坡加速，并在入口端点应保持充分的视距，以便匝道上汇流车辆能调整车速汇入主线车流间隙中。

3）驶出匝道出口端部，在减速车道终点，应设置一条缓和曲线，使分流点处具有较大的曲率半径，并使曲率变化适应行驶速度的变化，如图 6-22 所示。分流点的曲率半径与回旋线参数规定见表 6-24 列值。

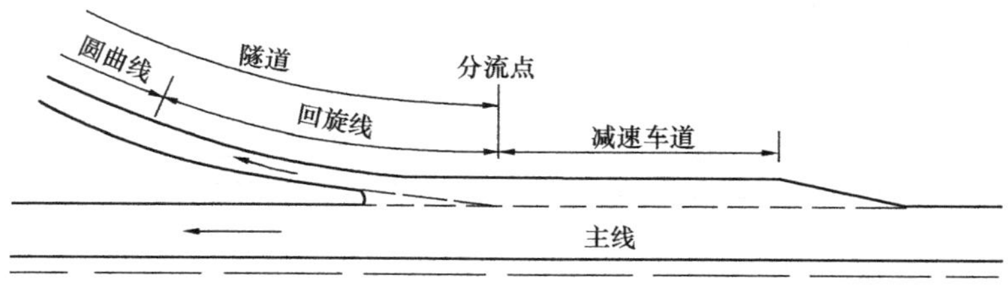

图 6-22　驶出匝道端部

分流点的曲率半径与回旋线参数　　表 6-24

主线计算行车速度（km/h）	分流点的行驶速度（km/h）	分流点的最小曲率半径（m）	回旋参数 A(m)	
			一般值	低限值
120	80	250	110	100
	60	150	70	65
100	55	120	60	55
80	50	100	50	45
60	≤40	70	35	30

4）一级立交主线与驶出匝道的出口分流点处，当需给误行车辆提供返回余地时，行车道边缘宜加宽一定偏量值，并用圆弧连接主线和匝道路面的边缘。偏量值和楔形端部鼻端半径规定见第四章第五节。高架结构段可不设偏移加宽。

楔形端端部后的过渡长度 Z_1、Z_2 根据表 6-20 渐变率计算。

当主线硬路肩宽度能满足停车宽度要求时，偏置宽度可采用该路肩宽度，渐变段部分硬路肩应铺成与行车道路面相同的结构。同时，端部路段从前端起用缘石围上 10～15m 长，使其轮廓醒目便于识别。

5）立交范围内相邻出入口之间的最小净距见表 6-25。

匝道最小净距　　表 6-25

干道计算行车速度（km/h）		120	100	80	60	50	40
距离 L（m）	极限值	165	140	110	80	70	55
	一般值	330	280	220	160	140	110

匝道出入口之间最小净距数值除按表 6-25 采用外，还应考虑以下各项：

①干道的驶出或驶入紧挨着的情况（图 6-23*b*），应考虑变速道长度及标志之间距离，根据所需距离最长的条件取用。

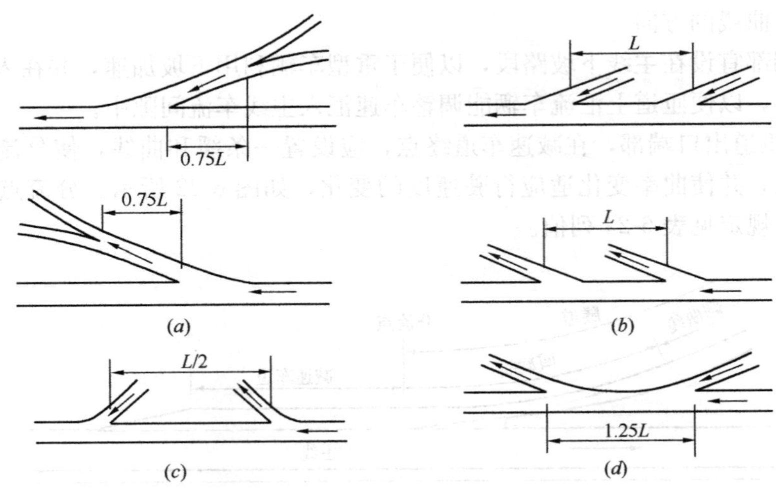

图 6-23　匝道口最小净距

(*a*) 干道分岔与匝道分叉紧挨；(*b*) 干道上连续驶出或驶入；

(*c*) 干道上先驶出后驶入；(*d*) 干道上先驶入后驶出

②驶入的前面有驶出的情况（图 6-23*d*），应根据交织的交通量计算其交织所需长度，并取其长者来决定距离采用值。

(2) 单车道出入口

单车道出入口分单车道直接式出入口（图 6-24、图 6-26）和单车道平行式出入口（图 6-25、图 6-27）二类。

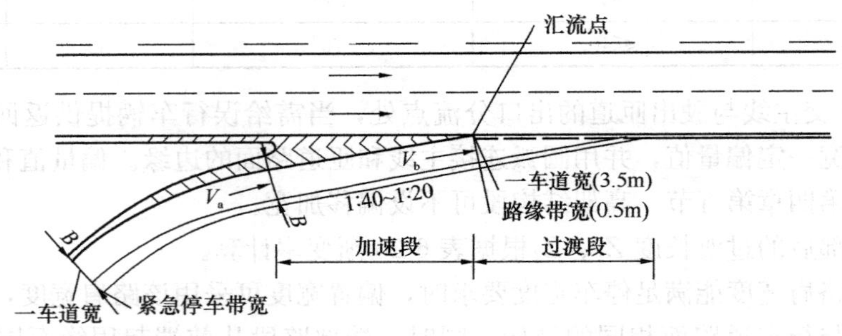

图 6-24　单车道直接式入口

B—单车道匝道宽度

①单车道直接式入口是按 1∶40～1∶20（纵横比）均匀的渐变率和主线连接，汇合点设定在主线直行车道右侧边缘 3.5m（一条车道）处，汇合点后方为加速段，汇合点前方为过渡段。

②单车道平行式入口是在汇流点处起，提供一条附加平行车道，使车辆从汇合点处开始加速到接近主线车速。在附加变速车道末端设置过渡渐变段，使有较长的插入区段，有利于车辆驶入。

③直接式出口线形符合行车轨迹，其出口是按 1∶25～1∶15（纵横比）均匀的渐变率和主线相接，分散角通常为 2°～5°，有利于主线大交通量车辆快速、平稳驶出。

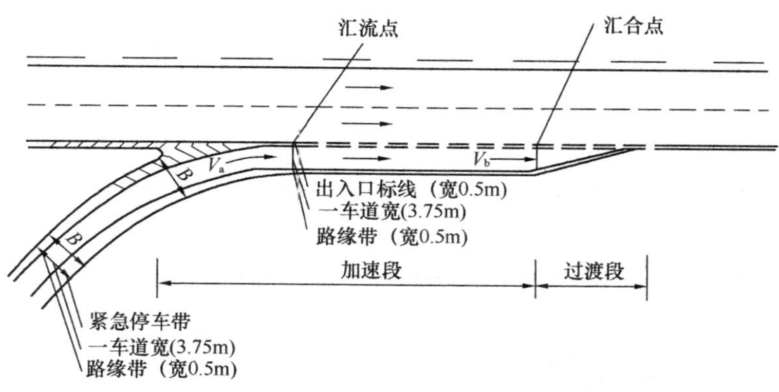

图 6-25　单车道平行式入口

B—单车道匝道宽度

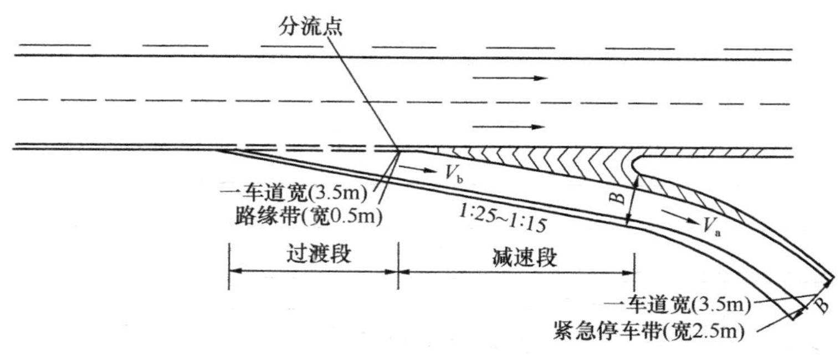

图 6-26　单车道直接式出口

B—单车道匝道宽度

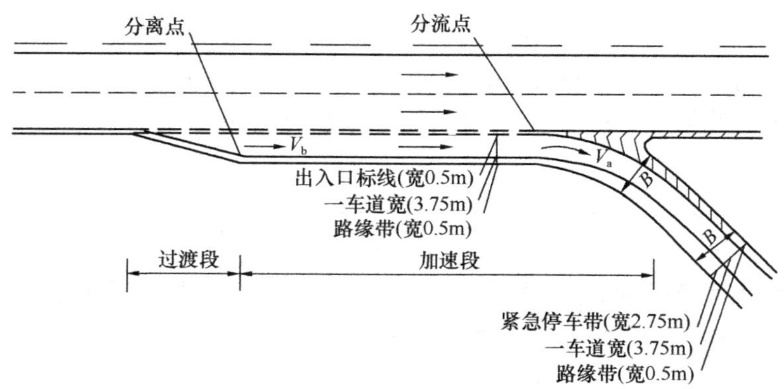

图 6-27　单车道平行式出口

B—单车道匝道宽度

④平行式出口线形其渐变段及减速车道线形特征明显，能提供驾驶员注目的出口区域，以防止主线车辆误驶出主线。

(3) 多车道出入口

多车道出入口除和单车道出入口一样根据形式分两类外，更重要的是以功能分类。一种是按出入口进行设计，适应于互通式立交匝道的出入口设计；另一种按主要岔口分流、合流进行设计，适应于高等级道路起、讫点处立交枢纽的定向匝道出入口设计。

1）按出入口形式设计

①双车道直接式出入口，布置形式和单车道一样，第二条变速车道加在第一条变速车道右侧，按经验，内侧车道加速段长是单车道规定值的 80%（图 6-28、图 6-29）。

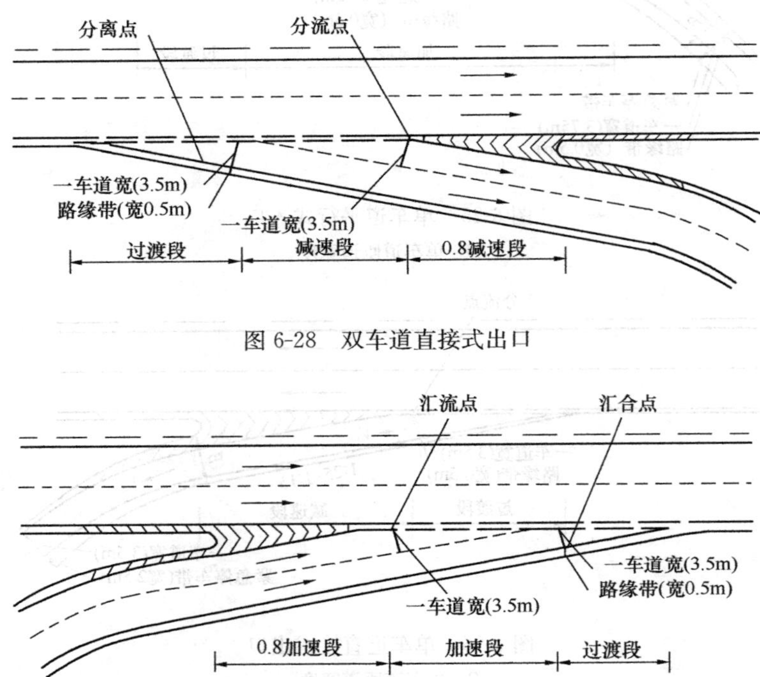

图 6-28　双车道直接式出口

图 6-29　双车道直接式入口

②双车道平行式出入口，布置形式和单车道一样，第二条车道加在第一条车道右侧，右侧变速车道较左侧第一车道短一渐变段长度（图 6-30、图 6-31）。

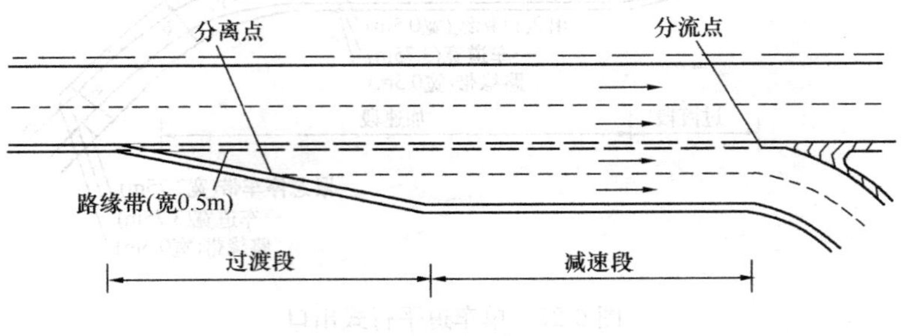

图 6-30　双车道平行式出口

2）按增设辅助车道的双车道出入口设计

一般位于立交枢纽的定向匝道，当出入口交通量很大时，双车道出入口必须在下行方向按车道数平衡和基本车道数连续这两条原则，增设辅助车道（图 6-32～图 6-35）。

3）按"主要岔口"分流、合流形式设计

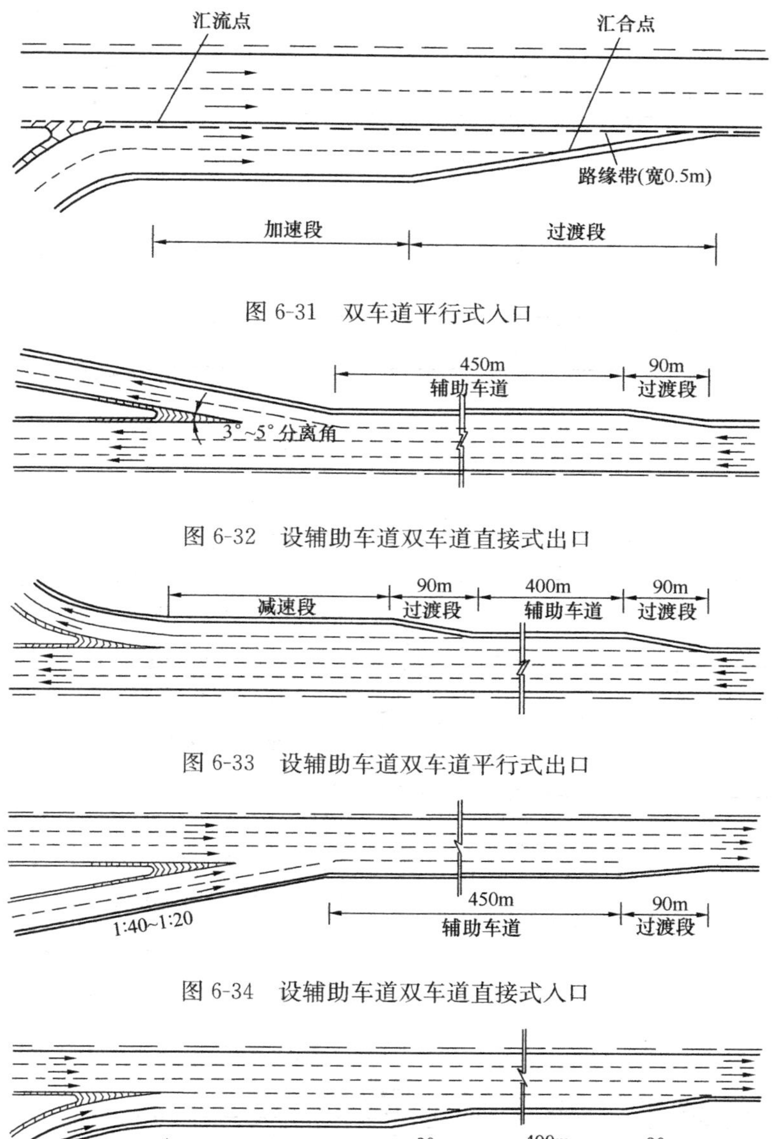

图 6-31 双车道平行式入口

图 6-32 设辅助车道双车道直接式出口

图 6-33 设辅助车道双车道平行式出口

图 6-34 设辅助车道双车道直接式入口

图 6-35 设辅助车道双车道平行式入口

①枢纽型立交处，为能在与主线车速基本相同行驶条件下实现大交通量的分流、合流和路线的转换，道路分岔端部须按“分岔”方式保证主线基本车道数连续和主线车道数的平衡，必要时增设辅助车道。典型的双车道岔口分流、合流端部设计如图 6-36 所示。其中，相对较次要分岔流向应靠右侧进出。

②城市快速路在起讫点处一般分成两条定向多车道，与类似高等级道路相衔接。大交通量的分流、合流或路线间交通流转换期间车速基本保持不变。多车道岔口分流、合流端部可按图 6-37 所示方式对主线进行分岔。

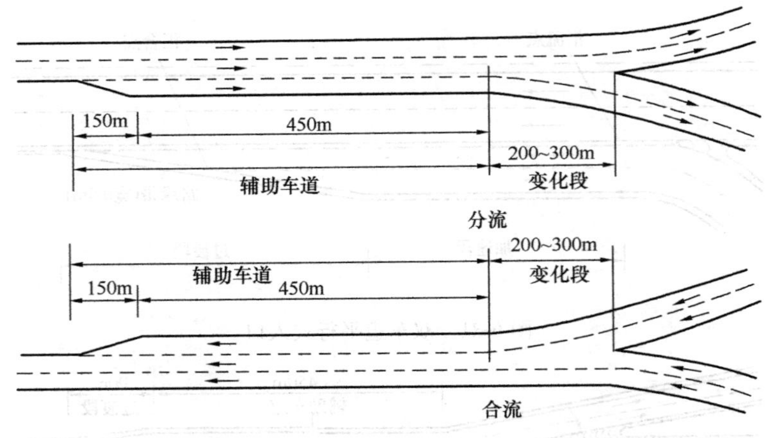

图 6-36　双车道岔口分流与合流

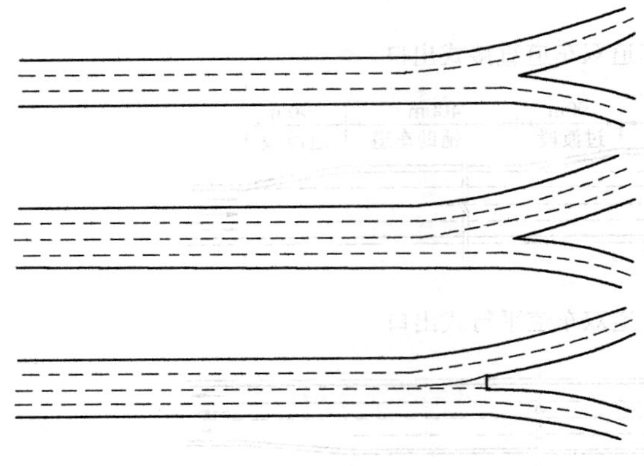

图 6-37　多车道岔口分流与合流

③特大型互通式立交枢纽的“主要岔口”除了按车道数平衡原则进行设计外，还应按树枝状分岔，以每两个流向分别进行分流、合流设计（图 6-38）。

2. 其他车道

(1) 辅助车道

为适应交通需求的变化，适应变速、交织以及出入运行，可以通过设置辅助车道来进行调节，从而满足基本车道数连续及车道平衡的设计原则。辅助车道的宽度应与直行车道相同。

基本车道数的连续与平衡的要求在快速路中已经述及，参见图 4-6。

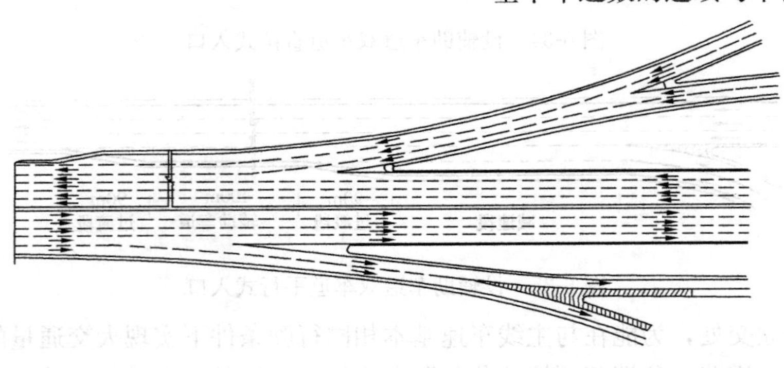

图 6-38　多车道树枝状分岔

为了使车辆行驶顺畅，辅助车道长度（包括渐变段）在分流端为 1000m，最小为 600m，在合流端为 600m。辅助车道过渡段渐变率应大于等于 1/50（渐变段长，一车道一般可用 200m）。当前一个互通式立体交叉（立交枢纽）的加速车道末端至下一个互通式立体交叉（立交枢纽）的减速车道的起点之间的距离小于 500m 时，必须设辅助车道，将二者连接起来。交通量较大、交织运行交通量比例较高，即使两者间距达 2000m，也宜考虑设置连续的辅助车道，如图 6-39 所示。

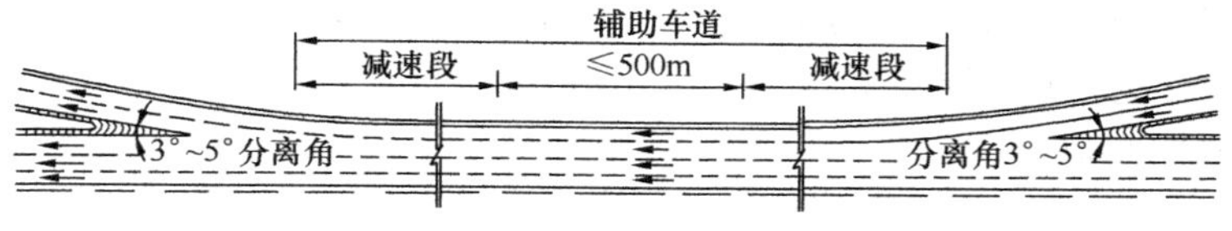

图 6-39 连续辅助车道

需要说明的是，辅助车道只用于立交枢纽的主要道路和互通式立交一级分流、合流处，对于次要道路的分流、合流处则无须设置。

（2）变速车道

在互通式立交匝道出入口处，应设置变速车道，以满足车辆减速或加速行驶的需要。变速车道分为直接式和平行式两种（参见图 4-1）。城市互通立交中减速车道一般采用直接式，加速车道一般采用平行式。

1）主线为曲线时变速车道线形

①平行式变速车道。

变速车道与主线线形为直线时一样，主线为曲线时的平行式变速车道线形一般与主线曲线平行。平行式变速车道同匝道曲线连接如图 6-40 所示。

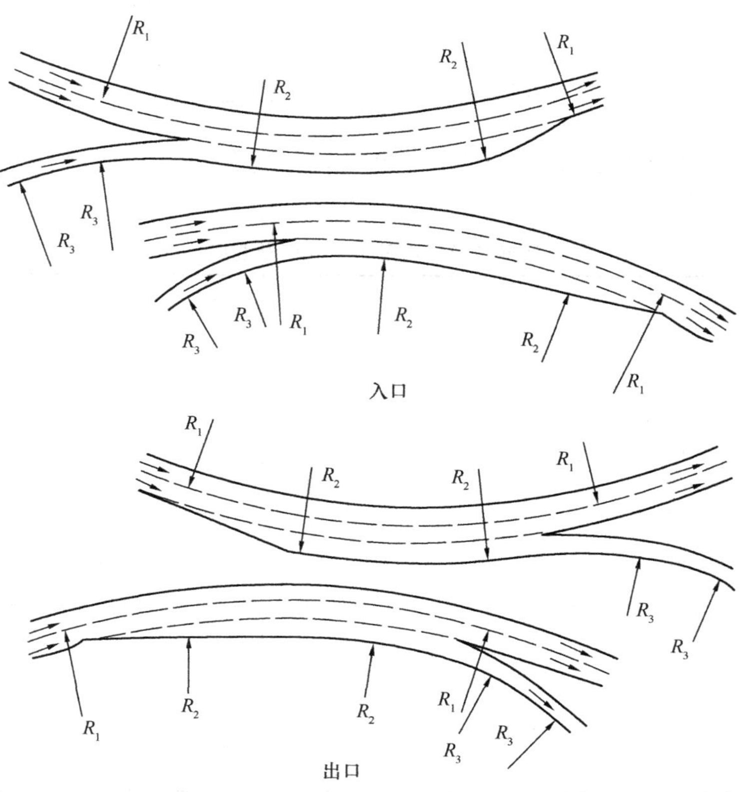

图 6-40 曲线上的平行式匝道

当为同向时，可用卵形回旋线或复合形回旋线连接；当主线圆曲线半径 $R_1>1500$m 时，可视为$R_1\approx\infty$，而直接作回旋线的起点。

当为反向时，可采用 S 形回旋线连接；当主线圆曲线半径 $R_1>2000$m 时，可视为 $R_1\approx\infty$，而直接作为回旋线的起点。

②直接式变速车道。

由于弯道上主线与变速车道的曲率差很小，直接式变速车道线形一般可采用与主线为直线时相同的宽度渐变率顺主线线形变宽接出或接入，也可按图 6-41 所示内切圆法曲线接入或接出曲线。当主线位于回旋线范围内时，变速车道亦可采用同一参数的回旋线。但宽度渐变率应符合表 6-26 的规定。直接式变速车道与匝道曲线连接，可按平行变速车道的连接方式处理。

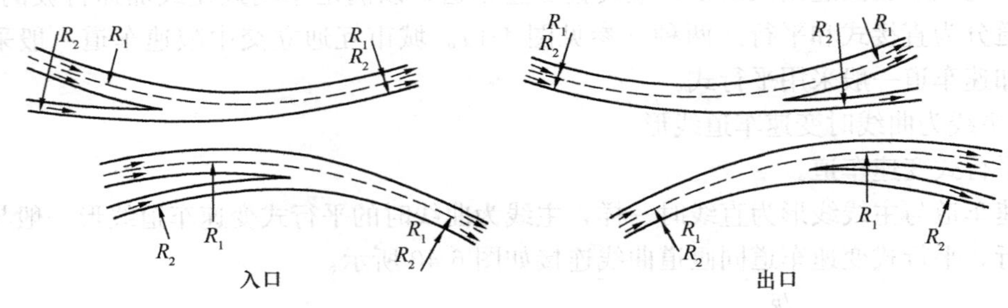

图 6-41 曲线上的平行式匝道

变速车道长度为加速或减速车道长度与渐变段长度之和，应根据主线计算行车速度采用大于表 6-26 所列值。

变速车道长度及出、入口渐变率 **表 6-26**

<table>
<tr><td colspan="2">主线计算行车速度(km/h)</td><td>120</td><td>100</td><td>80</td><td>60</td><td>50</td><td>40</td></tr>
<tr><td>除缓和部分外的减速车道规定长度(m)</td><td>1 车道
2 车道</td><td>100
150</td><td>90
130</td><td>80
110</td><td>70
90</td><td>50
—</td><td>30
—</td></tr>
<tr><td>除缓和部分外的加速车道规定长度(m)</td><td>1 车道
2 车道</td><td>200
300</td><td>180
260</td><td>160
220</td><td>120
160</td><td>90
—</td><td>50
—</td></tr>
<tr><td>缓和路段长度(m)</td><td>1 车道
2 车道</td><td>70</td><td>60</td><td>50</td><td>45</td><td>40</td><td>40</td></tr>
<tr><td>出口渐变率</td><td>1 车道
2 车道</td><td colspan="2">1/25</td><td>1/20</td><td colspan="3">1/15</td></tr>
<tr><td>入口渐变率</td><td>1 车道
2 车道</td><td colspan="2">1/40</td><td>1/30</td><td colspan="3">1/20</td></tr>
</table>

下坡路段的减速车道和上坡路段的加速车道，其长度应按表 6-27 所列修正系数予以修正。

变速车道长的修正系数 表 6-27

坡度 i	$0<i\leqslant2$	$2<i\leqslant3$	$3<i\leqslant4$	$4<i\leqslant6$
下坡减速车道修正系数	1.00	1.10	1.20	1.30
上坡加速车道修正系数	1.00	1.20	1.30	1.40

变速车道宜设一条车道，宽度为单车道宽，其位置自主线的路缘带外侧算起。变速车道外侧应另加路缘带（与高速公路相接时为紧急停车带），如图 6-42 所示。

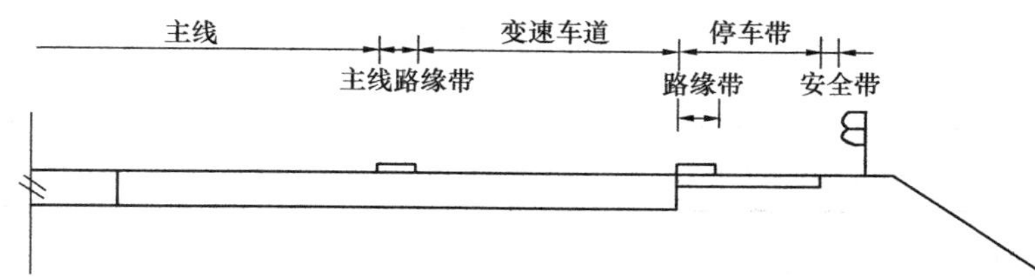

图 6-42 变速车道处断面

（3）交织路段

交织路段由于其交通的特殊性，应保证必需的交织长度和车道数，同时需设置适当上网诱导标志。

1）交织长度由其交织路段的全交织交通量以及交通流的性质决定，如图 6-43 所示。

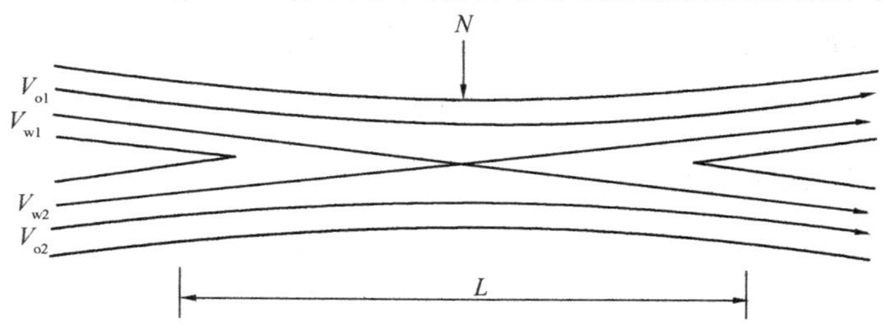

图 6-43 交织段长度

L—交织段长；N—交织路段宽（以车道数表示）

2）交织段长度可用图及表来求解。

图 6-44 中的曲线 A、B、C 表示交织路段长度与全交织交通量的关系。表 6-28 给出了曲线 A、B、C 的交通流运用特性，连接设施相互间产生的交织，一般适用曲线 B，如果地形等条件允许，也可适用曲线 A。苜蓿叶形等立体交叉产生的交织，基本上适用曲线 B，不得已时也可用曲线 C。一般公路上产生的行车交织，基本上适用于曲线 C。

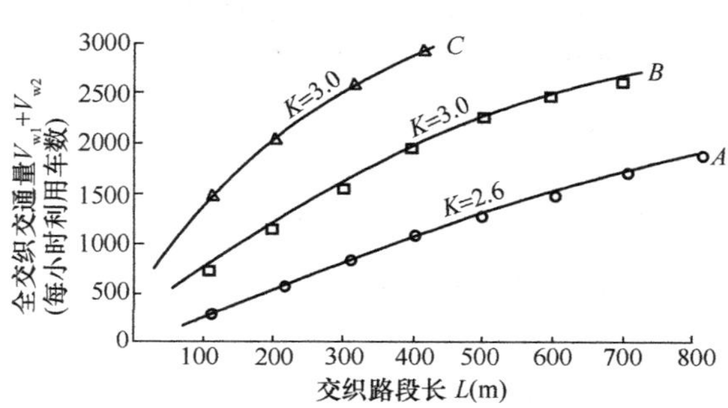

图 6-44 行车交织基本图（交织路段长与全交织交通量的关系）

K—交织影响系数

根据相应的适用条件，利用 A、B、C 曲线图，可求出与全交织交通量相适应的交织长度。

交织路段的交通流 表 6-28

曲线名称	交通流的运用特性
A	在没有交通的自由交通状态附近，交通流对交织的影响很小，如果车道数适当，车速可达到 70～80km/h
B	在交织路段上的驾驶员，比自由交通状态下的驾驶员，受其他车辆影响较大，车速保持60～70km/h
C	车辆的车速变化很大，是一种不太好的交通状态，只能保持 45～55km/h 运行速度

3）交织路段宽度（车道数）。

在图 6-44 上若设：V_{01}、V_{02}为不交织交通量（辆/h）；SV 为每一条车道上的运行交通量，则不发生交织的交通流所需车道数为：

$$(V_{01}+V_{02})/SV$$

如果交通流相同，有交织的交通流比没有交织的交通流所需要的宽度大。

若设：V_{w1}为较大的交织交通量（辆/h）；V_{w2}为较小的交织交通量（辆/h）；K 为交织影响系数，$1.0\leqslant K\leqslant 3.0$，则交织车流所需的附加车道数为：

$$(V_{W1}+KV_{W2})/SV$$

从以上两式求得交织路段的全部车道数 N：

$$N=\frac{V_{21}+KV_{W2}+V_{01}+V_{02}}{SV}$$

注：交织影响系数表示交织交通量在交织路段阻碍交通程度的系数。

这样求得的值为全部车道数。除整数项的车道数外，小数部分的车道数可按下述原则处理：

不需要增加车道的情况：

①道路的服务水平高（低交通量）。

②不产生交织的交通量占多数。

③小数部分的数值小。

需增加一个车道的情况：

①交通量接近于通行能力。

②交织的交通量比率高。

③小数部分数值大。

（4）集散车道

在立交枢纽中交织路段长度得不到保证，或立交多个匝道出入口端部间距较近，不能满足车辆的交织要求，对主线交通干扰大，有下列情况时，可考虑设置集散车道。

1）通过车道交通量大，需要分离。

2）两个以上出口分流岛端部靠得很近。

3）三个以上出入口分流岛端部靠得近。

4）所需要交织长度得不到保证。

5）因交通标志密集而不能用标志诱导。

集散车道的宽度可以是单车道或双车道，取决于通行能力的需要。每条车道宽取3.5m，在主线出入口处应保持车道平衡，但对集散道路本身不作规定。

主线和集散道路之间的外分隔带应有足够宽度，其最小宽度应足以设置集散道路的路肩宽度（等于主线的路肩宽度），并足以设置适当的护栏，以防车辆任意跨越。集散车道，特别是运用于一座以上互通式立交的集散车道的交通标志设置应给予高度重视，否则由于驾驶员对前方路线判断失误，造成集散路段交通紊流，反而给交通带来负面影响。

第七节　匝道设计及施工各种计算

一、匝道中心线控制点坐标计算

匝道中心，一般应附合主线或导线，即从主线或导线引出，最后又闭合多边形，其控制点和线段的坐标及方向通过闭合而得道检验，及时反映出计算的正确性或误差，以保证各种结构物设计和施工正确定位。

二、匝道与主线整体构成几何关系分析

1. 概述

无论匝道如何复杂，它与主线、交叉线整体构成的几何关系，即其坐标、方向均应闭合无误。当某些控制点位置未知时，可通过已知条件及几何关系分析计算求出点位坐标及点间距离。即使在初步设计条件下，也应利用地形图上导线网和图上定线坐标值（图上量取）计算闭合。实地定线及施工时，可随时利用这些坐标值把匝道及主线、交叉线敷设到实地上去。这种方法对城市道路立交尤其准确可靠，易于控制设计范围，不会超出红线或侵入其他重要设施范围，施工放线准确度高。

为具体说明上述两项计算方法及过程，下面利用某市新华路部分互通式立交线位图及计算资料，作为实例供参考。

2. 举例：

已知立交平面线形如图 6-45 所示：

I(92)-206-1　　$x=7537.873$，$y=40830.960$

I(92)-204-2　　$x=7214.615$，$y=40919.986$

I(92)-204-1　　$x=7044.974$，$y=40943.724$

I(92)-203-11　　$x=7209.136$，$y=41164.936$

I(92)-205-2　　$x=7583.146$，$y=40599.911$

从图 6-45 可知，主线和交叉线都通过导线点，整个立交线形处于导线网中，各方向、坐标都在等高级导线网的控制下，通过联系计算，求出主要控制点坐标，立交线位即可处于正确状态。如果主线和交叉线未通过导线点，应设线联系。

（1）新华路（主线）中心线控制点坐标、点间距离及方向角计算见表 6-29。

主线中心线控制点坐标点间距离、方向角计算　　　表 6-29

点　号	点间距离（L）	方向角（φ）	坐标增量		坐　标	
			Δx	Δy	x	y
设计起点					7722.350	40774.100
XK0+000	136.577	SE17°50′ 50″	−130.005	+41.858	（量出）	（量出）
XJD.1	56.5（量出）	SE15°23′51.6″	−54.472	+15.002	7592.345	40815.958
I(92)-206-1	335.293	SE15°23′51.6″	−323.258	+89.026	7537.873	40830.960
I(92)-206-2	56.5（量出）	SE15°23′52.2″	−74.236	+20.445	7214.615	40919.986
XJD.2	95.489	SE1°58′35″	−95.432	+3.293	7140.379	40940.431
I(92)-206-2					7044.947	40943.724

图 6-45 中 XJD.1～XJD.2 是直线，该直线上有 I（92）-206-1、I（92）-204-2 两导线点位已知，按其坐标求得方位角及距离

$$\theta=\tan^{-1}\frac{\Delta y}{\Delta x}=\text{SE}15°23'51.6'';\ L=\sqrt{\Delta x^2+\Delta y^2}=335.293\text{m}。$$

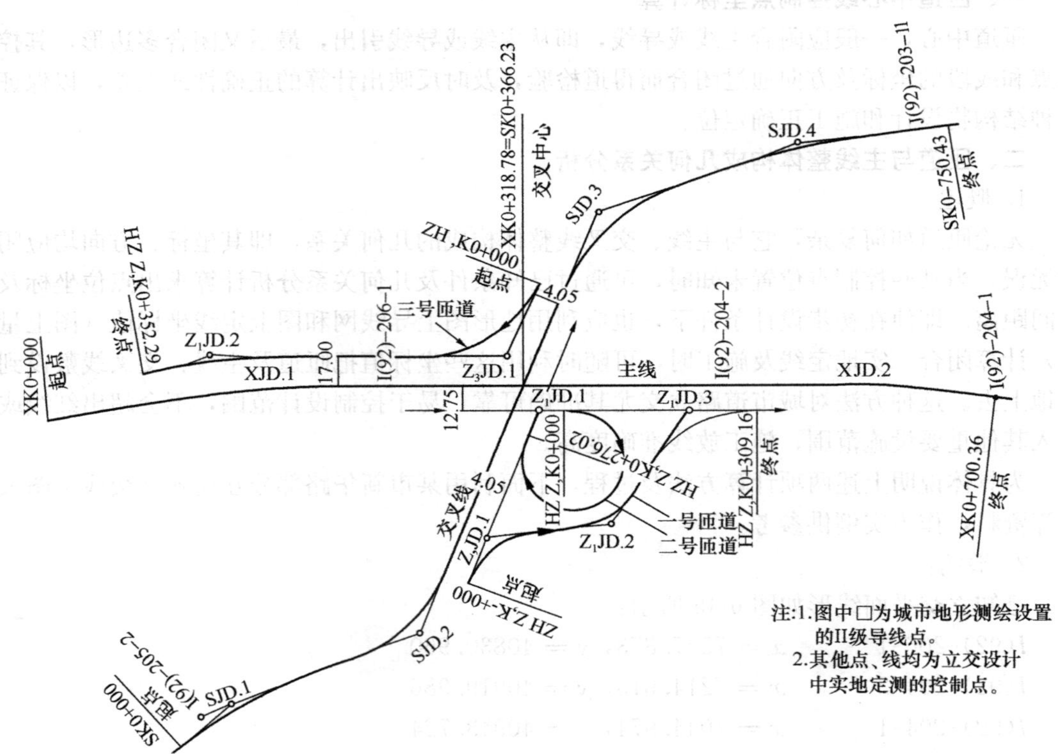

图 6-45　立交平面线形图

再从设计图上量得 I(92)-206-1～XJD-1 距离为 56.5；I(92)-204-2 距离为 77.0m 及已知 Φ=SE15°23′51.6″，从而求得 XJD.1 及 XJD.2 两点坐标值。设计起点 XK0+000 坐标从图上量得，据以算出 XJD.1～XK0+000 的距离 L 及方向角 θ；主线终点 XK0+700.36 为导线点 I(92)-204-1，坐标已知，可求得点间距离及方向角 θ=SE15″23′51.6″及

$15°23'52.2''$，这种细小误差不影响设计质量，可采用 $\Phi=SE15°23'52''$。

用同样方法可求得交叉线上控制点坐标、点间距及方向角（计算略）。当某些点无坐标值时，可从线形设计图上量取，但应与导线网点联系闭合。

（2）主线与交叉线交叉中心坐标计算前已求得 $x_c=7416.660$，$y_c=40864.344$。

（3）匝道与主线、交叉线几何关系分析及坐标计算。

匝道与主线、交叉线的几何分析，线形设计时已大体确定，但点、线的准确位置仍须进一步分析，求出控制点坐标，才能据以进行施工设计及施工放样。举前述新华路立交实例说明如下：

① 二号匝道交点 Z_2JD. 1 与主线、交叉线几何关系如图 6-46 所示。由图 6-46 可知：

$\gamma=90°-50°34'47''=39°25'13''$

$a=4.05/\cos\gamma=5.243\text{m}$

$c\cdot\cos\gamma=12.75$，$\therefore\quad c=12.75/\cos\gamma=16.505\text{m}$

$b=c\sin\gamma=16.505\sin39°25'13''=10.481\text{m}$

$b-a=10.481-5.243=5.238\text{m}$

$d=\sqrt{12.75^2+5.238^2}=13.784\text{m}$

$d\sin\beta=5.238\quad\therefore\beta=\sin^{-1}\dfrac{5.238}{13.784}=22°20'03''$

$\therefore\quad\alpha=90°-22°20'03''=67°39'57''$。

根据求得的 d、α、β 即可计算 Z_2JD. 1 的坐标值。

② 计算 Z_2JD. 1 曲线要素及起终点里程：

已知 $\alpha=50°34'47''$，$R_2=45\text{m}$，$L_s=35\text{m}$

$$p_2=\frac{L_s^2}{24R_2}=35^2/24\times45=1.13\text{m};$$

$$m=\frac{L_s}{2}-\frac{L_s^2}{24R_2}=17.5-0.088=17.41\text{m}$$

求：$T'=(R_2+p_2)\tan\dfrac{\alpha}{2}=(45+1.13)\tan\dfrac{50°34'47''}{2}=21.80\text{m}$

$$T=T'-m=21.80-17.41=4.39\text{m}$$

$$L=\frac{\pi}{180°}R_2(360°-50°34'47'')+35=278.02\text{m}$$

ZH-Z_2K0+000，HZH-Z_2K0+278.02。

按前述回头曲线要素计算公式：

$$\alpha'=360°-\alpha=360°-50°34'47''=309°25'13''$$

$$\beta=\frac{90}{R_2\pi}L_s=\frac{90\times35}{45\times\pi}=22°16'54''$$

$$T'=(R_2+p_2)\tan\left(180°-\frac{309°25'13''}{2}\right)-17.41=4.39\text{m}$$

$$L=\frac{\pi}{180°}R_2(\alpha'-2\beta)+2L_s=\frac{45\pi}{180°}(309°25'13''-44°33'48'')+70=278.02\text{m}$$

计算结果无误。

由以上计算资料及图 6-46，图 6-47，可进行坐标计算。

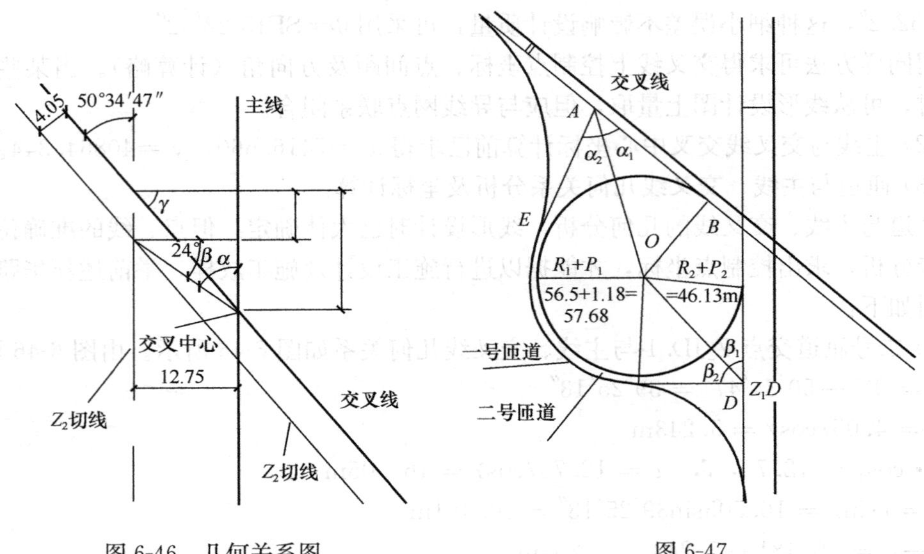

图 6-46　几何关系图　　　　图 6-47

③ 计算 Z_2JD. 1 及圆心 O 点坐标（表 6-30）。

计算 Z_2JD. 1 和圆心 O 点坐标　　　　表 6-30

点号	点间距离（L）	方向角（φ）	坐标增量		坐　标	
XJD. 1			Δx	Δy	x	y
交叉中心		SE15°23′52″				
Z_2JD. 1	d=13. 784	NW83°03′49″	+1. 665	−13. 683	7416. 660	40864. 344
切点 C	21. 80	SE15°23′52″	−21. 018	+5. 788	7418. 325	40850. 661
圆心 O	46. 13	SW74°36′08″	−12. 248	−44. 474	7397. 307	40856. 449
					7385. 059	40811. 975

④ 计算一号匝道交点坐标及 O 点坐标校核：

a. 自 Z_2JD. 1～Z_1JD. 1 及 Z_1JD. 3 的距离从设计图上量得为 93. 4m 及 107. 0m。

b. 计算 Z_1JD. 1 和 Z_1JD. 3 坐标（表 6-31）

计算 Z_1JD. 1 及 Z_1JD. 3 坐标　　　　表 6-31

点　号	点间距离（L）	方向角（φ）	坐标增量		坐　标	
			Δx	Δy	x	y
Z_2JD. 1					7418. 325	40850. 661
Z_1JD. 1	93. 4	NW65°58′39″	+38. 023	−85. 310	7456. 348	40765. 351
Z_2JD. 1						
Z_2JD. 3	107. 0	SE15°23′52″	−103. 159	+28. 411	7418. 325	40850. 661
					7315. 166	40879. 072

c. 计算 A、D、G 三点转向角值：

设 α_a、β_d、γ_g 为三点转向角值。

$CD=107.0-21.80=85.20$；$OC=46.13$；$OF=57.68$

$OD=\sqrt{46.13^2+85.2^2}=96.887$；

$DF=\sqrt{96.887^2-57.68^2}=77.847$；

$\tan\beta_1=\dfrac{46.13}{85.20}$，∴　$\beta_1=\tan^{-1}\dfrac{46.13}{85.20}=28°25'57''$；

$\tan\beta_2=\dfrac{57.68}{77.847}$，∴　$\beta_2=\tan^{-1}\dfrac{57.68}{77.847}=36°32'10''$

∴　$\beta_1+\beta_2=64°58'07''$

$AB=93.4-21.8=71.60$；$OB=46.13$；$OE=57.68$；

$OA=\sqrt{46.13^2+71.6^2}=85.174$；

$AE=\sqrt{85.174^2-57.68^2}=62.671$；

$\tan\alpha_1=\dfrac{46.13}{71.60}$，∴　$\alpha_1=\tan^{-1}\dfrac{46.13}{71.60}=32°47'33''$

$\tan\alpha_2=\dfrac{57.68}{62.671}$，∴　$\alpha_2=\tan^{-1}\dfrac{57.68}{62.671}=42°37'31''$

∴　$\alpha_a=\alpha_1+\alpha_2=75°25'04''$

已知 AB 方向角为 SE65°58′39″；则 AG 方向角为 65°58′39″－75°25′04″＝SW9°26′25″

已知 CD 方向角为 SE15°23′52″；则 GD 方向角为 15°23′52″＋64°58′07″＝SE80°21′59″

∴　$\gamma_g=9°26'25''+80°21'59''=89°48'24''$。

用四边形内角和等于 360°检验 A、G、D、Z_2JD. 1 形成的四边形各线段方向是否闭合。

A 点内角＝75°25′04″

G 点内角＝180°－89°48′24″＝90°11′36″

D 点内角＝64°58′07″

Z_2JD. 1 内角＝180°－50°34′47″＝129°25′13″

Σ360°00′00″，误差为 0

由此，已求得一号匝道各交点的转向角为：

Z_1JD. 1 内角＝75°25′04″

Z_1JD. 2 内角＝89°48′24″

Z_1JD. 3 内角＝64°58′07″

可根据这些转向角计算各交点曲线要素及起讫里程（略）。

d. 计算 Z_1JD. 2、Z_1JD. 3、圆心 O 点坐标。其中有重复的可进行复核。

为求 AG、GD 量边长度，首先计算 Z_1JD. 2 未设缓和曲线时的切线长 T'；

$$T'=(R_1+p_1)\tan\frac{\alpha}{2}=57.68\tan\frac{89°48'24''}{2}=57.49\text{m}$$

$AG=AE+T=62.671+57.49=120.161$；

$GD=DF+T=77.847+57.49=135.337$。

Z_1JD. 2、Z_1JD. 3 及圆心 O 点坐标如表 6-32 所列。

Z_1JD. 2、Z_1JD. 3 及圆心 O 点坐标　　**表 6-32**

<table>
<tr><th rowspan="2">点　号</th><th rowspan="2">点间距离
(L)</th><th rowspan="2">方向角
(φ)</th><th colspan="2">坐标增量</th><th colspan="2">坐　标</th></tr>
<tr><th>Δx</th><th>Δy</th><th>x</th><th>y</th></tr>
<tr><td>Z1JD. 1</td><td>120. 161</td><td>SE65°58′39″</td><td></td><td></td><td>7456. 348</td><td>40765. 351</td></tr>
<tr><td>Z1JD. 2</td><td>135. 337</td><td>SW9°26′25″</td><td>−118. 534</td><td>−19. 709</td><td>7337. 814</td><td>40745. 642</td></tr>
<tr><td>Z1JD. 3</td><td></td><td>SE80°21′59″</td><td>−22. 648</td><td>+133. 428</td><td>7315. 166</td><td>40879. 070</td></tr>
<tr><td></td><td></td><td>SE15°23′52″</td><td></td><td></td><td>0. 000</td><td>0. 002</td></tr>
<tr><td></td><td></td><td colspan="3">Z1JD. 3 坐标与前面计算相差</td><td>7337. 814</td><td>40745. 642</td></tr>
<tr><td>Z1JD. 2</td><td>57. 49</td><td>SE15°23′52″</td><td>−9. 621</td><td>+56. 867</td><td>7328. 193</td><td>40802. 321</td></tr>
<tr><td>切点(F)</td><td>57. 68</td><td>EN9°38′01″</td><td>+56. 867</td><td>+9. 653</td><td rowspan="2">7385. 060</td><td rowspan="2">40811. 974</td></tr>
<tr><td>圆心(O)</td><td></td><td></td><td></td><td></td></tr>
</table>

经过上述计算及分析，一、二号匝道的线形与主线或交叉线在平面位置上没有不符合设计的问题发生，对于各项设施（桥梁、挡墙等）布置具有可靠地根据。该立交的三号匝道，同样进行分析计算（略）。

三、匝道复曲线（双心圆、三心圆）计算

匝道线形按交通和环境条件需要，常常采用双心圆或三心圆复合曲线。这类线形比通常采用的基本线形有特点，尤其内环匝道，还具有回头曲线且封闭于主线与交叉线等特征，一般采用切线控制，使起讫点适当准确定位，计算较为繁琐。下面介绍几个实例，推荐一种“几何分析计算法”，供设计、测设施工中参考。采用这种方法，容易确定线位，准确可靠，计算简便。

1. 用于喇叭形立交的三心复曲线计算

1）已知某城市道路互通式立交设计资料

交叉角 $\phi=70°00'00''$；匝道曲线半径 $R_1=R_3=90$m，$R_2=50$m；缓和曲线长度 $L_{s3}=L_{s3}=50$m，$L_{s2}=0$。

2）图上定线如图 6-48 所示，图中除三心复曲线外，其余为一般基本形曲线，不在计算实例之内。图中 A 点位延伸 CD 与交叉线上右侧车行道中心线相交而得。

3）从立交线形设计图上量得大三角形 ABC 各边长：$\overline{AB}=195$m，$\overline{BC}=289$m，$\overline{CD}=290$m；还量得 JD. 1～JD. 2$=T'_1+T'_2=186$m。这些距离应尽量量得准确一些。

4）求大三角形三内角 ϕ、γ、α

$$\Phi=70°00'00''(\text{已知}),\overline{AB}\sin\theta=\overline{BC}\sin\alpha$$

$$\alpha=\sin^{-1}\frac{195\sin70°00'00''}{289}=39°20'58''$$

$$\alpha_1=\varphi+\alpha=70°00'00''+39°20'58''=109°20'58''$$

$$\gamma=180°00'00''-109°20'58''=70°39'02''$$

$$\varphi+\alpha+\gamma=70°+39°20'58''+70°39'02''=180°(\text{计算无误})。$$

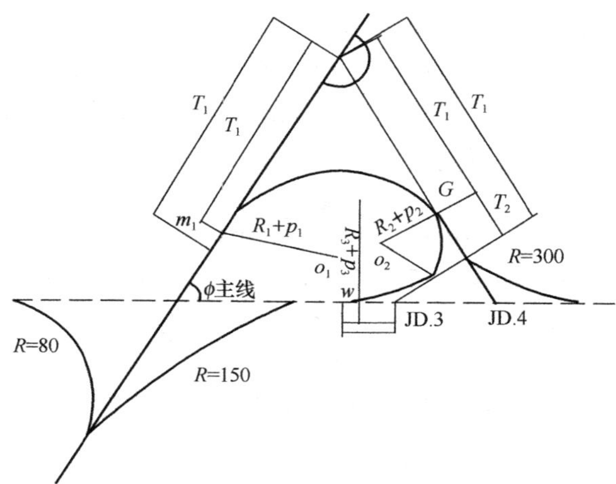

图 6-48　喇叭形立交内环匝道计算图

5) 求 p、m、T'_1、T_1

$$p_1=p_3=\frac{L_{s1}^2}{24R_1}=\frac{L_{s3}^2}{24R_3}=\frac{50^2}{24\times 90}=1.157\text{m}$$

$$m_1=m_3=\frac{L_{s1}}{2}-\frac{L_{s1}^3}{240R_1^2}=\frac{L_{s3}}{2}-\frac{L_{s3}^3}{240R_3^2}=25-\frac{50^3}{240\times 90^2}=24.926\text{m}$$

$$T'_1=(R_1+p_1)\tan\frac{\alpha_1}{2}=91.157\tan\frac{109°20'58''}{2}=128.625\text{m}$$

$$T_1=T'_1+m_1=128.625+24.926=153.561\text{m}$$

注意：$R_2=50\text{m}$，$L_{s2}=0$，因其邻解曲线内移植 $p_1=p_3=1.157\text{m}$，所以采用 $p_2=p_1=p_3=1.157\text{m}$，曲线衔接才能顺适。另外，如果采用 $R_1\neq R_3$（非对称型），为使 $p_1=p_3$，应用 $p_3=\dfrac{L_{s3}^2}{24R_3}$ 反求 L_{s3} 的长度，再求出相应 m_3 值即可。

6) α_2、α_3、T'_3

已知 $T'_1+T'_2=186\text{m}$（量得）

$$T'_2=186-128.625=57.375\text{m}$$

$$T'_2=(R_2+p_3)\tan\frac{\alpha_2}{2}=57.375$$

$$\frac{\alpha_2}{2}=\tan^{-1}\frac{T'_2}{R_2+p_2}=\tan^{-1}\frac{57.375}{50+1.157}=48°16'44''$$

$\alpha_2=48°16'44''\times 2=96°33'29''$（近似）；

由 $\alpha_3=180°-96°33'29''-39°20'58''=44°05'33''$

$$T'_3=(R_3+p_3)\tan\frac{\alpha_3}{2}=(90+1.157)\tan\frac{44°05'33''}{2}=36.915\text{m}$$

7）检验大三角形 ABC 各边长是否正确

因为各边是从图上量得，未必符合几何关系，应进行检算和调整。利用小三角形 CDE 的已知条件，下式两边应该相等，否则应调整大三角形各边长，但“角值及曲线要素不变”（这个条件必须遵守，下同）。

$$\frac{T'_2+T'_3}{\sin\alpha}=\frac{\overline{BC}-(T'_1+T'_2)}{\sin\alpha_3}$$

上式左边：$(T'_2+T'_3)/\sin\alpha=(57.375+36.915)/\sin39°20'58''$

上式右边：$\dfrac{\overline{BC}-(T'_1+T'_2)}{\sin\alpha_3}=\dfrac{289-(128.625+57.375)}{\sin44°05'33''}=148.027<148.711$

上式右边算得数值小于左边算得数值，说明大三角形边长长度有误差，不符合几何关系，应予以调整。

8）调整大三角形各边长以适合几何关系

设 $\overline{A'B'}$、$\overline{B'C'}$、$\overline{C'A'}$ 为调整后各边长度正确值。

由 $\dfrac{T'_2+T'_3}{\sin\alpha}=\dfrac{\overline{B'C'}-(T'_1+T'_2)}{\sin\alpha_3}$

式中 $T'_1+T'_2=128.625+57.375=186.00\text{m}$

$\overline{B'C'}=148.711\sin44°05'33''+186.00=289.476\text{m}$

由 $\dfrac{\overline{B'C'}}{\sin\varphi}=\dfrac{\overline{A'B'}}{\sin\alpha}=\dfrac{\overline{C'A'}}{\sin\gamma}$

$\therefore\overline{A'B'}=\dfrac{289.476}{\sin70°}\sin39°20'58''=195.321$

$\therefore\overline{C'A'}=\dfrac{289.476}{\sin70°}\sin70°39'02''=290.654$

设小三角形 CDE 中 $\overline{DC}=C$，

则 $(T'_3+T'_2)/\sin\alpha=C\sin\alpha_2$

$\therefore C=[(T'_3+T'_2)/\sin\alpha]\sin\alpha_2$

$=[(36.915+57.375)/\sin39°20'58'']\sin96°33'29''=147.738\text{m}$。

根据以上计算结果：

$\overline{B'C'}=289.476\text{m}$，$\varphi=70°00'00''$

$\overline{A'B'}=195.321\text{m}$，$\alpha=109°20'58''$

$\overline{C'A'}=290.654\text{m}$，$\alpha_2=96°33'29''$

$C=147.738\text{m}$；$\alpha_3=44°05'33''$

$T'_3=36.915\text{m}$；$\alpha=39°20'58''$

$R_1+p_1=R_3+p_3=91.157\text{m}$

$R_2+p_2=51.157\text{m}$

$T'_2=57.375\text{m}$；$T'_1=128.625\text{m}$

$(R_3+p_3)-(R_2+p_2)=40\text{m}$

可以计算三心复核曲线上控制点及三个圆心点的坐标值。

9）控制点坐标计算：

① 假定 A 点坐标为：$x=1000.000$，$y=800.00$；

② 假定 $\overline{AC}$ 线段（主线）方向角为 NE42°50′00″；

③ 计算各点坐标如表 6-33 所示：

各　点　坐　标　　　表 6-33

点　号	点间距离 (L)	方向角 (ϕ)	Δx	Δy	x	y
A					1000.000	800.000
	195.321	NW27°10′00″	+173.774	−89.180		
JD. 1					1173.774	710.820
	120.161	NE82°10′58″	+39.373	+286.786		
JD. 4					1213.147	997.606
	147.738	SW42°50′00″	−108.341	−100.442		
JD. 3					1104.806	897.164
	36.915	SW42°50′00″	−27.071	−25.097		
I					1077.735	872.067
	91.157	NW47°10′00″	+61.975	−66.849		
O_3					1139.710	805.218
	40	NE88°44′27″	+0.879	+39.990		
O_2					1140.589	845.208
	51.157	NE88°44′27″	+1.124	+51.145		
H					1141.713	896.353
	57.375	NW1°15′33″	+57.361	−1.261		
JD. 2					1199.074	895.092
	57.375	SW82°10′58″	−7.804	−56.842		
G					1191.270	838.250
	91.157	SE7°49′02″	−90.310	+12.399		
O_1					1100.960	850.649
	91.157	SW62°50′00″	−41.621	−81.101		
F					1059.340	769.548
	128.625	NW27°10′00″	+114.435	−58.728		
JD. 1					1173.775	710.820
闭合差		闭合无误			+0.001	0.000

注：实际中，起始坐标和方向角应与主线所采用的或城市坐标系统联系求得，一般不得假定。

10）计算曲线长 L 及起讫里程

JD. 1　$\alpha_1 = 109°20'58''$，$R_1 = 90$，$L_{s1} = 50$

$$\beta_1 = \frac{90L_{s1}}{\pi R_1} = \frac{90 \times 50}{90\pi} = 15°54'56''$$

$$L_1 = \frac{\pi R_1}{180}\alpha_1 + \frac{L_{s1}}{2} = 0.0174 \times 90 \times 109.34944° + 25 = 196.766\text{m}$$

或　$L_1=\frac{\pi R_1}{180}(\alpha_1-\beta_1)+\frac{L_{s1}}{2}=0.0174\times90\times93.43389°+50=196.766\text{m}$

JD. 2　$\alpha_2=96°33'29''$，$L_{s2}=0$，$R_2=50$

$L_2=\frac{\pi}{180}R_2\alpha_2=0.0174533\times50\times96.55806°=84.263\text{m}$

JD. 3　$\alpha_3=44°05'33''$，$L_{s3}=50$，$R_3=90$

$\beta_1=\beta_3=15°54'56''$

$L_3=\frac{\pi}{180}R_3\alpha_3+\frac{L_{s3}}{2}=0.0174533\times90\times44.0925°+25=94.260\text{m}$

或　$L_3=\frac{\pi R}{180}(\alpha_3-\beta_3)+L_{s3}=0.0174\times90\times28.17694°+50=94.260\text{m}$

根据以上计算资料，在取得曲线起点里程之后，即可计算曲线各部分起讫里程（计算略）。

2. 用于苜蓿叶型立交的三心复曲线（平行式出口）计算

已知某城市道路互通式立交设计资料：

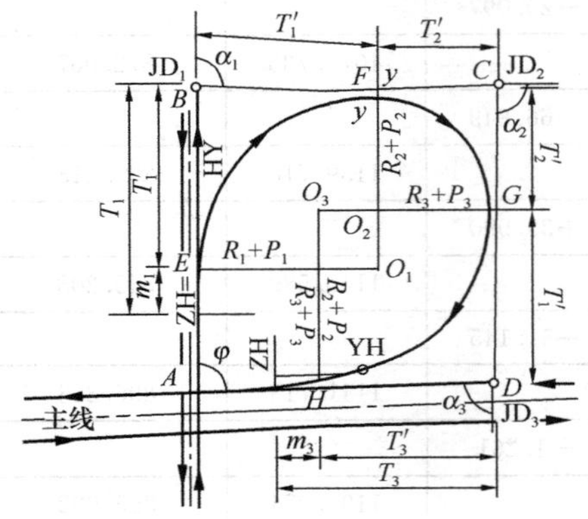

图 6-49　苜蓿叶型立交内环匝道计算图

（1）交叉角 $\varphi=90°$；匝道曲线半径 $R_1=R_3=120\text{m}$，$R_2=80\text{m}$；缓和曲线长 $L_{s1}=L_{s3}=60\text{m}$，$L_{s2}=0$。

（2）图上定线如图 6-49 所示，图中 A 点位内环两端为平行式出入口时切线交点，仅是立交的一部分。

（3）按下述方法计算三心复曲线要素

①从立交线形设计图上量得 $\overline{AB}=197.6\text{m}$，还量得 A 点离曲线起点 ZH 为 50m。

② $P_1=P_3=L_{s1}^2/24R_1=L_{s3}^2/24R_3=60^2/24\times120=1.25\text{m}$；

$m_1=m_3=L_{s1}/2-L_{s1}^2/24R_1=29.94\text{m}$。

③ $T'_1=197.6-50-m=197.6-50-29.94=117.66\text{m}$。

④ 由 $T'_1=(R_1+p_1)\tan\frac{\alpha_1}{2}=117.66\text{m}$，

得 $\alpha_1=2\tan^{-1}\frac{117.66}{(R_1+p_1)}=2\tan^{-1}\frac{117.66}{120+1.25}=88°16'42''$

⑤ 设定：$T_1=T_3, T'_1=T'_3$，$L_{s1}=L_{s3}$，$\alpha_1=\alpha_3$（对称型）。

⑥ 因为 $\alpha_1=\alpha_3$ 以及 $ABCD$ 四边形内角和=360°，所以 $\alpha_2=180°-2\alpha+\varphi=180°+90°-2\times88°16'42''=93°26'36''$。

⑦ $T_1=(R_1+p_1)\tan\frac{\alpha_1}{2}=(120+1.25)\tan\frac{88°16'42''}{2}+29.94=147.60$

$T_2=(R_2+p_2)\tan\frac{\alpha_2}{2}=81.25\tan\frac{93°26'36''}{2}=86.29\text{m}$

注意，$L_{s2}=0$，$p_2=0$，但其相邻曲线都内移 $p_1=p_2=1.25\text{m}$，为顺适衔接，令 $p_2=1.25\text{m}$。

以上计算结果：

$\overline{AB} = T_1 + 50 = 147.6 + 50 = 197.6\text{m}$；

$\overline{BC} = T_1 + T_2 = 117.66 + 86.29 = 203.95\text{m}$；

$\overline{CD} = T_2 + T_3 = 86.29 + 117.66 = 203.95\text{m}$；

$T_1 = T_3 = 117.66\text{m}$；

$T_2 = 86.29\text{m}$；

$m_1 = m_3 = 29.94\text{m}$；

$p_1 = p_2 = p_3 = 1.25\text{m}$；

$R_1 + p_1 = R_3 + p_3 = 120 + 1.25 = 121.25\text{m}$；

$R_2 + p_2 = 80 + 1.25 = 81.25\text{m}$。

根据这些数据可计算出三心复曲线上控制点及三个圆心点的坐标值。

（4）控制点坐标计算：

① 设已知 A 点坐标：x=1056.425，y=936.843，$\overline{AD}$ 方向角 NE37°56′00″（主线资料）。

② 计算各控制点坐标并检查闭合情况以验证整个计算的正确性（表 6-34）。

（5）计算曲线长度及各部分里程：

曲线长度与起讫里程计算（略），其方法与前述喇叭形立交三心复曲线计算相同。

坐 标 计 算 表　　**表 6-34**

点号	点间距离 (L)	方向角 (ϕ)	Δx	Δy	x	y
A					1056.425	936.843
	197.60	NW52°04′00″	+121.473	−155.852		
JD.1					1177.898	780.991
	203.95	NE36°12′42″	+164.555	+120.488		
JD.2					1342.453	901.479
	203.95	SE50°20′00″	−130.153	+157.021		
JD.3					1212.300	1058.500
	117.66	SW37°56′42″	−92.802	−72.331		
H					1119.498	986.169
	121.25	NW52°04′00″	+74.538	−95.633		
O_3					1194.036	890.536
	40.00	NE39°39′18″	+30.796	+25.527		
O_2		′			1224.832	916.063
	40.00	SE53°47′18″	−23.631	+32.274		
O_1					1201.201	948.337
	121.25	SW37°56′00″	−95.633	−74.538		
E					1105.568	873.799
	117.66	NW52°04′00″	+72.331	−92.802		
JD.1					1177.899	780.997

续表

点号	点间距离 (L)	方向角 (ϕ)	Δx	Δy	x	y
	117.66	NE36°12′42″	+94.933	+69.510		
F					1191.270	838.250
	81.25	SE53°47′18″	−48.000	+12.399		
O_2					1224.832	916.063
	81.25	NE39°39′18″	+62.554	+51.851		
G					1287.386	967.914
	117.66	SE50°20′42″	−75.086	+90.587		
JD. 3					1212.300	1058.501
	197.60	SW37°56′00″	−155.852	−121.473		
A					1056.448	937.028
	Σ=1758.74					
闭合差		(闭合无误)			+0.023	+0.185

计算结果 A 点，方向角误差为 0；距离误差：$\Delta L=\sqrt{0.023^2+0.185^2}=0.186\text{m}$，精度约为 $\dfrac{1}{9455}$。

3. 用于苜蓿叶型立交的三心复曲线（直接式出口）计算：

(1) 已知某环城快速路与一级主干路立交数据资料：

路中线交叉角 $\varphi'=90°$，匝道出口为直接式入口为平行式，直接式出口渐变率为1/15，$\theta=3°48'51''$，$\varphi=\varphi'-\theta=90°-3°48'51''=86°11'09''$。

匝道曲线半径 $R_1=R_3=100\text{m}$，$R_2=70\text{m}$；缓和曲线长 $L_{s1}=L_{s3}=40\text{m}$，$L_{s2}=0$。

(2) 图上定线如图 6-50 所示，图中仅显示全苜蓿叶立交内环匝道的一部分；其他内环计算相同（略）。

(3) 按下述方法计算三心复曲线要素及定位资料；

① 从立交线形设计图上量得；

$\overline{AB}=150\text{m}$，$\overline{AD}=200\text{m}$。还量得曲线起点 ZH～A 点距离 70m，曲线终点 HZ～A 点距离为 45m。这些距离尽量量得准确一些为好。

② $p_1=p_3=L_{s1}^2/24R_1=40^2/24\times100=0.67$，$p_1=0.67\text{m}$

$m_1=m_3=L_{s1}/2-L_{s1}^2/240R_1=20-0.03=19.97\text{m}$

③ $T'_1=\overline{AB}-m_1-70=150-19.97-70=60.03\text{m}$

④ 因为 $T'_1=(R_1+p_1)\tan\dfrac{\alpha_1}{2}=60.03\text{m}$

得　$\alpha_1=2\tan^{-1}[T'_1/(R_1+p_1)]=2\tan^{-1}\dfrac{60.03}{100.67}=2\times30.807825=61°36'56''$

⑤ 同样，$T'_3=200-19.97-45=105.03\text{m}$

⑥ 因为 $T'_3=(R_3+p_3)\tan\dfrac{\alpha_3}{2}=105.03\text{m}$

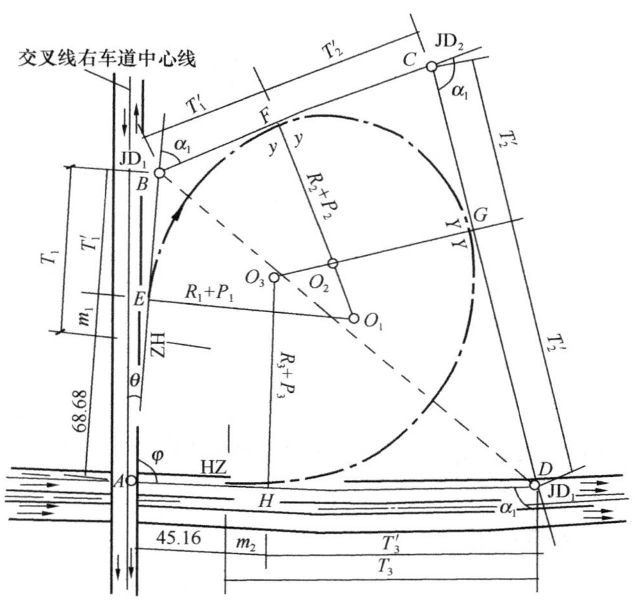

图 6-50　苜蓿叶型立交内环匝道计算图

得　$\alpha_3 = 2\tan^{-1}[T'_3/(R_3+p_3)] = 2\tan\dfrac{135.03}{100.67} = 2\times 53.294070 = 106°35'17''$

图中 ABCD 构成的四边形内角和应为 360°，由此几何关系可求得 α_2：

$\varphi = 86°11'09''$

$180° - \alpha_1 = 180° - 61°36'56'' = 118.384350°$

$180° - \alpha_3 = 180° - 106.588141° = 73.411859°$

$\Sigma = 277.982042°$

$\alpha_2 = 180° - (360° - 277.982042°) = 97.98042°$

⑦ 计算 JD.1、JD.2、JD.3 等曲线的切线长：

$$T_1 = (R_1+p_1)\tan\frac{\alpha_1}{2} + m_1 = 100.67\tan\frac{61°36'56''}{2} + 19.97 = 80\text{m}$$

$T'_1 = 60.03\text{m}$；

$$T_3 = (R_3+p_3)\tan\frac{\alpha_3}{2} + m = 100.67\tan\frac{106°35'17''}{2} + 19.97 = 155\text{m}$$

$T'_3 = 135.03\text{m}$

$$T'_2 = (R_2+p_2)\tan\frac{\alpha_2}{2} = 70.67\tan\frac{97°58'55''}{2} = 81.27\text{m}$$

⑧ 检验四边形各边长是否正确；

作 $\overline{BD}$ 线把四边形划分成两三角形。分别求两个三角形的共同边 $\overline{BD}$ 长，看其是否相等，如相等说明四边形的几何关系正确无误，否则应调整从设计图上量取的边长。

⑨检验、调整方法：

$\overline{BD}$ 线把四边形划分为图 6-51 及图 6-52 所示的两个任意三角形，分别求其共同边 $\overline{BD} = c$。

由图已知：$\varphi = 86°11'09''$，$b = 200$，$d = 150$，

则　$c = \sqrt{b^2 + d^2 - 2bd\cos\varphi} = \sqrt{200^2 + 150^2 - 2 \times 200 \times 150\cos 86°11'09''} = 241.89\text{m}$

由图已知：

$\gamma_c = 180° - \alpha_2 = 180° - 97.982042° = 82.017958°$

$b = T'_2 + T'_3 = 216.3$，$d = T'_2 + T'_1 = 141.3$

则　$c = \sqrt{b^2 + d^2 - 2bd\cos\gamma_c} = \sqrt{200^2 + 150^2 - 2 \times 216.3 \times 141.3\cos 82.017958°} =$ 241.38m

$c \neq c'$，应予以调整。

从上述计算可知，图中边长 b、d 都是计算求得，且与转向角有关，不宜调整；图 6-51 中边长 b、d 都是从设计图上量的，因此应调整图 6-51 中各边长。但角 ϕ 不变，其他角度及曲线要素都不变。调整计算

a. 根据任意三角边关系，求图 6-51 中得边长 b 及 d。

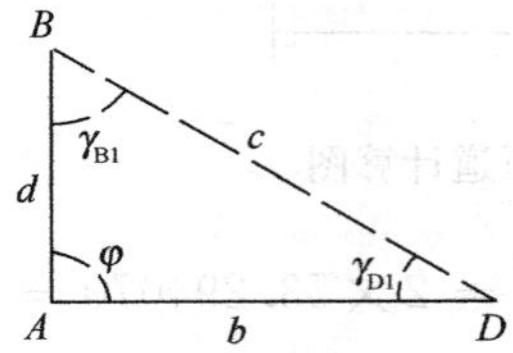

图 6-51　三角形一

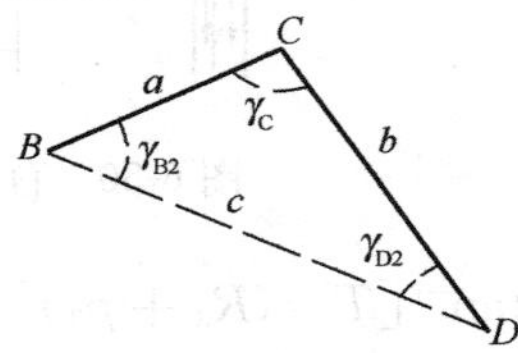

图 6-52　三角形二

任意三角形角边关系为：

$$\frac{c'}{\sin\gamma_c} = \frac{d}{\sin\gamma_{D2}} = \frac{b}{\sin\gamma_{B2}}$$

式中 c'、d、b、γ_c 从图 6-52 中可知，$c' = 241.38$，$d = T'_1 + T'_2 = 141.3$，$b = T'_3 + T'_2 = 216.3$，$\gamma_c = 82.017958°$

则

$$\sin\gamma_{B2} = \frac{b\sin\gamma_c}{c'}，\sin\gamma_{D2} = \frac{d\sin\gamma_c}{c'}$$

$$\therefore\quad \gamma_{B2} = \sin^{-1}\frac{b\sin\gamma_c}{c'} = \sin^{-1}\frac{216.3\sin 82.017958°}{241.38} = 62.550283°$$

$$\gamma_{D2} = \sin^{-1}\frac{d\sin\gamma_c}{c'} = \sin^{-1}\frac{141.3\sin 82.017958°}{241.38} = 35.43.0333°$$

由此可求得 γ_{B1}、γ_{D1}

$\gamma_{B1} = (180° - \alpha_1) - \gamma_{B2} = (180° - 61.61565°) - 62.550283° = 55.834067°$

$\gamma_{D1} = (180° - \alpha_3) - \gamma_{D2} = (180° - 106.58814°) - 35.43033° = 37.981526°$

b. 求图 6-51 中 b、d 值：

c. 由 $\dfrac{c}{\sin\varphi} = \dfrac{d}{\sin\gamma_{D1}} = \dfrac{b}{\sin\gamma_{B1}}$ 关系式，式中 c 应采用 c' 值，

$$\therefore\quad b = \frac{c'\sin\gamma_{B1}}{\sin\varphi} = \frac{241.38\sin 55.834067°}{\sin 86.185833°} = 200.16\text{m}$$

$d=\dfrac{c'\sin\gamma_{D1}}{\sin\varphi}=\dfrac{241.38\sin 37.981526°}{\sin 86.185833°}=148.88\text{m}$。

调整完毕。

为检查求得的边长 b、d 的正确性，将其值代入前式：

$c=\sqrt{b^2+d^2-2bd\cos\gamma_c}$

$=\sqrt{200.16^2+148.88^2-2\times200.16\times148.88\cos 82.017958°}=241.38\text{m}=c'$

正确无误

⑩汇总上面的成果资料，供坐标使用

$\overline{AB}=148.88$，$\overline{BC}=T'_1+T'_2=142.30$

$\overline{BC}=T'_3+T'_2=216.30$，$\overline{DA}=200.16$。

$\varphi=86°11'09''$，$\alpha_1=61°36'56''$，$\alpha_2=97°58'55''$

$\alpha_2=106°35'17''$，$R_1=R_3=100$，$R_2=70$

$T'_1=60.03$，$T'_2=81.27$，$T'_3=135.03$

$p_1=p_2=p_3=0.67$，$R_1+p_1=R_3+p_3=100.67$

$R_2+p_2=70.67$

$L_{s1}=L_{s3}=40\text{m}$，$T_1=80.00$，$T_2=155.00$。

⑪ 控制点坐标计算

a. 设已知：A 点坐标 x=1056.425，y=936.843；

$\overline{AD}$ 方向角=NE 37°56′00″

b. 计算各控制点坐标，如表 6-35 所列，并验证坐标、方向闭合情况及计算正确性。

⑫ 计算各曲线长度及控制桩里程（略）。

坐标计算表　　**表 6-35**

点号	点间距离 (L)	方向角 (ϕ)	Δx	Δy	x	y
		SW37°56′00″				
A					1056.425	936.843
	148.88	NW48°15′09″	+99.132	−111.077		
JD.1					1155.557	825.766
	141.30	NE13°21′47″	+137.474	+32.657		
JD.2					1342.453	901.479
	216.30	SE68°39′18″	−78.729	+201.463		
JD.3					1212.300	1058.500
	135.03	SW37°56′00″	−106.502	−83.009		
H					1107.800	976.877
	100.67	NW52°04′00″	+61.886	−79.401		
O_3					1169.686	897.476
	30	NE21°20′43″	+27.942	+10.920		
O_2		′			1197.628	908.396

续表

点号	点间距离 (L)	方向角 (ϕ)	Δx	Δy	x	y
	30	SE76°38′12″	−6.934	+29.188		
O1					1190.694	937.584
	100.67	SW41°44′52″	−75.108	−67.031		
E1					1115.586	870.553
	60.03	NW48°15′09″	+39.971	−44.788		
JD.1					1155.557	825.765
	60.03	NE13°21′47″	+58.405	+13.874		
F					1213.962	839.639
	70.67	SE76°38′13″	−16.333	+68.757		
O2					1197.629	908.396
	70.67	NE21°20′42″	+65.822	+25.723		
G					1263.451	934.119
	135.03	SE68°39′18″	−49.149	+125.768		
JD.3					1214.302	1059.887
	200.16	SW37°55′59″	−157.872	−123.046		
A					1056.430	936.841
闭合差		0°00′01″			+0.005	−0.002

计算从A点出发经过各控制点回到A点，方向、距离闭合差很小，证明以上计算无误。

4. 用于喇叭形立交的双心复曲线计算：

（1）图上定线如图6-53所示。

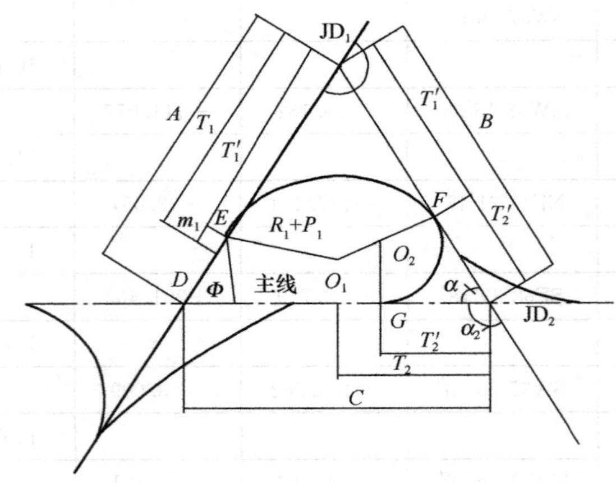

图6-53　喇叭形立交内环匝道计算图

（2）由于地形或地物限制，设计拟定采用双心复曲线，$R_1=80\text{m}$，$R_2=45\text{m}$，$L_1=50\text{m}$，$\varphi=70°$。图中D点位延伸内环切线交点。

(3) 从立交设计图上量得 D、JD. 1、JD. 2 形成的三角形的各边长为：

$$A = 189\text{m}，B = 240\text{m}，C = 225\text{m}$$

(4) 求 φ、γ、α 其中 $\varphi = 70°$(已知)。

由此几何关系可知：

$A\sin\varphi = B\sin\alpha$

$\therefore \quad \alpha = \sin^{-1}\dfrac{A\sin\varphi}{B} = \sin^{-1}\dfrac{189\sin70°}{240} = 47°43'56''$

$\alpha_1 = \varphi + \alpha = 70° + 47°43'56'' = 117°43'56''$；

$\alpha_2 = 180° - \alpha = 180° - 47°43'56'' = 132°16'04''$；

$\gamma = 180° - (\varphi + \alpha) = 180° - 117°43'56'' = 62°16'04''$；

$\varphi + \gamma + \alpha = 70° + 62°16'04'' + 47°43'56'' = 180°$。

计算无误。

(5) $L_{s1} = 50\text{m}$，$p_1 = \dfrac{L_{s1}^2}{24R_1} - \dfrac{L_{s1}^4}{2688R_1^3} = 1.297\text{m}$

为使曲线衔接顺适，令 $p_1 = p_2 = 1.297\text{m}$，则：

$$p_2 = \frac{L_{s2}^2}{24R_2} = 1.297\text{m}$$

$\therefore \quad L_{s2} = \sqrt{24R_2P_2} = \sqrt{24 \times 45 \times 1.297} = 37.427\text{m}$(符合标准)

$m_1 = \dfrac{L_{s1}}{2} - \dfrac{L_{s1}^3}{24R_1^2} = 18.714 - 0.108 = 18.606$

$T'_1 = (R_1 + p_1)\tan\dfrac{\alpha_1}{2} = (80 + 1.297)\tan\dfrac{117°43'56''}{2} = 134.588$

$T'_2 = (R_2 + p_2)\tan\dfrac{\alpha_2}{2} = (45 + 1.297)\tan\dfrac{132°16'04''}{2} = 104.642\text{m}$

$T'_1 + T'_2 = 134.588 + 104.642 = 239.230 < B$(不可)。

(6) 调整各边长度以适合线形几何关系：

计算所得 $T'_1 + T'_2 < B$，必须调整各边长。转向角及曲线要素不变。

设三角形各边长 A、B、C 相应调整为 A'、B'、C'。

$\dfrac{B'}{\sin\varphi} = \dfrac{A'}{\sin\alpha} = \dfrac{C'}{\sin\gamma}$

其中 $B' = T'_1 + T'_2 = 134.588 + 104.642 = 239.230$

$A' = \dfrac{B'}{\sin\varphi}\sin\alpha = \dfrac{239.230}{\sin70°}\sin47°43'56'' = 188.394\text{m}$

$C' = \dfrac{B'}{\sin\varphi}\sin\gamma = \dfrac{239.230}{\sin70°}\sin62°16'04'' = 255.340\text{m}$

汇集以上计算结果：

$A' = 188.394\text{m}$，$B' = 239.230$，$C' = 225.340$

$T'_1 = 134.588$，$T'_2 = 104.642$，$p_1 = p_2 = 1.297$，

$m_1 = 24.919$，$m_2 = 18.606$

$T_1 = T'_1 + m_1 = 134.588 + 24.919 = 159.507$；

$T_2 = T'_2 + m_2 = 104.642 + 18.606 = 123.248$；

$\alpha=47°43'56''$，$\gamma=62°16'04''$，$\varphi=70°$，$\alpha_1=117°43'56''$

$\alpha_2=132°16'04''$；$R_1+p_1=81.297$，$R_1+p_1=46.297$

根据这些数据即可计算出双心复曲线各可知点及两圆心点的坐标值。

（注：以上数据小数点后三位数是为计算坐标闭合差的需要，实际上取小数点后两位数也可以。）

（7）控制点坐标计算

① 设已知D点坐标 $x=1056.425$，$y=936.843$，切线交叉中心点D～JD.2方向角为37°56′00″；

② 计算控制点坐标如表6-36，并检查闭合情况以验证计算的正确性。计算自D点经各控制点仍闭合于D点，方向角与坐标误差为零，证明计算正确无误。

坐标计算表　　**表6-36**

点号	点间距离（L）	方向角（ϕ）	Δx	Δy	x	y
D					1056.425	936.843
	188.394	NW32°04′00″	+159.651	−100.019		
JD.1					1216.076	836.824
	239.230	NE85°39′56″	+18.081	+238.546		
JD.2					1234.157	1075.370
	104.642	SW37°56′00″	−82.534	−64.328		
G					1151.623	1011.042
	46.297	NW52°04′00″	+28.461	−36.516		
O_2					1180.084	974.526
	46.297	NE4°20′04″	+46.165	−3.499		
F					1226.249	971.027
	81.297	SE4°20′04″	−81.064	+6.144		
O_1		′			1145.185	977.171
	81.297	SW57°56′00″	−43.161	−68.894		
E					1102.024	908.277
	53.806	SE32°04′00″	−45.597	+28.566		
D					1056.427	936.843
		NE37°56′00″				
JD.2					1212.300	1058.501
	Σ=841.26					
闭合差		（闭合无误）			+0.002	+0.000

计算曲线车道及起讫里程：

计算方法同前（略）。

四、分岔尖圆心位置计算

分岔尖圆心位置问题，在匝道端部设计中作过介绍，这里仅介绍其位置计算方法。

由于分岔处的主线和匝道可能为直线、曲线（圆曲线或缓和曲线）诸多条件不同；出入口及其三角区形式不同；计算较为繁琐，下面仅就常常遇见几种平行式出入口的计算公式介绍并举例说明。关于计算方法仅介绍几何法和坐标法。直接式出入口较简单，仅介绍一例。

1. 主线为直线分岔尖圆心位置计算

(1) 几何法计算公式及举例

从图 6-54 可知：

$$\overline{OE} = R + p + A - B - w_1 - r;$$

$$\overline{OD} = R + c + w_2 + r$$

$$x_\alpha = \sqrt{\overline{OD}^2 - \overline{OE}^2} = \sqrt{(R + c + w_2 + r)^2 - (R + p + A - B - w_1 - r)^2} \quad (6\text{-}1)$$

$$\alpha = \sin^{-1} \frac{x\alpha}{R + c + w_2 + r}; \quad (6\text{-}2)$$

$$XD = X\alpha + m; \quad (6\text{-}3)$$

$$l_D = \alpha R + m = \frac{\pi}{180}\alpha^\circ R + m \quad (6\text{-}4)$$

式中　A——匝道中心线与主线中心线间距；

B——主线中心线与硬路肩边缘间距；

C——匝道中心线与路面左边缘间距；

w_1——主线侧偏置值（m），不设偏置值时 $w_1 = 0$；

w_2——匝道侧偏置值（m），不设偏置值时 $w_2 = 0$；

R——分岔尖小圆半径；

l_D——匝道曲线起点 ZH 至分岔尖圆处中心线车道；

其余符号意义如图 6-54 所示。

其中 p、m 计算公式同前。计算单位以 m 计。

按式（6-3）、式（6-4）求得 X_D 及 l_D 之后，根据已知匝道曲线起点或重点里程可求出分岔尖圆心处的主线和匝道里程，作为设计和施工依据。

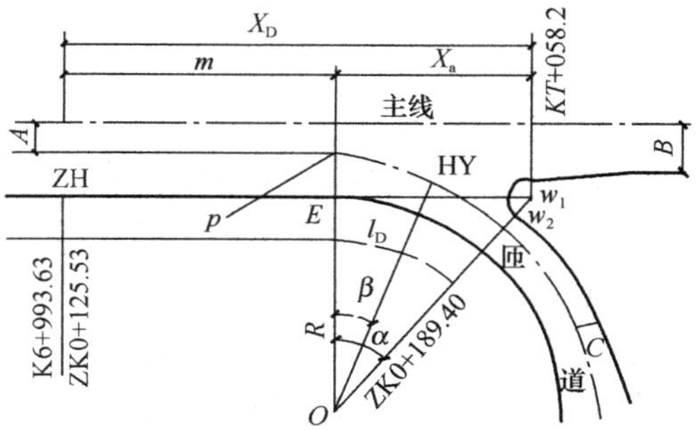

图 6-54　几何法计算图

举例：

某一级公路新庄立交二号匝道与主线分岔尖圆心，要求计算出它投影于主线和匝道的里程。

已知设计资料：

如图 6-54 所示，

$R = 150\text{m}$，$L_s = 50\text{m}$，$A = 14.75\text{m}$，$B = 11.5\text{m}$，$C = 2.50\text{m}$

$r = 1.5\text{m}$，$w_1 = 3.0\text{m}$，$w_2 = 0.6\text{m}$，$m = 24.98\text{m}$，$p = 0.694$

匝道曲线起点 ZH 里程为

Z_2KD+125.53=主线 K6+993.63。

$$X\alpha=\sqrt{(R+c+w_2+r)^2-(R+p+A-B-w_1-r)^2}$$
$$=\sqrt{(150+2.50+0.6+1.5)^2-(150+0.694+14.75-11.50-3.0-1.5)^2}$$
$$=39.549\text{m}$$

$$\alpha=\sin^{-1}\frac{39.594}{150+2.5+1.5+0.6}=14°50'21'';$$

$$l_D=\frac{\pi}{180}\alpha°R+m=\frac{\pi}{180}14°50'21''\times150+24.98=63.83\text{m}$$

分岔尖圆心处里程：

主线里程：K6+993.63+64.57=K7+058.20

匝道里程：Z_2K0+125.53+63.83=Z_2K0+189.36。

(2) 坐标法计算公式及举例

1) 分岔尖位于匝道圆曲线范围（$l_1>l_s$）：

从图 6-55 可知：

$$A+y=B+w_1+r+(c+w_2+r)\cos\alpha \tag{6-5}$$

$$D=X_1+(c+w_2+r)\sin\alpha \tag{6-6}$$

式中：$y_1=R(1-\cos\alpha)+p$;

$$\alpha=\frac{180°}{\pi R}(l_1-L_s)+\beta$$

$$x_1=R\sin\alpha+m$$

$$p=\frac{L_s^2}{24R}-\frac{L_s^4}{268R^3}\approx\frac{L_s^2}{24R}$$

$$m=\frac{L_s}{2}-\frac{L_s^2}{240R^2};$$

$$\beta=\frac{90L_s}{\pi R}$$

w_1、w_2——主线及匝道偏置值；

r——分岔尖小圆半径；

A、B、C——意义同前；

其他符号意义如图 6-55 中所示。

该方法先设定 l_1 值求得 α，代入式（6-5）求等式两边的值相等即可，否则再设定 l_1 值重算满足要求为止。如用计算机计算非常简便。

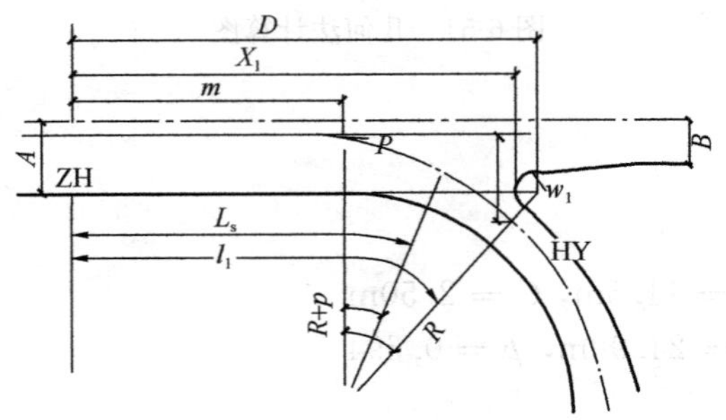

图 6-55　坐标法计算图

举例：

仍用前例已知资料。

$$p=0.694，m=24.98，$$

$$\beta=\frac{90\times50}{\pi150}=90°32'57''$$

设 $l_1=63.83$，代入相应公式：

$$\alpha = \frac{180°}{\pi R}(l_1 - L_s) + \beta = \frac{180°}{\pi 150}(63.87 - 50) + 9°32'57''$$
$$= 5.29795 + 9.54917 = 14°50'50''$$

代入公式（6-5）：

左边：$A + R(1 - \cos\alpha) + p = 14.75 + 150(1 - 0.96661) + 0.694 = 20.45$；

右边：$B + w_1 + r + (c + w_2)\cos\alpha = 11.5 + 3.0 + 1.5 + (2.5 + 0.6 + 1.5) \times 0.96661 = 20.45$；

两边等式相等，设定正确，采用 $l_1 = 63.83$m

$x_1 = R\sin\alpha + m = 150 \times \sin 14°50'50'' + 24.98 = 63.42$；

$D = x_1 + (c + w_2 + r)\sin\alpha = 63.42 + (2.5 + 0.6 + 1.5)\sin 14°50'50'' = 64.60$m；

分岔尖圆心处里程：

主线：K6+993.63+64.60=K7+058.23；

匝道：Z_2K0+125.53+63.83=Z_2K0+189.36

计算结果与前例一致，说明两种方法计算精度相同。

2）分岔尖位于匝道缓和曲线范围（$l' < l$）

从图 6-56 可知：

$$A + y = B + w_1 + r + (c + w_2 + r)\cos\beta'$$
$$D = x_1 + (c + w_2 + r)\sin\beta' \tag{6-7}$$

式中：

$$y = \frac{l'^3}{6RL_s} - \frac{l'^7}{336R^3L_s^3};$$
$$\beta' = \frac{l'^3}{2RL_s} \cdot \frac{180}{\pi} \tag{6-8}$$
$$x_1 = R\sin\beta' + m$$

其他符号意义同前，如图 6-56 所示

计算时先假定 l' 值求得 β' 代入式(6-7)，该式两边的值相等即可确定 l' 值，往下计算。

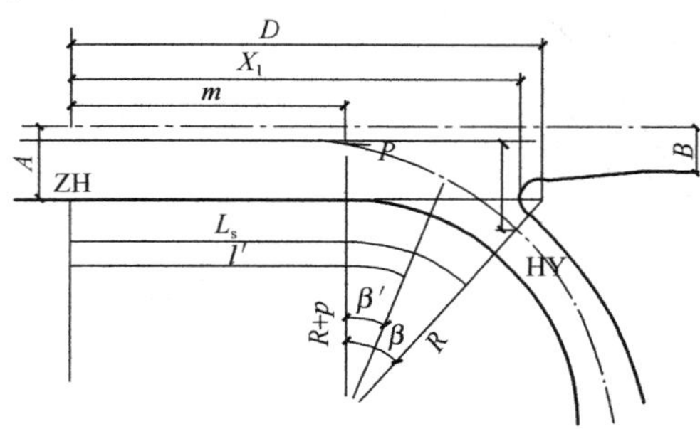

图 6-56　分岔尖位于匝道缓和曲线范围图

举例：

已知设计资料：

R=50m，L_s=60.6m，A=11.00m，B=11.5m，C=2.50m，r=1.5m，w_1=3.0m，w_2=0.60m

匝道曲线起点 Z_1K0＋000＝K_1＋253，试计算一号匝道（出口）分岔尖圆心里程。

解：

设 l' = 54.73m，代入相应公式：

$$\beta' = \frac{l'^2}{2RL_s} \cdot \frac{180}{\pi} = \frac{54.73^2 \times 180}{2 \times 50 \times 60.6\pi} = 28°19'14''$$
$$\cos\beta' = 0.880307$$

$$y=\frac{l'^3}{6RL_s}-\frac{l'^7}{336R^3L_s^3}=\frac{54.73^3}{6\times50\times60.6}-\frac{54.73^7}{336\times50^3\times60.6^3}=8.86$$

代入公式（6-7）：

左边：$A+y=11.00+8.86=19.86$

右边：$B+w_1+r+(c+w_2+r)\cos\beta'=11.5+3.0+1.5+(2.5+0.6+1.5)\times0.880307=20.049$

两边相差 0.189m，

$$\beta'=\frac{55^2\times180}{2\times50\times60.6\pi}=28°36'02'',\cos\beta'=0.877978$$

$$y=\frac{55^3}{6\times50\times60.6}-\frac{55^7}{336\times50^3\times60.6^3}=8.989$$

左边：$A+y=11.00+8.989=19.989$；

右边：$B+w_1+r+(c+w_2+r)\cos\beta'=11.5+3.0+1.5+(2.5+0.6+1.5)\times0.877978=20.039$

两边相差 $l'=55.00$m。

$$m=\frac{L_s}{2}-\frac{L_s^3}{240R^2}=29.929$$

$x_1=R\sin\beta'+m=50\sin28°36'02''+29.929=53.864$；

$D=x_1+(c+w_2+r)\sin\beta'=53.864+(2.5+0.6+1.5)\sin28°36'02''=56.066$

根据匝道曲线起点或终点 ZH 或 HZ 里程可计算分岔尖圆心里程（略）。

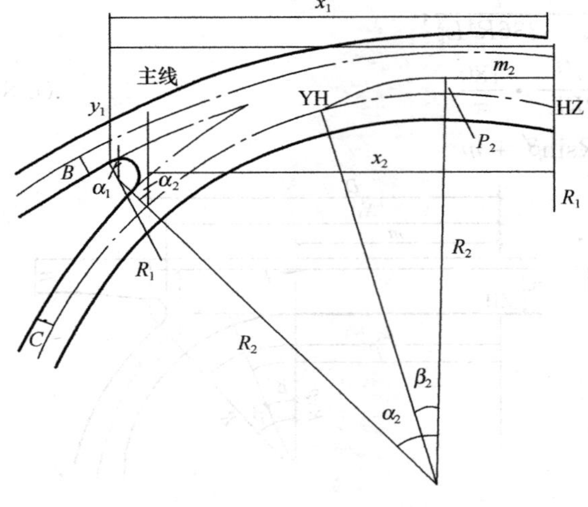

图 6-57　主线为曲线通向分岔尖圆心位置计算图

2. 主线为曲线通向分岔尖圆心位置计算

匝道从主线的曲线内侧出、入是经常可遇到的线形。现设匝道从主线半径 R_1 的圆曲线上某一已知里程进入主线，衔接点位于匝道曲线终点 HZ，两曲线衔接处匝道设置缓和曲线 L_s，组成如图 6-57 所示的匝道口线形。问题是主线、匝道硬路肩边缘合岔形成的小圆圆心位置相对两线的里程各是多少？通过计算求得，给设计和施工提供定位依据。

(1) 计算公式：

从图 6-57 可知，主线为圆曲线，按坐标法：

$$x_1-(B+r)R\sin\alpha_1=x_2+(c+r)R\sin\alpha_2 \tag{6-9}$$

式中：$x_1=R_1\sin\alpha_1,\alpha_1=\dfrac{180L'_1}{R_1\pi}$

当 $l'_2\geqslant L_{s2}$ 时，分岔圆心在匝道圆缓和曲线范围内，

$x_2=R_2\sin\alpha_2+m_2$，$x_1=R_1\sin\alpha_1$，$\alpha_2=\dfrac{180(L'_2-L_{s2})}{R_2\pi}+\beta_2$

当 $l'_2 < L_{s2}$ 时，分岔圆心在匝道圆缓和曲线范围内，

$$x_2 = l'_2 - \frac{l'^5_2}{40 \cdot R^2_2 \cdot L^2_{s2}},$$

$$\alpha_2 = \frac{l'^2_2}{2R_2 \cdot L_{s2}} - \frac{180}{\pi}$$

式中：l'_1，l'_2——主线、匝道中心线上自匝道起点至分岔尖投影长度。

由于未知数多，须假定 l'_1，l'_2 的长度代入式（6-9）求得该式两边的值相等时，假定值即可采用。

式中符号意义除图 6-57 所示者之外，其余同前。

举例：

已知设计资料

$R_1=700$，$R_2=60$，$L_{s2}=40$，$B=10.75$，

$C=2.00$，$r=0.5$，$p_2=1.11$，$m_2=19.93$，$\beta_2 = 19°05'55''$

试求该匝道入口两线硬路肩边缘合岔处小圆圆心位置相对主线、匝道中心线里程。

解：该入口处主线为圆曲线，匝道设缓和曲线。

假定圆心处 D 点至匝道终点 HZ 投影于主线相应长度为 $l'_1=38.55$m，投影于匝道相应长度为 $l'_2=37.57$m。

$$\alpha_1 = \frac{180 l'_1}{R_1 \pi} = \frac{180 \times 38.55}{700\pi} = 3°\,09'\,19''$$

$$x_1 = R_1 \sin\alpha_1 = 700\sin 3°\,03'\,19'' = 38.530$$

$$\alpha_2 = \frac{l'^2_2}{2R_2 \cdot L_{s2}} \frac{180}{\pi} = \frac{37.57^2 \times 180}{2 \times 60 \times 40\pi} = 16°50'55''$$

$$x_2 = l' \frac{l'^5_2}{40 \cdot R^2_2 \cdot L^2_{s2}} = 37.57 - \frac{37.57^5}{40 \times 60^2 \times 40^2} = 37.245$$

代入式（6-9）：

右边：$x_1 - (B + r)\sin\alpha_1 = 38.530 - (10.75 + 0.5)\sin 3°\,03'\,19'' = 37.91$

左边：$x_2 + (C + r)\sin\beta_1 = 37.245 + (2.00 + 0.5)\sin 16°\,50'\,55'' = 37.97$。

两边的值相差 0.06m（可忽略），采用 $l'_1 = 38.55$，$l'_2 = 37.57$。

根据匝道终点里程即可求得硬路肩边缘合岔处圆心相对于主线及匝道的里程（计算略）。

该计算方法如采用微机计算非常方便。计算出口分岔圆心位置时，公式中还应加入偏置值 w_1、w_2。

3. 主线为曲线反向分岔尖圆心位置计算

匝道从主线曲线外侧反向分岔，衔接点位于匝道起点 ZH，主线半径为 R_1 的圆曲线，如图 6-58 所示。匝道曲线半径为 R_2，设有缓和曲线 L_s，分岔为出口，分岔尖两侧设偏置值 w_1、w_2。

由图可知：

$$\tan\theta = \frac{m}{R_1 + A + R_2 + p_2}$$

$$\theta = \tan^{-1} \frac{m}{R_1 + A + R_2 + p_2} \tag{6-10}$$

又
$$\alpha_2=\cos^{-1}\frac{\overline{O_2D}^2+\overline{O_1O_2}^2-\overline{O_1D}^2}{2\times\overline{O_2D}\times\overline{O_1O_2}},$$

$$\alpha_1=\cos^{-1}\frac{\overline{O_1D}^2+\overline{O_1O_2}^2-\overline{O_2D}^2}{2\times\overline{O_1D}\times\overline{O_1O_2}}$$

式中　$\overline{O_1O_2}=\frac{m_2}{\sin\theta}$，$\overline{O_1D}=R_1+B+w_1+r$；

$\overline{O_2D}=R_2+C+w_2+r$

$L_1=(\alpha_1+\theta)\frac{\pi}{180}R_1$

$L_{2D}=L_2+m$

式中符号意义除图 6-58 所示之外，其余同前。

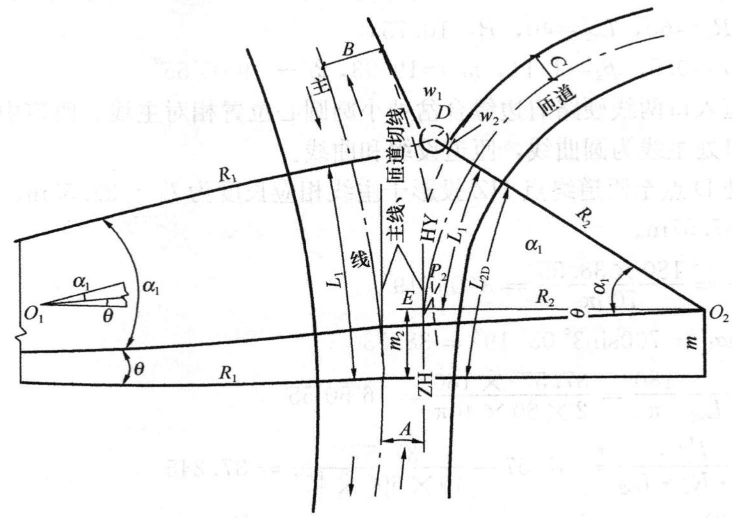

图 6-58　主线为曲线反向分岔尖圆心位置计算

举例：

已知设计资料：$R_1=700$，$R_2=100$，$L_s=25$，$B=10.75$，$C=2.00$，$w_1=3.00$，$w_2=0.60$，$r=0.50$，$A=11.00$，$m_2=12.50$，$p_2=0.26$。匝道起点里程：主线 NK+939.66=匝道 Z_2K0+000。

该分岔尖为匝道出口，线形如图 6-58。

试求主线与匝道硬路肩边缘分岔尖圆心对于主线和匝道的里程。

解：

$$\theta=\tan^{-1}\frac{m}{R_1+A+R_2+p_2}=\tan^{-1}\frac{12.50}{700+11+100+0.26}=0°52'58''$$

$$\overline{O_1O_2}=\frac{m_2}{\sin\theta}=\frac{12.50}{\sin0°\ 52'\ 58''}=811.33$$

$$\overline{O_1D}=R_1+B+w_1+r=700+10.75+3.0+0.5=714.25$$

$$\overline{O_2D}=R_2+C+w_2+r=100+2.0+0.6+0.5=103.10$$

$$\alpha_1=\cos^{-1}\frac{811.33^2+714.25^2-103.10^2}{2\times811.33\times714.25}=2°\ 36'\ 47''$$

$$\alpha_2=\cos^{-1}\frac{103.1^2+811.33^2-714.25^2}{2\times103.1\times811.33}=18°24'41''$$

$$L_1=(\alpha_1+\theta)\frac{\pi}{180}R_1=\frac{\pi}{180}(2°36'47''+0°52'58'')\times700=42.71$$

$$L_2=(\alpha_2-\theta)\frac{\pi}{180}R_2=\frac{\pi}{180}(18°24'41''-0°52'58'')\times100=30.59$$

$$L_{2D}=L_2+m_2=30.59+12.50=43.09$$

分岔尖圆心里程：

NK89＋939.66＋42.71＝NK89＋982.37

Z_2K0＋000＋43.09＝Z_2K0＋43.09

4. 主线为直线式出口分岔尖圆心位置计算

直线式出口分岔尖圆心位置，由于它多数情况在邻近匝道曲线之前的直线范围内，计算比较简单，如图6-59所示。首先应求出砸道中心线与主线右侧最外车道中线相交点A，再按下面公式即可算出A点至分岔尖圆心的距离D和l，如果A点有主线和匝道里程，就可据此推算分岔尖圆心里程。否则首先应求出A点里程。

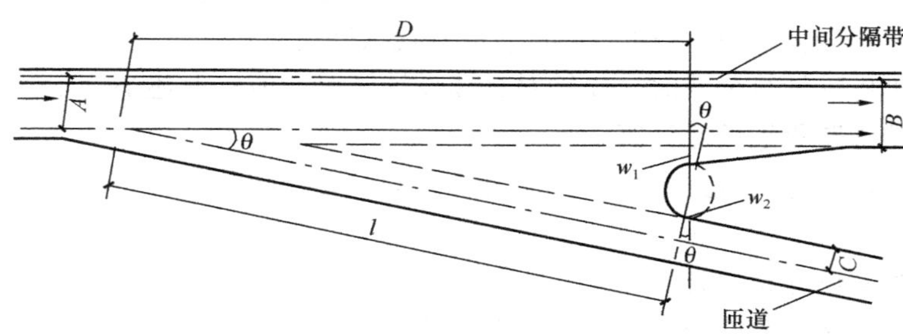

图6-59　直线式出口分岔尖圆心位置计算图

由图可知，分岔尖圆心距A点远近，取决于渐变率$\tan\theta$及偏置值w_1，w_2和小圆半径r等。这些数值设定之后，代入公式即可求得D和l值，在据以推出相应里程。

$$D=\frac{B-A+w_1+r+(r+w_2+C)/\cos\theta}{\tan\theta}$$

$$l=\frac{C+w_2+r+(r+w_1+B-A)/\cos\theta}{\tan\theta}$$

由于θ角很小，$D\approx l$，也可近似采用下面的简化公式计算。

$$D=l=(C+w_1+2r+w_2+B-A)/\tan\theta$$

式中　D——主线上A点至分岔尖端圆心距离（m）；

L——匝道上A点至分岔尖端圆心距离（m）；

B——主线中心线至硬路肩或土路肩边缘宽度（m）；

C——匝道中心线至左侧路面或土路肩边缘宽度（m）；

A——主线中心线至右侧最外车道中线宽度（m）；

w_1，w_2——分岔尖端主线和匝道的偏置值（m）；

r——分岔尖端小圆半径（m）；

$\tan\theta$——直接式变速车道渐变率。

举例：

已知：$A=7.875$，$B=12.25$，$C=2.75$，$w_1=3.0$，$w_2=0.6$，$r=0.6$，$\theta=2°17'26''$，$\tan\theta=1/25=0.04$

代入上述公式（6-11）、（6-12）：

$$D=\frac{12.25-7.875+3.0+0.6+(06+0.6+2.75)/\cos\theta}{\tan\theta}$$

$$=\frac{7.975+3.960}{\tan 2°17'26''}=298.38$$

$$l=\frac{2.75+0.6+0.6+(0.6+3.0+12.25-7.875)/\cos\theta}{\tan\theta}=298.28$$

用简化公式（6-13）计算：

$$D=l=(2.75+0.6+3.0+2\times0.6+12.25-7.875)/\tan 2°17'26''=298.13$$

分岔尖端圆心位置计算介绍至此结束，尚有两点须注意：一是上述公式和举例都是针对高等级公路硬路肩与匝道路面左边缘分岔尖端圆心的，如果针对路肩边缘分岔，则注意适当取定 B、C 的宽度即可；二是出口分岔尖端两侧设有偏置值 w_1，w_2，但入口处或城市路肩某些情况下不设偏置值，此时 w_1、$w_2=0$ 代入即可。

总之，使用各种计算公式时，要针对具体设计情况取值。上述举例中取值仅供参考。

五、匝道特殊路段线间距计算

匝道相互并行、分岔等路段，通常需要计算其中心线间距，供路基、路面设计和施工以依据。

下面举几个实例介绍其计算方法。

某公路新庄立交四号匝道与三号匝道线间距计算：

图 6-60（a）所示，喇叭立交 4 号匝道与 3 号匝道由双向匝道变成两单向匝道，3 号匝道 YH～HZ 逐渐由一整体分开成两个单独路基或路面，其横断面宽度应以线间距为根据确定后才能准确地计算出工程数量并据以施工。

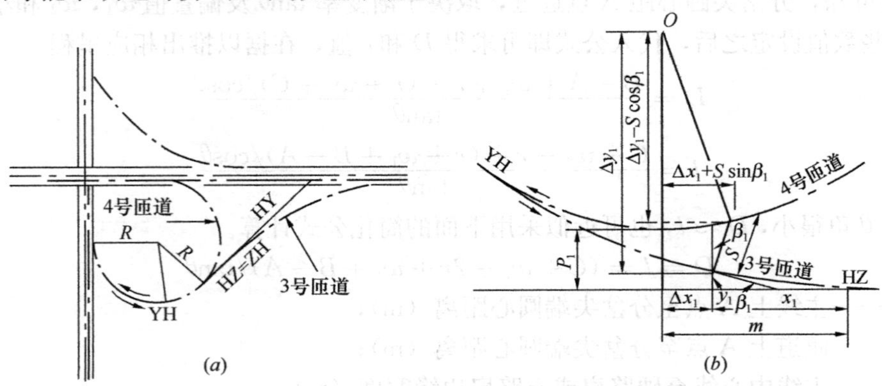

图 6-60　某公路新庄立交四号匝道与三号匝道线间距计算

由图 6-60（b）可知：

$$\Delta y_i=R+p-y_i$$

$\Delta x_i = m - x_i$

$\beta_i = \dfrac{L_i^2}{2RL_s}\dfrac{180}{\pi}$

$R^2 = (\Delta y_i - S\cos\beta_i)^2 + (\Delta x_i + S\cos\beta_i)^2$

$\quad = \Delta y_i^2 - 2\Delta y_i S\cos\beta_i + S^2\cos^2\beta_i + \Delta x_i^2 - 2\Delta x_i S\sin\beta_i + S^2\sin^2\beta_i$

$\quad = \Delta y_i^2 - \Delta x_i^2 - 2S(\Delta y_i\cos\beta_i - \Delta x_i\sin\beta_i) + S^2(\cos^2\beta_i + \sin^2\beta_i)$

移项　$S^2 - 2S(\Delta y_i\cos\beta_i - \Delta x_i\sin\beta_i) = R^2 - \Delta y_i^2 - \Delta x_i^2$

令　$b_i = \Delta y_i\cos\beta_i - \Delta x_i\sin\beta_i$

$S^2 - 2Sb_i\cos\beta_i = R^2 - \Delta y_i^2 - \Delta x_i^2$

等式两边 b_i^2（使等式左边为二项式）用配方法解方程

$S^2 - 2Sb_i + b_i^2 = R^2 - \Delta y_i^2 - \Delta x_i^2 + b_i^2$

$(S - b_i)^2 = R^2 - \Delta y_i^2 - \Delta x_i^2 + b_i^2$

两边取平方根：

$S - b_i = \pm\sqrt{R^2 - \Delta y_i^2 - \Delta x_i^2 + b_i^2}$

$S = b_i \pm\sqrt{R^2 - \Delta y_i^2 - \Delta x_i^2 + b_i^2} = \Delta y_i\cos\beta_i - \Delta x_i\sin\beta_i - \sqrt{R^2 - \Delta y_i^2 - \Delta x_i^2 + b_i^2}$

显然，根号前面不能取正号

举例：

已知上述匝道设计数据为：

$R=50$，$L_s=50$，$p=2.06$，$m=24.79$，$R+p=52.06$，$\Delta y_i = R+p-y_i$，$\Delta x_i = m - x_i$，$\beta_i = \dfrac{L_i^2}{2RL_s}\dfrac{180}{\pi}$，$y_i = \dfrac{L_i^3}{6RL_s} - \dfrac{L_i^7}{336R^3L_s^3}$，$x_i = L_i - \dfrac{L_i^5}{40R^2L_s^2}$

HZ 里程为 Z_3K2+175.44

要求计算 HZ～ZH 范围内每 10m 一个线间距。

解：

求 Z_3K0+160　S 值：

$l_2 = 15.44$，$x_2 = 15.44$，$y_2 = 0.245$，$\beta_2 = 2.7318°$，$\cos\beta_2 = 0.99886$，$\sin\beta_2 = 0.04766$

$\Delta y_2 = 51.815$，$\Delta x_2 = 9.35$

$\Delta y_2\cos\beta_2 = 51.756$，$\Delta x_2\sin\beta_2 = 0.446$，$b_2 = 51.31$

$s_2 = 51.31 - \sqrt{51.31^2 + 50^2 - 51.815^2 - 9.35^2} = 2.73$

求 Z_3K0+150　　S 值：

$l_3 = 25.44$，$x_3 = 25.4$，$y_3 = 1.10$，$\beta_3 = 7.4163°$，$= 0.99886$，$\Delta y_3\cos\beta_3 = 50.53$，$\Delta y_3 = 50.96$

$\Delta x_3 = 0.61$，$\Delta x_3\sin\beta_3 = 0.079$，$b_3 = 50.61$

$s_3 = 50.61 - \sqrt{50.61^2 + 50^2 - 50.96^2 - 0.61^2} = 0.97$

求 Z_3K0+140　S 值：

$l_4 = 35.44$，$x_4 = 35.22$，$y_4 = 2.954$，$\beta_3 = 14.3926°$，$\Delta y_4\cos\beta_4 = 47.56$，$\Delta x_4\sin\beta_4 = 2.59$

$\Delta x_4 = 10.43$，$\Delta y_4 = 49.106$，$\Delta x_4 \sin\beta_4 = 2.59$，$b_4 = 50.15$

$s_4 = 50.15 - \sqrt{50.15^2 + 50^2 - 49.106^2 - 10.43^2} = 0.20$

求 Z_3K0+130　S 值：

$l_5 = 45.44$，$x_5 = 44.67$，$y_5 = 6.17$，$\Delta x_5 = 19.88$，$\Delta y_5 = 45.89$，$\beta_5 = 23.6608°$，$\Delta y_5 \cos\beta_5 = 42.03$，$\Delta x_5 \sin\beta_5 = 7.98$，$b_5 = 50.1$

$s_5 = 50.01 - \sqrt{50.01^2 + 50^2 - 45.89^2 - 19.88^2} = 0.01$

某公路八字立交二号匝道与交叉线间距计算：

线形如图 6-61 所示，匝道在主线的缓和曲线终点（HZ）与主线衔接（合流），匝道曲线半径与主线曲线半径相同。

由图可知：

当 $x_i \geqslant m$ 时，

$$(R + p - y_i)^2 + (x_i - m)^2 = (R + E_i)^2$$

$$\therefore\quad E_i = \sqrt{(R + p - y_i)^2 + (x_i - m)^2} - R$$

当 $x_i < m$ 时，

$$(R + p - y_i)^2 + (x_i - m)^2 = E_i^2$$

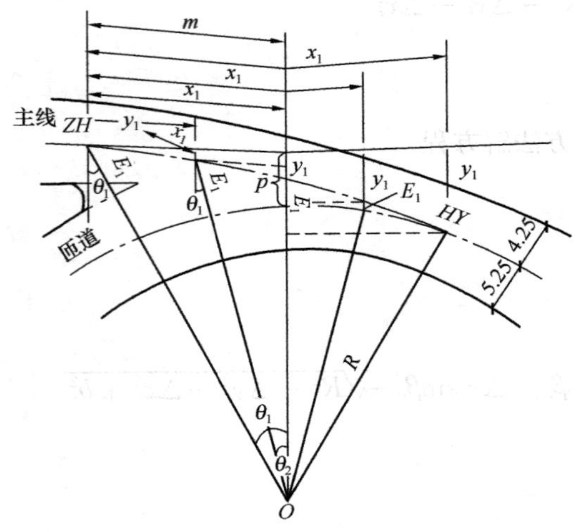

图 6-61　某公路八字立交二号匝道与交叉线间距计算

$$\therefore\quad E_i = \sqrt{(R + p - y_i)^2 + (x_i - m)^2}$$

考虑 E_i 与主线垂线成 θ_i 角，以主线横断面方向为准的线间距应为 E'_i，

即 $E'_i = E_i / \cos\theta_i = (\sqrt{(R + p - y_i)^2 + (m - x_i)^2} - R) / \cos\theta_i$

式中　$\theta_i = \tan^{-1} \dfrac{m - x_i}{R + p}$

其他符号意义如图 6-60 所示，计算公式同前。

举例：

已知设计资料：

$R=150$，$L_s=60$，$m=29.96$，$p=1.00$，ZH 里程＝JAK0＋315.90，线形及其他资料如图 6-61 所示。

要求按主线里程每隔约 5m 计算一个线间距及路基宽度。

解：

$x_i = l_i - \dfrac{L_i^5}{324 \times 10^7}$；

$y_i = \dfrac{L_i^3}{54000}$；

当 $x_i \geqslant 29.96$ 时，$E_i = \sqrt{(151 - y_i)^2 + (x_i - 29.96)^2} - 150$

当 $x_i < 29.96$ 时，$\theta_i = \tan^{-1}\dfrac{29.96 - x_i}{151}$

$E_i = (\sqrt{(151 - y_i)^2 + (x_i - 29.96)^2} - 150)/\theta_i$

主线部分路基宽 $B_主 = E'_i + 4.25\text{m}$ 或 $E_i + 4.25\text{m}$。

匝道部分路基宽 $B_匝 = 5.25\text{m}$。

计算结果表，见表 6-37。

计 算 结 果 表 **表 6-37**

里 程	l_i	x_i	Y_i	$R+P-Y_i$	$X_i - m$ 或 $m - X_i$	E_i	Q_i	cos	E'_i	$B_主$	$B_匝$
HZ JAK0+255.9	0	0	0	151	29.96	3.944	11.2223°	0.98088	4.021	8.271	5.25
+260	4.1	4.1	0.001	150.999	25.86	3.197	9.7180°	0.98565	3.244	7.494	5.25
+265.9	10	10	0.019	150.981	19.96	2.295	7.53°	0.99138	2.315	6.565	5.25
+270	14.1	14.1	0.052	150.988	15.86	1.779	5.996°	0.99453	1.789	6.039	5.25
+275.9	20	19.999	0.148	150.852	9.961	1.181	3.7742°	0.99783	1.183	5.433	5.25
+280	24.1	24.097	0.259	150.741	5.863	0.855	2.236°	0.99925	0.856	5.106	5.25
+285.9	34.1	34.086	0.734	150.500	0.033	0.5			0.5	4.75	5.25
+290	40	39.968	1.185	150.266	4.126	0.323			0.323	4.573	5.25
+300	44.1	44.049	1.588	149.412	4.089	0.075			0.075	4.325	5.25
+305.9	50	49.904	2.315	148.685	19.944	0.017			0.017	4.267	5.25
+310	54.1	53.957	2.932	148.068	23.997	0			0	4.25	5.25
HY JAK+315.9	60	59.76	4.0	147.000	29.8	0			0	4.25	5.25

关于线间距计算，以上仅举两例，设计中将遇到各种不同线形，可根据具体情况通过结合部分分析推导出计算公式，准确求得地线间距数值。

思 考 题

1. 道路交叉口有何交通特征和构造特征？
2. 试述平面交叉口设计的主要内容。
3. 平面交叉口车辆交通组织的任务是什么？交通组织的主要措施有哪些？
4. 一般平面交叉口设计主要确定哪些几何尺寸？交叉口缘石半径理论上如何计算？
5. 环形交叉口由哪些部分组成？试分析环形交叉口的优缺点。
6. 交叉口竖向设计的原则是什么？简述竖向设计步骤。
7. 综述立体交叉的主要组成和基本特征。
8. 三路立体交叉有哪些类型？其运用条件怎样？
9. 四路立交有哪些类型？各类型的主要特点是什么？
10. 名词解释

渠化交通　冲突点　Y 形交叉口　视距三角形

交织长度　匝道　辅助车道　喇叭形立交

定向型立交　部分苜蓿叶式立交

第七章　城市道路通行能力

知识目标：

1. 了解城市道路上机动车通行能力有关标准车型及其换算关系。

2. 熟悉城市道路上路段机动车通行能力计算方法和公式，从而能求出不受平交口影响的路段设计通行能力。

3. 了解城市道路上无信号灯控制与有信号灯控制下平面交叉口通行能力的计算方法和公式。

4. 了解城市道路立体交叉口通行能力计算方法和公式。

5. 熟悉城市道路非机动车道及人行道通行能力计算方法和公式。

能力目标：

1. 熟悉城市道路机动车道上行驶不同标准车型如何折算为标准车型的计算。

2. 掌握城市道路路段上不受交叉口影响和受交叉口影响计算。

3. 掌握城市道路平面交叉口在无信号灯控制与有信号灯控制下通行能力计算。

4. 掌握城市道路非机动车及人行道通行能力计算。

5. 熟悉城市道路立体交叉口通行能力计算。

第一节　概　述

一、通行能力

1. 定义

道路某一点上在单位时间内通过某种车辆能力，一般以每条车道一小时能通过某种车辆数来表示。

2. 单位

当量标准车辆数（或行人数）/单位时间。

3. 规定

(1)《城市道路工程设计规范》CJJ 37—2012 规定，机动车道通行能力以通过道路上某断面的小客车为标准车型，其他车型的车辆按规定的车型换算系数折算为当量小客车。

注：中小城市小型汽车很少时，可按普通车计。

(2)《城市道路交通规划设计规范》GB 50220 给出了不同的标准车型的车型换算系数，见表 7-1～表 7-4。

当量小汽车换算系数　　**表 7-1**

车　种	换算系数	车　种	换算系数
自行车	0.2	旅行车	1.2
二轮摩托车	0.4	大客车或小于 9t 的载货车	2.0
三轮摩托车或微型汽车	0.6	9～15t 载货车	3.0
小客车和小于 3t 的载货车	1.0	铰接客车或大平板拖挂货车	4.0

非机动车换算系数　　表 7-2

车　种	换算系数	车　种	换算系数	车　种	换算系数
自行车	1	三轮车	3	人力板车或畜力车	5

公共交通标准汽车换算系数　　表 7-3

车　　种	车长范围(m)	换算系数
微型汽车	≤3.5	0.3
出租小汽车	3.6～5.0	0.5
小公共汽车	5.1～7.0	0.6
640 型单节公共汽车	7.1～10.0	1.0(标准车)
650 型单节公共汽车	10.1～14.0	1.5
≥660 型单节公共汽车	>14	2.0
双层公共汽车	10～12	1.8

载货车车型换算系数　　表 7-4

车型大小	载重量 (t)	换算系数
小	<0.6	0.3
	0.6～3	0.5
中	3.1～9	1.0 (标准车)
	9.1～15	1.5
大	>15	2.0
	拖挂车	2.0

(3)《城市道路工程设计规范》CJJ 37—2012 规定，不同车辆及道路位置车辆换算系数见表 7-5、表 7-6。

路段车种换算系数　　表 7-5

车　种	小客车	大型客车	大型货车	铰接车
换算系数	1	2.0	2.5	3.0

平面交叉口车辆换算系数　　表 7-6

车种 / 交叉口形式	小客车	普通汽车	铰接车
环形交叉口	1	1.4	2
灯控交叉口	1	1.6	2.5

二、城市道路设计车辆规定

1. 机动车设计车辆外廓尺寸见表 7-7。

CJJ 37—2012规范对城市道路机动车设计车辆外廓参考尺寸（m）　　表7-7

车辆类型	项目						备注
	总长	总宽	总高	前悬	轴距	后悬	
小客车	6	1.8	2.0	0.8	3.8	1.4	
大型车	12	2.5	4.0	1.5	6.5	4.0	
铰接车	18	2.5	4.0	1.7	5.8+6.7	3.8	

注：1. 总长为车辆前保险杠至后保险杠的距离（m）。
2. 总宽为车厢宽度（不包括后视镜）（m）。
3. 总高为车厢顶或载物顶到地面的高度（m）。
4. 前悬为车辆前保险杠至前轴轴中线的距离（m）。
5. 后悬为车辆后保险杠至后轴轴中线的距离（m）。
6. 轴距：双轴车时为前轴轴中线至后轴轴中线距离；
铰接车时为前轴轴中线至中轴轴中线距离及中轴轴中线至后轴轴中线距离。

2. 非机动车设计车辆外廓尺寸见表7-8。

非机动车设计车辆外廓参考尺寸（m）　　表7-8

车辆类型	项目			车辆类型	项目		
	总长	总宽	总高		总长	总宽	总高
自行车	1.93	0.6	2.25	板车	3.7	1.5	2.5
三轮车	3.4	1.25	2.25	畜力车	4.2	1.7	2.5

注：1. 总长：自行车为前轮前缘至后轮后缘距离，三轮车为前轮前缘至车厢后缘的距离，板车、畜力车均为车把前端至车厢后缘距离（m）。
2. 总宽：自行车为车把宽度，其余车种均为车厢宽度（m）。
3. 总高：自行车为骑车人骑在车头上，头顶至地面的高度，其余车种为载物顶到地面的高度。

3. 城市道路机动车设计车辆外廓形状见图7-1所示。

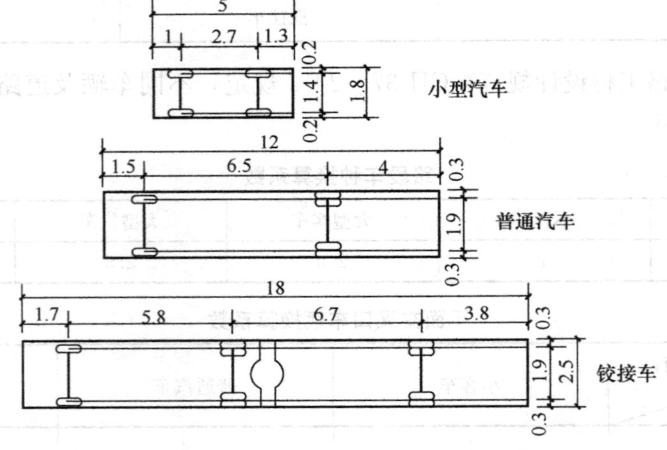

图7-1　城市道路机动车设计车辆外廓形状图

第二节　路段机动车通行能力

城市道路网中有许多交叉口，两交叉口之间称为路段，因此路段通行能力可分为：不受交叉口影响和受交叉口影响两种分别计算。

一、不受交叉口影响的路段通行能力

（一）一条机动车道的可能通行能力

1. 定义

路段上一纵向车列的车辆，在前后车之间都保持一定的车头间距，跟随和匀速、连续行驶的情况下，一小时内所能通过某一断面（地点）的车数。

2. 单位

单位为辆/h。

3. 计算

（1）按“车头间距”计算法

1）定义：用距离来表示车头间距（即在一条车道上连续行驶的车流中，从前车的前端到后车的前端的间隔距离）的计算法。

2）计算图式，如图 7-2 所示。

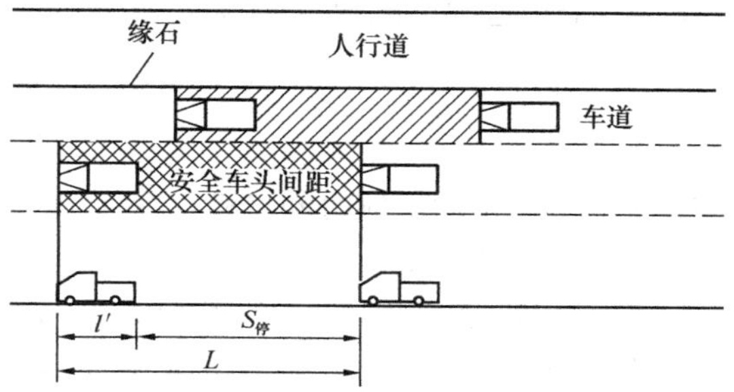

图 7-2　纵向“安全车头间距”示意图

3）一条车道的可能通行能力为

$$N_p=\frac{1000v}{L}=\frac{1000v}{l'+\frac{vt}{3.6}+\frac{v^2}{254(\varphi+i)}+l_0}=\frac{1000v}{l'+\frac{vt}{3.6}+l_0}(\text{pcu/h}) \qquad (7\text{-}1)$$

式中　l'——车身长度（m），小客车为 5m，载重汽车为 12m，铰接车为 18m；

t——驾驶员的反应时间（s），一般可取 1.2s；

i——道路纵坡，汽车上坡取“+”，下坡取“−”；

l_0——两车停下来以后，后车车头与前车车尾间的安全距离，可取 3～5m；

φ——汽车轮胎与路面间的纵向摩擦系数，见表 7-9；

v——车速。

轮胎与路面间的纵向摩擦系数 φ 值　　**表 7-9**

路面状况	干燥、清洁	潮湿、泥泞	结　冰
纵向摩擦系数 φ 值	0.5～0.7	0.3～0.4	0.1～0.2

根据式（7-1），取 $l'=5$m，$t=1.2$s，$l_0=5$m，$i=0\%$可算得不同 φ 值时的 N_p，见表 7-10。

可能通行能力计算表　　**表 7-10**

v（km/h）		15	20	30	40	60	80
N_p（pcu/h）	$\varphi=0.1$	603	598	531	458	347	275
	$\varphi=0.2$	791	872	914	882	766	657
	$\varphi=0.3$	844	960	1068	1083	1011	908

（2）按“车头时距”计算

1）定义：用距离来表示车头时距（即一条车道上相互跟随，匀速、连续行驶时，前后相邻各车在通过某一断面（或地点）时“车头时距”）的计算法。

2）计算图式，如图 7-3 所示。

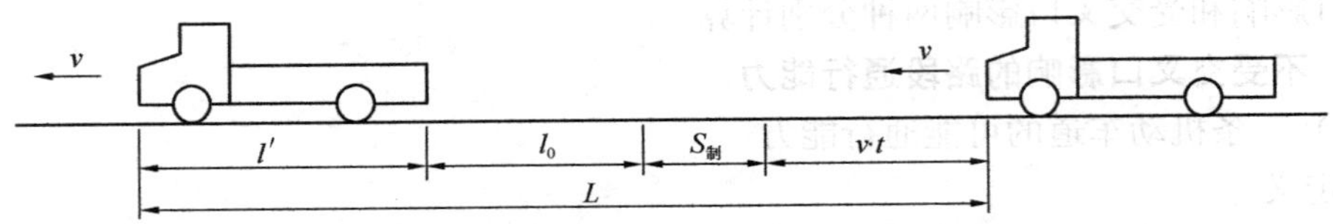

图 7-3　最小安全车头间距 L 示意图

3）一个车道的可能通行能力计算公式

$$N=\frac{3600}{t}=\frac{3600}{t+\dfrac{S_{制}+l_0+l'}{v}} \tag{7-2}$$

式中　t——司机的反应时间（s），$t=1.2$s 左右；

v——车速（m/s）；

l_0——安全距离（m），一般取 $l_0=5$m；

l'——车身长度（m）。小汽车为 5m，载重汽车为 7m，大型客车为 9m，铰接公共汽车和铰接无轨电车为 14m；

$S_制$——汽车的制动距离（m），实测的汽车制动拖印距离见表 7-11。

实测汽车制动拖印距离 $S_制$ 值（m）　　**表 7-11**

车速	km/h	10	15	20	25	30	35	40	45	50	55	60	65	70	75	80
	m/s	2.78	4.17	5.56	6.94	8.33	9.72	11.11	12.50	13.88	15.28	16.67	18.06	19.44	20.83	22.22
干燥的沥青路面		0.66	1.47	2.62	4.09	5.90	8.03	10.49	13.28	16.33	19.84	23.84	27.70	32.13	36.88	42.00
潮湿的沥青路面		0.79	1.76	3.14	4.91	7.08	9.64	12.59	15.94	19.60	23.81	23.33	33.24	33.56	44.26	50.40

按式（7-2）的计算结果见表 7-12。

通行能力计算表　　**表 7-12**

车速		干燥的沥青路面 $S_制$（m）	小型汽车 $l'=5$m，$l_0=5$m，$t=1.2$s		中型卡车 $l'=7$m，$l_0=5$m，$t=1.2$s		大型客车 $l'=9$m，$l_0=5$m，$t=1.2$s		铰接公交车辆 $l'=14$m，$l_0=5$m，$t=1.2$s	
（km/h）	（m/s）		t_1（s）	N（辆/h）	t_1（s）	N（辆/h）	t_1（s）	N（辆/h）	t_1（s）	N（辆/h）
10	2.78	0.66	5.03	716	5.75	626	6.47	556	8.27	435
15	4.17	1.47	3.95	911	4.43	813	4.91	733	6.11	589
20	5.56	2.62	3.47	1037	3.83	940	4.91	859	5.09	707
25	6.94	4.09	3.23	1115	3.52	1023	3.81	945	4.53	795

续表

车速		干燥的沥青路面 $S_{制}$ (m)	小型汽车 $l'=5m$, $l_0=5m$, $t=1.2s$		中型卡车 $l'=7m$, $l_0=5m$, $t=1.2s$		大型客车 $l'=9m$, $l_0=5m$, $t=1.2s$		铰接公交车辆 $l'=14m$, $l_0=5m$, $t=1.2s$	
(km/h)	(m/s)		t_1 (s)	N (辆/h)	t_1 (s)	N (辆/h)	t_1 (s)	N (辆/h)	t_1 (s)	N (辆/h)
30	8.33	5.90	3.11	1158	3.35	1075	3.59	1003	4.19	859
35	9.72	8.03	3.05	1180	3.26	1104	3.47	1037	3.98	905
40	11.11	10.49	3.04	1184	3.22	1118	3.40	1059	3.85	935
45	12.50	13.28	3.06	1176	3.22	1118	3.38	1065	3.78	952
50	13.88	16.33	3.10	1161	3.24	1111	3.39	1062	3.75	960
55	15.28	19.84	3.15	1143	3.28	1098	3.41	1056	3.74	963
60	16.67	23.84	3.23	1115	3.35	1075	3.47	1037	3.77	955
65	18.06	27.70	3.29	1094	3.40	1059	3.51	1026	3.79	950
70	19.44	32.13	3.37	1068	3.47	1037	3.57	1008	3.83	940
75	20.83	36.88	3.45	1043	3.55	1014	3.61	989	3.88	928
80	22.22	42.00	3.54	1017	3.63	992	3.72	968	3.85	911

城市道路上的汽车交通，绝大多数都是各种车种在同一车道上混行，其车速一般为25～40km/h，根据表 7-12 的计算结果可得，各种汽车混行的平均车头时距 $t_i=3.2\sim2.5s$，即一条车道的最大通行能力 $N=1000\sim1100$ 辆/h，平均 $N=1050$ 辆/h。

（二）一条机动车道的设计通行能力

一条机动车道设计通行能力按下式计算：

$$N_m=\alpha_c N_p(\text{pcu/h}) \quad (7\text{-}3)$$

式中　α_c ——机动车道的道路分类系数，见表 7-13。

机动车道的道路分类系数　　表 7-13

道路分类	快速路	主干路	次干路	支　路
α_c	0.75	0.80	0.85	0.90

（三）路段设计通行能力

当同一方向道路断面上车道数不止一条时，不同位置车道上的车辆所受到的纵横向干扰是不一样的（如路边障碍、非机动车道、超车、公共汽车进出车站等）。一般来说，靠近道路中线的车道所受到的影响最小，而靠近道路边缘的车道所受到的影响最大。这种由于车道位置不同导致通行能力上的差异可用一个“车道序号修正系数”α 反映，车道序号从靠近道路中线的车道向道路边缘依次是 1、2、3…。α 之值见表 7-14。

车道序号修正系数 **表 7-14**

车道序号	1	2	3	4	5
α_i	1.00	0.80～0.89	0.65～0.68	0.50～0.65	0.40～0.50

则不受平交口影响的路段（一个方向）设计通行能力为：

$$N_m = \alpha_c N_p \sum_{i=1}^{n} \alpha_i (\text{pcu/h}) \tag{7-4}$$

式中，n 为规划设计的道路一个方向车道条数。从表 7-14 可见，当一个方向车道数达到 4～5条时，通行能力将折减 50%以上。因此，一条道路设计过多的车道对提高通行能力的效果并不大，且对于交通组织管理和提高投资效益都是不利的。对于一般道路，车道数以不超过 4～6 条（双向）为宜。如不能满足交通需求，则应从调整交通组织、修建平行道路及改善道路网结构等方面加以解决，以减轻该道路的交通负荷。对于全封闭的高等级道路（如城市快速路），行驶车辆所受到的纵、横向干扰明显少于一般道路，则根据交通需求，车道条数可适当增加。

二、受交叉口影响的路段设计通行能力

由于城市道路上的诸多平面交叉口，使得路段通行能力受到很大影响，特别是当平面交叉口间距较小时，其影响更为显著（据观测统计分析，在城市道路上的车辆出行总耗时中，受平面交叉口影响的延误时间占 30%左右）。在有交通管制的平交路口，车辆遇红灯要减速、停车，然后再启动、加速，即使碰巧是绿灯或是无交通管制平交口，车辆也要减速通过。因此，由于平交道口的影响，车辆在路段上的实际行程时间要比没有平交口的路段行程时间多，其实际平均车速也大为降低，通行能力也会受到影响。平面交叉口对路段通行能力的影响可用平交道口通行能力影响系数 $\alpha_{交}$ 表示：

$$\alpha_{交} = \frac{\text{平交口之间无阻的行程时间}}{\text{平交口之间实际的行程时间}} \tag{7-5}$$

$\alpha_{交}$ 的计算又可根据有无交通管制的情况分别考虑。

（1）当平交口有信号灯管制时（图 7-3），影响系数按下式计算：

$$\alpha_{交} = \frac{l/v}{l/v + v/(2a) + v/(2b) + \Delta} \tag{7-6}$$

式中　l——两平交口之间的距离（m）；

v——路段行车速度（m/s）；

a——车辆启动平均加速度（m/s^2），小型车可取 0.60～0.67m/s^2；中型车可取 0.49～0.53m/s^2；大型车可取 0.42～0.46m/s^2；铰接公交车 0.43～0.49m/s^2；

b——车辆制动平均减速度（m/s^2），小型车可取 1.66m/s^2，大型车可取 1.30m/s^2；

Δ——车辆在交叉口处的停候时间（s），一般可取红灯时间的一半。

注意：式（7-6）中的 a、b 在计算时均用正值，不考虑加减速物理意义上的正负号问题。

由式（7-6）可知，汽车以不同速度 v、在不同平面交叉口间距路段上行驶时，若 a、b、Δ 不变，平交间距 l 小，则通行能力折减大。为此，城市快速路上应减少或取消平面交叉，修建立体交叉。

（2）当平面交叉口无信号灯控制时（图 7-4），受平面交叉口的影响路段设计通行能力为：

$$N_m = \alpha_c \cdot \alpha_{交} \cdot N_p \sum_{i=1}^{n} \alpha \tag{7-7}$$

式中符号意义同上。

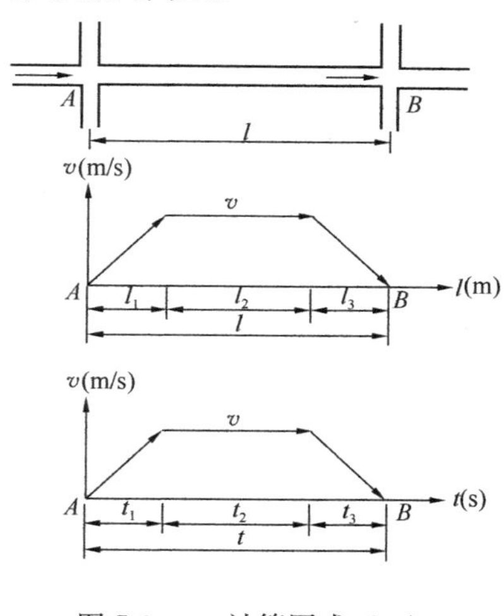

图 7-3　$\alpha_{交}$ 计算图式（一）

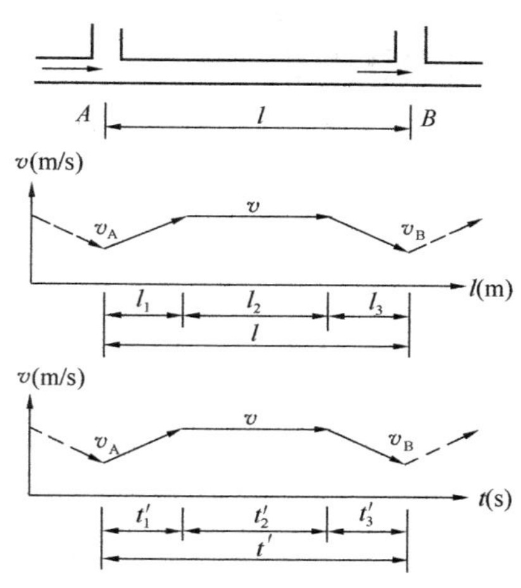

图 7-4　$\alpha_{交}$ 计算图式（二）

第三节　平面交叉口通行能力

一、简述

1. 定义

在通常的交通、车行道条件（和信号设计条件）下，各进口道所能通过交叉口的最大小时流率之和。

2. 影响因素

包括交通条件、车行道条件、信号条件。

(1) 交通条件。包括每条进口道流量及流向分布。

(2) 车行道条件。包括各进口道的几何特性：车道数、坡度、车道功能。

(3) 信号条件。包括信号的相位、配时等。

3. 分析

应从平交路口交通组织管理形式着手，针对不同交通组织管理形式进行分析计算。

二、信号灯管制平面交叉口设计通行能力

(一) 规定

1. 到达交叉口车辆，按色灯（红、黄、绿）显示的运行规则进行交通。

2. 信号灯管制下的平交口通行能力，按进口道布置类型按下法计算。

(1) 按“停止线”法计算。

停止线是以进口道处的停车线为基准面，通过该断面车流即认为已通过交叉口。

(2) 按“冲突点”法计算。

(二) 计算

1. 十字形交叉口设计通行能力

(1) 计算图式，见图 7-5。

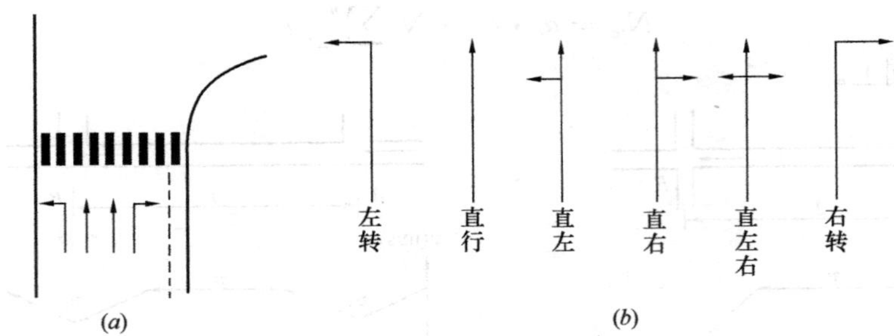

图 7-5　停止线及候驶车道示意图

(a) 停止线；(b) 候驶车道

(2) 进口道设计通行能力，为各车道设计通行能力之和。

1) 直行车道

$$N_s = \frac{3600}{t_c}\left(\frac{t_g - t_1}{t_{is}} + 1\right)\varphi_s \tag{7-8}$$

式中　N_s ——一条直行车道的设计通行能力 (pcu/h)；

t_c ——信号周期 (s)；

t_g ——信号周期内绿灯时间 (s)；

t_1 ——变为绿灯后第一辆车启动并通过停止线的时间 (s)，可采用 2.3s；

t_{is} ——直行或右行通过停止线的平均间隔时间 (s/pcu)；

φ_s ——直行车道通行能力折减系数，可采用 0.9；φ_s 主要反映了车辆通过的不均匀性以及非机动车和行人对机动车行驶的干扰。

2) 直右车道

$$N_{sr} = N_s \tag{7-9}$$

式中　N_{sr} ——一条直右车道的设计通行能力 (pcu/h)。

根据实测结果，右转弯车道通过停止线的时间间隔与直行车大致相等，因此直右混用车道的通行能力可以认为与直行车专用道相同。

3) 直左车道

$$N_{sl} = N_s(1 - \beta'_1/2) \tag{7-10}$$

式中　N_{sl} ——一条直左车道的设计通行能力 (pcu/h)；

β'_1 ——直左车道中左转车所占比例，

$$\beta'_1 = \frac{\beta_1}{(1 + k\beta_1 - \beta_r)/n_s - \beta_1/2} \tag{7-11}$$

β_1 ——本面进口道左转车所占比例；

k ——无量纲参数，当本面进口道无右转专用车道时，k=1.5；当本面进口道有右转专用车道时，k=0.5。

4) 直左右车道

$$N_{\mathrm{slr}} = N_{\mathrm{sl}} \tag{7-12}$$

式中　N_{slr}——一条直左右车道的设计通行能力（pcu/h）。

根据实测资料，在直左右混行车道中，由于其中左转车驶入交叉口所产生的影响，一辆左转车相当于1.5辆直行车，因此在计算直左或直左右车道通行能力时，按左转车混入比例β'_1予以折减。

5）进口道设有专用左转和专用右转车道（图7-6a），进口道设计通行能力

$$N_{\mathrm{elr}} = \Sigma N_{\mathrm{s}} + N_{\mathrm{elr}}\beta_1 + N_{\mathrm{elr}}\beta_{\mathrm{r}} = \Sigma N_{\mathrm{s}}(1-\beta_1-\beta_{\mathrm{r}}) \tag{7-13}$$

式中　N_{elr}——设有专用左转和专用右转车道时，本面进口道设计通行能力（pcu/h）；

ΣN_{s}——本面直行车道设计通行能力之和（pcu/h）；

β_1——左转车占本面进口道车辆的比例；

β_{r}——右转车占本面进口道车辆的比例。

其中，$N_{\mathrm{elr}}\beta_1$和$N_{\mathrm{elr}}\beta_{\mathrm{r}}$分别为专用左转车道和专用右转车道的设计通行能力$N_1$和$N_{\mathrm{r}}$。

6）进口道设有专用左转车道而未设专用右转车道时（图7-6b），进口道设计通行能力

$$N_{\mathrm{el}} = (\Sigma N_{\mathrm{s}} + N_{\mathrm{sr}})/(1-\beta_1) \tag{7-14}$$

7）进口道设有专用右转车道而未设专用左转车道时（图7-6c），进口道设计通行能力

$$N_{\mathrm{er}} = (\Sigma N_{\mathrm{s}} + N_{\mathrm{sl}})/(1-\beta_{\mathrm{r}}) \tag{7-15}$$

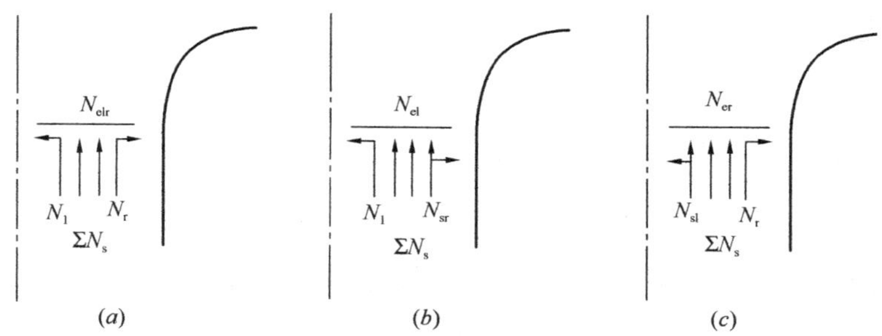

图7-6　常见候驶车道布置图

有了上述一系列公式后，就可以计算在各种车道类型组合下的进口道设计通行能力。同时，由于本面进口道的左转车与对面进口道的直行车是在同一个相位时间内通过交叉口，必然产生相互干扰和影响，因此，需考虑通行能力折减。我国《城市道路设计规范》规定，在一个信号周期内，对面到达的左转车超过3～4pcu时，应折减本面各种直行车道（包括直行、直左、直右及直左右车道）的设计通行能力。折减后的本面进口道设计通行能力由下式计算：

$$N'_{\mathrm{e}} = N_{\mathrm{e}} - n_{\mathrm{s}}(N_{1\mathrm{e}} - N'_{1\mathrm{e}}) \tag{7-16}$$

式中　N'_{e}——折减后的本面进口道设计通行能力（pcu/h）；

N_{e}——本面进口道设计通行能力（pcu/h）；

n_{s}——本面各种直行车道条数；

$N_{1\mathrm{e}}$——本面进口道左转车设计通行能力（pcu/h）；

$N'_{1\mathrm{e}}$——不必折减本面各种直行车道设计通行能力的对面左转车数（pcu/h），小交叉口时为$3n$，大交叉口时为$4n$，n为每小时信号周期数$\left(n=\dfrac{3600}{t}\right)$。

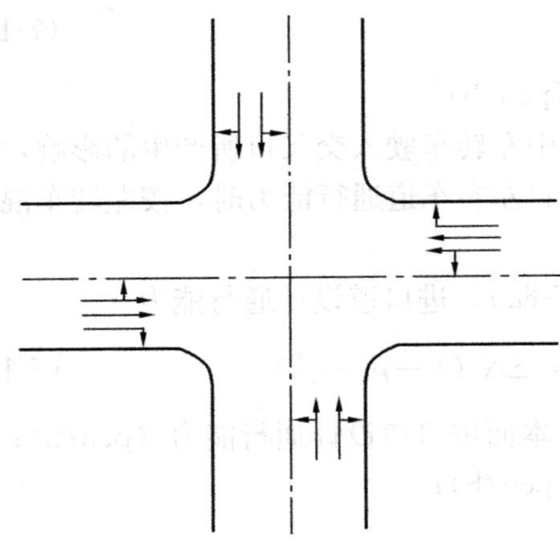

图 7-7　十字路口交通示意图

【例 7-1】 计算图 7-7 所示十字交叉口设计通行能力。已知绿灯时间为 55s，黄灯时间为 5s，左、右转车辆各占本面进口道交通量的 15%，$t_1 = 2.3\text{s}, t_{is} = 2.5\text{s}, \varphi_s = 0.9$。

【解】 (1) 计算北面进口道设计通行能力（此面无右转专用车道）

$$t_c = (55 + 5) \times 2 = 120\text{s}$$

$$N_{sr} = N_s = \frac{3600}{t_c}\left(\frac{t_g - t_1}{t_{is}} + 1\right)\varphi_s$$

$$= \frac{3600}{120}\left(\frac{55 - 2.3}{2.5} + 1\right) \times 0.9$$

$$= 596(\text{pcu/h})$$

$$N_{sl} = N_s(1 - \beta'_1/2)$$

用式 (7-11) 有：

$$\beta'_1 = \frac{0.15}{(1 + 1.5 \times 0.15 - 0.15)/2 - 0.15/2} = 0.324$$

则 $N_{sl} = 596\left(1 - \frac{0.324}{2}\right) = 499\text{pcu/h}$

因此，北进口道设计通行能力为：

$$N_e = N_{sr} + N_{sl} = 596 + 499 = 1095(\text{pcu/h})$$

其中左转车：

$$N_{1e} = N_e\beta_1 = 1095 \times 0.15 = 164(\text{pcu/h})$$

(2) 计算南面进口道设计通行能力（无右转专用车道）

因南、北对称，故其设计通行能力与北面进口道一样。

又因为 $N'_{1e} = \frac{3600}{120} \times 4 = 120(\text{pcu/h})$

即 $N_{1e} > N'_{1e}$，所以，南、北面进口道设计通行能力均应折减，由式 (7-16)，则折减后的南、北面进口道设计通行能力各为：

$$N'_{1e} = 1095 - 2(164 - 120) = 1007(\text{pcu/h})$$

(3) 计算西面进口道设计通行能力（此面有右转专用车道）

与北、南面一样，$N_s = 596(\text{pcu/h})$

$$N_{sl} = N_s\left(1 - \frac{\beta'_1}{2}\right)$$

$$\beta'_1 = \frac{0.15}{(1 + 0.5 \times 0.15 - 0.15)/2 - 0.15/2} = 0.387$$

所以，$N_{sl} = 596\left(1 - \frac{0.387}{2}\right) = 480(\text{pcu/h})$

西进口道设计通行能力

$$N_e = (N_s + N_{s1})/(1-\beta_r) = (596+480)/(1-0.15) = 1265\text{pcu/h}$$

（4）计算东面进口道设计通行能力（有右转专用车道）

因东、西对称，故东面进口道设计通行能力与西面进口道设计通行能力相同。

又因为 $N_{1e} = 1265 \times 0.15 = 189\text{pcu/h} > N'_{1e} = 120\text{pcu/h}$

应对东、西面进口道设计通行能力作折减。折减后的东、西面进口道设计通行能力各为：

$$N'_e = 1265 - 2(189-120) = 1127\text{pcu/h}$$

（5）图 7-7 所示十字交叉口总的设计通行能力为：

$$N = 2\times1007 + 2\times1127 = 4268\text{pcu/h}$$

2. T 形交叉口设计通行能力

（1）计算图式，见图 7-8 及图 7-9。

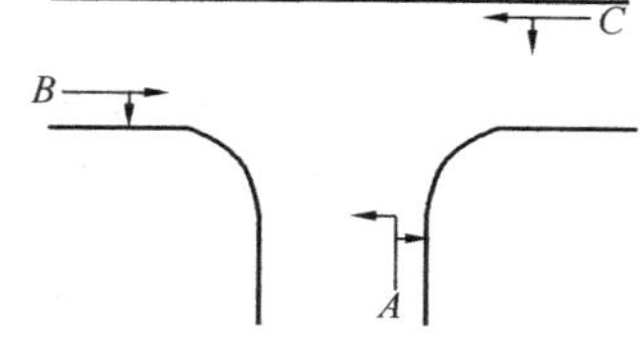

图 7-8　T 形平交口图式一

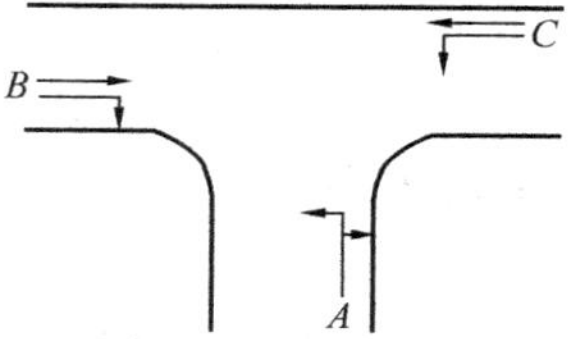

图 7-9　T 形平交口图式二

（2）各进口道设计通行能力之和是 T 形交叉口的设计通行能力：

这时应用前面已建立的十字平交口各车道设计通行能力计算公式，即可得各进口道设计通行能力。

1）对于图 7-8 所示类型

①A 进口道的设计通行能力按式（7-8）计算；

②B 进口道为直右车道，其设计通行能力按式（7-9）计算；

③C 进口道为直左车道，其设计通行能力按式（7-10）计算；

④当 C 进口道每个信号周期的左转车超过 3～4pcu 时，应折减 B 进口道的设计通行能力，用式（7-16）计算。

2）对于图 7-9 所示类型

①A 进口道的设计通行能力按式（7-8）计算；

②B 进口道的设计通行能力按式（7-15）计算，式中 N_{s1} 为零；

③C 进口道的直行车辆不受红灯信号控制，通行能力有较大提高，但交叉口的设计通行能力应受交通特性制约，如直行车道的车流与对向车流大致相等时，则 C 进口道的设计通行能力可采用 B 进口道的数值；

④当 C 进口道每个信号周期的左转车超过 3～4pcu 时，应折减 B 进口道的设计通行能力，用式（7-16）计算。

三、无信号灯控制的平面交叉口设计通行能力

（一）不设中心岛的平面交叉口的设计通行能力：

1. 通行原则

（1）相交道路等级相同，则各向来车均须“停车寻隙通过”。

（2）相交道路等级不相同（城市中主干路与次干路或支路），根据“主路优先”原则，即主干路上来车可通行（视为无交叉口连续流），而支路上的来车应在交叉口前停车，等待主路上出现可供安全穿越的间隙（应大于等于安全穿越最小间隙）才行。

2. 通行能力计算

（1）主路上通行能力＋此处支路上的通行能力之和。

（2）支路上通行能力：

$$N_z = Q_g \frac{e^{-q\alpha}}{1-e^{-q\beta}} \tag{7-17}$$

式中　q——为主干路交通流率，其值为 $Q_g/3600$（辆/s）；

Q_g——主干路交通量（辆/h）；

α——支路上等待车穿越主干路上出现可供安全穿越的间隔为 α 的时间；

β——支路车流平均车头时距。

【例 7-2】 某快速路入口处，已知快速路交通量 $Q_g=1200$ 辆/h，安全汇入最小间隙 $\alpha=5$s，支路车流平均车头时距 $\beta=8$s。试计算在此条件下，支路上一小时有多少车辆能汇入快速路车流。

【解】 由题意知 $q=1200/3600=1/3$ 辆/s，将 Q_g、α、β、q 代入式（7-17）则 $N_z=1200\times\frac{e^{-\frac{5}{3}}}{1-e^{-\frac{8}{3}}}=243$ 辆/h

最后无信号控制平面交叉口设计能力＝主路上设计通行能力（可取路段设计通行能力或稍低）加上此处支路上计算的通行能力，即为 $1200+243=1443$ 辆/h。

（二）设中心岛的平面交叉口的设计通行能力

1. 计算基本假设

（1）计算图式

设计计算图式如图 7-10 所示。

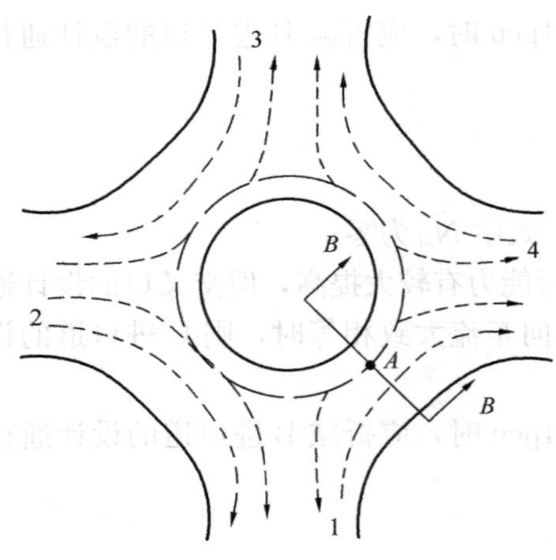

图 7-10　环形交叉口通行能力计算图式

（2）规定

1）直行和左转弯车辆驶入环形是按“入环→环形→交织→出环”。

2）右转弯车辆只是通过右转专用车道驶入和驶出环交口。

3）各进口道左转车、直行车、右转车交通量各自相等。

4）各进口道左转车与右转车占进口道交通量比例相等。

5）没有考虑行人和非机动车占进口道交通量比例相等。

2. 设中心岛的平面交叉口的设计通行能力计算：

（1）计算公式

$$N_{环}=\frac{7200}{t_i(1-0.5p)}\cdot\frac{3l}{(2l+30)}\cdot\beta \tag{7-18}$$

式中　p——整个环交交通量中右转交通量 N_R 占整个环交交通量之比，即，

$$p=\frac{N_{环}}{N_R}$$

$N_{环}$——整个环交的通行能力，即 $N_{环}=2N_A+0.5N_R$；

N_A——整个环交的各进口道右转弯车交通量，$N_A=2N_s+3N_l$

$$或\ N_A=N_{1s}+N_{1l}+N_{2s}+N_{2l}+N_{3l}$$

N_s——各进口道直行车交通量；

N_l——各进口道左转车交通量；

N_{is}、N_{il}、N_{ir}——表示第 i（1～4）的进口道方向的直行、左转和右转交通量，环形通行交通量取决于通过交织断面（图 7-10 中 B-B 断面）A 点的最大理论值及右转车的流量大小；

$$N_R=N_R\cdot N_{环}\cdot p$$

t_i——通过 A 点的车流大车头时距为 t_i（s）；

l——交织段长度（图 7-11），其取值范围为 30～60m；

β——车辆不均匀系数为 0.75～0.85。

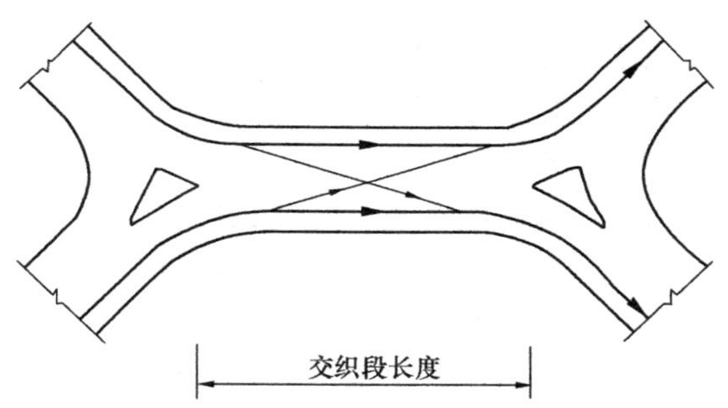

图 7-11　环道交织长度

（2）《城市道路工程设计规范》确定的环形设计通行能力，见表 7-15。

环形设计通行能力　　**表 7-15**

机动车车行道通行能力 (pcu/h)	2700	2400	2000	1750	1600	1350
相应的自行车交通量 (辆/h)	2000	5000	10000	13000	15000	17000

注：1. 表列机动车车行道的设计通行能力包括 15%的右转车，当右转车为其他比例时，应另行计算。

2. 表列数值适用于交织长度 25～30m，当交织长度在 30～60m 时，可按式(7-18)计算。

第四节　立体交叉口通行能力

一、主线的通行能力

当上游来车方向一定距离内无交叉口时，主线交通可视为连续车流，按前述本章第二节“路段机动车道通行能力”计算。

二、交叉口处的通行能力

交叉口处的通行能力按匝道车流汇入主线（合流）和主线车流驶离主线（分流）进入匝道分别计算。

（一）匝道车流汇入主线的合流部分的通行能力

1. 单车道匝道车流汇入双车道主线车流（图 7-12*a*）

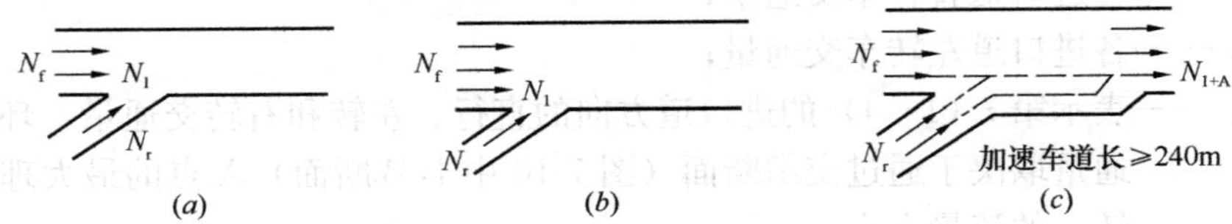

图 7-12　合流部分通行能力计算图式

$$N_{rd}=1.13N_D-0.39N_f-154 \quad (7\text{-}19)$$

式中　N_{rd}——合流部分匝道的设计通行能力；

N_D——主线道路相应服务水平时一条车道通行能力，

$$N_D=N_r+N_l\geqslant 136+0.345N_f-0.885N_r$$

N_r——匝道驶入主线的服务交通量；

N_l——主线外侧车道的服务交通量；

N_f——主线上游的服务交通量。

2. 单车道匝道车流汇入三车道主线车流（图 7-12*b*）

$$N_{rd}=N_D-0.244N_f+120 \quad (7\text{-}20)$$

3. 双车道匝道车流汇入三车道主线车流（图 7-12*c*）

$$N_{rd}=1.739N_D-0.499N_f+357 \quad (7\text{-}21)$$

（二）主线车流驶离主线（分流）进入匝道的通行能力

1. 单车道匝道车流驶离双车道主线车流（图 7-13*a*）

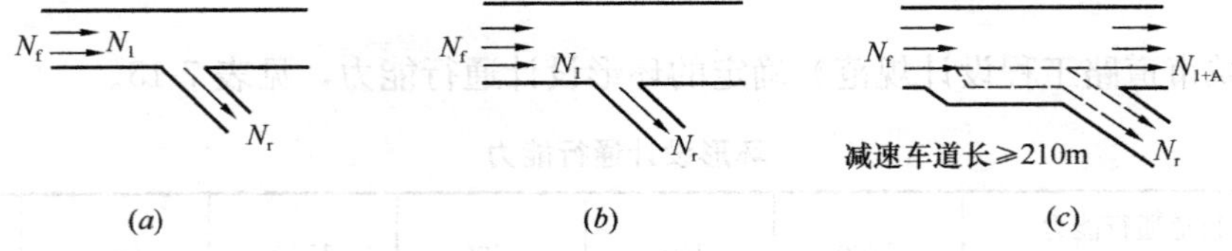

图 7-13　分流部分通行能力计算图式

$$N_{rd}=1.92N_D-0.66N_f-317 \quad (7\text{-}22)$$

2. 单车道匝道车流驶离三车道主线车流（图 7-13*b*）

$$N_{rd}=2.11N_D-0.488N_f-203 \quad (7\text{-}23)$$

3. 双车道匝道车流驶离三车道主线车流（图 7-13*c*）

$$N_{rd} = 1.761N_D - 0.062N_f + 279 \tag{7-24}$$

（三）交织区段通行能力

交织区段通行能力的计算见第六章端部设计中交织段。

（四）立体交叉中有平面交叉存在时，其通行能力计算见本章第三节平面交叉通行能力计算。

第五节　非机动车道、人行道通行能力

一、非机动车道通行能力

非机动车道主要是供自行车、三轮车、平板车和兽力车等行驶。城市道路上，自行车（电动自行车）约占非机动车总量 95%，兽力车已限制，并逐步下降。我国《城市道路交通规划设计规范》GB 50220 中对自行车与公共交通的比例要求见表 7-16。

自行车与公共交通比例　　**表 7-16**

城　市　规　模		自行车出行量：公共交通出行量
大城市	>100 万人	1：1～3：1
	≤100 万人	3：1～9：1
中等城市		9：1～16：1
小城市		不控制

1. 一条自行车道的路段可能的通行能力

一条自行车道宽 1m，当不受平面交叉口影响时，一条自行车道的路段可能的通行能力可按下式计算：

$$N_{pd} = \frac{3600N_{bt}}{t_i(w_{pb} - 0.5)} \tag{7-25}$$

式中　t_i——连续车流通过观测断面的时间段（s）；

N_{bt}——在时间段 t_i 内通过观测断面的自行车辆数[辆/(h·m)]；

w_{pb}——自行车道路面宽度(m)。

《城市道路工程设计规范》对于不受平面交叉口影响一条自行车道路段可能通行能力：当有机非分隔设施时为 1600～1800veh/h；当无分隔设施时应取 1400～1600veh/h，受平面交叉口影响的一条自行车道的路段设计通行能力，当有机非分隔时取 1000～1200veh/h；当无分隔时应取 800～1000veh/h。

2. 一条自行车道的路段设计通行能力可按下式计算：

$$N_b = \alpha_b N_{pd} \tag{7-26}$$

式中　α_b——自行车道的道路分类系数，对于主干路，α_b 取 0.80；对于次干路和支路，α_b 取 0.90。

当相邻平面交叉口间距较短时，自行车道通行能力将受到较大影响，应对自行车道通行能力予以折减。《城市道路工程设计规范》CJJ 37 对于受交叉口影响的一条自行车道路段设计通行能力推荐值为：有分隔设施时为 1000～1200[辆/(h·m)]；无分隔设施时为

800～1000[辆/(h·m)]。

在自行车流中若混有一定数量的其他非机动车（如人力三轮车、板车等），应按自行车与其他非机动车的换算系数将其他非机动车交通量换算为自行车交通量。二者的换算关系见表7-2，当这部分非机动车流量与总的非机动车流量之比大于30%时，每条自行车道的设计通行能力应乘以折减系数0.4～0.7。

二、人行道通行能力

人行道是城市道路上的重要组成部分，它的主要功能是担负行人步行交通，它的路面以下可用来敷设地下管线。

人行道的通行能力与行人的密度及步行速度有关。影响行人密度及步行速度的因素有人行道的性质（如商业性道路、车站码头附近道路等）、形式（如人行横道、人行天桥和人行地道等）及道路的等级（主干路、次干路或支路等）等，这里不作详细的理论分析，《城市道路工程设计规范》CJJ 37—2012规定见表7-17、表7-18。

人行道、人行横道、人行天桥和人行地道的可能通行能力　　表7-17

类　别	人行道[人/(h·m)]	人行横道[人/(t_{gh}·m)]	人行天桥和人行地道[人/(h·m)]	车站码头的人行道和人行天桥[人/(h·m)]
基本通行能力	2400	2700	2400	1850
设计通行能力	1800～2100	2000～2400	1800～2000	1400

注：t_{gh}为绿灯小时。

人行道、人行横道、人行天桥和人行地道的设计通行能力　　表7-18

类　别	折减系数			
	0.75	0.80	0.85	0.90
人行道[人/(h·m)]	1800	1900	2000	2100
人行横道[人/(t_{gh}·m)]	2000	2100	2300	2400
人行天桥和人行地道[人/(h·m)]	1800	1900	2000	—
车站码头的人行道和人行天桥[人/(h·m)]	1400	—	—	—

思　考　题

1. 城市道路设计时，机动车道和非机动车道通行能力以哪种车为标准车型？
2. 简述不受交叉口影响和受交叉口影响情况下路段机动车设计通行能力的公式。
3. 有信号灯控制城市道路平面交叉设计通行能力有哪些方法？
4. 无信号灯控制城市道路平面交叉设计通行能力有哪些方法？它们的通行能力怎样计算？
5. 立体交叉口通行能力应由什么分别计算？
6. 《城市道路工程设计规范》CJJ 37对受交叉口影响的一条非机动车道设计通行能力有哪些规定？
7. 简述人行道、人行横道、人行天桥和人行地道设计通行能力的设计标准。

8. 一条单向为三车道的交通干道，其单向交通量为：小汽车 300 辆/h，普通汽车 600 辆/h，公交车 100 辆/h（标准型）到交叉口时公交车全部直行，其他车 20%右转，10%左转，其余为直行。交叉口采用交通信号灯管理，信号灯用周期为 T=70s，绿灯时间为 25s，黄灯时间为 10s。车辆交叉口的行驶速度 v=60m/s（即 v=22km/h），由于行人过街影响，右转弯车辆每小时减少通行时间为 $\Sigma t_{误}=2500\text{s}$。试计算：

（1）交叉口处的直行、左转、右转弯的车道数；

（2）交叉口的总通行能力。

第八章　城市道路雨水排水系统设计

知识目标：

1. 了解城市道路排水制度和排水系统有哪些。
2. 熟悉雨水管渠系统布置原则及组成和功能。
3. 了解锯齿形街沟设计规定与特点。
4. 了解成网暴雨强度及各地暴雨强度公式。
5. 熟悉城市道路雨水管渠设计流量的计算及设计。

能力目标：

1. 掌握城市道路雨水管渠的组成及其功能。
2. 熟悉城市道路锯齿形街沟设计。
3. 掌握城市道路雨水管渠设计计算步骤与方法。
4. 掌握城市道路雨水管渠某一区域内雨水管渠布置及计算。

第一节　概　　述

一、城市道路排水系统

（一）定义

排除并处理城市道路中的污水和雨水的工程设施。

（二）目的

保证车辆和行人的正常交通；改善城市卫生条件；避免路面过早损坏。

（三）类型

根据构造特点，城市道路雨水排水系统可分为下列各类：

1. 明沟系统

与公路地面排水相同，即采用明沟排水，在街坊出入口、人行横道处增设一些盖板、涵管等构造物。明沟可设在路面的两边或一边，也可在车行道的中间。当道路处于农田区时，要处理好明沟与农田排灌的关系。

排水明沟的断面尺寸，可按照汇水面积经水力计算确定。一般也可根据当地实际经验来安排。明沟通常采用梯形断面，底宽不小于 0.3m，边坡视土质及护面材料而不同，用砖石铺砌或混凝土块护面时，一般用 1∶0.75～1∶1 的边坡。有些城市也采用石砌或砖砌并加盖板的矩形明沟。

2. 暗管系统

由街沟、雨水口、连接支管、检查井、出水口等部分组成的埋置在地下的排水系统称作暗管系统。道路上面及其相邻地区的地面水依靠设计的道路纵横坡度流向行车道两侧的街沟，然后顺街沟的纵坡流入沿街沟设置的雨水口，由地下的与雨水井相连的连接支管将雨水接入主干管，再排入附近河流或其他天然水体中去，如图 8-1 所示。

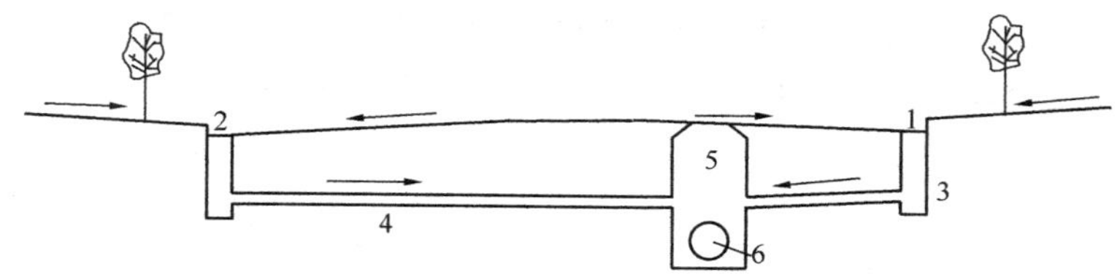

图 8-1 暗管排水示意图

1—街沟；2—进水孔；3—雨水口；4—连接管；5—检查井；6—雨水干管

3. 混合式系统

这是明沟和暗管相结合的一种形式。

城市中排除雨水可用暗管，也可用明沟。在一个城市中，不一定只采用单一系统来排除雨水。一般在城市市区和建筑密度较大、交通频繁地区，均采用暗管排除雨水。尽管造价高，但卫生情况较好，对地面交通影响小，养护方便。在城市郊区或建筑密度低、交通量小的地方，可采用明沟，以节省工程费用，降低造价。在受到埋深和出口深度限制的地区，可采用盖板明渠排除雨水。

二、城市排水制度

（一）定义

城市中需要汇集排除的水体除雨、雪水以外，还有工业废水和生活污水。这些雨污水是采用一个管渠系统排除，还是采用两个或两个以上各自独立的管渠系统来排除，通常称为排水体制，又称为排水制度。

（二）分类

1. 合流制排水系统

合流制排水系统是将生活污水、工业废水和雨水混合在同一个管渠系统内排除的系统形式。最早出现的合流制排水系统，是将拟排除的混合污水不经处理直接就近排入天然水体，国内外很多城市以往几乎都是采用这种合流制排水系统。此举由于污水未经无害化处理排放，使受纳水体遭受严重污染。现在常采用的是截流式合流制排水系统（图 8-2）。这种系统是在临近天然水体边建造一条截流干管，同时在截流干管处设置溢水井，并设置污水处理厂。晴天和初降雨时所有污水都排送至污水处理厂，经处理后排入天然水体。随降雨量的增加，雨水径流也增加，当混合污水的流量超过截流干管的输水能力后，就有部分混合污水经溢流井溢出直接排入天然水体。截流式合流制排水系统较前一种方式改进了一大步，但仍有部分混入污水未处理直接排放，成为天然水体的污染源，这是它的严重缺点。国内外在改造老城市的合流制排水系统时，通常采用这种方式。

2. 分流制排水系统

分流制排水系统是将生活污水、工业废水和雨水分别在两个或两个以上各自独立的管渠内排除的系统（图 8-3）。排除生活污水、工业废水的系统称为污水排水系统；排除雨水的系统称为雨水排水系统。

由于排除雨水的方式不同，分流制排水系统又分为完全分流制和不完全分流制两种排水系统。在城市中，完全分流制排水系统具有污水管道系统和雨水管道系统。而不完全分流制只具有污水管道系统，未建雨水管道系统，雨水沿天然地面、街道边沟、水渠等原有渠道系统排泄，或者为了补充原有渠道系统输水能力的不足而修建部分雨水管道，待城市进一步发展再修建雨水管道系统转变成完全分流制排水系统。

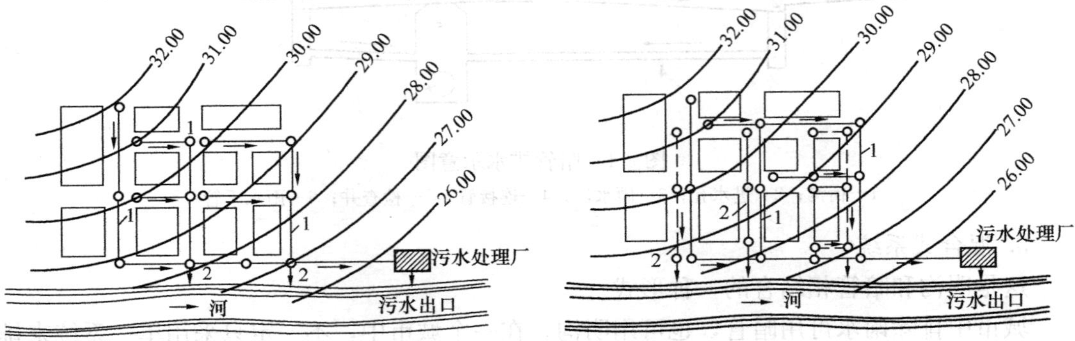

图 8-2　截流式合流制排水系统
1—合流管渠；2—溢流井

图 8-3　分流制排水系统
1—污水管道；2—雨水管道

采用分流制，有利于环境卫生的保护，有利于污水的综合利用，便于从废水中回收有用物质，可以做到清浊分流，降低需要处置的废水量。

（三）选择

排水体制的选择是城市排水系统设计中的首要问题。它影响排水系统的设计、施工、维护和管理，对城市规划和环境保护也影响深远，同时也影响排水系统工程的总投资、初期投资和运行管理费用。一般应根据城市总体规划、环境保护的要求、污水利用处理情况、原有排水设施、水环境容量、地形、气候等条件。从全局出发，在满足环境保护的前提下，通过技术经济比较，综合考虑确定。由于合流制对天然水体污染严重，危害环境，所以新建的排水系统一般应采用分流制。同一城镇的不同地区可以采用不同的排水制度，也可根据当地具体条件，采取分期修建，逐步完善排水系统。

第二节　城市道路排水设计

雨水管渠系统布设

(一) 雨水管渠系统布置原则

雨水管渠系统的布置，要求使雨水能顺畅及时地从城镇或厂区排出去。管渠布置一般可从以下几个方面进行考虑：

1. 充分利用地形就近排入天然水体

规划排水管线时，首先按地形划分排水区域，再进行管线布置。根据地面标高和河道水位，划分自然区和强排区。自然区利用重力流自行将雨水排入河道；强排区需设雨水泵站提升所汇集的雨水，然后排入天然水体。

根据分散和直接的原则，多采用正交式布置，使雨水管渠尽量以最短的距离（重力流）排入附近的池塘、河流、湖泊等水体中。只有当天然水体位置较远且地形较平坦或地形不利的情况下，才需要设置雨水泵站。

一般情况下，当地形坡度较大时，雨水干管宜布置在地形低处或溪谷线上；当地形平坦时，雨水干管宜布置在排水流域的中间，以便尽可能扩大重力流排除雨水的范围。

2. 尽量避免设置雨水泵站

由于暴雨形成的径流量大，雨水泵站的投资也很大，且雨水泵站在一年中运转时间短，利用率低，所以排除雨水应靠重力流。但在一些地势平坦、区域较大或受潮汐影响的城市，必须设置泵站时，应把经过泵站排泄的雨水径流量减少到最小限度。

3. 结合城市规划布置雨水管道

通常，应根据建筑物的分部、道路布置及街坊内部的地形、出水口位置等布置雨水管道，使雨水以最短距离排入街道低侧的雨水管道。干管两侧应根据用地需要每隔一段距离设置预留管和接户井，以便将来收集两侧用地的雨水。对竖向规划中确定的填方或挖方地区，雨水管渠布置必须考虑今后地形变化，作出相应处理。

雨水干管的平面和竖向布置应考虑与其他地下构筑物（包括各种管线及地下建筑物等）在相交处的相互协调，排水管道与其他各种管线（构筑物）在竖向布置上要求的最小净距应满足有关规范要求。在有池塘、坑洼的地方，可考虑两个管道系统之间的连接。

4. 合理布置出水口

雨水出口的布置有分散（图 8-4）和集中（图 8-5）两种布置形式。

当出口的天然水体离流域很近，水体的水位变化不大，洪水位低于流域地面标高，出水口的建筑费用不大时，宜采用分散出水口，以便雨水就近排放，使管线较短，减小管径。反之，则可采用集中出水口。

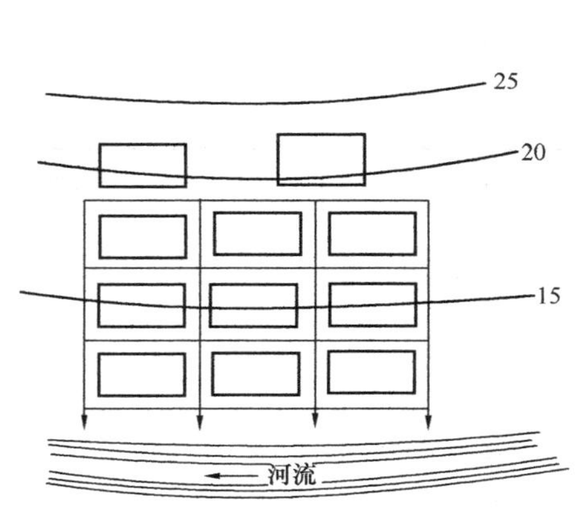

图 8-4　出水口分散布置示意图

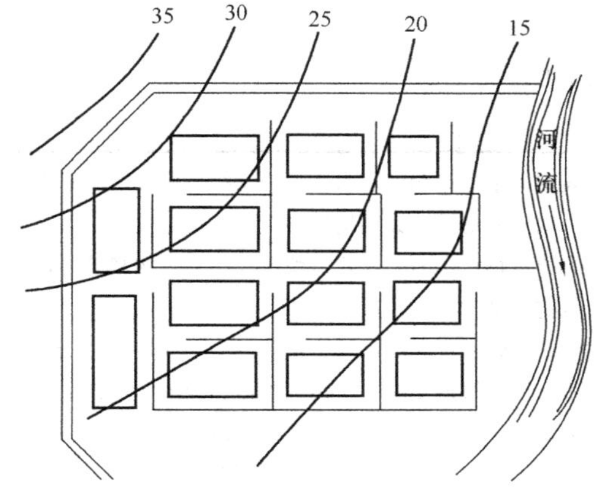

图 8-5　出水口集中布置示意图

5. 合理设置排水沟

城市中靠近山麓建设的中心区、居住区、工业区，除了应设雨水管道外，尚应考虑在设计地区周围或设计区以外适当距离设置排水沟，以拦截汇水区以内排泄下来的洪水，使之排入天然水体，避免洪水的损害。

（二）暗管排水系统及其构筑物布设

1. 雨水管布设要求

每个城市都有一个雨水管网。因此雨水管布设要符合雨水管网要求。

(1) 城市道路上的雨水干管应平行道路中心线，并且设在非机动车道内。

(2) 雨水管尽可能布成直线。

(3) 两块板以上道路宜设两条雨水管，每边一条。

(4) 雨水管按满流设计，最大设计流速 5m/s；最小设计流速 0.75m/s。

2. 管道有关要求

(1) 最小管径 ϕ300mm。

(2) 最小纵坡为 3‰，以免积淤泥。

(3) 最小埋深在车行道下 70cm 以上，与其他管线（构筑物）的最小净距见表 8-1。

(4) 雨水管与其他管线平交时，其他管线可用倒虹吸管办法。

排水管道与其他管线（构筑物）的最小净距　　表 8-1

名　称		水平净距①（m）	垂直距离①（m）	名　称	水平净距①（m）	垂直距离①（m）
建筑物		见注③		乔木	见注⑤	
给水管		见注④	0.15	地上柱杆（中心）	1.5	
排水管		1.5	0.15	道路侧石边缘	1.5	
				铁路	见注⑥	轨底 1.2
煤气管	低压	1.0		电车路轨	2.0	1.0
	中压	1.5		架空管架基础	2.0	
	高压	2.0	0.15	油管	1.5	0.25
	特高压	5.0		压缩空气管	1.5	0.15
				氧气管	1.5	0.25
热力管沟		1.5	0.15	乙炔管	1.5	0.25
电力电缆		1.0	0.5	电车电缆		0.55
通讯电缆		1.0	直埋 0.5	明渠管底		0.5
			穿管 0.15	涵洞基础底		0.15

①表列数字除注明外，水平净距均指外壁净距、垂直净距系指下面管道的外顶与上面管道基础底之间净距。

②采取充分措施（如结构措施）后，表列数字可以减小。

③与建筑物水平净距：管道埋深浅于建筑物基础时，一般不小于 2.5m（压力管不小于 5.0m）；管道埋深深于建筑物基础时，按计算确定，但不小于 3.0m。

④与给水管水平净距：给水管管径小于或等于 200mm，不小于 1.5m；给水管管径大于 200mm，不小于 3m。与生活给水管道交叉时，污水管道、合流管道在生活给水管道下面的垂直净距不应小于 0.4m。当不能避免在生活给水管道上面穿越时，必须予以加固。加固长度不应小于生活给水管道的外径加 4m（图 8-6）。

⑤与乔木中心距离不小于 1.5m；如遇现状高大乔木时，则不小于 2.0m。

⑥穿越铁路时应尽量垂直通过。沿单行铁路敷设时应距路堤坡脚或路堑坡顶不小于 5m。

3. 构造物布置

(1) 雨水井

1) 定义：雨水管道或合流管道上收集雨水的构造物。

2) 目的：汇集地面水。

3) 间距：沿道路每边 30m 左右设一只（一般对称交错 15m 布设），但在道路低水汇水处，喇叭口处应增设（图 8-7）。

4) 构造：如图 8-8 所示。

5) 形式：有平式（图 8-9）、立式（图 8-10）、联合式（图 8-11）。

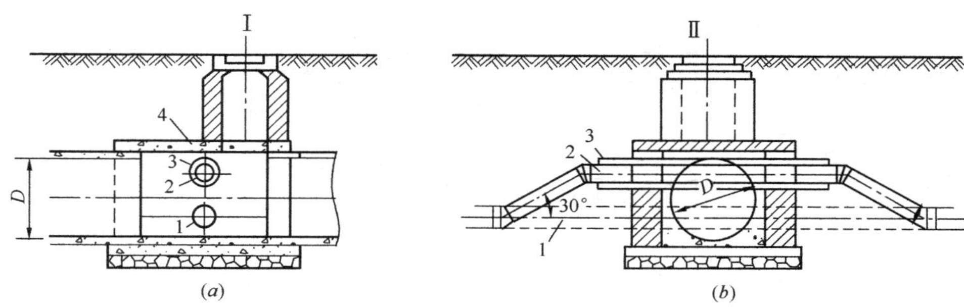

图 8-6　雨水管和给水管线相交（上传式）

（a）正面；（b）侧面

1—未搬迁前给水管位置；2—搬迁后给水管位置；3—刚套管；4—钢筋混凝土盖板

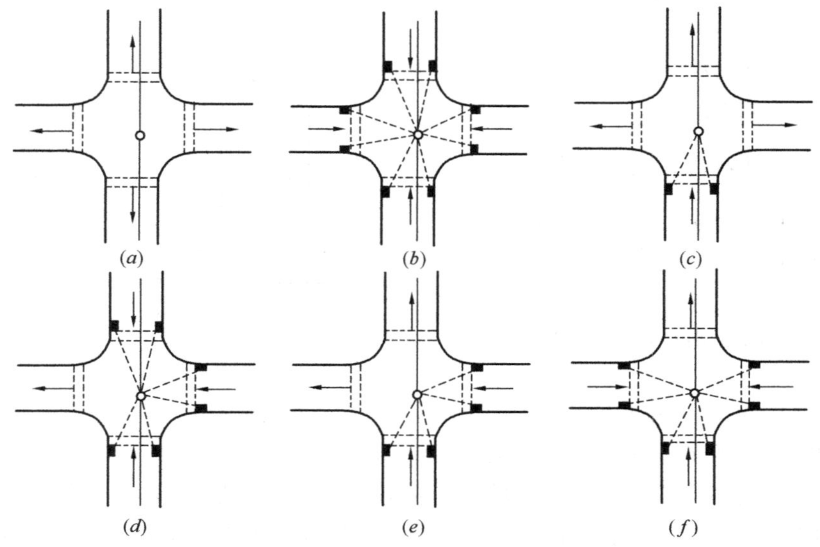

图 8-7　道路交叉口的雨水口布置

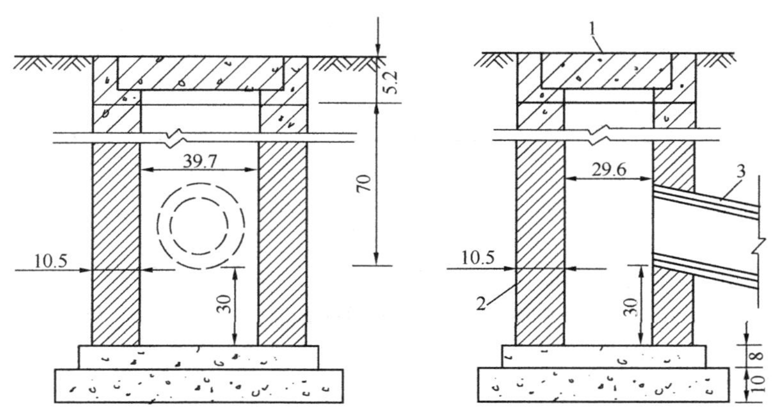

图 8-8　雨水口（单位：cm）

1—进水箅；2—井深；3—连接管

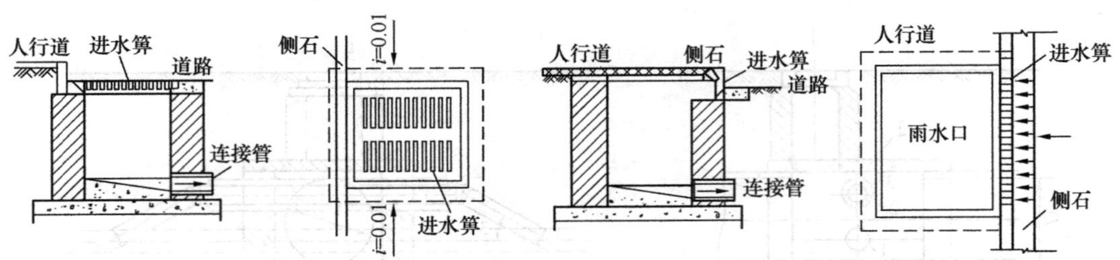

图 8-9　平式雨水口示意图　　　图 8-10　立式雨水口示意图

6）泄水流量

$$Q=\omega c\sqrt{2gh}K \qquad (8\text{-}1)$$

式中　ω——雨水口的进水面积（一般为 30cm×40cm）；

c——孔口系数。圆角孔 $c=0.8$，方角孔 $c=0.6$；

K——孔口阻塞系数，一般 $K=\frac{2}{3}$；

g——重力加速度，$g=9.8\text{m/s}^2$；

h——雨水井口允许贮存的水头。一般为 $h=2\sim6\text{cm}$。

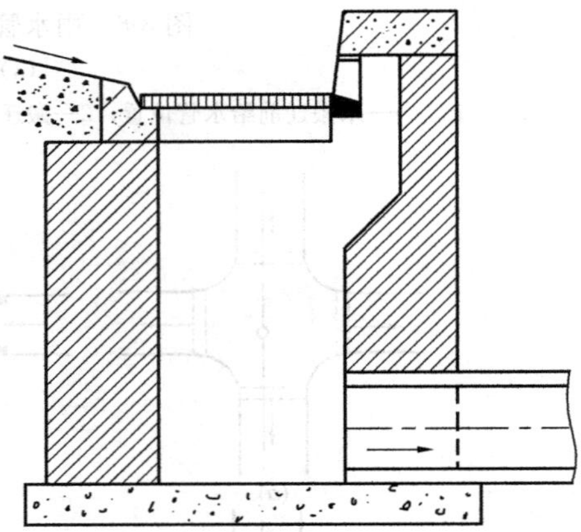

图 8-11　联合式雨水口示意图

注：1. 南京市定型雨水井（铸铁）流量 $Q=0.107\sqrt{h_c}\times0.67$

其中：h_c 为雨水井盖上缘临界水深（$h_c=0.67h_0$）而：h_0 为边沟水深。

2. 一般城市道路的 h_0 应保持水面距人行道面有 5cm。

【例 8-1】 某路纵坡 $i=0.002$，路面宽为 18m，人行道宽 5m，绿化带 1m，街坊纵深 20m 以内的雨水汇集到人行道上入口进入雨水井。已知检查井间距 50m，雨水井间距 50m（图 8-12）。试进行雨水井间距计算。

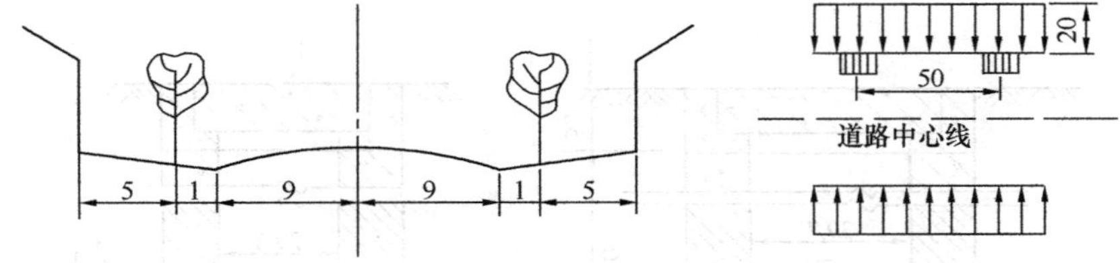

图 8-12　雨水井（单位：m）

【解】 由图 8-12 中可知，汇水面积 $F=20\times50+15\times50=1750\text{m}^2=0.175\text{ha}$

混凝土人行道及沥青混凝土路面径流系数采用 0.9，街坊屋面及地面径流系数采用 0.8，则平均系数为 $\varphi=\frac{(15\times50\times0.9)+(20\times50\times0.8)}{1750}=0.843$。

先假定边沟水深 $h=0.09\text{m}$，$v=0.4\text{m/s}$，街坊内部水流到人行道边的水流时间 $t_1=2\text{min}$，则全部集水时间为 $t=t_1+t_2=(2\times60)+50/0.4$（注：50 是井距，0.4 是速度）$=120+125=245\text{s}=4.08\text{min}$

相应降雨强度 $i=\frac{47.17}{t+31}=\frac{47.17}{4.08+31}=1.34\text{mm/min}$

$$\therefore \quad Q_i=167\varphi Fi=167\times0.843\times0.175\times1.34=33\text{L/s}$$

（2）检查井（亦称窨井）

1）定义：设在主干管上作为检查和疏通井内污物的井状构造物。

2）目的：干管道的连接及疏通管道及井筒内的淤泥等杂物、垃圾。

3）间距：见表 8-2。

检查井最大间距 **表 8-2**

管径或暗管净高（m）	≤700	800～1500	≥1500
最大间距	50	100	120

4）设在直线上为 30～50m 一只，但在干道转弯处、纵坡变坡处、改变高程处、改变断面处和交汇处都会设置。在临河道边井应设闸门，以防倒灌进雨水管道。

5）构造：详见图 8-13。

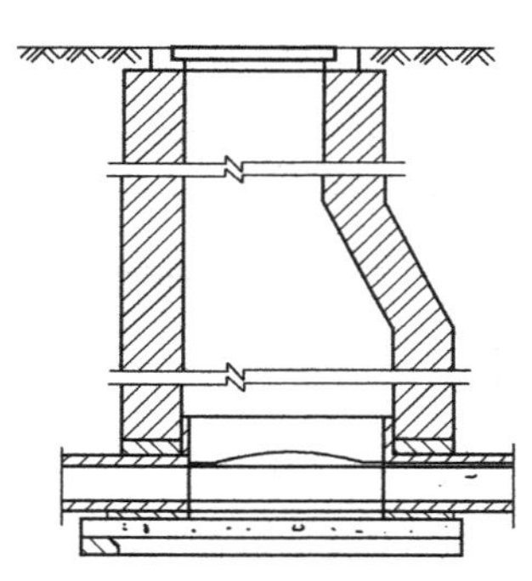

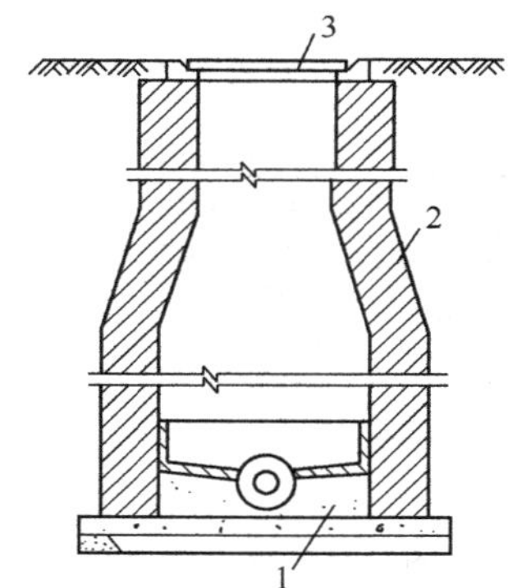

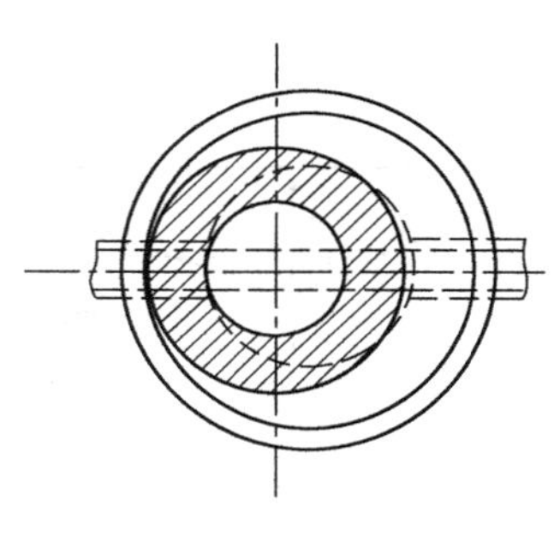

图 8-13 流槽式检查井

1—井底；2—井身；3—井盖

6）分类：流槽式（图 8-13）；跌水式（图 8-14）。

（3）出水口端墙

雨水管道出口常是河流。这时河边应用浆砌圬工或合金组成的端墙，出水口一般嵌在墙中，另外，出水口标高应是河流的常水位。以防水位高时河水向管道内倒灌，常在端部后做闸门窨井来控制。

（三）锯齿形街沟设计

1. 概念

（1）街沟：城市道路上，利用侧石与平石作为排除地面水的沟道，称为街沟。

（2）锯齿形街沟：

1）定义：街沟纵坡由升坡到降坡再到升坡，如此交替的街沟（图 8-15）。

2）目的：解决道路纵坡很小甚至水平的路面排水。

3）规定：《城市道路工程设计规范》CJJ 37 规定，道路中线纵坡小于 0.3%时，可在道路两侧车行道边缘 1～3m 范围内设置锯齿形街沟，其沟宽度一般不超过一条车道线的宽度。

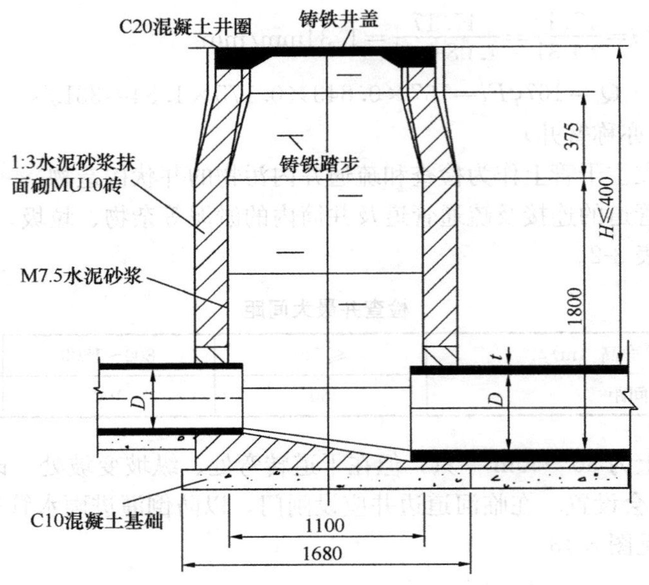

图 8-14　跌水式检查井

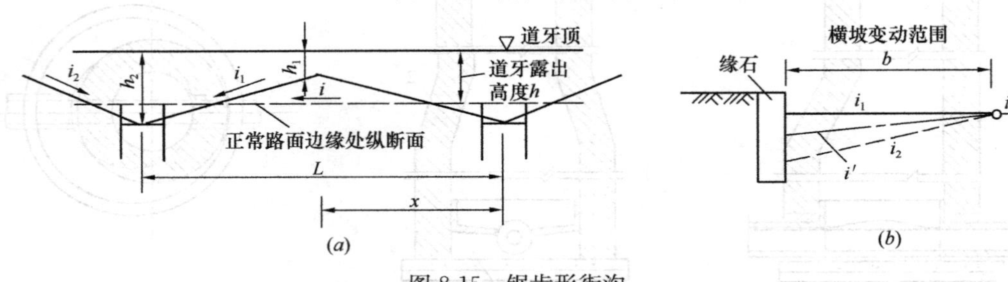

图 8-15　锯齿形街沟

(*a*) 立面图；(*b*) 横断面图

4）设计特点：在保持侧石顶面线与道路中心线纵坡设计线平行的条件下，交替改变侧石顶面线与该处到平石之间的高差，并在最低处设雨水井。从而使雨水井路面横坡增大，而相邻雨水井之间的分水点处的横坡明显减小，从而使雨水顺利地从分水点向两个方向集中到最低处汇流入雨水井。

2. 街沟设计计算

侧石顶面线纵坡为直线的锯齿形街沟设计计算（图 8-16）。

若已知：①街沟纵坡为 i_1；

②分水点侧石高度为 m 与 n；

③两侧石间距为 l；

④路中线纵坡为 $i_{中}$；

⑤分水点距离两边的进水口距离分别为 x 与 $l-x$；

则：左端 $[i_1(l-x)+n]-i_{中}(l-x)=m$

右端 $i_{中}\cdot x+n+i_1x=m$

故得：
$$x=\frac{l(i_1-i_{中})}{2i_1} \text{ 或 } x=\frac{m-n}{i_1+i_{中}} \tag{8-2}$$

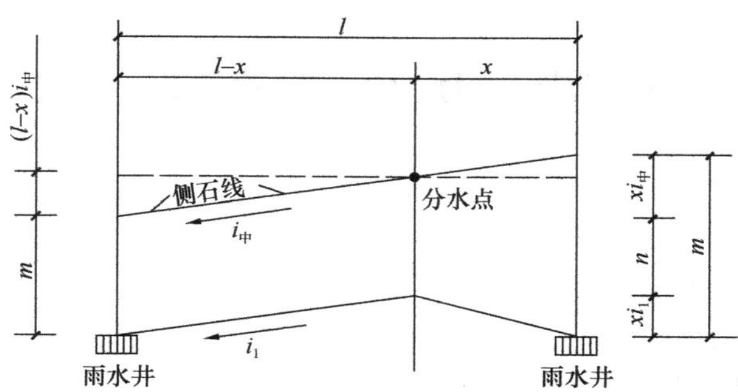

图 8-16　锯齿街沟计算图式

$$l=\frac{(m-n)\cdot 2i_1}{i_1^2-i_中^2}\text{或}l=\frac{m-n}{i_1-i_中}+\frac{m-n}{i_1+i_中} \tag{8-3}$$

【例 8-2】 已知：雨水井间距为 40m，$i_中=0$，$m=0.16$m，$n=0.08$m。试求锯齿形街沟纵坡 i_1 及分水点距离 x。

【解】 由式（8-3）得：$i_1=\frac{2(m-n)}{l}=\frac{2(0.16-0.08)}{40}=0.004=0.4\%$

$$x=\frac{m-n}{i_1+i_中}=\frac{0.16-0.08}{0.004}=20\text{m}$$

【例 8-3】 已知：$i_中=0.2\%$，$i_1=0.4\%$，$m=0.18$m，$n=0.12$m。试求 l 与 x。

【解】 由式（8-3）得：

$$l=\frac{(m-n)\cdot 2i_1}{i_1^2-i_中^2}=\frac{(0.18-0.12)\times 2\times 0.004}{(0.004)^2-(0.002)^2}=40\text{m}$$

$$x=\frac{l(i_1-i_中)}{2i_1}=\frac{40(0.004-0.002)}{2\times 0.004}=10\text{m}$$

3. 侧石顶面线不同纵坡情况下的锯齿形街沟设计图式及计算公式汇总列于表 8-3。

锯齿形街沟计算公式　　**表 8-3**

侧石顶面线不同纵坡的情况	左端 $l-x$	右端 x	$m-n$
l, $l-x$, x, i_4, i_1, n, i_2, m	$l-x=\frac{m-n}{i_1-i_4}$	$x=\frac{m-n}{i_1+i_4}$	$m-n=\frac{l(i_1-i_4)(i_2+i_4)}{i_1+i_2}$
l, $l-x$, x, $i_4=0$, i_1, n, i_2, m	$l-x=\frac{m-n}{i_1}$	$x=\frac{m-n}{i_2}$	$m-n=\frac{l\cdot i_1\cdot i_2}{i_1+i_2}$
l, $l-x$, x, $i_4=0$, i_1, n, i_1, m	$l-x=\frac{m-n}{i_1}$	$x=\frac{m-n}{i_1}$	$m-n=\frac{l\cdot i_1}{2}$

第三节　雨 水 流 量 计 算

一、概念

（一）径流量

流入雨水管内的雨水量。

（二）径流系数（φ）

1. 定义：径流量与全部降雨量之比。

2. 计算：不同种类地面组成的排水面积的径流系数 φ 用加权平均法计算，其计算公式如下：

$$\varphi=\frac{\varphi_1F_1+\varphi_2F_2+\cdots+\varphi_nF_n}{F_1+F_2+\cdots+F_n} \tag{8-4}$$

式中　φ——排水地区内的加权平均径流系数；

F_1，F_2，…，F_n——排水地区内各种地面面积（10^4m^2）；

φ_1，φ_2，…，φ_n——相应各种地面的径流系数，可按表 8-4 采用。

不同地面的径流系数 φ 值　　**表 8-4**

地面种类	φ 值	地面种类	φ 值
各种屋面、混凝土和沥青路面	0.9	干砌砖石路面	0.4
大块石路面和沥青表面处治路面	0.60	非铺砌的土路面	0.30
级配碎石路面	0.45	公园或草地	0.15

（三）汇水面积

1. 定义：凡流入雨水管道内水所围的面积（图 8-17、图 8-18）。

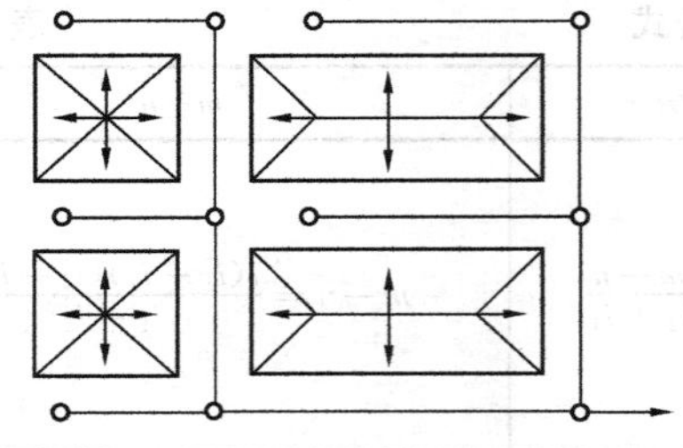

图 8-17　平坦地区汇水面积划分示意图

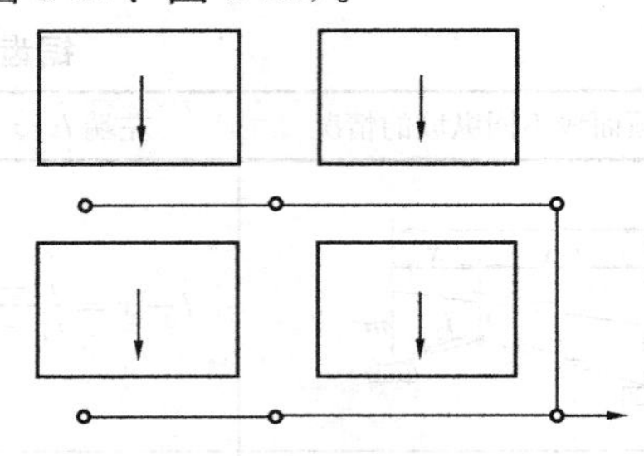

图 8-18　地形倾斜汇水面积划分示意图

2. 类型：街道面积与街坊面积。

3. 换算：$1\text{km}^2=100$ 公顷；$1\text{km}^2=10^6\text{m}^2$。

（四）暴雨

一日（24 小时）降雨量超过 50mm 或一小时降雨量超过 16mm 的雨量。

（五）暴雨强度

1. 定义：降雨量大小或指某一连续降雨时段的平均降雨量。

2. 计算：

$$i=h/t \tag{8-5}$$

式中　t——降雨历时，即连续降雨的时间（min）；

h——降雨历时内降雨量。

3. 我国的暴雨强度公式：

$$q=\frac{167A_1(1+c\lg T)}{(t+b)^n} \tag{8-6}$$

式中　q——暴雨强度（$L/s/10^4m^2$）；

T——重现期（年）；

t——降雨历时（min）；

A_1、c、b、n——地方参数，根据统计方法进行计算。

4. 无锡市暴雨强度公式：

$$q=\frac{69.3[1+0.582\lg(T-0.107)]}{(t+39.3)^{1.02}} \tag{8-7}$$

式中　T——重现期（年）；

t——集水时间，为分（min）或称降雨历时，当时 $P=1$ 时，$i=\frac{52.3}{(t+26.8)^{1.02}}$；当 $P=0.5$ 时，$i=\frac{37.2}{(t+22.7)^{1.02}}$；当 $P=0.33$ 时，$i=\frac{29.6}{(t+21.5)^{1.02}}$。

无锡市市区道路排水雨水设计径流标准见表 8-5。

无锡市市区道路排水雨水设计径流暂行标准　　**表 8-5**

各类地区	重现期 T（年）	集水时间 t（分）	相当于一小时降雨量（mm/h）	径流系数 φ	径流量 Q （$m^3/s/km^2$）
旧城区居民密集区	0.5	60	24.6	0.75	5.12
工厂、学校、居民混杂区	0.5	60	24.6	0.65	4.44
郊区	1	60	33.0	0.55	5.05
改造中管道及施工场地困难	0.33	60	19.8	0.75	4.13
干管输水的新建泵站	1	60	33.0	0.70	6.43
利用河道输水调节新泵站	1	60	33.0	0.60	5.51
利用河道输水调节新泵站	1	90	24.6	0.60	4.11
沿山地区	1	90	24.7	0.70	4.80

5. 全国主要城市暴雨强度计算公式见表 8-6。

主要城市暴雨强度公式　　**表 8-6**

城市名称	暴雨强度公式 q （$L/s/10^4m^2$）	q_{20} （$L/s/10^4m^2$）	资料年数（年）	城市名称	暴雨强度公式 q （$L/s/10^4m^2$）	q_{20} （$L/s/10^4m^2$）	资料年数（年）
北京	$q=\frac{2111(1+0.85\lg T)}{(t+8)^{0.70}}$	206	20	汉口	$q=\frac{784(1+0.83\lg T)}{t^{0.0507}}$	172	6
上海	$q=\frac{167\times33.2(T^{0.3}-0.42)}{(t+10+7\lg T)^{0.82+0.07\lg T}}$	198	41	长沙	$q=\frac{776(1+0.75\lg T)}{t^{0.527}}$	160	6
天津	$q=\frac{2334T^{0.52}}{(t+2+4.5T^{0.65})^{0.8}}$	170	14	太原	$q=\frac{817(1+0.755\lg T)}{t^{0.667}}$	110.5	7
广州	$q=\frac{1195(1+0.622\lg T)}{t^{0.523}}$	249	9	南宁	$q=\frac{10500(1+0.707\lg T)}{T+21.1T^{0.119}}$	249	21

续表

城市名称	暴雨强度公式 q ($L/s/10^4m^2$)	q_{20} ($L/s/10^4m^2$)	资料年数(年)	城市名称	暴雨强度公式 q ($L/s/10^4m^2$)	q_{20} ($L/s/10^4m^2$)	资料年数(年)
贵阳	$q=\frac{167\times 11.3(1+0.707\lg T)}{(t+9.37T^{0.31})^{0.695}}$	173	17	长春	$q=\frac{833(1+0.68\lg T)}{t^{0.604}}$	145	9
昆明	$q=\frac{700(1+0.775\lg T)}{t^{0.498}}$	159	10	丹东	$q=\frac{3950(1+0.78\lg T)}{(t+19)^{0.815}}$	200	8
成都	$q=\frac{167\times 16.8(1+0.803\lg T)}{(t+12.8T^{0.231})^{0.768}}$	192	17	大连	$q=\frac{617(1+0.81\lg T)}{t^{0.486}}$	144	8
重庆	$q=\frac{167\times 16.9(1+0.775\lg T)}{(t+12.8T^{0.076})^{0.77}}$	190	8	哈尔滨	$q=\frac{6500(1+0.34\lg T)}{(t+15)^{0.5}}$	155	10
银川	$q=\frac{242(1+0.83\lg T)}{t^{0.477}}$	58	6	齐齐哈尔	$q=\frac{684(1+1.13\lg T)}{t^{0.636}}$	102	10
宝鸡	$q=\frac{324(1+0.95\lg T)}{t^{0.46}}$	86.3	5	福州	$q=\frac{934(1+0.55\lg T)}{t^{0.542}}$	184	8
南京	$q=\frac{167(46.17+41.66\lg T)}{t+339\lg T-0.4}$	156	20	厦门	$q=\frac{850(1+0.745\lg T)}{t^{0.514}}$	182	7
济南	$q=\frac{4700(1+0.753\lg T)}{(t+17.5)^{0.898}}$	180	5	郑州	$q=\frac{767(1+1.04\lg T)}{t^{0.0522}}$	161	5
杭州	$q=\frac{1008(1+0.73\lg T)}{t^{0.541}}$	199.5	6	塔城	$q=\frac{750(1+1.1\lg T)}{t^{0.85}}$	59	5
南昌	$q=\frac{1215(1+0.854\lg T)}{t^{0.60}}$	201	5	天水	$q=\frac{458(1+0.745\lg T)}{t^{0.552}}$	93	7

注：表中：q_{20}——重现期为1年，降雨历时为20min的暴雨强度（$L/s/10^4m^2$）；

T——设计重现期（年）；

t——设计降雨历时（min）。

（六）设计暴雨强度

1. 定义：十年以上自动暴雨记录资料。

2. 计算：

$$q=167i \tag{8-8}$$

上式单位为（L/s）；若以平方公里为单位，则 $q=16.7i$（$m^3/s/km^2$）

（七）降雨历时：或称集水时间 t

1. 定义：从下雨开始至雨结束时间（集水时间是指雨水从集水面积的最远点到集水点所需时间）。

2. 计算：

$$t=t_1+t_2=\text{地面集水时间}+\text{管渠内流动时间}=5\sim 15+l/30v \tag{8-9}$$

式中　v——水在管中的流速（m/s）；

对于管道 $t=t_1+2t_2$；

对于明渠 $t=t_1+1.2t_2$。

（八）重现期（T）

1. 定义：设计暴雨强度重新出现的期限。

2. 决定因素：汇水地区性质，地形特点，汇水面积及设计暴雨强度。

3. 城市道路雨水管的重现期 T 一般为 0.33～2（年），具体可见表 8-7。

重　现　期　　表 8-7

类别	快速路	主干路	次干路	支路	广场	立交
T（年）	≥3	1～3	0.5～2	0.5～1	1～3	2～5

二、城市道路雨水管渠设计流量公式

（一）一般式：

$$Q=q\cdot\varphi\cdot F \tag{8-10}$$

式中　Q——雨水设计流量（L/s）；

q——设计暴雨强度（$L/s/10^4m^2$），按城市所在地区的暴雨强度公式计算确定；

φ——径流系数；

F——雨水管渠所排除街区雨水的汇水面积（10^4m^2）。

（二）无锡市道路雨水管渠设计流量：$Q=16.7\cdot i\cdot\varphi\cdot F$　　(8-11)

注：式中 F 以 km^2 计算。

第四节　雨水管渠的水力计算

一、概念

（一）水力设计内容

一般根据汇水面积和暴雨强度来求得流量后确定：（1）雨水管径；（2）明渠尺寸；（3）校验管渠的坡度和流速。

（二）水力设计的设计数据

为使雨水管渠正常工作，避免发生淤积、冲刷等现象，雨水管渠水力计算时，应注意以下事项：

1. 设计充满度

雨水管道均按满流条件设计，明渠应在设计水位以上有不小于 0.2m 的安全值，街道边沟应有不小于 0.03m 的安全值。

2. 设计流速

为避免雨水所挟带的泥砂等在管渠内沉淀下来而阻塞管道，《城市排水设计规范》规定，雨水管道的最小设计流速为 0.75m/s。明渠和街道边沟内发生沉淀后容易清除，所以可采用较低的设计流速，明渠最小设计流速为 0.4m/s。雨水在管道内从上游起流速沿程逐渐增大，在支、干管交汇处应使支、干管流速接近，不宜使支管流速大于干管流速。

为了防止管壁和渠壁的冲刷破坏，影响及时排水，非金属管道（混凝土或砖砌管）的最大允许流速一般采用 5m/s；金属管的最大允许流速则采用 10m/s。在明渠中，流速按不同的土质和铺砌材料而定，最大设计流速见表 8-8。

明渠最大设计流速　　表 8-8

明渠类别	最大设计流速（m/s）	明渠类别	最大设计流速（m/s）
粗砂及砂质黏土	0.80	草皮护面	1.60
砂质黏土	1.00	干砌块石	2.00

续表

明渠类别	最大设计流速（m/s）	明渠类别	最大设计流速（m/s）
黏土	1.20	浆砌片石或浆砌砖	3.00
石灰岩及中砂岩	4.00	混凝土	4.00

注：1. 表中适用于明渠水深 $h=0.4\sim1.0$m 范围内。

2. 如 h 在 0.4～1.0m 范围外时，表列流速应乘以下列系数：$h<0.4$m，系数 0.85；$h>1$m，系数 1.25；$h\geqslant$ 2m，系数 1.40。

3. 管渠设计流速应在最小流速与最大流速范围内。

3. 设计坡度

雨水管渠的最大纵坡，应使管渠内的流速小于最大允许流速。雨水管渠的最小坡度应按最小流速计算。《城市排水设计规范》规定，在街坊和厂区内，当管径为 200mm 时，最小设计坡度为 0.4%；在街道下，当管径为 250mm 时，最小设计坡度为 0.3%；雨水连接管的最小坡度为 0.1%；明渠的最小坡度为 0.5%。

在一般情况下，管底坡度最好接近地面坡度。当遇到地面坡度很大时，为避免计算流速超过允许最大流速并满足最小覆土深度的要求，可设置跌水井。

4. 最小管径

为了便利管道养护，防止管道发生阻塞，《城市排水设计规范》规定，街道下的雨水管道的最小管径为 250mm，街区和厂区的雨水管道的最小管径为 200mm。

管径自上游随着沿程流量的逐渐增大而增大，一般情况下，大口径沟管的下游不应采用较小口径的沟管。当下游管道由于地形坡度变陡而使管道坡度剧增时，根据水力计算用比上游小的管径可以排除设计流量时，管道可以采用最小的管径，但须符合有关的规定。即当管径为 250～300mm 时，下游管径小于上游管径只能减小一级；等于或大于 200mm 时，不得超过两级。

二、水力计算方法

雨水管渠水力计算的公式：

$$Q=\omega v \tag{8-12}$$

式中 Q——流量（10^3L/s 或 m^3/s）；

ω——管渠过水断面面积（m^2）；

v——水流流速（m/s）。

$$v=C\sqrt{Ri} \tag{8-13}$$

式中 i——水力坡降或管渠底坡，$i=\dfrac{h}{L}$，即管段的起点和终点的高差 h 和该段长度 L 之比；

R——水力半径，

$$R=\frac{\omega}{x} \tag{8-14}$$

x——湿周（m）；

C——流速系数，$C=\dfrac{1}{n}R^{\frac{1}{6}}$；

n——糙率，见表 8-9。

管渠糙率 n　　**表 8-9**

管渠类别	n 值	管渠类别	n 值	管渠类别	n 值
陶土管	0.013	钢管	0.012	干砌片石渠道	0.025～0.030
混凝土和钢筋混凝土管	0.013～0.014	水泥砂浆抹面渠道	0.013～0.014	土明渠（包括带草皮）	0.025～0.030
石棉水泥管	0.012	浆砌砖渠道	0.015	木槽	0.012～0.014
铸铁管	0.013	浆砌片石渠道	0.017		

排水管道一般采用混凝土、钢筋混凝土和铸铁，$n=0.013\sim0.014$，计算时通常采用 $n=0.013$。当 $n=0.014$ 时，各种混凝土圆管断面几何尺寸见表 8-10。

各种混凝土圆管尺寸　　**表 8-10**

项目＼管径（mm）	$\Phi300$	$\Phi380$	$\Phi450$	$\Phi600$	$\Phi800$	$\Phi1000$
水力半径 R	0.075	0.095	0.1125	0.15	0.2	0.25
$\sqrt{R}$	0.274	0.31	0.34	0.387	0.447	0.5
断面积（m^2）	0.071	0.113	0.159	0.283	0.502	0.785
谢才系数 C	47.7	48.8	50.4	52.7	55.3	57.4
流量 Q（m^3/min）	0.93	1.7	2.69	5.78	12.41	22.53

【例 8-4】 确定雨水管径课题设计。已知无锡市崇安区映山河小区汇水面积为 200ha，重现期 $T=0.5$ 年，集水时间为 60min，径流系数 $\varphi=0.75$。试求用多大管径为小区排水主管。

【解】 $\because 1km^2=100ha$　　$\therefore F=200ha=2km^2$

根据无锡市流量计算式：$Q=16.7\cdot i\cdot\varphi\cdot F$

$\because T=0.5$　　$\therefore P=\dfrac{1}{T}=\dfrac{1}{0.5}=2$，

可用公式 $i=37.2/(t+22.7)^{1.02}=\dfrac{37.2}{(60+22.7)^{1.02}}$

$\therefore i=0.4118$　　而题意 $\varphi=0.75$

$\therefore Q=16.7\times0.75\times0.4118\times2\div60min=0.172m^3/s$

根据钢筋混凝土管 $n=0.014$，得到 $\Phi800$ 管的 $Q=12.41m^3/min$

其大于 $Q=10.32m^3/min$，因此可采用 $\Phi800$ 管子。

$$\because\quad \omega=\frac{3.14}{4}\times0.8\times0.8=0.5,$$

又　$\because \rho=\pi d=3.14\times0.8=2.512$　　$\therefore R=\dfrac{\omega}{\rho}=\dfrac{0.5}{2.512}=0.2$

取 $n=0.014$，这时查表（8-10）可知：$R=0.2, C=55.3$。

同时假设管子纵坡为 1‰（即 $i_{管}=1‰$）

$\therefore\quad v_{实际}=C\cdot\sqrt{Ri}=55.3\sqrt{0.2\times0.001}=55.3\times0.0141=0.78m/s$

$Q_{实际}=v_{实际}\omega=0.5\times0.78=0.39m^3/s$ 显然太大了，改用 $\Phi600$ 管。

再验算：$\omega\Phi_{600}=\frac{3.14}{4}\times0.6\times0.6=0.283$，$\rho=3.14\times0.6=1.884$

再根据 $n=0.014$，查表（8-10）得 $R=0.15$，$C=52.7$。

设 Φ600 管纵坡为 1.5‰，则：

$$v_{实际}=C\cdot\sqrt{Ri}=52.7\sqrt{0.15\times0.0015}=0.79\text{m/s}$$

$$Q_{实际}=v_{实际}\omega=0.283\times0.79=0.224\text{m}^3/\text{s}$$

从而说明 Φ600 管已可行，因 $Q_{\Phi600实际}=0.224\text{m}^3/\text{s}>Q_{设}=0.172\text{m}^3/\text{s}$

若用 Φ450 管，因为 $\omega_{\Phi450}=0.19$，$\rho=3.14\times0.45=1.41$，

∴　$R=\frac{\omega}{\rho}=0.11$，设纵坡 2‰，则：

$$v_{\Phi450}=C\cdot\sqrt{Ri}=50.4\times\sqrt{0.11\times0.002}=0.76\text{m}^3/\text{s}$$

$$Q_{\Phi450}=0.159\times0.76=0.12\text{m}^3/\text{s}<Q_{设}=0.172\text{m}^3/\text{s}\ 显然小了$$

【例 8-5】　校验管渠坡度与流速课题设计。无锡市滨湖区某镇开设一条土渠道（图 8-19），其纵坡为 1%，$Q_{设计}=5.05\text{m}^3/\text{s}$。试求 $Q_{实际}=$？若该渠道容许流速为 1.7m/s，试问，要否加固渠的表面？

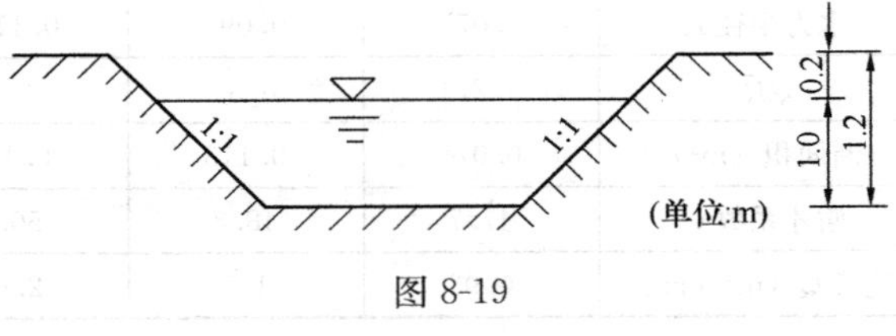

图 8-19

【解】　湿周 $\rho=1.5+2\sqrt{2}=4.328\text{m}$

面积 $\omega=bh^2+mh^2=2.5\text{m}^2$，$\therefore R=\frac{\omega}{\rho}=0.578$

根据 $R=0.578$，查表（8-9），得 $n=0.025$

$\therefore\quad C=\frac{1}{n}R^{\frac{1}{6}}=\frac{1}{0.025}\ (0.578)^{\frac{1}{6}}=36.5$

$\therefore\quad v_{实际}=C\sqrt{Ri}=36.5\sqrt{0.578\times0.01}=2.775\text{m/s}>v_{容许}=1.7\text{m/s}$

土渠必须加固；否则会被冲刷。若采用浆砌片石，则 $C=53.7$

$$v_{实际}=53.7\times0.076=4.08\text{m/s}<v_{容许}=8\text{m/s}\ （圬工片石）$$

$$Q_{实际}=\omega\cdot v=2.5\times2.775=6.94\text{m}^3/\text{s}$$

【例 8-6】　求流量课题设计。

已知：过水渠（浆砌片石）尺寸如图 8-20 所示，$b=1.0\text{m}$；$h=1.3\text{m}$；沟槽纵坡 $i=1\%$。

试求：$Q_{实际}=$？

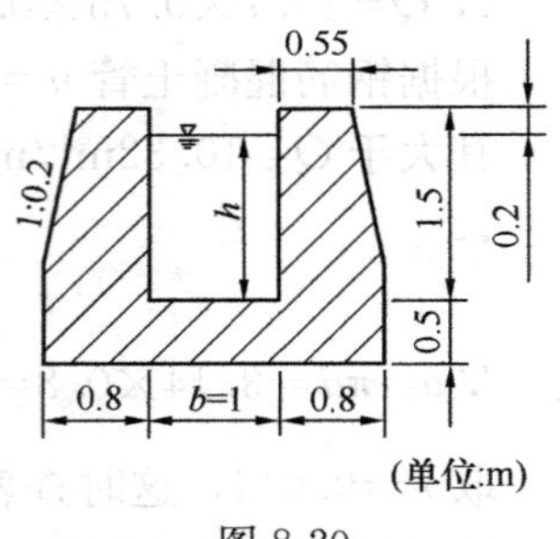

图 8-20

【解】　湿周 $\rho=1+1.3\times2=3.6\text{m}$

面积 $=bh=1\times1.3=1.3\text{m}^2$

水力半径 $R=\frac{\omega}{\rho}=\frac{1.3}{3.6}=0.361$，查有关表得 $C=65$，

$v_{实际}=C\sqrt{Ri}=65\times\sqrt{0.361\times0.01}=3.905\text{m/s}$（圬工片石）

$Q_{实际}=\omega\cdot v=1.3\times3.905=5.0765\text{m}^3/\text{s}$

第五节　雨水管道的设计

一、定义

整个城市或某一地区或某几个街坊范围内雨水管道设施的总体设计。

二、总体布置依据

（1）自然地形。

（2）道路网的规划。

（3）排水区域大小（即汇水面积），排水系统数目，街坊布置，街道宽度，出水口位置。

三、总体布置原则

（一）基本原则

贯彻“全面规划，合理布局，综合利用”方针，做到经济合理，安全适用。

（二）利用地形就近排入水体

规划雨水管线时，首先在地区内按地形划分排水区域。根据分散和直接的原则，要求雨水管能以最短路程把雨雪水就近排入池塘、河流、湖泊等水体。图 8-21 所示为一个地区的雨水管道平面图，这个地区西南高东北低，有河流贯穿整个地区。雨水管道结合地形、河道位置和街区布置，用最短路程在不同地方分别排入河流。如图中所示北部开挖一条明渠，以汇集北部地区的雨水泄入东面的河道。结合地形就近排入水体可使管线短，管径小，埋设深度浅，工程简易，造价可以降低。

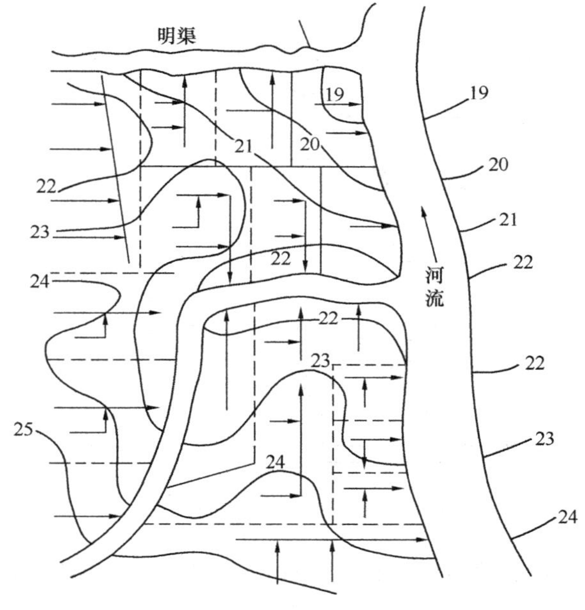

图 8-21　某地区雨水分道平面图

（三）避免设置泵站

由于雨水量很大，雨水泵站的投资很大，而且雨水泵一年中运转时间又短，利用率很低。因此必须尽可能利用地形，使雨水都能靠重力流排入水体而不设置泵站。当河流的水位高出管道出口或管道埋设过深造成技术经济上不合理时，可设置出口泵站。在不得不设泵站的情况下，要使经过泵站排泄的雨水量减少到最小限度。

（四）雨水干管应设在排水地区的低处

在地形起伏很大的地区，例如建造在山谷间的城市中，雨水干管应设在排水地区的低处，两侧斜坡用支管连接。

（五）合理布置出水口

出水口可以分散布置（图 8-22），也可以适当集中（图 8-23）。管道通向池塘和小河的出水口的构造比较简单、造价不贵时，可增多出水口，不致大量增加基建费用。当河流的水位变化很大，管道出水口离常水位很高很远时，出水口的建筑费用就很大，不宜采用过多的出水口，而应考虑比较集中的管道布置。

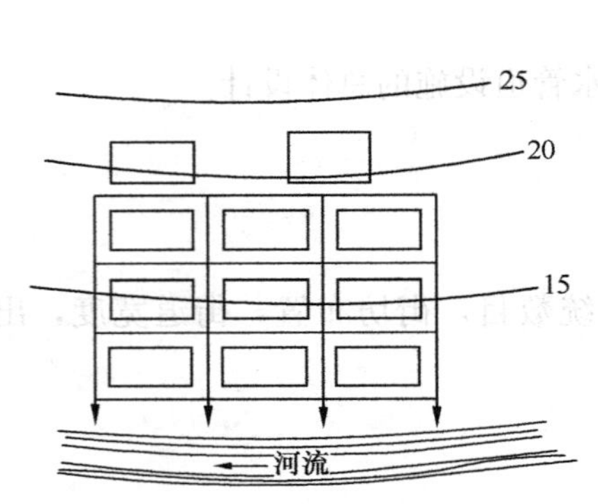

图 8-22　出水口分散布置示意图

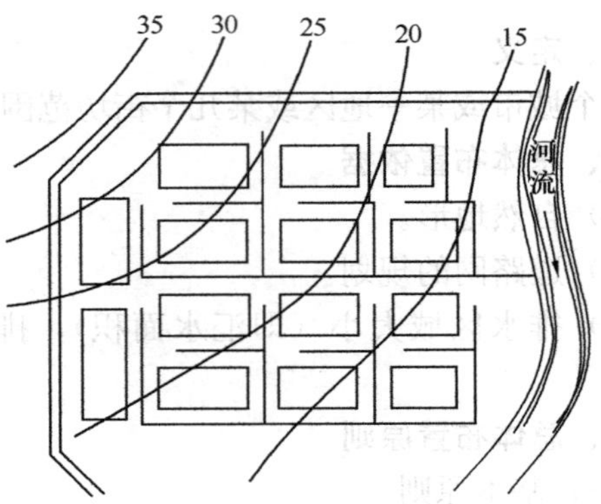

图 8-23　出水口集中布置示意图

出水口一般应露出水面上，以免造成淤泥。并用挡墙做成，详见图 8-24、图 8-25。

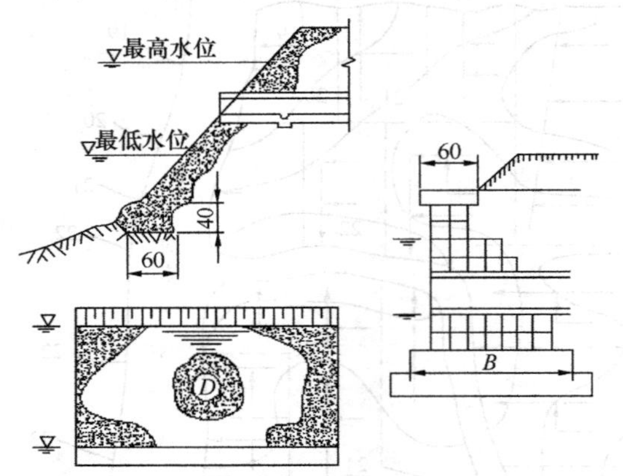

图 8-24　采用护坡的出水口（尺寸单位：cm）

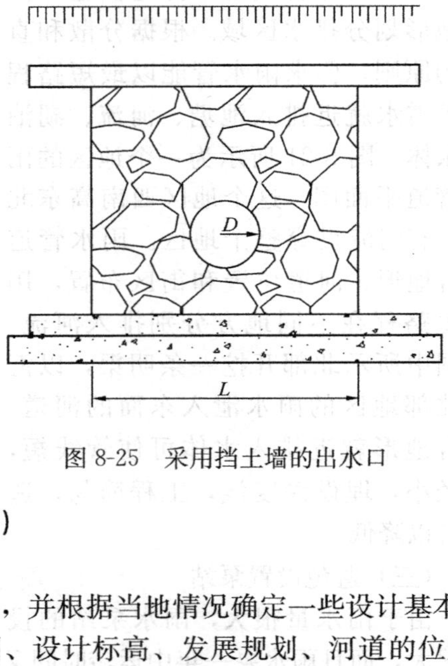

图 8-25　采用挡土墙的出水口

四、雨水管设计的步骤和方法（以无锡市为例）

（一）调查研究搜集资料

首先做好调查研究，搜集并整理各种原始资料，并根据当地情况确定一些设计基本数据。原始资料包括设计地区的地形图、平面布置图、设计标高、发展规划、河道的位置、道路布置、地质和水文资料以及有关暴雨、气候的资料等。如当地没有雨量分析的成果，应根据当地或附近地区的资料求得设计采用的雨量曲线或雨量公式，并考虑具体情况以确定设计重现期、径流系数、集水时间和设计流量。

（二）划分流水区域

根据前述管道设计原则，在 1：2000～1：5000 设计地区的地形图上划分排水流域，规划雨水管道路线，确定水流方向。

（三）划分设计管段并标定检查井的位置

在管道改变管径、方向、坡度处，支管接入处，两条以上的管道交汇处以及过长的直线管段上，都应设置检查井。两个检查井之间管径没有变化的管段称为设计管段。所以，设计管段的起讫点就是检查井（窨井）的位置，计算时可以把两检查井的间距作为一计算管段的长度，但是这样工作量较大。在计算干管时，为了简化计算，可以把估计采用同样管径和坡度的连续管段，合并成为一个设计管段。例如图 8-26 中的管道 1～4 中有 8 个检查井，但作为设计管段只要分成：1～2；2～3；3～4 三个设计管段。

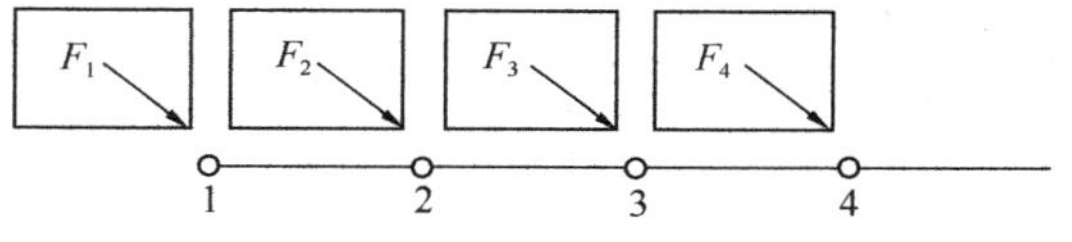

图 8-26　设计管段划分示意图

（四）划分设计管道的汇水面积

每条管道都有它所服务的汇水面积，各条管线和各个设计管段汇水面积的区界，是根据当地的地形和地物决定的。设计管段划分好后，就可划分各相应管段的汇水面积。计算汇水面积时，既要算街道面积还要算街坊面积，这时换算公式：$1km^2=10^6m^2=100ha$，而 $1ha=10000m^2$。

（五）确定控制点标高

根据地形图上等高线或水平测量确定：

1. 各设计管段起讫点（即检查井处）的地面标高。

2. 沿主管的控制点（交汇处、最低处、出口处）的高程，准备水力计算。

（六）确定径流系数（φ）

1. 径流系数：流入雨水管渠的雨水仅为降雨量的一部分，它是径流量与全部降雨量之比。

2. 按式（8-4）和表（8-4）中 φ 计算确定。

（七）确定地面集水时间

一般 $t_1=5\sim15$min；无锡市可采用 10min。

（八）按设计标准选用设计重现期

“规范”规定：设计重现期为 0.33～2 年。无锡市管道设计，$T=1\sim2$ 年（即 $P=1\sim0.5$；特殊情况 $P=0.33$）

（九）确定暴雨强度公式

1. 无锡，$i=\dfrac{69.3\,(1+0.582\lg\,(T-0.107))}{(t+39.3)^{1.02}}$

当 $P=1$ 时上式变为 $i=\dfrac{52.3}{(t+26.8)^{1.02}}$

当 $P=0.5$ 时　　$i=\dfrac{37.2}{(t+22.7)^{1.02}}$

当 $P=0.33$ 时　　$i=\dfrac{29.6}{(t+21.5)^{1.02}}$

2. 设计暴雨历时 t 的计算

管道 $t=t_1+2t_2$；明渠 $t=t_1+1.2t_2$

式中　t_1——地面积水时间，无锡市用 10min；

t_2——管渠内流动时间（min），$t_2=l/30v$。

（十）计算各设计管段的 Q、d、i，从而定出各管道的管底标高和埋设深度

1. 设计流量计算时

（1）管道按满流设计。

（2）明渠应在设计水位以上有 0.2m 安全值。

（3）街道边沟应在设计水位以上有 0.03m 的安全值。

2. 计算顺序

（1）管线从起点开始，沿主管由上游向下游逐段计算。

（2）主管计算时，从上游某一支线交汇处向下游交汇处逐渐计算。

3. 设计成果

（1）应以考虑 $v_{设}$ 不产生积泥砂和不冲刷管壁或渠壁为依据。

（2）规范规定：

①$v_{管最小}=0.75m/s$

$v_{明渠最小}=0.4m/s$。

②$v_{支}<v_{主}$。

③最大流速 v_{max} 见表 8-11。

最　大　流　速　　**表 8-11**

管类别	混凝土及砖砌管	金属管	明渠
v_{max}	5m/s	10m/s	

④修正系数见表 8-12。

修　正　系　数　　**表 8-12**

水流深度 h（m）	＞0.4	＞1.0	≥2.0
修正系数	0.85	1.25	1.4

4. 设计坡度

（1）根据 v_{min} 求 i_{min}；最小坡度见表 8-13。

最　小　坡　度　　**表 8-13**

管径（mm）	Φ200	Φ250	Φ300	Φ400	Φ500～Φ600	Φ700 以上
最小纵坡	0.004	0.003	0.0025	0.002	0.0015	0.01

（2）雨水管径最大纵坡应使管渠内 $v<v_{允许max}$，否则应设跌水，支管跌水井应设在交汇处上游。

（3）最小管径

①最小管径规定：根据不使管道阻塞且养护便利。

②排设中大的口径在下游，并向上游逐渐减小，但递减只能减一级，不可超过二级。

（十一）绘图

1. 将设计成果汇总并绘在 1：500～1：1000 平面图上，图样要求简明扼要，便于施工。

2. 平面图要求：

①有指北方向。

②有检查井编号、雨水井位置及编号。

③有管直径、桩号、长度、纵坡。

④人行道边线、附近建筑物、街坊分区、大型公共建筑、地面等高线。

⑤BM 的地点、编号和标高。

⑥有地下管拆除的要详细注明。

（十二）编写必要的设计和施工说明

五、不同管径不同纵坡时的流量值（参考值）见表 8-14。

流　量　值　　　　表 8-14

流量 \ 管径(mm) / 纵坡	Φ300	Φ450	Φ600	Φ800	Φ1000
$i=1\%$	0.029	0.085			0.7
$i=2\%$		0.13			
$i=3\%$	0.051	0.15	0.32	0.68	1.23

六、按无锡市降水设计强度［5.12m³/s/（km）²］计算各类管径所达到的汇水面积值（表 8-15）。

汇　水　面　积　　　　表 8-15

管径（mm）	Φ230	Φ300	Φ450	Φ600	Φ800	Φ1000
汇水面积（m²）	2930	9960	29306	62500	132800	240200

【例 8-7】 示例管道课题设计。

依据下列各项资料，进行管道设计。

已知项目：

1. 设图 8-27 为干道及两侧街坊、广场、公园等排水管渠的主要干管设计平面图；
2. 管渠的糙率 n：暗管 $n=0.013$（满管），明渠 $n=0.025$；
3. 明渠设计边坡系数：$m=1.5$；
4. 管道起点埋深，大于 1.5m；
5. 河道正常水位标高 44.5m。

【解】

1. 按设计步骤，先定出干管流向、汇水面积、管道布置等。
2. 管道开始汇流时间，由于街坊有内部排水系统，经估计，取 15min。
3. 重现期采用 $T=1$ 年。
4. 暴雨强度公式，本地区 $T=1$ 时为：

$$q=\frac{2111}{(t+8)^{0.7}}$$

5. 求该区平均径流系数 $\overline{\psi}$。

已知每个街坊区面积为 2.16ha，共 4 个区，体育馆 4ha，广场及车站 3.6ha，主干道 3.64ha，街坊外部道路为级配碎石路面，面积共为 0.94ha，公园为 2.16ha，总面积为

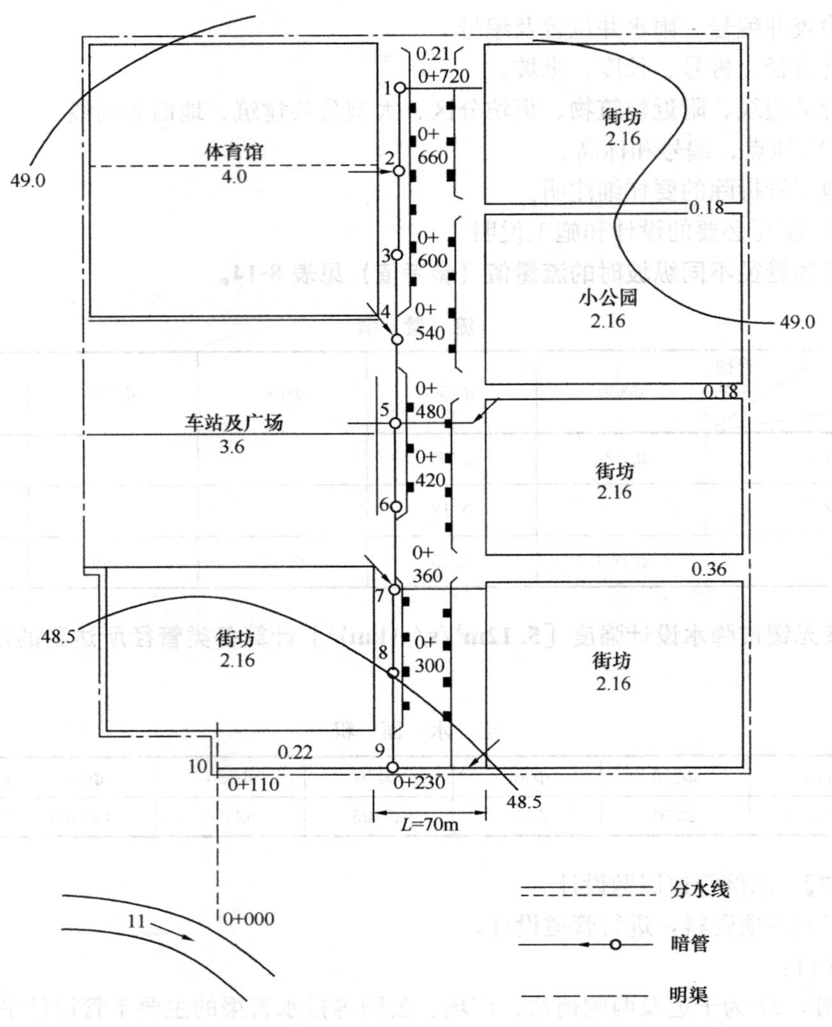

图 8-27　管道设计平面图

22.98ha。求各类径流系数及总平均径流系数 $\overline{\psi}$，见表 8-16。

$$总平均径流系数\ \overline{\psi}=\frac{(4\times1.578+2.55+2.94+0.849+2.069+0.423)}{(4\times2.16+4+3.6+2.16+3.64+0.94)}=\frac{15.143}{22.98}=$$

0.659≈0.66

各类径流系数　　　　**表 8-16**

一个街坊区				体育馆			
地面种类	面积 F_i (ha)	径流系数 ψ	ψF_i	地面种类	面积 F_i (ha)	径流系数 ψ	ψF_i
屋顶	0.6	0.9	0.54	屋顶	1.60	0.9	1.44
沥青路面	1.00	0.9	0.90	沥青路面	0.80	0.9	0.72
草地	0.20	0.15	0.03	草地	0.60	0.15	0.09
非铺砌土路面	0.36	0.30	0.108	非铺砌土路面	1.0	0.3	0.30
合计	2.16		1.578	合计	4.0		2.55

续表

广场及车站				公　园			
地面种类	面积 F_i (ha)	径流系数 ψ	ψF_i	地面种类	面积 F_i (ha)	径流系数 ψ	ψF_i
大块石铺砌路面	1.0	0.6	0.6	草地、绿地	1.46	0.15	0.219
沥青广场及路面	2.4	0.9	2.16	沥青路面	0.6	0.9	0.54
屋面	0.2	0.9	0.18	屋面	0.1	0.9	0.09
合计	3.6		2.94	合计	2.16		0.849
主干道				街坊外部路面			
地面种类	面积 F_i (ha)	径流系数 ψ	ψF_i	地面种类	面积 F_i (ha)	径流系数 ψ	ψF_i
混凝土路面	1.56	0.9	1.404	级配碎石路面	0.94	0.45	0.423
干砌砖石步道	0.11	0.4	0.044				
沥青路面路口	0.05	0.9	0.045				
非铺砌土地面	1.92	0.3	0.576				
合计	3.64		2.069	合计	0.94		0.423

6. 水力和流量计算　详见表 8-16 及图 8-27 具体说明如下：

(1) 1 号井以上的汇水面积 F_1 为街坊面积加上 1 号井以上的街道汇水面积，$F_1=2.37$ha。汇流时间：因街坊内部排水 $t=15$min。设计重现期取 $T=1$ 年。

计算暴雨强度　$q=\dfrac{2111}{(15+8)^{0.7}}=235.1$ (L/s/ha)

平均径流系数 $\bar{\psi}=0.66$

设计流量：$Q=q\bar{\psi}F=367.8$L/s

由 1 号井至 2 号井管底设计纵坡 $i=2‰$，查图 8-27，得管径 $\phi=700$mm，设计流速 $v=1.076$m/s。

管内底进口设计标高为 46.56m，出口设计标高为 46.44m。管内流行时间 $t_2=\dfrac{l}{60v}=\dfrac{60}{60\times1.076}=0.93$min

(2) 2 号井以上的汇水面积 $F_2=F_1+2.0+0.42=4.79$ha（增加体育馆面积的一半再加上街道汇水面积）

汇流时间　$t=15+2t_2=16.86$min

设计流量计算　$Q=q\bar{\psi}F$

$$q=\frac{2111}{(16.86+8)^{0.7}}=222.7(\text{L/s/ha})$$

平均径流系数 $\bar{\psi}=0.66$

$$\therefore\quad Q=q\bar{\psi}F=222.7\times0.66\times4.79=703.9\text{L/s}$$

由 2 号井至 3 号井管底设计纵坡 $i=2‰$，查图 8-27，得设计管径 $\phi=900$mm，设计流速，$v=1.237$m/s。

管内底进口设计标高为 46.34m，出口设计标高为 46.22m。

其余各分段的计算方法同上，以此类推。

（3）如图 8-27 所示，由 10 号井到 11 号井，此段改为明渠排水，其累积汇水面积 $F=22.98\text{ha}$，聚积时间 $t=28.94\text{s}$，降水强度 $q=\dfrac{2111}{(28.94+8)^{0.7}}=168.7$（L/s/ha），平均径流系数 $\overline{\psi}=0.66$，设计流量计算 $Q=q\overline{\psi}F=168.7\times0.66\times22.98=2559.4\text{L/s}=2.56\text{m}^3/\text{s}$。

设明渠底宽 $b=1\text{m}$，边坡系数 $m=1.5$，纵坡 $i=2‰$，糙率 $n=0.025$，按式（8-14）、（8-15）、（8-18）和式（8-20）计算得：

设计流速
$$v=\frac{2.56}{(b\times h+h^2m)}=\frac{2.56}{(0.93\times1+0.93^2\times1.5)}=\frac{2.56}{(0.93+1.3)}$$
$$=\frac{2.56}{2.23}=1.15\text{m/s}$$

出口河道正常水位为44.50m，所以渠底设计标高：进口为44.78m；出口为44.56m。计算成果列入表 8-17、表 8-18。

雨水自流管计算　　　　**表 8-17**

街道								排水面积		设计重现期（年）	设计降雨历时（min）	
名称	检查井号 起	检查井号 讫	长度 L（m）	起点桩号	起点路面高程（m）	高差（m）	坡高（‰）	分段面积 F_i（ha）	累积面积 $F=\Sigma F_i$（ha）		汇流时间 t	管内流行时间（$2t_2$）或渠内流行时间（$1.2t_2$）
1	2	3	4	5	6	7	8	9	10	11	12	13
干管	1	2	60	0+720	48.90	0.06	1	2.37	2.37	1	15	1.86
	2	3	60	0+660	48.84	0.06	1	2.42	4.79		16.86	1.57
	3	4	60	0+600	48.78	0.06	1	0.42	5.21		18.43	1.57
	4	5	60	0+540	48.72	0.06	1	2.42	7.63		20.00	1.47
	5	6	60	0+480	48.66	0.06	1	4.54	12.17		21.47	1.30
	6	7	60	0+420	48.60	0.06	1	0.42	12.59		22.47	1.30
	7	8	60	0+360	48.54	0.06	1	4.94	17.53		24.07	1.23
	8	9	70	0+300	48.48	0.07	1	0.42	17.95		25.3	1.44
	9	10	120	0+230	48.41			2.65	20.60		26.74	2.20
	10	11	120	0+110				2.38	22.98	1	28.94	

雨水自流管渠计算　　　　**表 8-18**

设计流量计算				管　渠								附注
降雨强度 q（L/s/ha）	径流系数 φ	$q\varphi$	流量 $Q=q\varphi F$（L/s）	直径 D 或高 H、宽 B（mm）	坡度（‰）	流速 v（m/s）	流量（L/s）	管沟底高差（m）	管渠内底高程（m）上端	管渠内底高程（m）下端	起点覆土深度（m）	
14	15	16	17	18	19	20	21	22	23	24	25	26
235.1	0.66	155.2	367.8	Φ700	2	1.076	414.1	0.12	46.56	46.44	1.58	
222.7		147.0	703.9	Φ900	2	1.237	809.8	0.12	46.34	46.22	1.52	
213.3		140.7	733.5	Φ900	2	1.237	809.8	0.12	46.22	46.10	1.58	
204.9		135.2	1031.7	Φ1000	2	1.365	1072.1	0.12	46.00	45.88	1.64	
197.7		130.5	1587.7	Φ1200	2	1.542	1744.0	0.12	45.78	45.66	1.58	
191.8		126.6	1593.6	Φ1200	2	1.542	1744.0	0.12	45.66	45.54	1.64	
186.3		125.0	2155.5	Φ1300	2	1.626	2158.2	0.12	45.44	45.32	1.65	
181.5		119.8	2149.7	Φ1300	2	1.626	2158.2	0.14	45.32	45.18	1.75	
176.2		116.3	2395.1	Φ1300	2.5	1.818	2413.1	0.30	45.08	44.78	1.93	
168.7		111.4	2559.4	H=930 B=1000	2	1.15	2561	0.22	44.78	44.56		

思 考 题

1. 名称解释

排水设施　检查井　雨水井　　锯齿形街沟　暴雨强度　径流量　径流系数

2. 试简述城市道路上雨水是如何通过暗管排入河道的。当河水水面高于暗管系统出水口标高时，应采用哪种排水手段。

3. 雨水口布设要点有哪些?

4. 城市道路排水设施有哪些?简述设置雨水口及检查井的作用及位置。

5. 已知某路段中线设计纵坡 $i=2\%$，在桩号 K2+100 处，设计标高 $H=100\text{m}$，车行道宽度为 14m，路拱平均横坡为 2%。试合理设计锯齿形街沟，并分别算出分水点和雨水口处标高（要求至少布置三个雨水口），设计 $h_1=18\text{cm}$，$h=12\text{cm}$ 如下图所示。

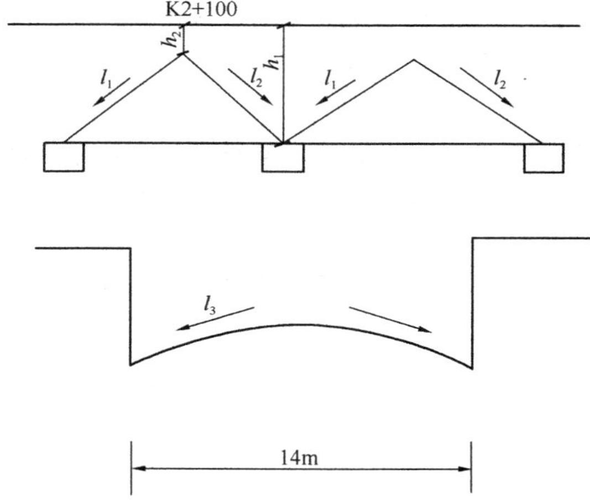

6. 某市五星家园汇水面积为 200ha，设计重现期为 0.5 年，集水时间为 60min，径流系数 $\alpha=0.75$，混凝土管壁内粗糙系数 $n=0.014$，管内水流面纵坡为 1.5‰，谢才系数 $C=52.7$。建设单位拟采用 $\phi600$ 的钢筋混凝土管为整个家园雨水排水的主干管。试验算其是否合理?

第九章 城市道路景观与绿化

知识目标：

1. 了解城市道路景观设计目的、内容及设计原则。
2. 熟悉城市道路网规划设计美学要求。
3. 了解城市道路网规划设计线形美学设计原则。
4. 熟悉城市道路网规划设计从美学角度来进行横断面设计。
5. 掌握城市道路网规划设计景观设计方法。
6. 熟悉城市道路网规划设计绿化作用、目的、布置。
7. 了解城市道路网规划设计照明的目的、作用、要求、标准。

能力目标：

1. 通过熟悉城市道路景观设计目的、内容与设计原则，掌握城市道路景观设计方法。

2. 根据城市道路网规划设计美学要求，应从美学角度进行横断面设计、线形设计，使人们感受美好的城市景观。

3. 在城市道路设计时，应从道路纵向种植绿带，让绿带点、线、面与城市其他绿化连成一个系统，实行大园林绿化。

4. 在城市道路设计时，应从道路纵向交叉口及广场设计照明，提供必要照度，保证路面亮度及道路轮廓与边缘。

第一节 城市道路景观概述

道路不单纯具有交通功能，而且在自然环境和社会环境中有其文化价值，这种价值很大程度上是依赖于良好的道路景观设计来实现的。

城市道路既是组成城市景观的骨架，又是城市景观的重要组成部分；道路景观设计既有对道路自身的美学要求，又要使道路与周围环境景观协调配合；对道路景观的评价既要从用路者的视觉出发，又要从路外的印象考虑；既有静态视觉又有动态感受。道路空间是一种带状线形环境，这种环境是由道路及道路两侧的建筑物和其他各种环境元素所组成，因此，城市道路应在满足交通功能的前提下，与城市自然景观（地形、山体、水面、绿地等）、历史文物（古建筑、传统街巷等）以及现代建筑有机结合在一起，组成和谐的、富有音韵的、生动活泼和赏心悦目的城市景观。总之，城市道路景观设计是以城市道路美学的观点以及城市设计的概念和方法研究解决城市道路的规划与设计问题。道路景观的概要内容见表 9-1。

城市道路景观的设计原则：

（1）城市道路系统规划应与城市景观规划相结合，把城市道路空间纳入城市景观系统之中。

道路景观的概要内容　　表 9-1

项目	名称	内　容
道路线形的协调	视觉上的协调	平面线形和纵断线形各自在视觉上的和谐性与连续性
	立体上的协调	平面线形和纵断线形相互配合，形成立体线形
道路沿线的协调	沿线与自然环境、社会环境的协调	路线与沿线的地形、地质、古迹、名胜、绿化、地区风景间的协调；路线与城市风光、格调等的协调
	行车道旁侧的整顿与和谐	中央分隔带的绿化；路肩、边坡的整洁；标志完整；广告招牌有管制；商贩集中，不占道路两侧
	构造物的艺术加工	对跨线桥、立体交叉、电线柱、护栏、隧道进出口、隔声墙等精心设计，且有一定的艺术风格
	美化环境	使旅客与驾驶员在路上感受到环境优美，如同游览园林

(2) 城市道路系统规划与详细规划设计应与城市历史文化环境保护规划相结合，成为继承和表现城市历史文化环境的重要公共空间。

(3) 城市道路景观规划应与城市道路的功能性规划相结合，与城市道路的性质和功能相协调。

(4) 城市道路景观规划应做到静态规划设计与动态规划设计相结合，创造既优美宜人，又生动活泼，富于变化的城市街道景观环境。

(5) 城市道路景观规划要充分考虑道路绿化在城市绿化中的作用，把道路绿化作为景观设计的一个重要组成部分。

第二节　城市道路网美学

城市景观是各种景观元素构成的视觉艺术，各种景观元素都与路网有必然的联系，它们与路网的关系决定了它们的相对位置。在道路网中沿不同的交通路线运动，则构成一定的景观系统和序列，科学合理的道路网是形成城市美好景观的基础。

1. 重视道路网结构对城市布局的影响

好的道路网结构应该使人们对城市布局有清晰、明了的认识，通过特征鲜明的道路网结构，人们很容易了解掌握城市的交通系统、功能分区、用地布局及相互之间的关系，方便居民的出行，因而有利于活跃城市社会生活，促进城市社会发展。

2. 注重道路网规划设计的美学要求

人们对一个城市的总体印象，往往都是与该城市的结构、布局等联系在一起。而城市的结构、布局又与其路网结构密切相关。进入城市首先映入人们眼帘的便是由路网（主要是干路网）组成的城市道路景观。建设一个美的城市就应有一个好的路网，再结合良好的景观元素配合，以形成一个美好的视觉环境。

(1) 道路的特征

道路网中的主要道路要有特点，有特点的道路有助于彼此区分，各具特点（特色）的主要交通道路就可能形成一个城市的形象特征。例如，北京的东、西长安街，它将象征国家和首都形象的若干建筑连接起来，形成很鲜明的形象特征，而北京王府井大街也成了商业的代名词。不同的横断面形式、路面结构形式、平纵面线形特点、交通组织形式等形成道路自身特征，同时沿街建筑特点赋予道路各自不同的形象和个性。

（2）道路的方向性

路网中的主要道路要有明确的方向性，特别是明确的、引人注目的起终点。一般如将公园、大型广场、纪念性建筑、火车站、体育场馆等特有的城市景观作为道路起、终点，可以增加用路者对道路的识别，有助于将道路位置与城市格局联系起来，使用路者有明确的方位。

道路的方向性应是可以度量的。借助于道路的特征、建筑的变化等，人们可以判定自己所处的位置，确认方向和距离。

有方向性的道路不一定是直线，有规律的曲线使线形产生可以预见的变化，不致迷失方向。但若线形变化过于频繁，则易使用路者失去道路的方向感。

（3）道路的连续性

道路的连续性是道路功能上重要的要求之一，这种连续性有助于用路者对道路的识别和使用。例如，对前面所述的交通特性，应要求其具有良好的连续性，即注意交通形式不宜频繁变化。平、纵、横面线形的频繁变化不仅使用路者难以适应，且也失去个性特征。除此之外，道路两旁的空间特性（用地性质）、建筑形式以及道路绿化形式等的连续性也是保证道路特色的重要方面。

道路的连续性还可表现在一条道路的运动感上。道路空间是运动环境车辆在高速行驶时对道路及道路两侧空间环境产生动态的视觉效果，形成时空连续感。

道路的连续性会加强其整体感，一个好的道路网中所有交通干道各自都应具有良好的连续性，使其相互之间呈现清楚的位置关系。

此外，城市道路网中的交叉口与路线的关系、形式等应清晰、明确，不致使道路的连续性中断；路网中道路（街道）的名称、编排顺序等也影响着道路的连续性、空间定位以及相互关系。

第三节　城市道路路线美学

一、道路路线对街道景观构成的作用

城市生活离不开在城市道路上的活动，人们往往沿着道路去观赏城市。各具特色的城市建筑及环境中的景观元素，沿着道路两侧布置并与之相联系，从而构成千姿百态的街道景观。

影响道路景观构成的主要因素是道路性质与用路者的视觉特征。不同性质的道路其设计车速不一样，用路者的运动速度及对环境景观的观察方式不同，因而产生不同的视觉特点。因此，对路线本身的设计以及沿街建筑、街头小品、绿化等的规划设计都应根据道路的不同特性而有不同的要求。用路者在道路上有方向的、连续的活动形成对城市的印象，道路环境空间中的景观要素都依附于道路，只有正确处理这些景观要素与道路的关系，才能形成一个良好的道路视觉环境。

二、城市道路线形设计的美学

城市道路线形美学设计不仅要考虑道路的性质、作用和服务于不同功能的交通需要，

而且还应满足城市美学要求。使用路者可能产生美好的城市景观感受，这样的设计才是一个良好的设计。一般说来，从美学角度考虑，线形设计应注意如下几点。

1. 一般原则

(1) 注意以设计行车速度来区分设计对象（即路线），根据道路性质、交通特点等因素决定路线设计的要求。如对于城市快速路或主干路等设计车速较高的道路，强调快速、安全舒适，则应将道路线形作为主要设计对象；而对于次干路、支路等较低设计车速的道路，主要强调与地形、地区相结合，满足大容量出行需求，则不以路线作为主要设计对象。根据这些不同性质道路上用路者的视觉特点，来考虑路线设计美学问题。

(2) 注意在线形设计中体现路线特征、方向性、连续性并注意其韵律和节奏的变化等设计手法上的应用。

道路的特征表现在地形、平纵面线形、用地性质、道路横断面形式的方面，这些都反映了不同道路在路线形式上的特殊性。道路线形的方向性通过环境特征得到反映，而道路的连续性则表现在线形上。平、纵、横面线形的技术标准对道路的连续性产生影响。道路的节奏和韵律是通过运动中心视觉变化来感受的，特别对于快速交通的路线设计更应考虑。

2. 路线要与地形相结合

这是确定路线的重要原则。城市线形直接影响城市道路网的格局，以及道路的平、纵、横面线形。道路在布设时应与地形有机结合，道路网结构形式，道路平、纵、横面线形等都应因地制宜，灵活处理，直曲有致，与地形充分协调，以形成生动活泼的城市道路空间。富有变化、与地形有机结合的道路，为用路者提供了多角度、广视野的视觉因素，既可增加观赏城市的机会，也可丰富城市的景色。使人能对城市总体轮廓从多方位、多层次获得全景印象。

3. 道路线形要与区域特点相适应

城市中不同性质的用地、不同特点的建筑等对道路线形有着不尽相同的要求，道路线形设计时应充分考虑与城市区域特点相适应。例如，在市中心区及商业区，往往建筑高大密集、行人流量大，因此，道路线形呈直线且与相交道路构成直角交叉，横断面上应充分考虑行人交通要求。而在城市中心区以外区域，由于地形变化或土地使用没有中心区的许多限制，道路线形变化则可以比较丰富。

4. 线形要有良好的配合

从行车与视觉方向的要求出发，道路平、纵、横面线形应有良好的配合，这种配合不仅体现在某一投影面内（如平面或纵面），而且应体现在道路线形的空间组合上。如，在平面线形设计中，应考虑合理使用直线与曲线以及二者的协调配合；在纵面线形设计时应考虑凸凹竖曲线的连接配合、竖曲线的半径大小及相邻竖曲线的合理衔接等；而从行车安全、舒适等方面考虑，在平、纵线形配合方面同样不容忽视。例如，平曲线和竖曲线之间的组合问题就往往是检验路线设计合理与否的一个重要内容。

第四节　城市道路横断面设计的美学问题

根据道路横断面的设计宽度和形式可能对视觉环境产生的影响，从美学角度考虑，应注意以下几个方面。

1. 注意道路横断面宽度与沿街建筑物高度间的关系（图 9-1）。

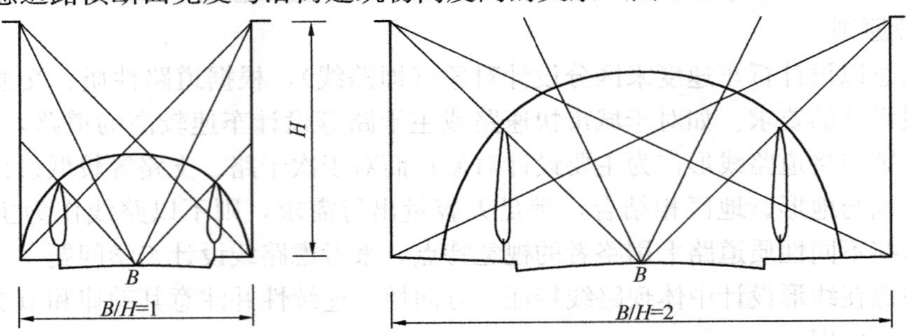

图 9-1 道路横断面空间尺度分析示意图

当 $B/H \leqslant 1$ 时，沿街建筑与街道有一种亲切感，街道空间具有较强的方向性和流动感，容易造成繁华热闹的气氛。但当 $B/H \leqslant 0.7$ 时，则会形成空间压抑感。

当 B/H 在 1～2 之间时，空间较为开敞，绿化对空间的影响作用开始明显，由于绿化形成界面的衬托作用，在步行空间仍可保持一定的建筑亲切感和较为热闹的气氛。道路越宽，绿化带的宽度和高度也应随之增大，以弥补较为开敞的空间造成的离散感觉。绿化带对于丰富街景、增加城市自然气氛的作用更为显著。

当 $B/H>2$ 时，空间更为开敞，此时往往布置多条较宽的绿化带，城市气氛逐渐被冲淡，大自然气氛逐渐加强，B/H 不是一个简单的概念，应根据不同区域、不同要求的道路用路者对街道景观的视觉及心理感受考虑确定空间尺寸的比例关系。一般地，城市快速路或主干路等交通干道的 $B/H>2$，城市一般干路（如次干路）$B/H=1$～2，而在中心商业区则往往 $B/H \leqslant 1$，但一般应尽可能使 $B/H>0.5$～0.7。

2. 注意道路景观空间的完整性

由于交通组织的需要，横断面上常采用不同的分隔方式，这种分隔使用路者处于道路上的不同位置。分隔带宽使空间涣散；分隔带中的高大绿化将遮断视线，从而割断了街景元素的相互联系，难以形成优美的街景；而分隔带中的低矮绿化对道路空间的整体性有较好的效果。因此，应注意断面上所有景观元素应具有配合良好的整体关系。

3. 注意横断面要素对加强道路线形特征的作用

横断面的各要素以及绿化等均沿街道中心线平行延伸，应利用这些因素来加强道路线形特征，使用路者对环境能有强烈印象。这种特征对视线诱导以及形成良好的街道景观都是必不可少的。

第五节 城市道路景观设计方法

一、城市道路景观要素

城市道路景观要素可分为主景要素和配景要素两类。

1. 主要要素

主景要素是在城市道路景观中起中心作用、主体作用的视觉对象，包括有：

（1）山景：指可以构成“景”的山峰上的建筑物、构筑物（如塔、亭、楼阁等）。

（2）水景：具有特色的水面及水中岛屿、绿化、岛上或岸边的建筑物、构筑物等。

（3）古树名木：在街道上可以构成视觉中心、有观赏价值的高大乔木。

（4）主体建筑：从建筑高度、形式、造型及建筑位置等方面在城市形体上或街道局部建筑环境中具有突出筑岛作用的建筑物。

2. 配景要素

在城市道路景观中对主景要素起烘托、背景作用，用以创造环境气氛和突出主景视觉印象，通常采用借景、呼应的手法表现，主要包括有：

（1）山峦地形：作为景观构图环境的空间背景轮廓线。

（2）水面：作为景观环境的借景对象。

（3）绿地花卉：成片的绿地、花卉可以用作主景观环境的背景，烘托环境气氛。

（4）雕塑：可作为街道景观环境起呼应、点缀作用的因素，特殊情况下可以作为主景要素，成为一定视觉景观环境的中心视觉对象。

（5）建筑群：作为景观环境中的建筑背景。

实际上，道路沿线空间环境中的所有物体皆为"景"，在不同环境条件下，主景和配景并非绝对，各景观要素也并非孤立地独自存在，它们之间的和谐组合也是很重要的。如，城市广场中各类雕塑、绿地、喷泉（水面）等恰到好处的组合，可获得最佳视觉效果。

二、景观设计应包括道路景观、桥梁景观、隧道景观、立交景观、道路配套设施以及道路红线范围内和道路风貌、环境密切相关的设施景观

三、城市道路景观系统规划思路

1. 确定道路景观要素

在进行城市道路景观系统规划时，首先应确定哪些景点（包括自然景点和人文景点）可以或应该成为城市道路的景观要素。比如，哪些山景、水景可以作为对景和借景；哪些山体和水面经过一些建筑处理可以作为对景和借景；哪些在城市形体结构中有重要作用的历史性建筑可作为借景；哪些与自然景观环境协调或具有时代感的标志性建筑可以作为道路景观的主景要素；哪些重要的古树名木可用于景观设计等。同时还应对这些景观要素的价值、环境，相互之间以及道路之间的关系作进一步分析。

2. 确定景观环境气氛

在进行景观系统规划设计之前，应根据景观系统规划和历史文化环境保护规划的要求，对城市道路的环境气氛进行分析：哪些道路应考虑作为城市整体景观的观赏空间，哪些道路可作为观赏自然景观的空间，哪些道路可作为体现城市历史文化环境的空间，哪些道路又应体现城市的现代化气息。一般地，城市入城干路应符合城市整体景观的观赏要求，城市生活性和客运道路可考虑作为城市主要景点、城市特色和历史文化景观的观赏性空间；城市交通干道应成为现代城市景观的观赏空间。

3. 景观系统的组合

在分析确定了道路景观要素和道路景观环境气氛的基础上，作为道路景观系统的组合规划设计，达到使人们从不同的角度、不同的空间环境去体会从宏观、从历史到现代、从自然到人文的丰富的多层次的城市景观，表现城市优美的自然环境、深厚的历史内涵以及富有现代感和蓬勃生命力的整体形象。

图 9-2 所示是北京市北海前道路空间环境示意图。

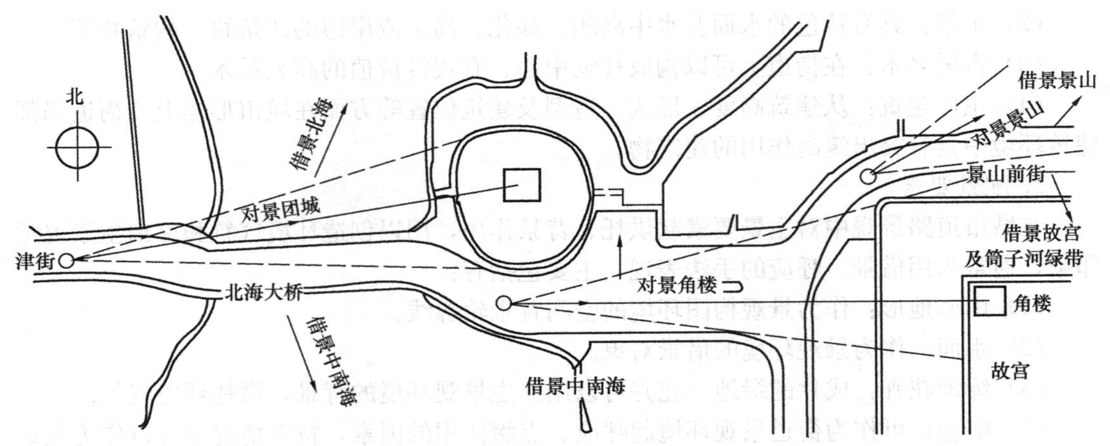

图 9-2　道路空间环境示意图

从图 9-2 中可以看出，从文津街到景山前街充分运用了道路选线配合对景、借景的手法。由西向东道路曲折变化，在动态中创造了对景团城，借景北海、中南海，对景故宫角楼，对景景山，借景故宫景山等道路景观环境，各景观环境有机联系，有远有近，有高有低，有建筑有水面，过渡自然，富于乐趣，即创造了动态变化且又连续的视觉环境，是道路选线与景观环境组合的较好范例。而图 9-3 所示则是一幅单调的城市道路景观。一条笔直的无尽头的道路，缺少层次和变化的绿化，与两侧近似封闭的建筑立面，建筑轮廓透视线都集中于地平线的灭点，极易形成单调呆板的景观形象。

图 9-3　单调的街景

第六节　城市道路绿化

一、概述

城市道路的绿化是沿道路纵向种植绿带。绿带的点、线、面依照道路绿化及其他绿化连成一个系统，实现大园林绿化。绿化设计应包括路侧带、中间分隔带、两侧分隔带、立体交叉、平面交叉、广场、停车场以及道路用地范围内边角空地等处的绿化。

（一）绿化作用

（1）遮阴。

（2）延长沥青路面使用寿命。

（3）过滤车辆行驶过的灰尘，减少噪声和震动。

（4）设分隔带后保证行车安全，提高车速。

（5）使街道上空空气新鲜、湿润、凉爽。

（6）绿带起了备用地作用，可以作为地下管线敷设，同时也起了保护土壤，防止冲刷流失和淤塞沟道。

（7）装饰，美化街景。

（二）绿化目的

护荫降温，改善城市环境卫生，保证交通安全，美化路容。

二、道路绿化布置

1. 布置形式

（1）行道树。

（2）林荫道。

（3）绿篱。

（4）花丛。

（5）条形草地。

2. 人行道绿化

（1）种植行道树

①行道树优点：简单、经济、管理方便，缺点是当车道宽时遮阴不全，有单调感觉。

②栽树种类：主干道上一般用树龄在15岁以上的乔木。

③栽树树距：6～8m。

④栽树树穴：一般可用方形或圆形，其直径或边长大于1.5m，若人行道窄狭的用矩形：长×宽为2m×1.2m。

⑤栽树穴深：挖到原土为止。

⑥栽树干中心距侧石外缘大于0.75m。

⑦栽树树杆分枝点高度在3～3.5m，不要影响车道有效宽度。

⑧道路两侧人行道树，应采用对称式、错开式或只在一边中。

（2）绿带

绿带适用有足够宽度人行道。一般来说，靠人行道一侧多种植护荫乔木，靠车行道一侧多种灌木、草地、花卉等不影响车道。

绿带宽度一般每侧为1.5～4.5m；绿带长度50～100m为宜。过短时，易引起行人及非机动车的穿越，影响机动车交通。

3. 林荫道绿化

（1）林荫道上一般配置乔木，灌木，花卉，其宽度一般为8～15m。

（2）设有草皮和较宽的绿带，一般有步行道，并可在绿带内设报亭、画廊、茶棚等建筑小品或活动场所，亦可放置供人休息的各式条凳。

（3）林荫道类型有单车道式（可设一条步行道），复道式（可设二条步行道）；花园式（可以步行道与荫交叉）。

4. 分隔带

分隔带是指绿带作固定式分隔，最窄处为1.2～1.5m，它也兼作公交站台及自行车停放处。一般宽度大于 2m，长度在 50～100m 左右。

5. 广场绿化

广场绿化作用在于美化城市，起“画龙点睛”作用。一般应结合广场形状，协调周围环境，并配合雕塑、喷泉、楼亭、小桥流水等布置和选择树种花卉美化。

三、绿化布置注意事项

（1）坚持城市结合生产绿化街道、美化园林的绿化方向。

（2）行道树要选冠大、荫浓、适应性强、发芽早、落叶迟、耐修剪，树干挺直，分枝高度在 3.5m 以上的树种。

（3）不因为绿化妨碍人和车辆的视线。分隔带内可种草皮或高大乔木，但不宜种高度大于 0.7m 的灌木丛。在交叉口视距三角形范围内，不能布置高度大于 0.7m 的绿丛。

（4）道路两侧绿化布置时，不必强调对称，要使树影在被烈日照射后遮阴，但为了使建筑物有阳光、通风、乔木应离开房屋 5m 以上。

（5）绿化布置应与公用设施统一安排，保持必要距离，避免相互干扰。地下管线布设距离树木的最小距离参见表 9-2，与建筑物、道路边缘距离树木不少于表 9-3；照明电杆离树木最小距离见表 9-4。

地下管线离树木的最小距离　　**表 9-2**

地下管线	到乔木距离（m）	到灌木距离（m）
煤气管	2.0	2.0
排水管	1.5	可以不必让开
自来水管	1.5	可以不必让开
电缆	2.0	0.5

建筑物、道路边缘离树木的最小距离　　**表 9-3**

结构物名称	到乔木距离（m）	到灌木距离（m）
房屋	5.0	2.0
车行道边	1.0	0.50
人行道边	0.75	0.50
步行小径	0.75	0.40
挡土墙、陡坡、露台	1.0	0.50
高度超过 2m 的围墙	2.0	1.0
高度低于 2m 的围墙	1.0	0.75

照明电杆等离树木的最小距离　　**表 9-4**

相距的对象	最小距离（m）	相距的对象	最小距离（m）
从树干到路灯杆	≥2.0	从树冠外围边缘到电杆	≥1.0
从树干到电车挂线杆	≥1.0	从树冠外围边缘到路灯	≥2.0

（6）绿化要保证道路有足够的净空

道路的绿化树木要保证行车道侧向有足够的安全净空，以保障行车安全，如图 9-4 所示。

（7）注意功能与美观的结合

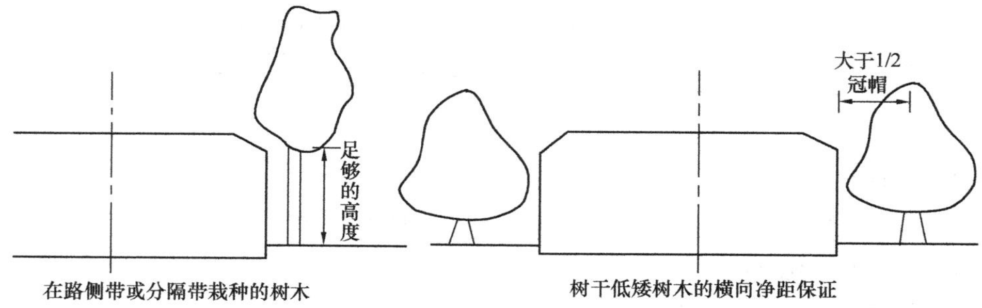

图 9-4 行车道侧向净空示意图

不同性质的道路，应根据用路者的观赏特点，采用不同的绿化方式。道路绿化有遮阴、消声、防尘、装饰、遮蔽、视线诱导、地面覆盖等功能，是城市道路重要的组成部分，应根据城市性质、道路功能与等级、自然条件和城市环境等，并与街道景观有机结合起来，进行全面合理的规划设计，才能充分发挥它在功能与景观方面的特殊作用。

（8）广场绿化应根据广场性质、规模及功能进行设计。可采用封闭式种植、开敞式种植，并布置建筑小品、坐椅、水池、林荫小路等。

（9）停车场绿化应有利于汽车集散、人车分隔、保证安全，不影响夜间照明，并应改善环境，为车辆遮阳。

第七节 城市道路照明

城市道路、交叉口及广场上的人工照明是确保交通效率以及美化城市环境景观的重要措施。照明设施沿线布设，是道路带状环境的组成部分，昼间照明设施成为街头装饰的小品，而夜间则使道路产生灯火辉煌的夜景，是道路空间环境中引人注目的景观。

一、道路照明的作用与要求

（1）夜间照明可为道路（车行道和人行道）提供必要的照度，使用路者在夜间交通中能迅速准确地识别判断道路交通状况并及时采取相应措施，以保证交通安全，同时可使夜间行人增加安全感。

（2）道路照明对行车视线诱导有一定作用。一是与道路线形变化一致的灯光的诱导作用；二是照明为道路提供了必要的照度，以看清道路轮廓与边缘，使驾驶员从容驾驶，并预知前方路线线形。

（3）道路照明也为道路附近环境提供一定的照度，使照明设施本身与周围一定空间共处于特定的夜间道路景观环境之中，是道路景观设计应考虑的夜间景观表现内容之一。

（4）考虑道路照明满足交通功能和景观功能的要求，照明设施的规划设计应做到美观、合理、安全可靠、技术先进。

二、城市道路照明标准

为保证道路照明质量，达到辨认可靠和视觉舒适的基本要求，道路照明以满足平均路面亮度（照度）、路面亮度（照度）均匀度和眩光限制三项技术指标为标准。

1. 平均路面亮度（照度）

我国现行规范中所用的亮度单位是“坎德拉/平方米”（cd/m^2），即为每平方米表面上沿法线方面产生1坎德拉（国际新烛光）的光亮度，或用“勒克司”（lx）表示照度，即每平方米照射面上分布1“流明”（lm）的光通量。照度可按下式计算：

$$E=\frac{F}{S}$$

式中　E——照度（lx）；

F——光通亮（lm），它表示能引起视觉作用的光能照度（发光功率）；

S——照射面积（m^2）。

2. 路面亮度（照度）均匀度

路面亮度（照度）均匀度是路面最低局部亮度与路面平均亮度之比。表9-5是我国规范中确定的道路照明标准。

道路照明标准　**表9-5**

道路类别	照明水平		均匀度		眩光限制
	平均亮度 L_a（cd/m^2）	平均照度 E_a（lx）	亮度均匀度 L_{min}/L_a	照度均匀度 E_{min}/E_a	
快速路	1.5	20	0.40	0.4	严禁采用非截光型灯具
主干路	1.0	15	0.35	0.35	严禁采用非截光型灯具
次干路	0.5	8	0.35	0.35	不得采用非截光型灯具
支路	0.3	5	0.30	0.30	不得采用非截光型灯具

从照度的实际测定情况看，当道路上的照度不太大的时候，人的视觉感受能力很低，例如，会将远处摇曳的行道树误认作走路的行人。当照度增大到2～3lx时，视觉感受能力开始显著增加，辨别的速度也加快。而当照度继续增大到8～10lx，视觉感受速度却几乎没有变化。因此，照度过小或过大均不适宜，应以驾驶人员感到路面有舒适的照度为主要依据，并根据城市性质、道路等级和交通量大小等因素综合考虑车行道和人行道的适当亮度（照度）。

3. 眩光限制

眩光是因照明设施产生的强烈光线造成妨碍驾驶员视觉或产生不舒适感觉的现象，通常通过合理选择照明装置和安装方式，控制灯具高度等措施来限制眩光的产生。照明设施的布置以及道路防眩措施，对高等级道路是必须予以考虑的。

三、照明系统的布置与选择

1. 道路照明器的平面布置方式

道路照明器的平面布置方式取决于道路的等级、横断面形式、交通量大小、路面宽度等因素，一般常用的布置形式有以下几种：

（1）单排一侧布置（图9-5*a*）

其特点是简单经济，适用于路面宽度在15m以下道路；缺点是照度不均匀。

（2）单排路中排列（图9-5*b*）

利用道路两侧大竖杆将照明灯具悬挂在道路中央上方，其特点是简单经济、照度均匀，适用于道路两侧行道树分叉点较低造成遮光较严重的较低等级道路（路面宽度宜在15m以下）。缺点是对司机形成反光眩目，且悬挂灯具影响超高车辆通行对道路景观和市容不利。

（3）双排对称布置（图 9-6*a*）

适用于路面宽度大于 15m 的城市主干道上，在宽度不超过 30m 的情况下，一般可获得良好的路面亮度。

（4）双排交错布置（图 9-6*b*）

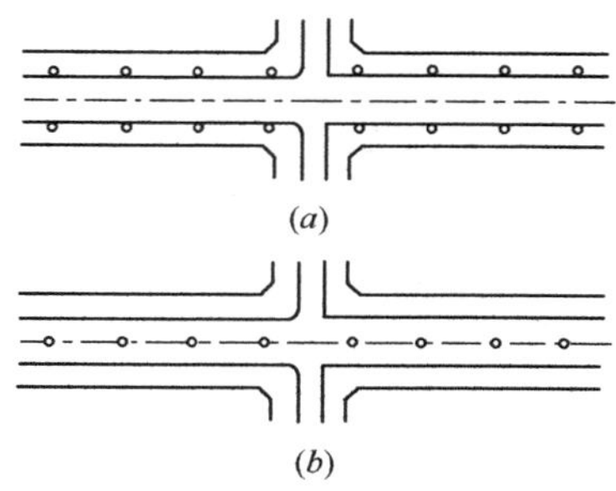

图 9-5　单排照明的布置

（*a*）布置在车行道一侧；（*b*）布置在车行道中线

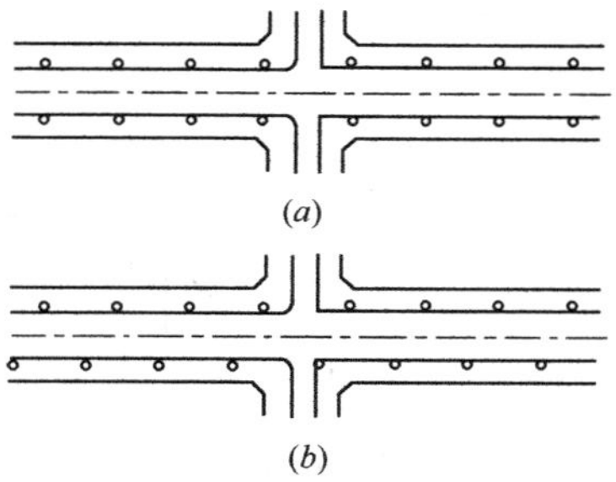

图 9-6　双排照明的布置

（*a*）对称布置；（*b*）错开布置

适用条件同双排对称布置，且路面亮度和均匀度都较理想。

交叉口、弯道、广场以及隧道的照明，应根据各自的特点和要求进行布置。

如图 9-7 所示，对于 T 形交叉口的灯具布置应有利于驾驶人员判断道路尽头，并根据相交道路等级考虑灯具的布置数量和密度。

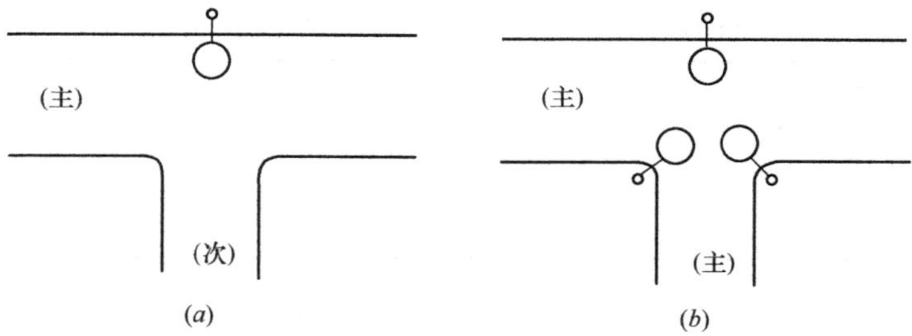

图 9-7　T 形交叉口照明器的布置

（*a*）主要道路与次要道路相交；（*b*）主要道路与次要道路相交

十字相交路口的照明灯具应布置在入口右侧（如图 9-8），使驾驶人员从远处就能看清横穿交叉口的行人。

弯道上的照明灯具应布置在弯道外侧（如图 9-9），使驾驶员能辨清弯道形状。不同平曲线半径的弯道上照明器的布置间距见表 9-6。当半径大于 1000m 时，弯道照明可按直线段处理。

不同弯道半径的路灯间距　　**表 9-6**

弯道半径 R（m）	＜200	200～250	250～300	＞300
路灯间距 L（m）	＜20	＜25	＜30	＜35

交通广场宜采用高杆照明，不仅经济合理，且照明效果好。

隧道照明的布置应考虑驾驶人员视觉能力的过渡，隧道入口区的亮度应比洞外区域的亮度略大（若在白天，入口处则采用缓和照明方式），在入口区一定距离内保持恒定亮度，在入口区末端后则可将亮度逐渐降低至额定照度标准。

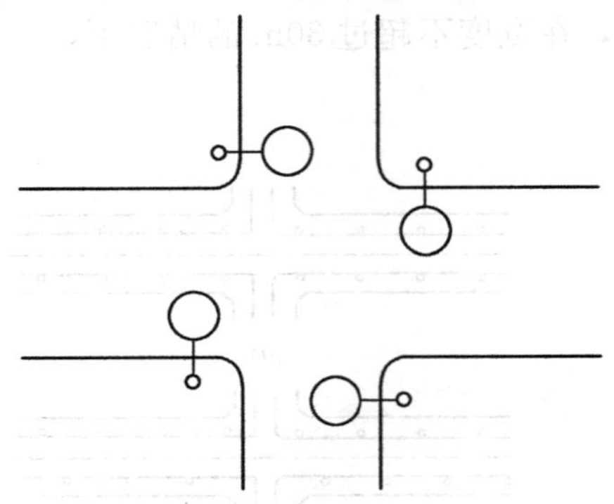

图 9-8 十字形交叉口照明器的布置

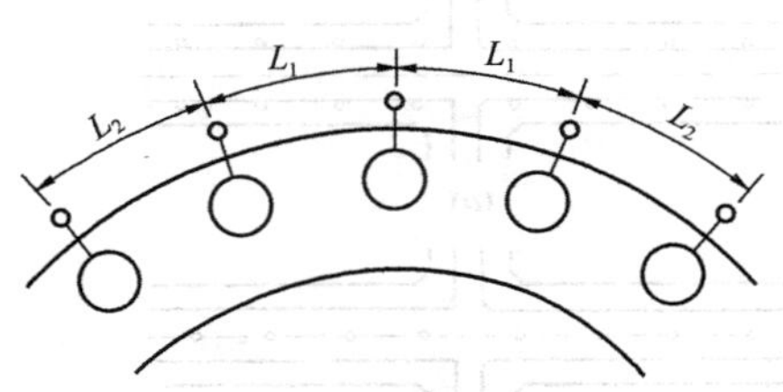

图 9-9 弯道上照明器的布置

2. 照明灯具的悬挂高度及间距

路灯的光源功率、悬挂高度和间距与道路所要求的亮度有关。为保证路面亮度、均匀度和将眩光限制在容许范围内，照明灯具的安装高度、间距等应满足表 9-7 要求，示意图如图 9-10 所示。

安装高度、路面有效宽度、灯具之间的关系 **表 9-7**

布灯方式	截光型		半截光型		非截光型	
	安装高度 h_1	灯具间距 s_1	安装高度 h_1	灯具间距 s_1	安装高度 h_1	灯具间距 s_1
单侧布置	$h_i \geqslant W_e$	$s_1 \leqslant 3h_i$	$h_i \geqslant 1.2W_e$	$s_1 \leqslant 3.5h_i$	$h_i \geqslant 1.4W_e$	$s_1 \leqslant 4h_i$
交错布置	$h_i \geqslant 0.7W_e$	$s_1 \leqslant 3h_i$	$h_i \geqslant 0.8W_e$	$s_1 \leqslant 3.5h_i$	$h_i \geqslant 0.9W_e$	$s_1 \leqslant 4h_i$
对称布置	$h_i \geqslant 0.5W_e$	$s_1 \leqslant 3h_i$	$h_i \geqslant 0.6W_e$	$s_1 \leqslant 3.5h_i$	$h_i \geqslant 0.7W_e$	$s_1 \leqslant 4h_i$

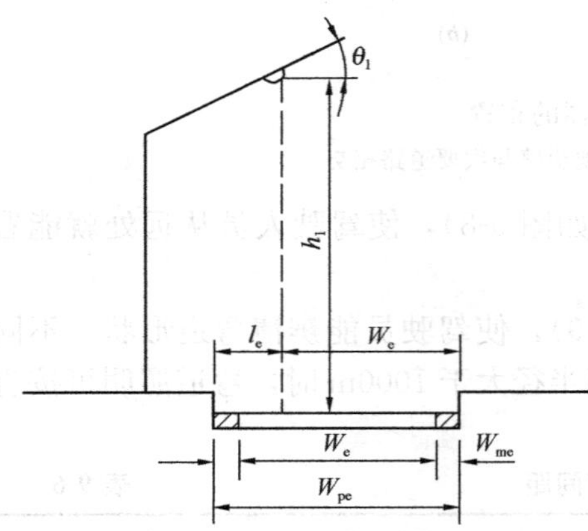

图 9-10 路面有效宽度 W_e、路面宽度 W_{pe} 和灯具悬挑高度 L_e 的关系

3. 城市道路照明灯具的选择

用于城市道路照明的光源应满足发光效率高、使用寿命长以及具有适当的显色指数的要求。灯具要求具有重量轻，美观、防水、防尘、耐高温、耐腐蚀等性质。光源可选用寿命长、光效高、可靠性和一致性好的高压钠灯、荧光高压钠灯和低压钠灯等。

同时，城市道路照明是城市景观和照明艺术的一个组成部分，在夜间，城市道路空间环境的面貌在很大程度上是由道路照明来反映的，因此，既要从照明需要的角度来决定照明器的布置，也要从美学角度来选择灯具、杆柱、底座等的式样，做到道路照明设施的实用性与观赏性的统一。

思 考 题

1. 城市道路景观设计目的内容及原则。

2. 根据城市道路网规划设计的美学要求，在城市道路设计中，如何在美学角度对横断面设计与路线设计，从而使人们感受美好城市景观?

3. 简述城市道路绿化的作用、目的、布置要点。

4. 简述城市道路照明的目的、作用与要求。

5. 城市道路中道路纵向、交叉口、广场、桥梁、隧道的照明如何布置?

第十章　城市道路交通设施

知识目标：

1. 了解城市道路交通控制与管理的措施。
2. 熟悉城市道路交通管理设施内容。
3. 掌握城市道路交通安全设施组成。
4. 了解城市道路中停车场设置目的及其设计。
5. 了解城市道路行驶的公交路线布置原则、公共交通站点的布置。

能力目标：

1. 熟悉城市道路的交通控制的措施。
2. 掌握城市道路交通安全设施内容。
3. 熟悉城市道路中停车场布置及设计。
4. 熟悉城市道路中行驶公交路线布置原则及公交站点布置。

第一节　交通控制与管理

一、交通控制

（一）定义

交通控制是控制和诱导交通，促进交通安全和畅通的一种管理手段。

（二）措施

交通信号、通信设备、遥测遥控设施、可变标志等随交通状况的变化而实现变化。

1. 平面交叉口的交通控制

在城市道路网中，有众多的平面交叉口，这些平面交叉口犹如瓶颈，影响和制约着道路功能的发挥。为了各向进入平面交叉口车流的安全与畅通，可采取从时间上将产生冲突的交通流线分开的措施，给不同方向交通以不同时间的通行权。常用的平交口交通控制方式有以下几种。

（1）交通信号控制

按控制的范围分为三种基本类型，即：

1）点控制：简称点控，各交叉口设置的信号装置独立存在，不与相邻平交口的控制发生任何联系。信号机的灯色转换有定周期控制和交通感应变周期控制两种。

2）线控制：简称线控，即对某一定区域内道路网中所有平交口实施相互关联的自动信号控制。线控的目的应使被控制的各交叉口根据设计参数依次开放绿灯，车辆沿该主干路在保持一定速度行驶到达各交叉口时均为绿灯，不必停车等待而直接通过各平交口，所以又称为绿波带控制。

3）面控制：简称面控，是对某一定区域内道路网中所有平交口利用计算机实行全面协调统一的自动控制。由此可见，面控是自动化程度最高、最能充分发挥道路网功能和效益、最科学合理的控制方式，因此也是我国城市交通控制的发展方向。

（2）停车控制

车流进入或通过交叉口前必须先停车，观察到达路口的车流情况，利用冲突车流中出现安全可通过的空隙通过交叉口，一般又分为：

1）多路停车：在交叉口的所有进口引道右侧设立停车标志，各进口方向车辆到达交叉口时必须先停车而后等待冲突车流中出现安全可通过的间隙再通过。

2）二路停车（也称单向停车）：若为主次道路相交的平交口，在次要道路进口引道右侧设立停车标志，使次要道路上的来车必须停车，等待主要道路车流中出现安全可通过的空隙再通过。

（3）让路法：在次要道路或交通量明显减少的道路进口引道右侧设立让车标志，该道路上的来车应减速缓行，视冲突车流中出现安全可通过的间隙再加速通过。

（4）自行调节法：设立具有一定直径的交叉口中心环岛，使各路来车进入交叉口后入环逆时针顺序绕中心环岛行驶至出路口出环，即通常所说的"环形平面交叉口"。

（5）不设管制：若交叉口交通量很少，如两条支路相交或居住区内部道路的交叉口等，可不设交通管制，各路来车应谨慎驾驶通过交叉口。

2. 采用现代化管理系统——自能运输系统

自能运输系统是将先进的信息技术、计算机技术、通信技术、传感器技术、电子控制技术、人工智能技术等有效地综合运用于道路交通运输，使各自独立存在的车辆、道路设施及使用者能有机地结合成一整体，以发挥道路交通运输系统的最大效益。

二、交通管理

（一）定义

交通管理是通过制定必须遵守的交通法规和规则，对交通实施合理的限制、引导和组织。

（二）措施

1. 颁布道路交通法规

（1）定义：国家和地方立法部门和行政主管部门所制定的有关道路交通管制方面的文件、章程、条规、法律、规则、规定及技术标准等的总称。

（2）目的：协调人车、车路和环境之间的关系，维护道路交通秩序，保证交通畅通和车辆与行人安全，一切参与道路活动的部门、单位、车辆和行人都必须遵守。

（3）作用：

① 指导作用：作为一种社会规范，交通法规为人们的交通行为提供了某种准则或模式。

② 评判作用：交通法规具有判断、衡量他人的交通行为的正确性及合法性的作用。

③ 预见作用：人们可以根据交通法规预见到自己和他人的交通行为的合法性及可能产生的法律后果。

④ 教育作用：通过交通法规实施，使人们受到一种社会规范的教育。

⑤ 强制作用：通过对违反交通法规者的法律制裁，对他人可产生心理强制，迫使其按照法规行事，从而起到一种预防作用。

(4) 内容：

我国道路交通法规（如国务院颁发的《中华人民共和国道路交通管理条例》及《道路交通事故处理办法》)，主要包括以下几方面内容：

1) 对各种车辆和驾乘人员及行人的管理。

2) 对道路交通秩序的管理。

3) 对交通违章和肇事人员的处理。

4) 对交通设施的维护和管理。

2. 实行“道路交通”管理设施

(1) 道路交通标志——静态控制方法

1) 定义：利用图案、符号和文字传递特定信息，对道路交通进行指示、引导、警告或限定的一种道路交通管理设施。

2) 位置：设在路旁或悬挂在道路上方。

3) 目的：给交通参与者以明确的道路交通性质。

4) 分类：共分为主标志和辅标志两大类，主标志有四种：即

① 警告标志：警告车辆，行人注意危险地点标志（图 10-1)。

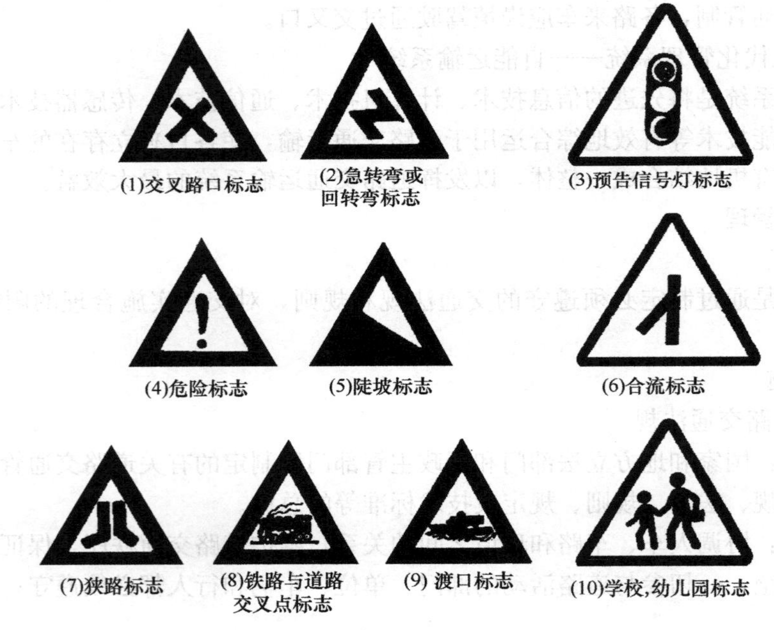

图 10-1 警告标志

② 指示标志：指示车辆，行人进行的标志（图 10-2)。

③ 禁令标志：禁止或限制车辆、行人交通行为标志（图 10-3)。

④ 指路标志：传递道路前进方向、地点的距离信息标志（图 10-4)。

5) 三要素：

交通标志必须使驾驶员在一定距离内能迅速而准确地辨认，这就要求交通标志有良好的视认性。决定其视认性好坏的主要因素有三个：标志的颜色、形状和符号，称作交通标志三要素。

图 10-2　指示标志

① 颜色：在选择交通标志的颜色时，考虑了人的心理效果，如红色有危险感，因此在交通上表示停止、约束之意，适用于禁令标志；黄色无红色那么强烈，只产生警惕的心理活动，故用于表示警告、注意等含义；绿色有和平、安全感，在交通上表示安全、通行，一般用于导向标志；蓝色有沉静、安静之意，一般用于导向、指示标志。

② 形状：交通标志选用的原则也是要求视认性要强，一般选用最简单的形状，如三角形、圆形、长方形、正方形。不同功能的交通标志，其几何形状有明显的区别。我国国家标准《安全标志及其使用导则》(GB 2894—2008) 规定见表 10-1。

图 10-3 禁令标志

图 10-4 指路标志

安全标志的种类及其含义 **表 10-1**

图形	含义	图形	含义
圆加斜线⦸	禁止	圆形○	指令
三角形△	警告	方形和矩形□	提示

③符号：符号是表示标志的具体意义的，其含义要求简单明了，一看就能明白，并符合国际标准和惯例。

标志牌的大小应保证在距标志一定距离内能清楚地识别标志上的图案和符号文字，则图案和符号、文字的大小必须满足必要距离的识别要求，从而决定了标志牌的尺寸大小。我国有关规定见表 10-2、表 10-3、表 10-4。

警告标志尺寸与计算行车速度的关系 **表 10-2**

计算行车速度（km/h）	>100	90～70	60～40	<30
三角形边长（cm）	130	110	90	70

警告标志到危险地点的距离 **表 10-3**

计算行车速度（km/h）	>100	90～70	60～40	<30
标志到危险地点的距离（cm）	200～250	100～200	50～100	20～70

禁令标志尺寸与计算行车速度的关系 **表 10-4**

计算行车速度（km/h）	>100	90～70	60～40	<30
圆形标志外径（cm）	120	100	80	60
三角形标志边长（cm）	—	—	90	70

（2）道路交通标线

道路交通标线是由各种路面标线、箭头、文字、立面标记、凸起路标和路边线轮廓标等所构成的交通安全设施，也是一种静态交通控制形式。它的作用是管制和引导交通，可以和标志配合使用，也可单独使用。城市快速路、主干路均应按国家标准设置交通标线，其他道路可按需要设置。

道路交通标线包括车行道中心线、车道分界线、车行道边缘线、停车线、减速让行线、人行横道线、出入口标线、导向箭头、左转弯导向线、路面文字标记、立面标记、凸起路标和路边线轮廓标等。

道路交通标线通常为白色或黄色，可用路标漆、塑胶标带和其他材料（如凸起路标用的黄铜、不锈钢、合金铝、合成树脂，以及陶瓷、白石头、彩色水泥等）制作。

三、交通安全设施

（一）定义

为减轻事故严重度，排除各种纵横向干扰，提高道路服务水平，提供视线诱导，改善道路景观的设施物。

（二）目的

充分发挥道路的安全、快捷、经济、舒适功能。

（三）项目

安全护栏、防撞缓冲设施、防眩设施、隔离设施和视线诱导设施、防噪设施、照明设施等。

（四）性质

道路的基础设施。

（五）各种安全设施简介

1. 安全设施

（1）人行安全设施

① 人行过街地道。

地道净空小，建筑高度低，行人过街时比较方便。此设施对地面景观影响较小，若注意对地道内的地面、墙面及灯光的装饰，可给行人新奇的感受。但在城市建成区或旧城区，往往因密集的地下管线使采用此方式困难。地下通道的宽度应能满足人流高峰时的过街需求。

② 人行天桥。

人行天桥又称高架人行道，多修建在过街繁忙路段和行人较多的交叉口。其平面布置主要有两种方式：一种为分散布置，即在交叉口各路口人行过街横道处分别布置过街天桥；另一种为集中布置，即在交叉口处用多桥互通的三角行、矩形、X行、环形等形式连通，这种方式桥梁构造相对集中，便于行人流动，较适于小型的平交口。

③ 交叉口护栏与人行道护栏。

交叉口护栏与人行道护栏是为了保护行人，防止行人任意横穿马路，排除对机动车、非机动车的横向干扰而设置。这种护栏的设置应与过街设施（如人行横道、过街天桥和地道等）结合起来，做到既保障人车安全又方便行人过街。

有些城市道路从交通安全角度出发，在车行道设置中央隔离栅栏，既对双向机动车交通起到一定的安全作用，又可防止行人及非机动车随意横穿马路。在道路断面布置较紧张或不宜设置中央分隔带时，可考虑采用此方式。

④ 人行横道。

在交叉口各路口处，利用地面标线明确行人过街的位置与范围，同时设置行人过街的信号控制系统，使过街行人与欲驶过人行横道路面进入交叉口的车辆在不同的时段内通行。在有些人流量不太大的路段，人行横道处没有设置交通信号控制，行人过街须注意车辆，车辆在通过没有信号控制的人行横道时，须注意避让过往行人。

（2）车行安全措施

车行安全措施包括交通岛、视线诱导设施、分隔设施以及防眩装置等。

交通岛是设置在交叉路口或路段上，用以引导车流沿规定方向或路线通行的岛状物体，对保证交通安全、提高通过能力有一定作用。按其作用不同可分为导向岛、分隔岛、中心岛和安全岛，也有通过在路面上画斑马线作为交通岛的标记。

（3）其他保证人车安全的交通设施还有交通标志（警告、禁令、指示等）、标线、信号等。同时，加强日常的交通组织与管理，宣传交通法规，提高交通行为者的交通安全意识，创造一个良好的交通环境，对于保障人车交通安全也是必不可少的。

2. 隔离设施

分隔设施包括分隔带和隔离栅栏（或隔离墩），用以分隔不同方向的机动车及非机动车，消除相互之间的干扰和影响。分隔带是具有规定宽度（1.5～1.2m）的带状构造物，它除起到分隔车流的作用外，还可用作绿化及为交通设施或市政工程管线提供布置空间。当道路宽度不足时，可用隔离栅栏或隔离墩予以分隔。弯道或平交口处的隔离墩除分隔作用外，其视线诱导与导流作用也十分明显。

隔离设施由立柱、斜撑、隔离网、连接杆、基础等组成。隔离网有金属网、钢板网、刺铁丝网等。

隔离设施根据养护管理的需要，在适当地点开口，并在开口处设门，以控制出入。

3. 防眩设施

（1）作用：降低对向行车眩目光对驾驶员的影响。

（2）安装：一般安装在中央分隔带上。

（3）方式：与波形梁护栏相接埋置在土中、埋置在混凝土中或设防眩网或种植灌木丛。

（4）材料：可用钢材、塑料或其他不易变形、不易老化、不易褪色材料。

（5）要求：其高度一般为 1.7m 左右，遮光角度一般 8°左右。

（6）目的：给驾驶员提供多样的行车景异的动态景观，克服行驶的单调感，给驾驶员以安全、舒适的享受，提供行车质量。

（7）地点：①夜间交通量较大，大型车混入率较高的路段；②平曲线半径小于一般最小半径路段；③竖曲线对驾驶人员有严重炫目影响的路段；④从互通式立交、服务区、停车场的匝道或连接道进入主干道时，对向驾驶员有严重炫目影响的路段；⑤无照明的大桥、高架桥上；⑥长直线路段；⑦地形起伏变化较大路段。

4. 视线诱导设施

（1）目的：诱导视线。

（2）颜色：底色为绿色，标号为白色。

（3）分类：

① 轮廓标：轮廓标由柱体、反射器和基础组成。柱体为三角形，顶面斜向车行道，在距路面 55cm 以上部分有 25cm 的黑色标记，中间有一块 18cm×4cm 的反射器（应为定向反射材料）。反射器安装在波形梁护栏中槽内时可为梯形，安装于波形梁上缘时可为圆形。反射器的安装角度应与驾驶员视线方向垂直。

② 分流诱导标：设在互通式立交分流端部前方适当地点。

③ 合流诱导标：设在合流端部前方适当地点。

④ 指示性线形诱导标：一般设在最小半径或通视较差、对行车安全不利的曲线外侧，其是白底蓝图案。

⑤警告性曲线诱导标：设在道路局部施工或维修作业等临时改变行车方向的路段；其是白底红图案。

⑥线形诱导标：如反光道牙、猫眼等，夜间在灯光照射下可指示分车线、分隔带等以诱导视线。

5. 防噪设施

（1）目的：控制及减少噪声危害。

（2）国际组织规定环境噪声标准值见表 10-5。

室外噪声标准　　**表 10-5**

区域	时间	A 声级（dB）	噪声等级评价数 N（dB）
住宅和医院	白天	54	45
	晚上	46	35

续表

区域	时间	A 声级（dB）	噪声等级评价数 N（dB）
混合区	白天	58	50
	晚上	50	40
工业区	白天	62	55
	晚上	54	45

（3）城市区域环境噪声标准见表 10-6。

城市区域噪声标准（dB）　表 10-6

类别	0	1	2	3	4
昼间	50	55	60	65	70
夜间	40	45	50	55	55

注：0 类标准适用于需特别安静的区域；1 类标准适用于住宅、文教机关区域；2 类标准适用于混杂区；3 类标准适用于工业区；4 类标准适用于交通干线两侧

（4）防噪设施

① 隔声墙：墙高 3～5m，多用隔声水泥板或混凝土组合托架，适用住宅区，如图 10-5 所示。

② 遮声堤，如图 10-6 所示。

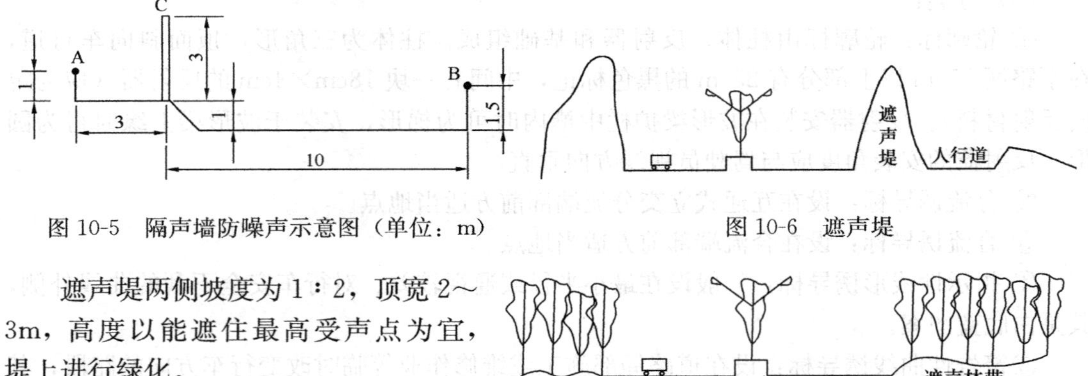

图 10-5　隔声墙防噪声示意图（单位：m）

图 10-6　遮声堤

遮声堤两侧坡度为 1∶2，顶宽 2～3m，高度以能遮住最高受声点为宜，堤上进行绿化。

③ 遮声林带，如图 10-7 所示，植树林带一般定为 10～20m。

图 10-7　遮声林带

第二节　城市公共停车设施

一、概述

城市公共停车设施是城市道路系统的组成部分之一，属静态交通设施，其用地计入城市道路用地面积之中。但城市公共交通、出租汽车和货运交通场站设施的用地面积不含在内（其面积属于交通设施用地）；各类公共建筑的配套停车场用地也不含在内（其面积属于公共建筑用地）。我国的《城市道路交通规划设计规范》（GB 50220）规定公共停车设

施用地面积宜按规划城市人口每人 0.8～1.0m^2 计算，其中：机动车停车设施的用地宜为80%～90%，自行车停车设施的用地宜为 10%～20%。常见的停车设施有停车场、停车楼或地下停车库等。长期以来，我国城市建设中对公共停车设施的重视不够，其设置和规模远远达不到规范要求和实际需要，因而路边停车现象严重，占用机动车道或非机动车道，影响道路系统的正常使用。做好停车设施的规划和设计，不仅是解决静态交通的问题，而且对提高道路交通的效益是有帮助的，是一条以“以静制动”的重要措施。

根据城市交通和城市用地性质，城市公共停车设施一般可分为外来机动车公共停车设施、市内机动车公共停车设施和自行车停车三类。

外来机动车停车设施应设置在城市的外围（如城市外环路）和城市主要出入干道口附近，可起到截流外来或过境机动车辆作用，有利于城市安全、环境卫生和减少对市内交通的影响。

市内公共停车设施应靠近主要服务对象，如交通枢纽（如火车站、长途汽车站）、大型集散场所（如体育场馆、影剧院、大型广场和公园）和大型服务性公共设施（如大型商城、饭店）等。

城市公共停车设施的布局和规模要与城市交通的组织与管理相配合，并且要做好与城市道路的连接设计，既满足静态交通（停车）要求，又不妨碍动态交通的畅通。

二、机动车停车设施设计

（1）停车场（库、楼）的停车位数

停车场的停车车位数（N）可按下式计算：

$$N = AADT\alpha\gamma\frac{1}{\beta} \tag{10-1}$$

式中 $AADT$——道路设计年限的年平均日交通量（辆/d）；

α——停车率，即停放车辆占设计交通量百分数，α 与停车场性质、车辆种类等有关；

γ——高峰率，即高峰小时停放车辆数占全日停放车辆数的百分数，$\gamma=\frac{\text{高峰小时停放车辆数（辆/h）}}{\text{全日停放车辆数（辆/d）}}$，一般 γ 可取 0.1；

β——周转率，即每小时一个车位可以周转使用停放多少个车次，$\beta=\frac{1}{\text{平均停放时间}}$。

另若计算市中心公共停车场的停车位数时，按式（10-1）计算之值还应乘以 1.1～1.3 的高峰系数。

（2）停车场面积计算

机动车公共停车场用地面积宜按当量小汽车停车位数计算。地面停车场用地面积，每个停车位宜为 20～30m^2；停车楼和地下停车库的建筑面积，每个停车位宜为 30～35m^2。

（3）停车车位的布置

汽车进出停车车位的停发方式（图 10-8）有以下三种：

前进停车、前进出车；

前进停车、后退出车；

后退停车、前进出车。

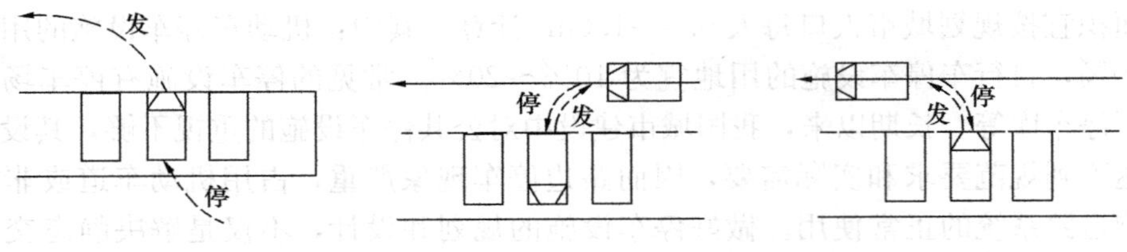

图 10-8　车辆停发方式

其中以第一种方式为最佳（因停车、出车均无需倒车）。

停车车位的布置方式按汽车纵轴线与通道的夹角关系有以下三种基本类型（如图 10-9）：

① 平行停放：车辆停放时车身方向与通道平行，相邻车辆头尾相接，顺序停放，是路边停车带或狭长场地停车的常用形式，如图 10-9*a* 所示。

② 垂直停放：车辆停放时车身方向与通道垂直，驶入驶出车位一般需倒车一次，用地较紧凑，通道所需宽度最大，如图 10-9*b* 所示。

③ 斜向停车：如图 10-9*c* 所示，车辆停放时车身方向与通道成 30°、45°或 60°的斜放方式。此方式车辆停放较灵活，驶入驶出较方便，但单位停车面积较大。

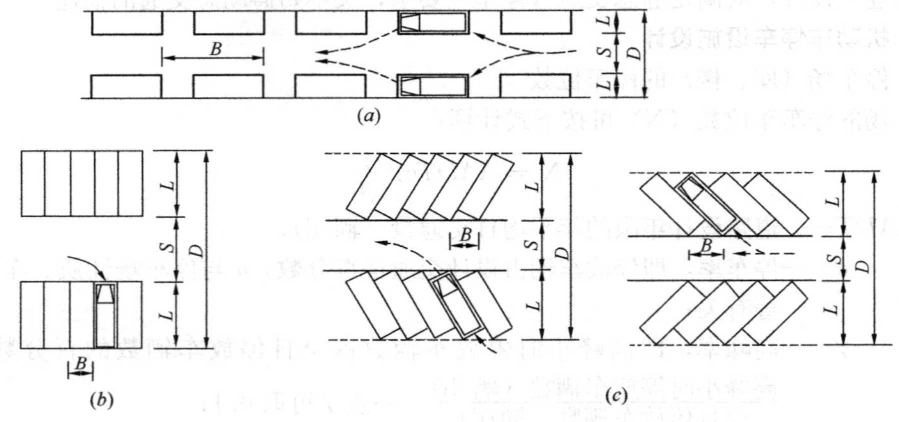

图 10-9　停车示意图

L—垂直通道方向停车位宽；*S*—通道宽；*B*—平行通道方向停车位宽；*D*—停车场宽

（4）停车楼（库）设计

随着我国城市机动车特别是小轿车保有量的迅猛增长，使得城市公共停车设施的需求越来越大，而在城市用地规划特别是城市中心区的用地规划中却难以提供足够的用地来设置地面露天停车场，因此，建设多层停车楼或地下停车库就成为解决这一矛盾的重要措施。

停车库可分为坡道式停车库和机械化停车库两大类，本书仅介绍常用的坡道式停车库。

① 直坡道式停车库（图 10-10）。

停车楼面水平布置，每层楼面间以直坡道相连，坡道可设在库内，也可设在库外，可单行布置，也可双行布置，直坡道式停车库布局简单整齐、交通路线清晰，但单位停车位占用面积较多，用地不够经济。

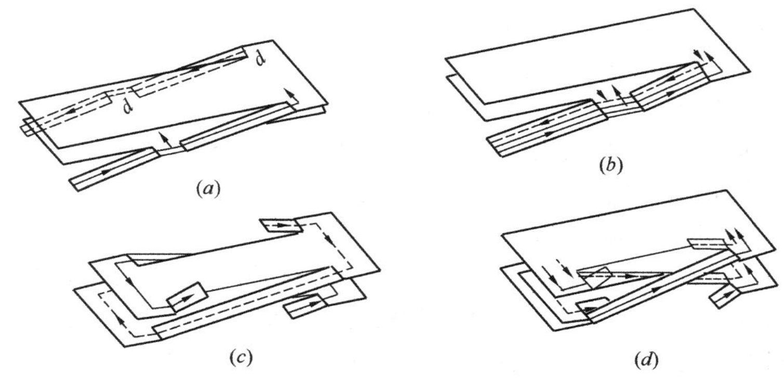

图 10-10　直坡道式停车库

② 螺旋坡道式停车库（图 10-11）。

图 10-11　螺旋坡道式停车库

停车楼面采用水平布置，基本行车部分的布置方式与直坡道式相同，只是每层楼面之间用圆形螺旋式坡道相连。坡道可分单向行驶（上下分设）或双向行驶（上下合一，上行在外，下行在内）的方式。螺旋坡道式停车库布局简单整齐。交通路线清晰明了，行驶速度较快，用地稍比直坡道式节省，但造价较高。

③ 错层式（半坡道式）停车库（图 10-12）。

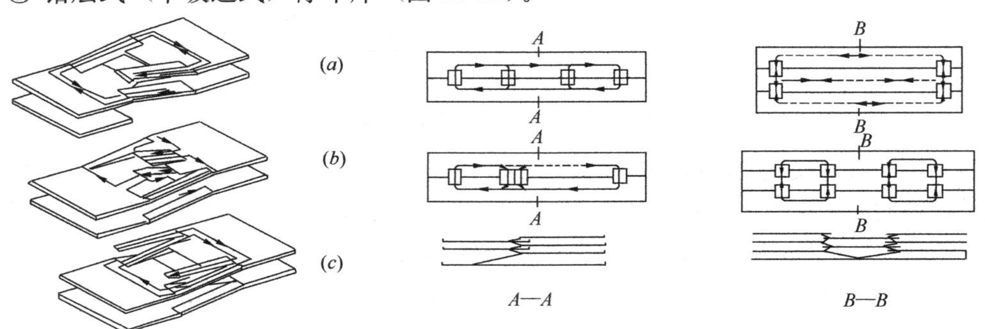

图 10-12　错层式停车库

（*a*）为双坡道错层；（*b*）为单坡道错层；（*c*）为同心坡道

错层式是由直坡道式发展而形成的，停车楼面分为错开半层的两层或三层楼面，楼面之间用短坡道相连，因而大大缩短了坡道长度，坡度适当加大。该形式停车库的用地较节省，单位停车位占用面积较小，但交通路线对部分停车车位的进出有干扰。

④ 斜坡楼板式停车库（图 10-13）。

停车楼板呈缓坡倾斜状布置，利用通道的倾斜作为楼层转换的坡道，因而无需再设置专用的坡道，所以用地最为节省，单位停车位占用面积最小。但由于坡道和通道的合一，交通路线较长，对停车位车辆的进出普遍存在干扰。斜坡楼板式停车楼是常用的停车库类型之一，建筑外立面呈倾斜状，具有停车库的建筑个性。

大中型停车场（库）车辆出入口不应少于两个，特大型停车场（库）车辆出入口不应少于三个；出入口应右转出入车道，应距交叉口、桥隧坡道起止线 50m 以远；车辆出入口宽度当为双向行驶时不应小于 7m，单向行驶时不应小于 5m；各出入口之间的净距应大于 20m，出入口距离道路红线不应小于 7.5m，并在距出入口边线内 2m 处为视点保持到红线 120°的视距范围，同时设立交通标志，如图 10-14 所示，停车库还应设置人行专用出入口。

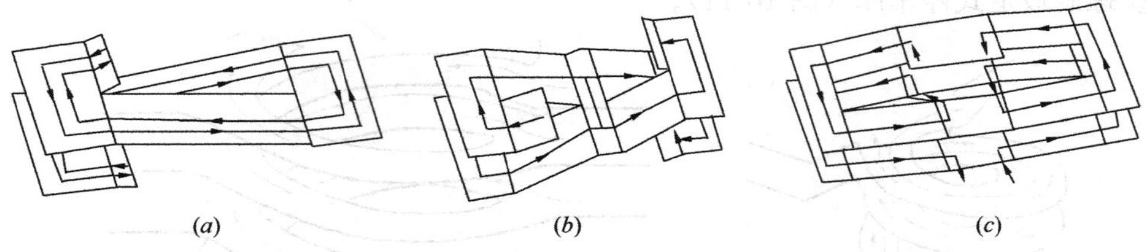

图 10-13　斜坡楼板式停车库

（*a*）双行斜楼板；（*b*）中间有单行水平通道的斜楼板；（*c*）中间有双行水平通道的斜楼板

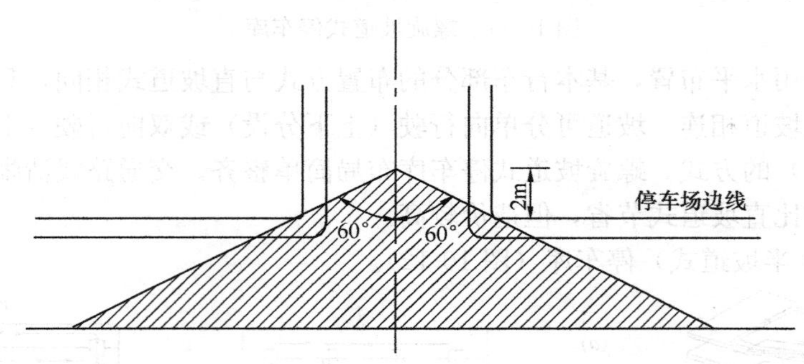

图 10-14　停车场出入口的视距

停车库一般需安装自动控制进出设备、电视监控设备、消防设备、通风设备、采暖和变电设备，同时需配置一定数量的管理、修理、服务、休息用房、人行楼梯、电梯等，通常在底层还有小规模的加油设施和内部使用的停车位。

停车库对室内温度、有害气体浓度、照明以及消防等都有一定要求，设计时可参照有关规范和标准执行。

三、自行车停车设施设计

自行车是我国城市居民广泛拥有的交通工具，目前城市居民的自行车拥有量已接近饱和。根据我国的国情和条件，自行车交通在今后相当长一段时期内仍将在城市交通中占有重要位置，因此，在城市停车规划中应予以重视。

（1）自行车停车场地规划原则

① 就近布置在大型公共建筑附近，尽可能利用人流较少的街旁支路、附近空地或建

筑物内空间（地面或地下）。

② 应避免停放出入口对着交通干道。

③ 停车场内交通组织明确，尽可能单向行驶。

④ 每个自行车停车场应设置 1～2 个出入口，出口和入口可分开设置，也可合并设置，出入口宽度应满足两辆自行车并行推出。

⑤ 固定停车场应有车棚、车架、地面铺砌，半永久或临时停车场也应树立标志或画线。

（2）停放方式

常采用垂直式和斜列式停放，如图 10-15 所示。

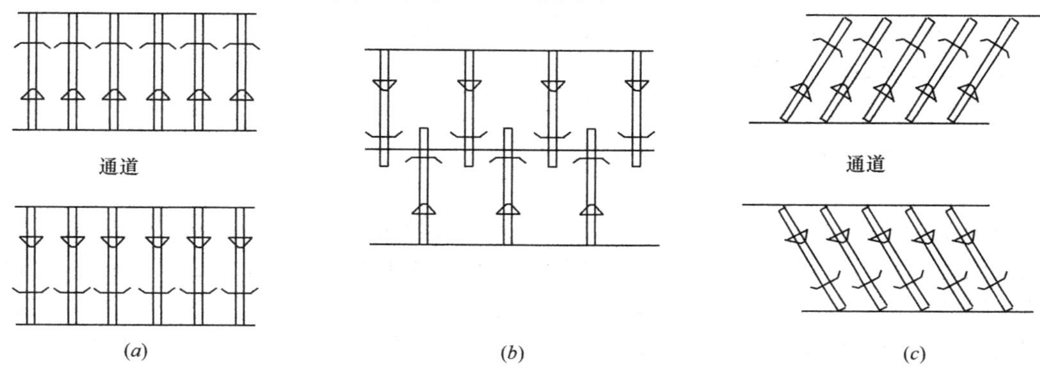

图 10-15　自行车停放方式

(*a*) 垂直并排停放；(*b*) 垂直错位停放；(*c*) 60°斜向停放

第三节　公共交通路线布置

一、公共交通路线的布置原则

我国城市的自行车数量虽然很多，但绝大多数人的出行，特别是较远距离的出行，仍主要依靠公共交通，所以，一个城市的公共交通是否发达、完善，将直接影响城市居民，特别是每天需要乘公共车辆上、下班的广大职工的出行是否方便和节省时间。

公共交通的客运能力比自行车要大得多，但它所占用的道路面积却比自行车小得多，因此，在城市里大力发展公共交通，以减少自行车交通，改善道路交通拥挤状况，也有现实意义。

公共交通路线的布置原则如下：

（1）贯彻公共交通“安全、服务、节约”的方针，合理地布置市内和市郊的公共交通路线，使乘客上、下和换车方便，节约乘车出行时间。

（2）所有干道应布置公共交通路线。在规划布局城市的干道网时，首先应考虑居民出行乘车方便和省时的要求，因此，城市干道网也应是公共交通路线网。我国大多数城市的干道网密度和公共交通路线网密度还是比较低的，因此，除了干道上应设置公共交通路线以外，在一些次要道路上或公共交通路线比较稀疏的地区，还应考虑加密公共交通路线。

（3）市区的公共交通路线应组成闭合的公共交通路线网，便于乘客换乘车辆。除了需要深入联系一些边远的地区外，在一般情况下，不宜设置尽头式公共交通路线。

（4）主要人流集散地点（如市中心区），从各个地区应设置直达或路过的公共交通路线。各主要人流集散地点之间，也应布置公共交通路线。

（5）公共交通路线应按主要人流方向设置，使人流能沿最短捷的路线到达目的地。为此，需要摸清城市人流的来龙去脉，作为人流出行调查（又称 OD 调查），绘出人流出行分布图，据以布置和调整公共交通路线。

（6）同一条公共交通路线上的客运量宜均衡，以发挥公共交通车辆的客运效率。

（7）在高峰人流量特别多的路段上，除正常行驶的路线外，宜增设区间的公共交通路线（专线）。

（8）不同线路之间要很好衔接，便于乘客就近迅速换乘车辆。

二、公共交通站点的布置

城市公共交通的站点分为终点站、枢纽站和中间停靠站。由于用地要求不同，一般优先考虑前面两种。

1. 终点站

各种公共交通在终点处都需要有回车（调头）的场地。通常在市区要找一块专用的场地是较困难的。当道路较宽时可以利用车行道回车，要求的宽度不小于公共交通车辆最小转弯半径的两倍，这时，公共汽车要求车行道宽 20～30m，无轨电车要求 30～40m；也可利用交叉口回车或绕街坊回车。最好在路边另设专用停车场地（图 10-16），因为终点也是车辆调度较多之处。当客运负荷到最低峰时，路线上有部分车辆需要暂时停歇，另外，车辆加水、清洁、保养和小修工作也需要有一定的地方来做。

终点回车如采用绕街坊行驶，需注意道路上的交通情况。公共汽车绕街坊可顺时针或逆时针回转，一般以顺时针为宜，它只有右转弯，但也要注意第一次左转弯应设在哪个交叉口为适当（图 10-17）。至于无轨电车，为了减少架空接触线的交叉，应该反时针方向绕行（图 10-17）。

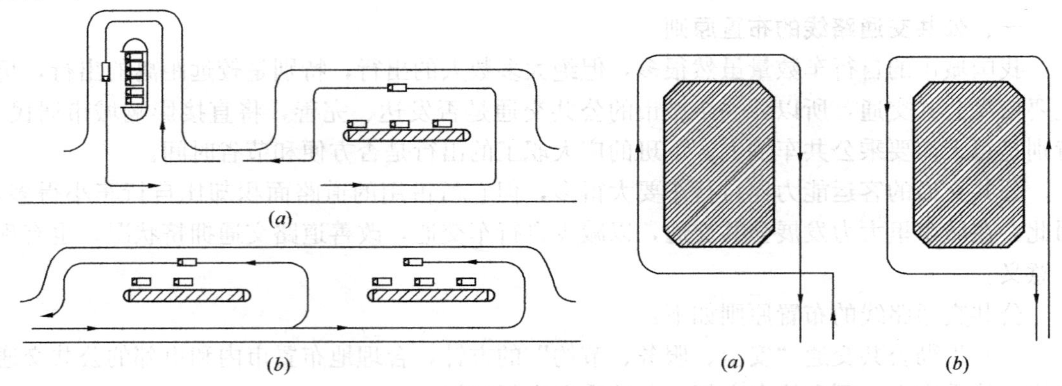

图 10-16　路边终点站回车场
（a）港湾式回车场；（b）公共汽车和无轨电车分设

图 10-17　车辆绕街坊进行回车

2. 枢纽点（又称集散点）

在城市居民大量集散之处，常设有几条公交线路经过，这里上下车和换车的乘客多，为了方便乘客，各条线路站点常设得比较集中，相互紧密配合，这种站点成为枢纽点。有时为了使客运能力与客运负荷相协调，也常需要在此停备一些公交车辆，以便作区间调头之用，所以，在这些枢纽点的路边宜另辟场地，至少应将附近的人行道拓宽，以便乘客换车或候车。

在考虑换乘站时，应注意：①乘客、行人和车辆的安全；②使换车乘客尽量不穿越车道并且步行距离最短。

3. 停靠站

一般都是靠近交叉口设置的。其位置又分两种：车辆不过交叉口停靠和车辆过交叉口后再停靠。根据使用经验，前者对安全有利，因为车子刚刚启动，穿越交叉口的速度较慢；而且还可减少可能遇到红灯第二次停车，因为已停靠的车辆可待看到绿灯后再启动行驶。缺点是，在交通繁忙尤其是车行道狭窄的路口，车辆一停靠，会阻碍右转弯车辆的通行和其他车辆的视线。公共汽车过交叉口停站，根据观测比前者能节约时间，但过交叉口设站，往往也会影响后来车辆的停靠，以致出现车辆排长队现象，把交叉口阻塞。

如果乘客集中在街道的一端，则两个方向的停靠站最好能设在同一个路口上，方便乘客，也避免大量乘客穿越横道线而阻碍交通。

站点越靠近交叉口对乘客越方便，但考虑安全和交通流畅，一般应离开交叉口出口缘石转弯半径终点宜大于50米。

三、停靠站间距

根据对公交乘客的乘车心理分析可知，在公交车上的乘客总是希望车辆尽快到达目的地，中途最好不停或少停车；而对于路线中途要上、下车的乘客则希望车站离出发点或目的地很近，以使步行时间最短，即要求站距短一点（多设站）好。可见车上和车下的出行者对站点布设的距离要求是不一样的，但他们的目的都一样，即希望出行的途中所用时间最少，也就是：

$$2t_{步}+t_{车}=最小 \tag{10-2}$$

式中　$t_{步}$——乘客从出发点步行到车站或从车站步行到目的地的平均用时，且

$$t_{步}=\left(\frac{1}{36}+\frac{s}{4}\right)\cdot\frac{60}{v_{步}} \tag{10-3}$$

$v_{步}$——乘客平均步行速度（km/h）；

$t_{车}$——乘客在车上平均乘距为 $L_{乘}$ 时所用的时间，且

$$t_{车}=\frac{60L_{乘}}{v_{运}}=\frac{60L_{乘}}{v_{行}}+\left(\frac{L_{乘}}{s}-1\right)t_{上下} \tag{10-4}$$

$v_{运}$——公交车（包括停车上下乘客在内）的平均运送速度（km/h）；

$v_{行}$——公交车（不包括停车上下乘客在内）的平均行驶速度（km/h）；

$L_{乘}$——乘客平均乘距（km）；

s——公交路线平均站距（km）；

$t_{上下}$——公交车在停靠站上下乘客平均用时（min）。

若要得到公交出行用时最短的最佳站距，则可根据式（10-2）应用高等数学中求极值方法，由下式计算：

$$\varphi'(2t_{步}+t_{车})=0$$

将前面给出的 $t_{步}$ 和 $t_{车}$ 表达式代入上式，对 s 求导，经计算得到最佳站距表达式

如下：

$$s_{佳}=\sqrt{\frac{v_{步}\cdot L_{乘}\cdot t_{上下}}{30}} \tag{10-5}$$

例：若已知 $v_{步}=4\text{km/h}$、$L_{乘}=3\text{km}$、$t_{上下}=2\text{min}$，将数据代入式（10-5），可算得 $s_{佳}=0.89\text{km}$。

实际上，在市区道路上布设公交站时，其站距还要受到道路系统结构、交叉口间距、沿线用地性质等的影响，因此在整条线路上，站距是不相等的。市中心区客流密集，线路两侧客流集散点较多，乘客上下车频繁，站距宜小些；城市边远地区，站点可大些；而郊区可更大些。通常市区以 500～800m 为宜；郊区为 1000m 左右。交通量较少的道路，站位距交叉口不得小于 30m。

四、停靠站台的布置形式

停靠站台在道路平面上的布置形式主要有沿路侧带边设置和沿两侧分隔带边设置两种。

（1）沿路侧带边设置

这种方式布置简单，一般只需在路侧带上辟出一段用地作为站台，以供乘客上下车即可，如图 10-18 所示，站台宜高出路面 30cm，并避免有杆柱障碍，以方便乘客上下车。此方式对乘客上下车最安全，但停靠的车辆对非机动车交通影响较大。这种布置方式适用于单幅路和双幅路。

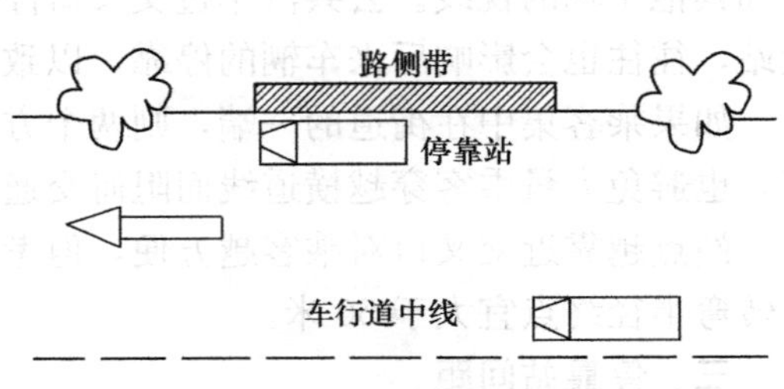

图 10-18　沿路侧带边设置停靠站

（2）沿两侧分隔带边设置

对于这种布置方式，停靠的公交车与非机动车道上的车辆无相互影响，但上下车的乘客需横穿非机动车道，给二者带来不便，此形式适用于三幅路和四幅路，如图 10-19*a* 所示。采用这种方式布置站台的分隔带宽度应不小于 2m。

当分隔带较宽（≥4m）时，可压缩分隔带宽度辟出路面，设置港湾式停靠站，以减少停靠车辆所占的机动车道宽度，保证正线上的交通畅通，如图 10-19*b* 所示。港湾式停靠站的长度应至少有两个停车位。

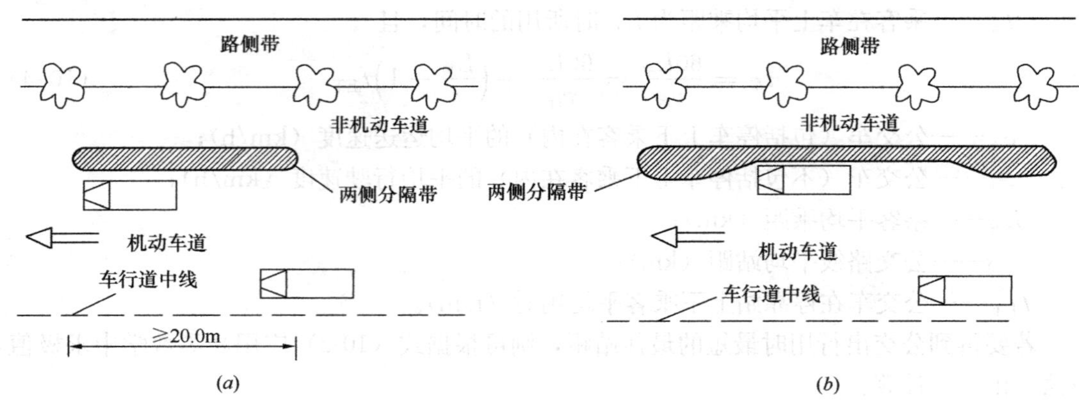

图 10-19　沿分隔带边设置停靠站

思 考 题

1. 城市道路交通控制的措施有哪些?
2. 城市道路交通管理措施有哪些?
3. 城市道路交通安全目的及项目有哪些?
4. 城市道路中机动车停车场中停车车位如何布置?
5. 城市道路中公交路线布设原则和公交站点种类及布设要求有哪些?

第十一章 总 复 习 题

为帮助学生全面了解熟悉掌握《城市道路设计》设计原理、设计内容、设计规定，我们编制了总复习题9题（其中单选34题、多选31题、简答和填空题19题、计算题7题），供学生学完后复习之用。

一、单选题

1. 下列各选项中，____不是城市道路设计几何基本依据。

A. 设计车辆　B. 设计车速　C. 设计年限　D. 道路建筑界限

2. 《城市道路设计通用规范》规定：____的设计年限为15年。

A. 快速路　B. 主干路　C. 次干路　D. 支路

3. 城市道路的预测道路远景交通量是以____为设计单位的。

A. 小客车　B. 普通汽车　C. 铰接车　D. 公交车

4. 城市道路设计规范（CJJ37）规定：最小净高的机动车是____。

A. 各种汽车　B. 无轨电车　C. 有轨电车　D. 地铁

5. ____曲线间的直线最小长度是指：前曲线的终点到后曲线起点之间的长度。

A. 圆曲线　B. 同向曲线　C. 反向曲线　D. 缓和曲线

6. 城市道路工程设计通用规范规定：当v=80Km/h时，不设计超高的圆曲线最小半径是____。

A. 1600m　B. 1000m　C. 600m　D. 400m

7. 下列各选项中，____不是城市道路设缓和曲线的作用。

A. 线形缓和　B. 车速缓和　C. 行车缓和　D. 超高和加宽缓和

8. 城市道路交通规则规定不允许超过道路中心线利用对向车道进行超车，因此不存在____的问题。

A. 停车视距　B. 会车视距　C. 超车视距　D. 等车视距

9. ____的车速大于等于60Km/h。

A. 快速路　B. 主干路　C. 次干路　D. 支路

10. 快速路的红线宽度至少为____。

A. 20m　B. 40m　C. 80m　D. 100m

11. ____由基本路段，交织区和匝道连接点3种不同类型的路段组成。

A. 主干路　B. 次干路　C. 快速路　D. 高架路

12. ____主要产生交叉口相交的公共区内。

A. 交错点　B. 分流点　C. 合流点　D. 冲突点

13. ____主要产生在交错口的入口。

A. 交错点　B. 分流点　C. 合流点　D. 冲突点

14. 无信号灯控制时，4条道路交叉口的分流点为____。

A. 3　　B. 10　　C. 16　　D. 50

15. 无信号灯控制时，5 条道路交叉口的分流点为____。

A. 3　　B. 8　　C. 15　　D. 24

16.《城市与公路交通管理规定》：准许行车与右转弯，同时在不妨碍直行车辆的情况下，准许车辆左转弯的是____亮。

A. 绿灯　　B. 红灯　　C. 黄灯

17. 各交叉口交通信号单独作用，彼此无联系的交通信号控制类型是____。

A. 点控制　　B. 线控制　　C. 面控制

18. 在渠化交通中，在路面上划线来代替____岛。

A. 导流　　B. 分隔　　C. 中心　　D. 安全

19. 在交叉口中央，用来组织左转弯车辆和分隔对向车流的是____岛。

A. 导流　　B. 分隔　　C. 中心　　D. 安全

20. ____不是立交区主线特点。

A. 影响主线线形因素　　B. 主线上交通一般

C. 跨线桥、地道、支挡结构多且复杂　　D. 路基横断面构造复杂

21. ____立交适用城市中快速与其他各类道路，大城市出、入口道路，以及全部重要港口，机构或旅游胜地的道路相交处。

A. 上跨式　　B. 下穿式　　C. 互通式　　D. 分离式

22. 城市互通式立交中减速车道一般采用____式。

A. 平行式　　B. 直接式　　C. 交叉式

23. 平面交叉口____不影响交叉口通行能力。

A. 交通条件　　B. 车行条件　　C. 交错点条件　　D. 信号条件

24. ____不是快速路的典型路段。

A. 基本路段　　B. 匝道路段　　C. 出入口路段　　D. 交织路段

25. 快速路交通运行处于不稳定状态时为____级服务水平。

A. 1　　B. 2　　C. 3　　D. 4

26. ____属于城市道路中级别最高的道路形式。

A. 快速路　　B. 主干路　　C. 次干路　　D. 支路

27. 城市雨水管最大设计流速为____ m/s，最小设计流速为____ m/s。

A. 3，0.25　　B. 4，0.5　　C. 5，0.75　　D. 6，1

28. 城市雨水管埋在车行道下至少达____ cm 以上。

A. 60　　B. 70　　C. 80　　D. 100

29. 城市道路横断面的设计宽度和沿街建筑物高度是 1～2 倍的是____。

A. 快速路　　B. 主干路　　C. 次干路　　D. 支路

30. 下列中不是____城市公共交通站点。

A. 终点站　　B. 加油站　　C. 枢纽站　　D. 中间停靠站

31. 城市道路绿化中规定房屋边缘离乔木的距小距离____ m。

A. 2　　B. 3　　C. 4　　D. 5

32. 城市道路弯道上的照明灯具应布置在弯道____。

A. 内侧　　B. 外侧　　C. 两边　　D. 中间

33. ____不是城市立体交叉按结构形式分类。

A. 上跨式　　B. 下穿式　　C. 互通式

34. ____不是互通式立交按几何形状分类。

A. 迂回式　　B. 菱形式

C. 机动车与非机动分行　　D. 苜蓿叶形

二、多选题

1. 城市道路由____组成。

A. 车行道与人行道　B. 交叉口与广场　C. 雨水排水系统

D. 渠化交通岛　E. 标语牌

2. 城市道路网结构形式有____。

A. 方格网　　B. 圆形式　　C. 放射环形　　D. 混合式

3. 城市道路设计中____是平面线形要素。

A. 直线　　B. 圆曲线　　C. 反向曲线　　D. 缓和曲线

4. 城市道路实地定线方法有____。

A. 图解法　　B. 计算法　　C. 解析法　　D. 综合法

5. ____路设计时圆曲线半径不超过 10000m。

A. 快速路　　B. 主干路　　C. 次干路

D. 支路　　E. 匝道

6. ____不是主干路的车行道。

A. 变速车道　　B. 集散车道　　C. 紧急行车道　　D. 匝道

7. ____不是高架路设置条件。

A. 交通量较大

B. 全线交叉口点 2 个，且交叉口间距小于 200m

C. 交叉口上直行车辆占路口交通量较大

D. 跨越河流或铁路的桥梁引道两端交叉口车辆少

8. 城立体交叉市道路设计中形式有____。

A. 环形交叉　B. 互通式立体交叉　C. 分离式立体交叉　D. 高架立交

9. 城市道路中平面交叉形式有____。

A. 无信号灯控制平面交叉　　B. 有信号灯控制平面交叉

C. 环形交叉　　D. 高架路

10. 城市道路中平面交叉口形式有____。

A. 十字形　　B. X 形　　C. T 形

D. 多段路交叉及畸形　　E. 一形

11. 城市道路中平面交叉口设计解决____。

A. 交叉口视距　B. 交叉口转弯半径　C. 布设辅加车道　D. 加设紧急停车带

12. 城市道路中平面交叉口竖向设计目的是要统一解决相交道路之间以及交叉和周围建筑物之间在立面上的____要求。

A. 行车　　B. 排水　　C. 建筑物要求　　D. 环境

13. 下列____不是平面交叉口立面设计的基本形式。

A. 相交道路纵坡全由交叉口中心向内倾斜

B. 相交道路纵坡全向交叉口中心向内倾斜

C. 3 条道路纵坡有交叉口向外倾斜，而另一条路的纵坡向交叉口倾斜

D. 3 条道路纵坡向公共面倾斜，而另一条路的纵坡向由交叉口外倾斜

14. 平面交叉口竖向设计时对圆弧路侧石其他给点标高以____为最好。

A. 方格网 B. 圆心法 C. 等分法 D. 平行线法

15. 平面环道交叉由____组成。

A. 中心岛 B. 导流岛 C. 方向岛

D. 环道 E. 匝道

16. 立体交叉在城市道路网中起着重要枢纽作用，设计时其有____原则。

A. 功能性 B. 经济性 C. 适应性

D. 艺术性 E. 适用性

17. 当交叉口宽阔、人流量大、车流量大且车速高时，应考虑设置____是行人交通组织最彻底、最有效的方法。

A. 设人行横道 B. 架设信号灯 C. 架设人行天桥 D. 设置人行地道

18. 平面交叉处交通量大时，可用____设施疏导车流的渠化设计。

A. 交通岛 B. 路面标线 C. 设专用车道 D. 组织左转弯交通

19. 在渠化交通中，交通岛按其作用不同可分为____。

A. 导流岛 B. 分隔岛 C. 中心岛

D. 环形道 E. 安全岛

20. 立体交叉除主线外，有其他车道，它们是 ____。

A. 辅助车道 B. 变速车道 C. 交织路段

D. 集散车道 E. 匝道

21. ____法是计算信号灯控制平面交叉设计能力。

A. 停止线 B. 冲突点 C. 车头间距法 D. 车头时距法

22. 城市道路网规划应具有____性。

A. 超前 B. 本能 C. 可能 D. 扩大

23. 在城市道路主干路横断面设计时，常采用____幅路来解决城市道路交通采用对向交通安全比较好。

A. 单幅路 B. 双幅路 C. 三幅路

D. 四幅路 E. 不对称路幅

24. 城市雨水常采用____组成暗管排水。

A. 管道 雨水井 C. 检查井 D. 出口端垟

25. 城市雨水管道中检查井一般应设在____处。

A. 干道转弯 B. 纵坡变坡 C. 高程改变

D. 交汇 E. 断面改变

26. 城市道路网规划设计的美学要求应该满足____。

A. 特征性 B. 方向性 C. 连续性 D. 扩展性

27. 城市道路照明应满足 ____为标准。

A. 照明　B. 均匀度　C. 眩光限制　D. 亮度

28. 城市道路交通标志有____。

A. 警告　B. 禁止　C. 指示

D. 指路　E. 解除

29. 城市道路景观观点协调道路线形从____方面。

A. 视觉　B. 立体　C. 曲线　D. 美观

30. 城市公共停车场设施有____。

A. 停车场　B. 地下车库　C. 停车楼　D. 路停车带

31. 城市立体交叉的附属部分有____。

A. 主线　B. 匝道　C. 出入口

D. 辅助车道　E. 收费口

三、简答题

1. 城市道路网规划内容是什么?
2. 城市道路纵断面设计时，控制点标高有什么?
3. 改善交叉口的基本途径有什么?
4. 简述平面立体交叉的设计内容。
5. 立体交叉设计的内容有什么?
6. 平面交叉口车辆交通组织可采用什么?
7. 平面交叉口车行人通组织可采用什么?
8. 交叉口进行渠化交通组织的目的有什么?
9. 城市道路有哪些不同功能部分组成?
10. 主体交叉组成有什么?
11. 立体交叉形式有什么?
12. 立体交叉主线设计要点有哪些?
13. 立体交叉匝道端部包括哪些?
14. 对城市道路景观评价是什么?
15. 城市道路绿化作用有哪些?
16. 交通安全设施有哪些?
17. 公共交通路线布置原则是什么?
18. 城市道路平面交叉口的交通控制方式有哪些?
19. 城市道路交通标线有哪些?

四、计算题

1. 某城市主干路设计车速 60km/h，路线偏 $\alpha=15°$，计算该圆曲线几何元素。

2. 某城市主干路设计车速 60km/h，设计纵坡 $i_1=2\%$，$i_2=-1\%$，转折点桩号 K0+575，设计标高 $H_{中}=10$ 米，选用 $R=500$m，求竖曲线各要素值并填写下表。

桩 号	切线设计高	改正值 y	路面设计高
K0+500			
K0+520			

续表

桩　号	切线设计高	改正值 y	路面设计高
K0＋540			
K0＋560			
K0＋575			
K0＋590			
K0＋610			
K0＋630			
K0＋650			

3. 某桥头边坡点处桩号 K4＋950，设计标高 120.78m，设计车速 $v=60\text{km/h}$，$i=3.5\%$，桥上为平坡，桥头端点桩号为 K5＋023，要求竖曲线不上桥，并保证 15m 的直坡段，试问竖曲线半径应选什么范围？

4. 某城市主干道，设计车速 $v=60\text{km/h}$，其纵坡 $i_1=-2。5\%$，$i_2=-1。5\%$，转折点处桩号为 K0＋640，设计高程 $H_{中}=9.00\text{m}$，见下图，计算（1）竖曲线最小半径并计算曲线上每 10m 的各点高程；（2）由于受地下管线和地形限制，凹形竖曲线中标高要求不低于 9.3m，且不高于 9.4m，这时竖曲线半径应为多少？

5. 已知某路段中线设计纵坡 $i=2\%$，在桩号 K2＋100 处，设计标高 H＝100m，车行道宽度为 14m，路拱平均横坡为 2%，试合理设计锯齿形街沟，并分别算出分水点和雨水口处标高（要求至少布置三个雨水口），设计 $h_1=18\text{cm}$，$h=12\text{cm}$ 如下图所示：

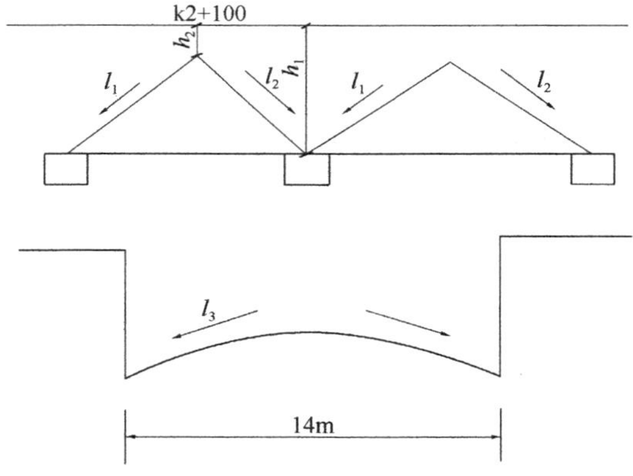

6. 某市五星家园汇水面积为 200 公顷，设计重现期为 0.5 年，集水时间为 60min，径流系数 $\alpha=0.75$，混凝土管壁内粗糙系数 $n=0.014$，管内水流面纵坡为 1.5‰，谢才系数 $c=52.7$。建设单位拟采用 $\phi600$ 的钢筋混凝土管为整个家园雨水排水的主干管。试验算其是否合理。

7. 一条单向为三车道的交通干道，其单向交通量为：小汽车 300 辆/h，普通汽车 600 辆/h，公交车 100 辆/h（标准型）到交叉口时公交车全部直行，其他车 20%右转，10%左转，其余为直行。交叉口采用交通信号灯管理，信号灯用周期为 T＝70s，绿灯时间为 25s，黄灯时间为 10s。车辆交叉口的行驶速度 $V=60\text{m/s}$（即 $V=22\text{Km/h}$），由于行人过街影响，右转弯车辆每小时减少通行时间为 $\Sigma t_{误}=2500\text{s}$。试计算

（1）交叉口处的直行、左转、右转弯的车道数。

（2）交叉口的总通行能力。

参 考 文 献

1. 中华人民共和国行业标准. 城市道路设计规范 CJJ 37—2012. 北京：中华人民共和国住房和城乡建设部发布.

2. 中华人民共和国国家标准. 城市道路交通规划设计规范 GB 50220—95.

3. 中华人民共和国行业标准. 公路排水设计规范 JTJ 018—97. 北京：人民交通出版社，1998.

4. 孙家驷等. 道路勘测设计第二版. 北京：人民交通出版社 2005.

5. 任福田等. 城市道路规划与设计第二版. 北京：中国建筑工业出版社，1982.

6. 成都市建设学校，等. 城市道路设计. 成都：四川科学技术出版社，1987.

7. 周荣沾. 城市道路设计. 北京：人民交通出版社，2011.

8. 北京市市政设计院. 城市道路设计手册上、下册. 北京：中国建筑工业出版社.

9. 吴瑞麟、沈建武. 城市道路设计. 北京：人民交通出版社，2010.

10. 许全良. 道路勘测设计（毕业设计指导）. 北京：人民交通出版社，2004.

11. 徐家钰、郭忠印. 道路工程分册. 北京：中国水利水电出版社，2000.

12. 中华人民共和国行业标准. 城市道路交叉口设计规程 CJJ 152—2010. 北京：中国建筑工业出版社，2011.

13. 中华人民共和国行业标准. 城市快速路设计规程 CJJ 129—2009. 北京：中国建筑工业出版社，2009.

14. 刘旭吾. 互通式立交线形设计与施工. 北京：人民交通出版社.